北 京

北京历史文化资源图集

门头沟卷［上］

印 迹

主　编　温宗勇

副主编　陈品祥

本书由

北京市测绘设计研究院编

项目资助：首都师范大学文化研究院

社会科学文献出版社

SOCIAL SCIENCES ACADEMIC PRESS (CHINA)

编辑说明

　　《北京印迹：北京历史文化资源图集（门头沟卷）》所调查的历史文化资源有全国重点文物保护单位、市级文物保护单位、区级文物保护单位、工业文化遗产、历史文化街区、历史文化名村、风景名胜区、传统村落、国家级非物质文化遗产、市级非物质文化遗产、尚未核定公布为文物保护单位的不可移动文物（以下简称"一般不可移动文物"）、历史建筑 12 部分，共计 600 多处历史文化资源实体，每一类资源实体根据其资源特点设计相应的调查表格，所调查的资料来源主要包括文物档案、文物普查登记数据、历史地图、志书资料、测绘成果、学术研究和政府相关部门发布的信息等，并对所收集的资源实体进行实地调查，确定资源实体范围、位置及保护情况，以平面图和照片形式记录（因照片来源多处，所以标注的拍摄时间不尽相同），具体内容如下。

　　一、全国重点文物保护单位：此为中华人民共和国对不可移动文物所核定的最高保护级别。门头沟区有 5 处，其中，1996 年 11 月 20 日第四批公布 1 处，2001 年 6 月 25 日第五批公布 1 处，2006 年 5 月 25 日第六批公布 1 处，2013 年 5 月 3 日第七批公布 2 处。资料来源于北京市文物局的第三次全国文物普查数据，其数据特点是有保护范围、保护标志、记录档案和保管机构。表格内容主要包括文物名称、保护类型、文物类型、公布时间、详细地址、建造时间、地理位置、地理环境、文物现状、历史沿革、主管单位、保护情况、损坏原因等，并辅以资源实体的平面图和照片。

　　二、市级文物保护单位：均为依照《北京市文物保护管理条例》，由北京市文物局提出，报北京市人民政府批准备案，正式对外公布并竖立标志的北京市市级文物保护单位。门头沟区有 9 处，其中，1984 年 5 月 24 日第三批公布 1 处，1990 年 2 月 23 日第四批公布 1 处，1995 年 10 月 20 日第五批公布 3 处，2001 年 7 月 12 日第六批公布 2 处，2003 年 12 月 11 日第七批公布 1 处，2011 年 3 月 7 日第八批公布 1 处。资料来源于北京市文物局的第三次全国文物普查数据，其数据特点是有保护范围、保护标志、记录档案和保管机构。表格内容主要包括文物名称、保护类型、文物类型、公布时间、详细地址、建造时间、地理位置、地理环境、文物现状、历史沿革、主管单位、保护情况、损坏原因等，并辅以资源实体的平面图和照片。

　　三、区级文物保护单位：区级文物保护单位由区级人民政府核定公布，并报北京市人民政府备案，门头沟区有 70 处，其中，1981 年公布 18 处，1985 年公布 17 处，1995 年公布 1 处，1996 年公布 6 处，1998 年公布 15 处，2005 年公布 13 处。资料来源于北京市文物局的第三次全国文物普查数据，其数据特点是有保护范围、保护标志、记录档案和保管机构。表格内容主要包括文物名称、保护类型、文物类型、公布时间、详细地址、建造时间、地理位置、地理环境、文物现状、历史沿革、主管单位、保护情况、损坏原因等，并辅以资源实体的平面图和照片。

　　四、工业文化遗产：具有历史学、社会学、建筑学及科研价值的工业文化遗存，门头沟区有 5 处。资料来源于北京市城市规划设计研究院的专题研究。表格内容主要包括名称、保护类型、遗产类型、详细地址、建成时间、用地规模、建筑规模、遗产现状、发展历程及特点等，并辅以资源实体平面图和照片。

五、历史文化街区：经北京市人民政府核定公布的保存文物特别丰富、历史建筑集中成片、能够较完整和真实地体现传统格局和历史风貌，并有一定规模的区域，门头沟区有 2 处。2008 年 12 月，北京市人民政府公布第二批 15 处，其中门头沟区 2 处。资料来源于北京市规划和自然资源委员会、北京市文物局及北京市城市规划设计研究院专项研究成果。表格内容主要包括保护类型、公布批次、公布时间、详细地址、建造时间、面积、街区现状、地理环境、人文环境、历史沿革、主管单位等，并辅以资源实体平面图和照片。

六、历史文化名村：由建设部和国家文物局从 2003 年起共同组织评选，保存文物特别丰富且具有重大历史价值或纪念意义的，能较完整地反映一些历史时期传统风貌和地方民族特色的镇和村，门头沟区有 3 个。资料来源于北京市农村工作委员会。表格内容主要包括：名称、保护类型、公布批次、公布时间、详细地址、建造时间、面积、地理环境、人文环境、历史沿革、主管单位等，并辅以平面图和照片。

七、风景名胜区：风景名胜区是指具有观赏、文化或者科学价值，自然景观、人文景观比较集中，环境优美，可供人们游览或者进行科学、文化活动的区域。国家级风景名胜区由国务院批准公布。根据中华人民共和国国务院于 2006 年 9 月 19 日公布并自 2006 年 12 月 1 日起施行的《风景名胜区条例》，到 2012 年 11 月共公布八批国家级风景名胜区名单，其中北京市有 2 处。市级风景名胜区共公布两批，门头沟区有 2 处，区级风景名胜区共公布两批，门头沟区有 2 处。

八、传统村落：指民国以前建村，保留了较多的历史遗迹，即建筑环境、建筑风貌、村落选址未有大的变动，具有独特民俗民风的村落，门头沟区共有 8 个传统村落。2012 年 12 月 19 日，国家住房城乡建设部、文化部、财政部三部门联合发布第一批 646 个传统村落名录，其中北京市 8 个，门头沟区有 6 个；2013 年 8 月 26 日，住房城乡建设部、文化部、财政部三部门联合发布第二批 915 个传统村落名录，其中北京市 4 个，门头沟区有 2 个。资料来源于北京市农委。表格内容主要包括：名称、保护类型、批次、公布时间、详细地址、地理位置、面积、地理环境、人文环境、历史沿革、主管单位、保存现状等，并辅以位置图和照片。

九、国家级非物质文化遗产：经中华人民共和国国务院批准，由文化部确定并公布的非物质文化遗产，门头沟区有 4 项。2006 年 5 月 20 日，国务院批准文化部确定并公布第一批国家级非物质文化遗产名录 518 项，其中门头沟区有 1 项；2008 年 6 月 14 日，国务院批准文化部确定并公布第二批国家级非物质文化遗产名录 510 项，其中门头沟区有 2 项。2014 年 11 月 11 日，国务院批准文化部确定并公布第四批国家级非物质文化遗产名录 153 项，其中门头沟区有 1 项。来源于北京市文化局。表格内容主要包括：名称、保护类型、遗产编号、批次、遗产类别、公布时间、传承地区、历史沿革、遗产内容、传承价值、濒危状况等，并辅以位置图和照片。

十、市级非物质文化遗产：北京市文化局在综合有关单位申报及专家推荐的基础上，通过各自项目专家论证会以及北京市非物质文化遗产专家评审会、北京市非物质文化遗产保护工作联席会议的评审确定，由北京市人民政府正式公布，门头沟区有 7 项。2006 年 12 月 21 日，北京市人民政府批准北京市文化局确定并公布第一批市级非物质文化遗产名录 48 项，其中门头沟区有 3 项；2007 年 6 月 20 日，北京市人民政府批准北京市文化局确定并公布第二批市级非物质文化遗产名录 105 项，其中门头沟区有 4 项。资料来源于北京市文化局。表格内容主要包括：名称、保护类型、遗产编号、批次、遗产类别、公布时间、传承地区、历史沿革、遗产内容、传承价值、濒危状况等，并辅以位置图和照片。

十一、一般不可移动文物：为第三次全国文物普查中未确定为区级以上文物保护单位，但已有登记在册的不可移动文物。由区级人民政府文物行政部门予以登记并公布，门头沟区有 435 处。资料来源于北京市文物局的第三次全国文物普查数据，其数据特点是有保护范围、保护标志、记录档案和保管机构。表格内容主要包括文物名称、保护类型、文物类型、详细地址、建造时间、地理位置、地理环境、文物现状、历史沿革、主管单位、保护情况、损坏原因等，并辅以资源实体的平面图和照片。

十二、历史建筑：是指具有保护价值且建筑年代较久远的未纳入文物范畴的建筑。历史建筑承载着不可再生的历史信息和宝贵的文化资源，具有重要的科学价值、历史价值和艺术价值。2016 年 7 月，住房城乡建设部办公厅印发了《历史文化街区划定和历史建筑确定工作方案》，要求各地开展历史文化街区划定和历史建筑确定工作，按照"五年计划、三年完成"的总体安排实施。截至 2019 年 12 月，门头沟区建议公布的历史建筑共 38 处。资料来源于北京市规划和自然资源委员会的专项研究成果。表格内容主要包括：名称、保护类型、建筑类别、建筑面积、占地面积、院落面积、建筑结构、建筑高度、建筑质量、建筑现状功能、建筑历史功能、建造时间、位置信息、建筑特色及价值、管理部门、保护及管理建议等，并辅以平面图、保护对象和保护范围图及照片。

由于北京的历史文化资源数量庞大，随着研究与发掘工作的不断提高，我们会不断补充完善。因时间仓促，错漏难免，如果读者发现任何问题请与我们联系，我们将及时改正。

北京历史文化名城保护委员会办公室
北京市规划和自然资源委员会
2019 年 12 月

序 *

一 京西古道、古村落

这里峰峦叠翠，沟谷纵横，古道蜿蜒，是北京的西部屏障和交通要道；这里历史悠久，人杰地灵，文化传承源远流长，是北京地区人类文明的发祥地之一；这里名山荟萃，古刹错落，饱含浓郁的宗教文化和丰富的民俗文化……这里，就是自古就有着"京西大门"之称的门头沟。

门头沟地处北京城正西方向，其历史悠久，行政建制史可追溯至战国时期的燕国，自辽金以来就一直隶属京畿之地。由于门头沟拥有永定河的丰富水利资源和煤炭、木材及石料等自然资源，故历史上一直都是北京城的水源地和生产、生活资料的供给地，资源的输送和商旅的发展，使这里衍生出不少颇负盛名的古村落和古道路。近现代以来，尤其是在中华人民共和国建立以后，穿山越岭的公路、铁路替代了曾经盛极一时的京西古道，而那些曾经辉煌过的京西古村落则由于地处深山、交通不便利、被开发的程度较小等因素，被完整地保存下来。因此当你走近这些记录时代变迁的古道和古村落时，仿佛跨越了时间与空间，唤醒了沉睡多年的记忆，与历史进行了一次零距离的对话……

本篇内容重点介绍的就是门头沟独特的京西古道和京西古村落文化。

1. 京 西 古 道

门头沟位于太行山余脉，山势险峻，"东望都邑，西走塞上而通大漠"，自古就是兵家必争之地。在这里，有许多历史文化价值颇高的古代山间道路，这些京西古道以西山大路为主干线，连接纵横南北的各条支线，或为羊肠小道、略宽土道，或为片石铺墁的路面，或为以经石匠加工的大条石铺面的大道……这其中，有北京通往西山腹地乃至山西、内蒙古的西山大道，有通往险关要塞、边城重镇的军道，有从西山外运煤炭、山货的商道，还有到妙峰山进香赶会的香道。行走于京西古道中，那些生长于路边石缝中的野草野花生机勃勃，无声地点缀着不再有阵阵驼铃的幽幽古道，眼前的景色令人情不自禁地想起那首家喻户晓的歌曲："长亭外，古道边，芳草碧连天。晚风拂柳笛声残，夕阳山外山……"

---

* 该序中，部分文字、史料参考了百度百科。

这些山间古道，散布在门头沟崇山峻岭之中，其中古商道的历史遗迹最多。经历了几百年的沧桑，京西古道虽不可避免地显现残败的颓相，但其风情古韵犹存，如从商旅通行到朝拜神庙，从攻防战守到贸易往来，从古都兴建到民族文化交流，历史的跫音在这里不断回响，这里成为古老都城历史最忠实的见证。

2. 京西古道之古商道

京西范围内的群山中盛产煤炭，出产石材，这里人烧制的琉璃更是闻名京城。元明以来，拉煤运货的驼马成群结队，日复一日，年复一年地在山间石道上来来回回，久而久之便形成了从西部山区东至京城，西至内蒙古、山西的商旅道路。古道在门头沟区蜿蜒盘旋，天长日久，远古的尘烟以及数不清的神奇故事散落在古道两侧，构成一道浓郁的人文奇观。

门头沟区永定河沿线有代表性的古商道，细数起来，主要有玉河大道、西山大道、新潭古道、王平古道、庞潭古道、芦潭古道、玉河古道，等等。其中最为有名的是西山大道和玉河古道。

西山大道又称西山古道北路，其东起三家店，过永定河后经琉璃渠村，越愁儿岭，经斜河涧、水峪嘴，翻牛角岭，再经桥儿涧、马各庄、石古岩、色树坟，到王平村为止。该路基本沿着永定河河谷而行，是永定河沿线中历史最为悠久的一条古道，也是古商道中使用时间最长的一条道——过去斋堂地区所产的煤炭大部分是通过这条古道外运出山的。

玉河古道又被称为西山大道中道，其东起大峪村，西至王平口，是过去京西煤炭入京的必经之路。沧桑的古道像一条长长窄窄的历史小河，蜿蜒在莽莽群山之间、掩藏在萋萋的野草之中。该古道上至今完好地保留着令人称绝的"蹄窝奇观"，那些印刻在斑驳石阶上的深深浅浅蹄窝，与其说是遥远漫长旅程留下的痕迹，不如说是断肠人洒下的离别泪滴。这条古道也是北京为数不多以"道路"为申报单位的文保项目之一。

历史资料中对门头沟京西古商道早有记载。元代记载，北京（元大都）"城中内外经济之人，每年九月间买牛装车，往西山窑头载取煤炭，往来于此。新安及城下货卖，咸以驴马荆筐入窑，盖趁其时。冬日，则冰坚水涸，车牛直抵窑前；及春则冰解，浑河水泛则难行矣"。可见那时已有北京至门头沟可行牛车的运煤大道了。据辽史记载，辽圣宗于统和七年（989）三月"开奇峰路通易州"；《北京历史纪年》记载开辟奇峰路一事，并称其为"为南京（今北京）重要交通干线之一"；另据清代记载，"清乾隆年间统计，西山、宛平、房山有老旧煤窑750座、废闭煤窑120座、停止未开采煤窑440座、在采煤窑273座"。如此众多煤窑所生产的大量煤炭，正是通过这些遍布于门头沟大山中蜿蜒逶迤的古商道，才从京西群山中源源不断地输送到北京城的。此外，西山所出产的木植、大灰以及琉璃渠村的琉璃砖瓦也是通过这些古商道送到京城的。

3. 京西古道之古香道

在永定河沿线的北京西山的群峰之中，寺庙众多，潭柘寺、戒台寺，以及九龙山、百花山、妙峰山的娘娘庙，自古以来都是京西一带祭祀社神的圣地，因之也形成了承载着宗教与民俗活动信息的进香古道。

在众多香道中，最为有名的是前往素有"神州第一坛"之称的古刹戒台寺的进香古道。明清时期，每到四月花开时节，天下游僧及四方香客便纷纷通过古道前往戒台寺朝佛进香。据《宛署杂记》记载，戒台寺庙会期间，"天下游僧毕会，商贾辐辏，其旁有地名秋坡，倾国妓女竟往逐焉，俗云赶秋坡"。而京城的百姓也在这万物复苏的春天前来耍戒坛，赶庙会，游春踏青。一时间，"古道青山杨柳暗，马蹄单绕寺门烟"。

门头沟另一处人气旺盛的进香古道则是妙峰山进香道。从清康熙年间起，妙峰山即为北京历史上规模最大、影响最广的民间宗教活动场所。据《燕京岁时记》所载，庙会期间，"（香客）前可践后者之顶，后可见前者之足……香火之盛，实可甲于天下矣"。妙峰山进香古道至少有六条，经琉璃渠村上山的香道为妙峰山进香山道中香客最多的一条，鼎盛时期，沿途茶棚达近百座，其中规模最大、建筑最精美的即为琉璃渠村的万缘同善茶棚，目前该茶棚仍保留有较为完整的遗迹。

除了上面介绍的商旅古道和进香古道外，京西古道还包括军旅古道、御道、驿道、官山大道以及乡间往来之小道，这些古道纵横交错，犹如一张大网纵横门头沟全境，最终形成一个相对完整的道路交通系统。

4. 京西古村落

在门头沟的崇山峻岭和深山幽谷中，在昔日的古道旁，还星罗棋布地分布着许多历史悠久、传统文化色彩浓郁、格局完整的古村落，它们宛如一颗颗璀璨的明珠，散落在这片清山秀水之间，颇有"藏在深山人未识"之意境。这些古村落，或是由于永定河沿岸和京西古道频往的商旅活动而成聚，或是由于明代时期的部分山西移民在永定河两岸和古道两侧留驻而逐渐形成并发展起来的。

门头沟古村落资源丰富，在住房和城乡建设部、文化部、财政部三部门联合发布的中国传统村落名录中，北京有 12 个村落上榜，而门头沟就占据了 8 个——灵水村、黄岭西村、爨底下村、琉璃渠村、三家店村、苇子水村、马栏村以及千军台村。"枯藤老树昏鸦，小桥流水人家，古道西风瘦马，夕阳西下，断肠人在天涯。"元代大戏剧家马致远在著名的《天净沙·秋思》中所勾画的，正是京西门头沟一个小小古村落的僻静深秋的村野图景。走近这些古村落你会发现，不论是遗存的建筑，还是淳朴的民风，都有着深深的历史印记。而在这些形式各异、特色鲜明的古村落中，最为有名的当属爨底下村、灵水村和琉璃渠村这三个村子，它们同时还被收录到中国历史文化名村名录之中。

(1) 京西古村落之爨底下村

爨底下村的"爨"，由四个字组成，发 Cuan 音，四声。民间为此字编了一个非常生动的顺口溜："兴"字头，"林"字腰、"大"字下面加"火"烧。

爨底下村位于门头沟区斋堂镇西 3 公里，形成于明代，因其位于名为"爨里安口"的险隘峡谷下，故名"爨底下"。该村四面环山，居峡谷北侧缓坡上，有"背靠龙头浸水，前照金蟾望月"之称。村内房舍院落依坡而建，层层升高，错落有致，整体上呈扇面状；村中现存的房舍 500 间，70 余套，以明清时期的四合院为主。受地形和空间的制约，这些大四合院因地制宜分为几个相对独立的小四合院，各个小四合院分别以门和巷道互相连通，外建墙垣，使几处小四合院形成一个封闭的大四合院群落。

行走在爨底下村，你会发现这个位于门头沟西部，由斋堂镇管辖的小村庄，有着严谨的规划、精良的结构、华美的装饰和巧妙的布局，整个村落的选址和周边环境、规划建设极具匠心，令人叹为精致。这也是整个门头沟乃至北京难得一见的珍贵古村落遗存。

（2）京西古村落之灵水村

"天集灵气物华宝，地结水蕴境界宽"，这幅题写在"京西灵水举人村"牌楼上的对联，精准地诠释了灵水村的物华天宝和人杰地灵。

灵水村位于门头沟区的军响乡，因历史上出过两名进士和多名举人，故又被称为"举人村"。据明代《宛署杂记》记载，灵水村形成于辽金时代，村落古老而庞大，以辽、金、元、明、清时留存的古民居为主，此外还留存了多达17座的儒、道、佛和其他民间信仰寺庙遗址。

灵水村自然风光秀美，文物古迹众多，其千年古树"柏抱榆""柏抱桑"京都无二，古银杏"雌雄同株"唯此处仅有；五进"四合院"山区罕见，汉代灵泉寺历史悠久；三十六盘碾君子不争，七十二眼井饮水思源；魁星楼、文昌阁，文星高照。这里出歌星、出名医，师资如流；儒商遍京津，八大商号名气响。而在这其中，最为令人称道的则是以东岭石人、西山莲花、南堂北眺、北山翠柏、灵泉银杏、举人宅院和寺庙遗址等为代表的"灵水八景"。

从灵水村南侧的南岭望去，你会发现这个有着"中国北方明清时期乡村民居建筑的典范"之称的古村落的整体布局形似一只头朝南、尾向北的巨龟。据说古人在建造灵水村时正是依"玄武"之形而修建房舍与寺庙的。玄武（龟）头朝南，尾朝北，三条东西走向街道与南北走向的胡同构成分明的龟纹，龟纹的大小块则是由四合院组成。玄武是中国传统文化中的四灵之一，很多人都认为灵水之"灵"字即得于此。

（3）京西古村落之龙泉镇琉璃渠村

在门头沟永定河出山口西岸，有一个天下闻名的古村落——琉璃渠村。它的名气不仅来自村旁大山里盛产烧制琉璃的原料坩子土，还来自此处传承了千余年的北京琉璃厂。

"琉璃"一词，最早见于《汉书》，有流光陆离之意；因其系矿石烧制而成，又被称为"药玻璃"。流光溢彩的琉璃瓦是汉族传统建筑物件，通常施以金黄、翠绿、碧蓝等彩色铅釉，因材料坚固、色彩鲜艳、釉色光润，一直是建筑陶瓷材料中流芳百世的骄子。早在南北朝时期，我国就在建筑上使用琉璃瓦件作为装饰物，到元代时皇宫建筑大规模使用琉璃瓦，明代十三陵与九龙壁都是琉璃瓦建筑史上的杰作。

琉璃渠村位于门头沟区龙泉镇北部，是经历辽、金、元、明、清五朝的千年古村。历史上，琉璃渠村即以烧造琉璃瓦而闻名于世，传承近千年的琉璃烧造工艺给这个古村落带来了"中国皇家琉璃之乡"的美誉。早在元代初期，琉璃渠村琉璃瓦的烧造业就已形成；明清时期也是村中琉璃业最为鼎盛的时期，工部曾在此设"局"监造琉璃瓦，因而村名本为"琉璃局"，后经演化才现在的名字；至清乾隆年间，村里设立北京琉璃厂，将皇家琉璃厂迁到了这里。现如今，琉璃渠村仍保存规模完整的琉璃厂商宅院、北京唯一一座黄琉璃顶清代过街天桥，以及万缘同善茶棚、古道等遗迹。

无论是古朴简陋、零星散布的民间古村落，还是荫翳于深壑险峰中的寺院亭台，抑或是纵横交错、蜿蜒盘旋的沧桑古道，在每一处残垣断壁里，在每一个蹄窝印记中，我们都能感受到悠久的历史和灿烂的文化对京西门头沟的浸润，再加之独特的地质地貌和雄奇险峻、瑰丽丰富的自然地理风光，门头沟充分展现所特有的人文地理价值。

二 近现代文化（红色主题）

门头沟区红色主题资源丰富，红色旅游发展潜力巨大。该区具有光荣的革命斗争历史，早在 20 世纪 20 年代，中国共产党就在门头沟一带宣传马克思主义，创建了党的组织，这里成为中国最早传播马克思主义的地区之一。

1937 年 7 月，日本帝国主义发动全面侵华战争之后，为牵制侵华日军，共产党领导的八路军挺进斋堂川开展游击战争。在这片土地上建立起了京郊第一个抗日民主政府——宛平县抗日民主政府，开辟了京郊第一个抗日根据地——平西抗日根据地，并先后有萧克、邓华等 60 余名八路军优秀指挥员在这里浴血奋战，他们后来都成为共和国的将军。数以万计的有志青年从这片热土奔向了延安，加入了革命队伍；数以千计的门头沟儿女舍家从军，奔赴全国各地的抗日战场，他们中有 800 多人为伟大的民族解放事业献出了宝贵的生命。

门头沟是平西抗日根据地的摇篮和中心，是我党"开辟平北、坚持冀东、发展冀热察"游击战争的坚强后盾，是插在北平日伪统治中心的一把尖刀，其在华北乃至全国的抗战中发挥了重大作用。门头沟人民为民族的解放和新中国的诞生做出了巨大牺牲，他们用热血和生命写下了一页辉煌的篇章。

1. 京西山区中共第一党支部

京西第一党支部以京西山区中共第一党支部创建人崔显芳的革命事迹为主线，通过历史回顾、情景再现、缅怀先烈等多种形式，集中展示了京西山区中共组织酝酿、创建、发展和成长的光辉历程。

1926 年，京西第一个中共党员崔显芳在家乡田庄村创办了田庄高小，他积极宣传党的主张，对村民进行革命教育并努力培养革命力量，先后发展了魏国元、赵曼卿等一批共产党员。田庄村是京西第一党支部的诞生地，在京西革命史和党建史上有着重要地位，是门头沟区人民宝贵的红色资源和精神财富。

在田庄村建筑面积达 144 平方米的京西山区中共第一党支部纪念馆，分"京西星火"展览馆、崔显芳故居、田庄高小党支部旧址、崔显芳烈士墓地、雁翅镇革命烈士纪念碑、旅游咨询接待室、文化中心礼堂七大部分。在各级领导的大力支持下，京西山区中共第一党支部纪念馆于 2011 年 6 月 24 日顺利揭牌，场馆建设主要突出党史教育功能，遵循与红色旅游景区和整体旅游产业规划相衔接、与周围环境相协调的原则进行建设。纪念馆主要借鉴国内著名红色旅游景区场馆的陈展经验，采取传统与现代陈展方式相结合的设计方案，注重挖掘革命史、建党史、战斗历程和历史遗迹，陈展方式以壁画、雕像、图片展等为主。该馆先后被命名为"门头沟党史教育基地""门头沟爱国主义教育基地""门头沟反腐倡廉教育基地"，2012 年又获评"北京市红色旅游景区"。

田庄高小党支部旧址为清代建筑，总建筑面积为 244.2 平方米。此处建筑为崔家祖宅，也是京西山区中共第一党支部所在地，于 1988 年被门头沟区政府公布为第四批文物保护单位。就是在这里，崔显芳与魏国元等人一起从事革命活动，创建了田庄高小党支部，培养了大批的革命干部，使革命星火在京西点燃。

崔显芳烈士墓地建于 1992 年，占地面积 30 余平方米，其周围以景观石、绿化带作为装饰，与烈士公墓相互映衬。崔显芳烈士纪念碑位于雁翅镇田庄村村南的一个小山坡上，纪念碑坐西朝东。

雁翅镇革命烈士纪念碑，碑园占地面积 500 平方米，纪念碑四周栽植松树、柏树，纪念碑上刻有雁翅镇革命烈士姓名。该碑北边刻有雁翅镇在大革命、抗日战争和解放战争中牺牲的 217 名烈士名字。

2. 平西情报交通联络站

妙峰山地处平西抗日根据地前哨，从北平通往根据地的三条路线在此会合。这一带山高林密，对以隐蔽为前提的情报工作最适合不过，再加上妙峰山庙会香客常年不断，本地又有丰富的果品销往京城，这些都为传递情报提供了最有利的掩护。

在那硝烟弥漫、战火纷飞的年代，秘密电波在这里收发，情报在这里接送，物资在这里转运，中央领导阅读的报纸、医疗物资等也从这里秘密发往延安；更有大批爱国青年、革命人士和国际友人通过这个联络站秘密前往延安。从 1939 年至 1949 年间，在平西站工作的人员近 100 名，他们中有 10 人为革命献出宝贵的生命。平西情报交通联络站为晋察冀根据地的建设、北平解放都做出了重大贡献。

作为北京第一家以情报战线为主题的展馆，平西情报交通联络站纪念馆向人们揭示发生在平西地区隐蔽战线上的故事。这是一个山区小四合院，对开的朱红小门内，迎面是展现当年情报站收发电波和运送人员情景的浮雕墙。"胜似雄兵十万"题词是对情报工作的最高评价。主展厅以老照片、纪实文字、雕塑等展示了情报站的建立、任务和作用，院里还有数字电影院，播放地下工作的纪录片。

在平西情报交通联络站纪念馆院内西北角，辟有一间被称为"秘密小屋"的展室，里面有一个身穿蓝褂、坐在石板桌前操作电台的"农妇"。这个雕塑的原型是一名叫苏静的地下工作者。1943 年冬，她被委派过来新建电台。为绝对保密，苏静与落脚的农户家的儿子假扮夫妻，早晨跟"婆婆"一起做饭，白天与"家人"一起下地干活，到了晚上她就在一个狭小的山洞里用电台收发情报，她的秘密发报从抗战一直持续到解放战争胜利。

当年平西情报战线上还有一对真夫妻王文和王凤岐。王凤岐曾是游击队长，为了掩护王文的秘密发报，组织安排她假装王文的妻子来到北平城。虽然他俩一个是留苏学生，一个是农村妇女，最终却由假夫妻变成了真爱人，这情节与电视剧《潜伏》如出一辙。以平西地区情报战线为原型的影视剧不止有《潜伏》，1957 年长春电影制片厂拍摄的电影《地下尖兵》就反映了解放战争时期北平地下党的情报工作情况，其编剧刘致祥就是曾在平西情报站妙峰山分站开展过 6 年地下工作的情报人员。

3. 八路军冀热察挺进军司令部

北京西部深山区的斋堂古镇，历史悠久，这里人杰地灵，依山傍水，地势险峻，战略地位十分重要。早在汉代，斋堂即是重要的军事隘口，为兵家必争之地。1939 年初，八路军冀热察挺进军在斋堂川清水村成立，这支人民军队以"巩固平西，发展平西，坚持冀东"为目标，多次战胜日军对根据地的侵犯"围剿"，建立并巩固了抗日民主政权，为保卫人民的财产与胜利果实立了不朽的历史功勋。马栏村是挺进军司令部驻地，萧克、程世才等首长曾在这里领导了挺进军的整编，并指挥了打击日军的多次战斗。在党支部的领导下，马栏村全民总动员，埋地雷、割电线，还组建了一支"马栏排"配合子弟兵作战，在抗日战争中做出了突出贡献。

八路军冀热察挺进军司令部旧址陈列馆位于斋堂镇马栏村。1939 年 10 月，八路军冀热察挺进军司令部驻扎在马栏村，1940 年 1 月该司令部遭到敌机轰炸后从马栏村转移。1996 年，马栏村党支部倡议全村村民集资捐款捐物，筹建八路军冀热察挺进军司令部旧址陈列馆。八路军冀热察挺进军司令部旧址陈列馆于 1997 年 7 月 7 日开馆，虽然在众多的博物馆、纪念馆中它是比较小的，但它的诞生产生了深远的社会影响。农民集资办革命陈列馆，在北京仅此一家，在全国也不多见，八路军冀热察挺进军司令部旧址陈列馆使马栏村这个有着悠久革命历史和光荣传统的古老山村，成为京西大地上一颗璀璨的明珠。

4. 王家山惨案旧址

王家山村在北京市门头沟区斋堂镇西北。1942 年 10 月，日军在华北地区开展第五次 " 强化治安运动 "，在昌宛地区采取 " 并村 " 行动，在抗日根据地边缘地带制造无人区，割断民众与八路军的联系。王家山村位于日伪据点斋堂以北的北山上，有 40 余户家，日伪军进入斋堂川后，王家山村村民坚持斗争。1942 年 12 月 12 日黎明时分，驻斋堂日军头目赖野及汉奸带领日伪军 50 余人包围了王家山村，村中青壮年退进深山，老弱妇孺陷入包围。日伪军进村后，在四周架起机枪，赖野下令放火烧村，使 42 名无辜群众葬身火海，其中部分妇女还怀有身孕。"王家山惨案"震惊了平西根据地，当时《晋察冀日报》曾先后三次报道惨案发生的经过和平西人民为死难者复仇的决心。1997 年，北京市人民政府公布"王家山惨案"发生地为"国耻纪念地"。

5. 爨柏景区

抗日战争时期，爨底下村是抗日模范村，70 余名青壮年在 " 青救会 " 开会后统一参加了八路军。近年来，爨底下村积极发展旅游，已成为著名的旅游山村。2009 年 5 月 1 日，包括爨底下村、柏峪村、双石头村以及黄岭西村的爨柏景区成立。

6. 黄安坨村

黄安坨村位于清水镇域西南的百花山主峰之下，距主峰 2.3 公里，西距黄塔 6 公里。抗战时，这里是平西抗日根据地，村内有革命烈士 17 人。《黄安坨农林牧生产合作社的远景规划》被收录在 1955 年 12 月 27 日出版的由毛泽东主席主持选编的《中国农村社会主义高潮》一书中，毛主席对此有重要批示，还专门为《黄安坨农林牧生产合作社的远景规划》这本书写了按语："这是一个十三年的长远计划，可以作为各地参考。这种计划的用处，是有一个长远的目标，使人们的眼光不被限制在眼前走出的一步。这种计划只是一个大的方向，还要用每一个五年计划和每一年的年度计划去加以具体化。由于几个年度计划的施行，远景计划会要一再加以修改的。"

三　门头沟煤炭地质文化

1. 门头沟地质概况

门头沟区地处华北平原向蒙古高原过渡地带，地势西北高，东南低。地层主要由震旦亚界的蓟县系、青白口系和下古生界的寒武系、石炭系、二迭系，以及上古生界的侏罗系与第四纪的马栏组、百花山冰期堆积所构成，其地形骨架形成于中生代的燕山运动，属太行山余脉。门头沟区因"东望都邑，西走塞上而通大漠"，地势险要，自古为兵家必争之地。该区域地质年代较完整，地层出露明显，地质研究工作开展较早，被誉为"中国地质工作的摇篮"。

门头沟境内总面积的 98.5% 为山地，平原面积仅占 1.5%，海拔高度大于 800 米的中山占山地面积的一半。其中，北部中山面积最大，占门头沟区中山面积的 2/3 强，平均海拔在 1400 米以上。灵山（2303 米）即在北部山区，有"京都第一峰"之称；北部山区除灵山外，还有黄草梁（1735 米）。南部中山平均海拔 1000 米，区域内最有名的是百花山（1991 米）。东南部中山面积小，平均海拔 850 米，有名的是九龙山（858 米）。东北部的中山以妙峰山最负盛名，海拔 1291 米。整个中山普遍存在三级夷平面：一级夷平面海拔 2000 米左右，有灵山、百花山、白草畔（2035 米），顶部均较平缓；第二级夷平面海拔 1400 ~ 1600 米，沿黄草梁、南山鞍、老龙窝、庙安岭、髦髻山一线，呈平坦梁状中山分水岭脊；第三级夷平面海拔 1000 ~ 1200 米，构成较低一级平台，向东北渐变为分水岭，高度降至 800 ~ 900 米，如柏峪西、梁家山、妙峰山、张家山、九龙山等。

本区低山为海拔小于 800 米的山地，面积与中山相当；河谷台地主要分布于永定河及其支流清水河河谷两侧，但不连续。永定河洪积冲积平原面积很小，分布于东南三家店至卧龙岗一带。永定镇的上岸南边海拔只有 73 米，从而成为门头沟区最低处。由上可见，门头沟区内地形起伏较大（相对高差 2230 米），清水河和永定河成"入"字形贯穿门头沟区的大部分；多山，是门头沟区的一个显著自然特点。

2. 门头沟的矿产资源

门头沟区位于华北地台燕山凹褶带西山凹陷区范围内，区内以沿河城断裂为界，可划分为构造特征明显不同的两个部分：断裂以北，变形特征以断裂为主，呈现大小不等的断块，褶皱构造不发育且规模较小；断裂以南以褶皱构造为主，呈现两隆、两凹的构造格局，主要褶皱构造为百花山－庙安岭向斜、九龙山－香峪向斜、青白口穹窿和下苇甸穹窿。上述两部分组成了门头沟区的基本构造格局，独特的地质构造也造就了该区域丰富的矿产资源。新中国成立以来，地矿部门在门头沟区较系统地开展了区域地质调查和矿产普查勘探工作，基本上掌握了门头沟区的地质特征及其矿产分布规律，并探明了一定数量的矿产储量，为门头沟区国民经济建设提供了一定的物质基础。目前，门头沟区已发现各类矿产 22 种，矿产地 70 余处，经过地质勘探工作探明一定储量列入国家矿产资源储量表的矿产计 17 种 54 处。其中，能源矿产 1 种 25 处，占总矿区数的 46.3%；黑色金属矿产 1 种 1 处，占总矿区数的 1.9%；有色金属矿产 3 种 3 处，占总矿区数的 5.6%；冶金辅助原材料非金属矿产 5 种 15 处，占总矿区数的 27.8%；化工原料非金属矿产 1 种 3 处，占总矿区数的 5.6%；建材及其他非金属矿产 6 种 7 处，占总矿区数的 13%。目前，已被开采利用的矿产有 16 种，矿区 36 处，占总矿区数的 66.7%；其中，煤井田（勘探区）16 处，占开采总矿区数的 44.4%；金属矿产矿区 4 处，占开采总矿区数的 11.1%；非金属矿产区 16 处，占开采总矿区数的 44.4%。在这 17 种矿产 54 处矿区中，大型矿床 3 处，占 5.56%；中型矿床 26 处，占 48.2%；小型矿床 22 处，占 40.7%；小型矿床下限以下的 3 处，占 5.56%。勘探程度的 19 处，占 35.2%；详查程度的 20 处，占 37%；普查程度的 15 处，占 27.8%。统计结果表明：门头沟区矿产资源丰富，其以煤和非金属矿产为主，矿床规模以中、小型矿床居多，主要矿产地质工作程度较高。这些，都为矿产资源的开发利用和矿山建设提供了依据。

3、门头沟煤炭文化

作为重要的矿产资源，煤炭在门头沟区近现代发展中起着重要作用。例如，北京市的无烟煤含煤面积为 1125 平方公里，永定河大峡谷一带即占近了 700 平方公里；迄今，累计探明的煤炭资源 27 亿吨，约 2/3 埋藏在大峡谷附近。北京是全国五大无烟煤产地之一，位于大峡谷的门头沟是北京最重要的煤产区，已累计生产 2 亿吨。

门头沟自辽、金时期就开采煤炭，并用于龙泉务瓷器烧造。明清时期"京城百万之家，皆以石炭为薪"，门头沟则以出产煤炭满足京城炊爨之需而享有盛名。永定河大峡谷的煤产生于 3.5 亿年前至 2 亿年前的石炭纪、二叠纪、三叠纪和 1.3 亿多年前的侏罗纪，是蕨类植物和恐龙繁荣的时代。古人有"西山石为薪，黝黑惊射目"的诗句，说的即是门头沟盛产煤炭。在北京的发展过程中，煤为人民带来温暖和光明，它和水、粮食一样，都是京城的命脉，也造就了北京最早的产业工人。

老话曾言"京城里爨炊所需全仰仗西山的煤"，这话说得在理。门头沟的小窑历尽千年，而煤都是靠骆驼或毛驴一驮子一驮子进城里的。昔日，从八里庄往西一直到矿区，有不少人家养骆驼、毛驴就为驮煤，用的都是帆布口袋，骆驼能驮 200 多斤，毛驴能驮 100 斤。

煤驮子出城进城都走阜成门，阜成门是煤门，有城门楼子那会儿城门上刻着一朵梅花，表示就是专运煤的门。驮队一般走西山大路，到石景山后走模式口，从三家店过永定河，这走的是弓背，远点，雨季时走这条道的多。旱季时，人们多从麻峪过永定河，再穿大峪走辛房。这走的是弓弦，要近得多。

段益三先生创办门头沟煤矿的前身通兴煤矿之前，小窑多分布在圈门里到峰口庵一带，为此西山大路上留下了不少蹄窝印。

门头沟煤矿是 1896 年兴建的京西第一座现代化煤矿，它有几个第一：第一个采用竖井技术；第一个使用电力；第一个用铁路外运煤炭；第一个利用外资……现在，煤矿虽已倒闭，但井架依然在，矿灯房依然在，1925 年建的办公楼依然在，日据时的炮楼依然在，建在石港村口和横岭村口的风井依然在，北坡上煤矸石的出口依然在，九龙矿的矿口依然在……这些，俨然在展示门头沟有一部灿烂的煤矿史。

说京西煤业，不能不提到胡仙洲先生。胡仙洲 20 世纪 20 年代大学毕业后即投身京西煤业，他一生创办煤窑多座，但以宏顺窑最为著名。宏顺窑是京西规模最大的民族资本企业，煤窑遗址就在西辛房北坡正在兴建的煤矿遗址公园西侧。宏顺窑口周边小窑口窑已不存，但遗址上仍有不少残垣断壁。它们同样承载着历史记忆。

门头沟的煤业乃一把双刃剑，在出产数亿吨的煤炭之后，带来的是对生态的巨大破坏，地下水位持续下降，众多水泉干涸，地下采空区密布，对今日人们的生产、生活产生了相当影响。

四 门头沟宗教寺庙概览

门头沟区千百年来一直是京畿重地，素有"神京右臂"之称，地理位置非常重要。门头沟还是历史上重要的古商道，连接草原和北京城，承载着山西、内蒙古与北京货物往来。门头沟的寺庙很多，古庙宇的遗存有 163 处，中国历史上所流传的各种宗教在这里几乎都有反映，特别是佛教、道教、伊斯兰教、天主教和民间信仰，给京西这块土地留下了深深的印迹。门头沟区是北京地区佛教传入最早的地方，佛教在门头沟区曾普遍流行，潭柘寺是北京地区修建最早的寺院之一。

纵观京西寺庙，大致有这样几个特点。

第一，历史悠久。京西是北京地区佛教最早传入的地区之一，据史籍记载，百花山瑞云寺和灵水村灵泉寺都建于汉代；著名的潭柘寺建于西晋，"先有潭柘寺，后有北京城"是北京地区几百年来妇孺皆知的一句名谚；戒台寺始建于隋代。到了唐代，门头沟的佛寺已经相当多了，如齐家庄的灵严寺、苛萝坨的西峰寺、斋堂的灵岳寺、大峪村的古佛堂、三家店的白衣观音庵，等等，均是其时所建。

第二，规模宏大。京西的著名佛寺大都规模宏大，例如，潭柘寺寺院占地达 2.5 公顷，寺外占地 11.2 公顷，有 4 座下院，庄田达 400 多公顷，寺院内有房近 1000 间；戒台寺占地 4.4 公顷，建筑面积达到 8392 平方米，有 5 座下院，庄田土地远达河北省固安县；白瀑寺庄田甚多，仅下院就达 11 座；仰山栖隐寺在金元时期是北京地区最大的佛寺，其规模不但在北京地区绝无仅有，而且在全国也是屈指可数的。

第三，有多座佛教中心寺院。大乘佛教有"五宗七派"，京西的一些宏刹巨寺是一些宗派的中心寺院，在佛门有着崇高的地位。例如，戒台寺是律宗的中心寺院，而且是佛门的最高学府，可授佛门最高戒律——菩萨戒，全国各地许多僧人都以在戒台寺受戒为荣；潭柘寺在金代时是临济宗的中心寺院；仰山栖隐寺在金元时期是曹洞宗的中心寺院；白瀑寺是华严宗的中心寺院。

第四，高僧大德辈出。法均和尚在戒台寺修建了大戒坛，"忏称弟子者，五百万余"，辽道宗赐亲手抄写的《大乘三聚戒本》，此为佛教律宗正统代表的信物，戒台寺也因此而成为中国北方律宗的领袖寺院，法均、裕窥、悟铢等几代住持时期，弟子均达五百余万。仰山栖隐寺西辩和尚是金代公认的曹洞宗领袖，行通禅师是曹洞宗第十一代传人；万松行秀在金末元初时，是中国佛教北方的领袖；辽代末年，白瀑寺的圆正法师是华严宗的领袖；金代时，潭柘寺的广慧通理禅师开性是公认的临济宗领袖，其他高僧亦不胜枚举。

门头沟地区佛教氛围极其浓重，其他宗教很难在这里立足，因此，作为中国本土宗教道教直到元代时才在这里站住了脚跟。门头沟地区的道教宫观虽不多，但来历都不凡，故才能够在这片佛教氛围浓重的土地上立足。例如，燕家台通仙观是元代极受成吉思汗尊崇的全真教首领、被封为国师的丘处机的弟子尹志平、蔡志仙、刘志远、田志恭、康志觉等人为了完成其师遗愿而建造的；何各庄的太清观是明代大太监、四朝元老王振为自己建造的"道教家庙"；石门营的玄贞观是清末内宫二号太监刘诚印所建，为年老太监出宫后的终老之所。明代提倡"三教同源"之后，门头沟地区的道教庙宇才逐渐增多，如石厂村玄帝庙、沿河城真武庙和老君堂、千军台的王老庵等，但其数量和规模、信众、影响力等方面均不能与佛教相比。

京西道教庙宇的特点是，数量不多，除少数几座之外，大都规模不大；其中几座有规模的宫观地位重要，有一定的影响力。

寺庙中没有专职神职人员，除少数规模较大的庙宇由僧人、道士代管外，一般由所在村庄自行管理。

在门头沟地区，与农业生产息息相关的庙宇非常多，如树神庙、马王庙、虫王庙、土地庙等，而京西最有特色的民间神庙是窑神庙，因为窑神是京西煤业生产的保护神。

这里民间神庙的主要特点是数量极多，但规模都不大，民建民管，建筑上无特色。众庙中，数量最多的是老爷（关帝）庙、龙王庙、娘娘庙和五道庙。这些民间神庙一般没有固定的祭祀日期和仪礼，村民大多采取实用主义，何时需要何时去拜神。

京西寺庙种类多，数量大，是京西地区宝贵的文化财富和旅游资源，其繁盛主要有几方面的原因。

1. 优美的自然环境

"天下名山僧占多"，门头沟区为北京市唯一的纯山区，山地占全区面积的 98.5%，山峰连亘，列若玉笋。在古代，这里草木丛郁，泉水涌流，是僧道静修的理想之处。因此这里不仅寺庙多，而且香火繁盛。在明代以前所建村庄中，几乎村村都建有佛寺，有的村子里甚至有三四座之多。北京民间素有"借佛游春"的习俗；早在明代，去潭柘寺"观佛陀"以及到戒台寺看"耍戒坛秋坡"就已经成为当地一种习俗。

2. 皇家的青睐

宗教如果没有官方的支持是很难繁盛的，皇家的青睐无疑是京西寺庙繁盛的首要原因。门头沟地区之佛寺得到皇家的垂青肇始于辽代，到1119年，辽天祚帝诏见戒台寺第三代住持、坛主悟敏大师，赐其穿紫袈裟；"紫"为皇家专用颜色，僧人被赐穿紫袈裟是一种崇高的荣誉。金代皇统元年（1141），金熙宗完颜亶到潭柘寺进香礼佛，成为第一位到潭柘寺及门头沟地区进香的皇帝，后代皇帝争相效仿。元代时，元世祖忽必烈之女妙严公主于潭柘寺出家为尼，忽必烈曾来寺看望她，并给寺院赏赐钱财。明代，到京西寺庙进香的皇帝多，为寺庙赐名的皇帝多，御赐"敕谕"碑多，御赐佛经多。清代，自清世祖开始就极尊崇佛教，顺治帝以"佛爷"自居，康熙帝封妙峰山为"金顶"，乾隆、雍正、嘉庆经常到潭柘寺进香礼佛，咸丰和慈禧太后敕封七十余档上妙峰山进香的香会为"皇会"。从金至清，历时四个朝代700余年，京西寺庙一直受到皇家的垂青，这无疑对民间的尊佛是一个极大的带动，从而使得京西寺庙越建越多，并且香火旺盛。

3. 太监修庙

俗话说："明朝修庙，清朝修道。"明代北京佛教发展之所以趋于极盛，除诸帝崇佛外，还有一个重要的原因则是历朝太监也大多崇信佛教，出资广建佛寺。时人曾论："都城自辽金以后，至于元，靡岁不建佛寺，明则大珰无人不建佛寺。梵宫之盛，倍于建章万户千门。""大珰"即指大太监，汉、唐二朝曾有宦官专权之弊政，故而明初时，开国皇帝太祖朱元璋曾严禁宦官干政。但从明成组朱棣开始，明皇帝大量任用宦官，宦官权势日益增重，乃至出现了王振、魏忠贤、刘瑾等权倾朝野的大太监。太监们倾其资财，用其权势，在西山广建寺庙，一是为了多积功德，死后升入极乐世界；二是为了年老出宫之后有个安身终老之所。

4. 高僧大德辈出

京西佛教庙宇出过许多高僧大德，曾有数十位佛学大师名列《高僧传》。他们地位高，名气隆，影响大，受人尊崇，对于弘扬佛法起到了重要的作用，同时对提高其所在寺院的地位、繁盛香火、吸引布施等方面也有很大的作用。京西的不少寺院或高僧所创建的，或因高僧而中兴的。被誉为戒台寺"开山祖师"的智周和尚，是京西诸多寺庙僧人中第一位名列《高僧传》之人。据《潭柘山岫云寺志》载，华严和尚"行化既久，及终坐亡，肉身不萎败"，被后世奉为潭柘寺开山祖师。辽代时，北京地区的律宗高僧首推法均和尚。据时人称，其"前后受忏称弟子者，五百余万，所饭僧、尼称于是"，影响之大，在燕京地区"自古及今，未之有也"。因有法均和尚，律宗之学为时一盛，戒台寺也成了佛教最高学府和律宗之圣地，此后数代住持、坛主均为辽国佛教律宗领袖。金代禅学中临济宗一派，以潭柘寺的广慧通理禅师开性为代表。万松行秀为金元之际禅、净双修的著名高僧，为整个北方佛教之领袖，当时在佛教界和政界都有很大影响。除律、禅二宗外，华严宗在京西也出现了不少高僧，金城山白瀑寺的圆正法师即为燕京华严宗领袖。明代时，姚广孝不仅是明初功臣，而且是一代名僧，朱棣迁都北京后封他为太子少师，他辞官不就，隐居潭柘寺，朱棣曾来寺探望。姚广孝病故后，朱棣亲自为其撰写神道碑，并配享于太庙。清代时，北京地区律宗最盛，连禅宗、临济宗中心寺院潭柘寺也易禅为律了，当时潭柘寺出现了震寰照福、洞初征林、恒实源谅、静观圆瑞、静海印彻等多位佛学大师。这些高僧在佛门地位颇高，影响很大，并与皇亲国戚、达官显贵交往密切，因而对保护寺院、繁盛香火、吸引布施等都颇有裨益。

5. 民间崇信

一种宗教是否能够流传开来，一座寺庙能否香火旺盛，关键要看民间百姓是否崇信。信众越多，其香火越兴旺，否则就会香火凋零。京西寺庙信众广泛，因而香火久盛不衰。双林寺位于清水镇清水村西北山间，据寺内所存辽代《尊胜陀罗尼经》幢上题记载，该寺庙因附近有斋堂、胡家林、清水村、青白口、齐家庄等村的村民助善，其信众颇广。圆正法师在金城山下的山洞中讲经传法时，十分清苦，玉河、怀来、昌平、矾山4个县的信士集资为其修建了庙宇，这就是著名的白瀑寺。辽代咸雍六年（1070），法均大师在戒台寺开坛演戒时，大辽国各地的佛教徒争相涌向戒台寺，甚至北方少数民族和当时与辽国相对峙的宋朝统治区的百姓也冒着生命危险偷越边境前来听讲。据说，当时涿州府的官府和老百姓们还在大路边设立了驿站施粥舍饭，以接济从大宋远来听讲的佛教徒们。京西寺庙中最具群众基础的当首推妙峰山娘娘庙，每年正月，这里人烟辐辏，车马喧嚣，夜间灯火之繁灿如列宿，以各路之人计之约有数十万，以金钱计之亦约有数十万。此庙香火之盛，实可甲天下矣。

6. 信士助善

一座寺庙的存在，要有一定的经济条件作为支撑，如潭柘寺、戒台寺之类的宏刹巨寺，房屋近千间，僧众数百人，每日的花销就是一笔不小的数目。寺庙经济来源主要靠信士助善，助善方式有多种，如善士捐资修缮殿堂、斋僧，捐献土地田产，等等。像潭柘寺、戒台寺、白瀑寺等寺庙，都拥有很多田产，它们出租土地，用地租充作香火费满足日常开支。如果没有信士的助善，这些寺庙是很难维持下去的。三家店龙王庙始建于明末清初，创建者是三家店村村民侯印，且侯印多次出资重修。永定河沿岸原有多座河神庙，但只有三家店龙王庙保存了下来，在清光绪七年（1881）《重修龙王庙碑》中，所记录的出钱助善的商户就达数十家。金城山白瀑寺田产众多，下院达11座，绝大部分庙产都是民间信士施舍捐献的。戒台寺香火之所以繁盛了上千年，正是由于民间信士不断地买地捐资奉献的结果，戒台寺也因此庙产庞大、僧侣众多。民国年间，天津大盐商"李善人"出资整修了妙峰山娘娘庙，据说所花费的银圆铺满了整个庙院。

门头沟，山清水秀，故成为众多寺庙选址的风水宝地和高僧大德静修的理想场所。众多高僧落足于此，又使得其所在寺庙地位显赫，声名远播；皇帝、高官、贵戚来此进香礼佛，促进了众多的民间善士舍银捐地，从经济上为寺庙提供了可靠的经济支持；门头沟区又纵横京西古道，是经济、政治、文化的交流、荟萃之地，特殊的地理位置和历史积淀，使得门头沟区成为京郊寺庙繁盛之地，留存了丰厚的文化资源。

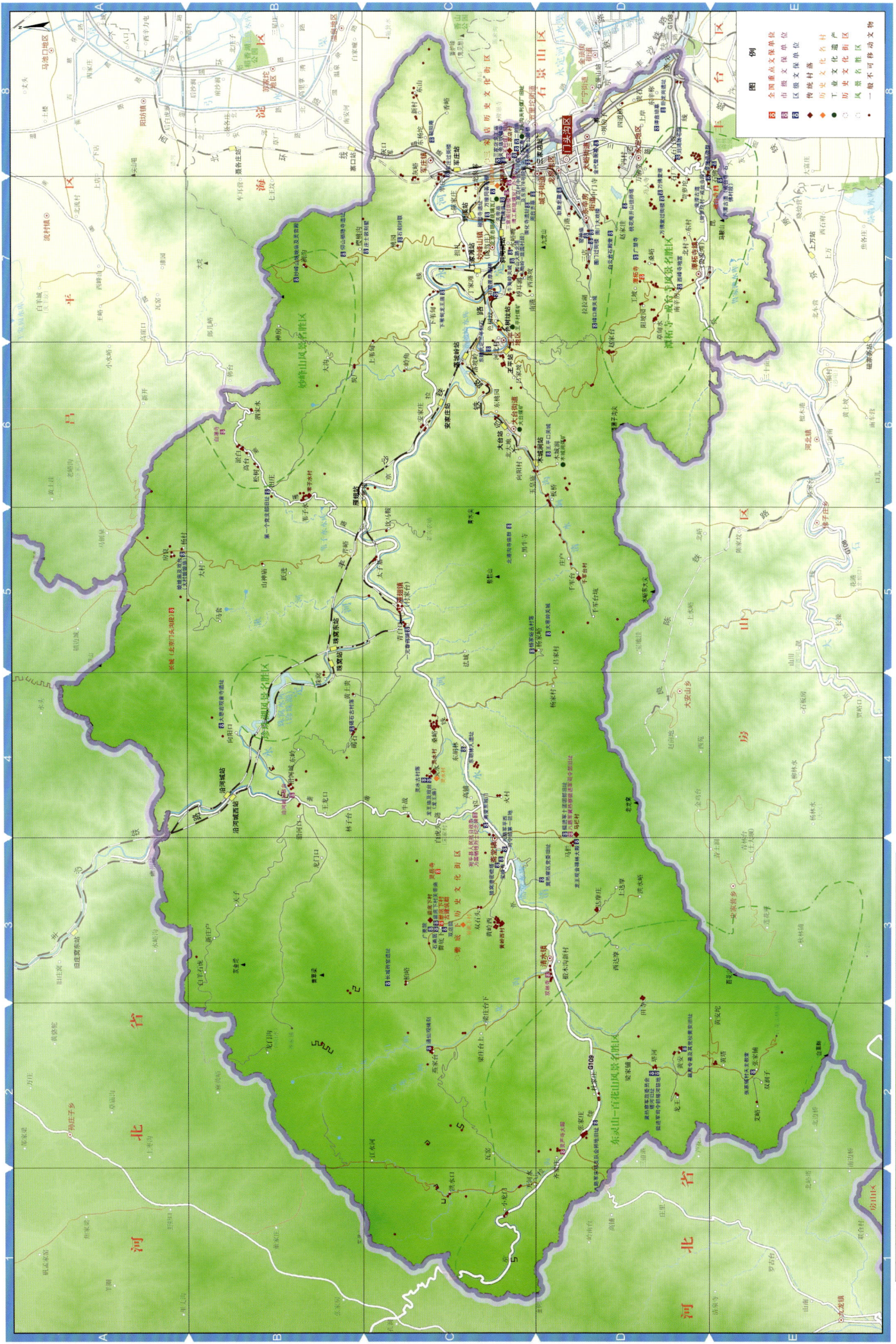

目　录

历史建筑 575

全国重点文物保护单位

PROTECTION UNITS AT THE NATIONAL LEVEL

名　称	戒台寺
地图索引	E7
保护类型	全国重点文物保护单位（第四批）
文物类型	古建筑
公布时间	1996 年
详细地址	永定镇秋坡村
建造时间	隋代
地理位置	东经 116° 04′ 48.9"，北纬 39° 52′ 07.2"
海　拔	194 米
地理环境	戒台寺建于门头沟区马鞍山北麓的山腰处，位置在 2012 年迁走的秋坡村旧址之南，其西靠西乐峰，南倚六国岭，北对石龙山，东连平原，占地面积 4.4 公顷，建筑面积为 8392 平方米；寺院坐东朝西，殿堂依山势而建，高低错落有致
文物现状	现遗完整寺庙一座，其中有许多辽代风格的古建筑，是中国北方保存辽代文物最多和最完整的寺院，其中的佛塔、经幢、戒坛都是十分罕见的珍品。寺内西北院高 3.5 米的汉白玉方台戒坛是中国佛教史上最高等级的受戒之所，戒台殿内 133 尊金身泥塑戒神更是难得的艺术珍品；另外寺内还有许多明清风格的古建筑
历史沿革	戒台寺始建于唐武德五年（622），初名慧聚寺，因辽咸雍年间寺内构建了号称"天下第一坛"的全国最大佛教戒坛，故民间称其为戒坛寺，又因发音演变之故，后被通称为戒台寺。元明两代都曾对戒台寺重新修葺，特别是明宣德年间的重修更是长达 7 年，后明英宗赐其名为万寿禅寺；元、明、清三代及民国时期，戒台寺一直是佛事活动场所，新中国成立后由北京市园林局经营管理则停止了佛事活动，并将其开辟为公园；1957 年 10 月 28 日，戒台寺被列为北京市第一批文物保护单位。20 世纪 60 年代中后期，因修理天坛斋宫需用木料，故拆除了戒台寺的千佛阁，寺内佛像也大部分于此期间被毁。20 世纪 80 年代，戒台寺经过大修后再次开放；1996 年 11 月 20 日，戒台寺入选国务院公布的第四批全国重点文物保护单位
主管单位	北京市门头沟区人民政府
保护情况	大致较好，但整体建筑受周边环境影响极易受损
损坏原因	周围工厂的破坏性生产

戒台寺地图、照片

戒台寺平面图（2016 年）

戒台寺内景（摄于 2008 年 9 月）

名 称	潭柘寺
地图索引	D7
保护类型	全国重点文物保护单位（第五批）
文物类型	古建筑
公布时间	2001 年
详细地址	潭柘寺镇平原村
建造时间	晋代
地理位置	东经 116° 01′ 29.3″，北纬 39° 54′ 45.5″
海 拔	331 米
地理环境	潭柘寺位于门头沟区东南部潭柘山麓的平原村之南，寺院坐北朝南，背倚宝珠峰，占地总面积达 121 公顷以上，其中寺内占地 2.5 公顷，寺外占地 11.2 公顷，余为寺院所管辖的森林和山场
文物现状	现有完整大型寺庙一座，内含房舍 943 间，其中古建筑殿堂 638 间，主要为明清两代所建；寺内古建木牌坊一座和 71 座建造于不同朝代的和尚冢塔仍保存完好，另有诸多古建佛像；历代相传之宝锅与石鱼，此为潭柘寺二宝
历史沿革	潭柘寺始建于西晋，初名嘉福寺，是佛教传入北京地区后最早修建的寺庙，寺后有龙潭，山上有柘林，故民间称之为潭柘寺。因潭柘寺早于北京的前身幽州城，故而素有"先有潭柘寺，后有北京城"之说。唐代，潭柘寺因成为佛教华严宗寺院而兴盛，后因排毁佛教而荒废。五代后唐时期，潭柘寺重兴盛并由华严宗改为禅宗。金代，金熙宗完颜亶赐名为大万寿寺，并拨款对其进行整修扩建。明代，由朝廷拨款对潭柘寺进行了多次整修和扩建，使其确立了今日之格局，据说北京城的许多地方都是依潭柘寺的样子来修建的；明代时期，潭柘寺曾几次受皇帝赐名，故曾有"龙泉寺""嘉福寺"之称。清代，康熙皇帝降旨为潭柘寺任命住持，亲拨库银万两修葺，赐其名为"敕建岫云禅寺"，并亲笔题写寺额，从此潭柘寺成为北京地区最大的皇家寺院。1950 年，潭柘寺成为北京市首批开放的七个公园景区之一；1957 年 10 月 28 日，潭柘寺被列为北京市首批重点文物保护单位；"文革"前期，潭柘寺遭受空前浩劫，建筑受损，文物流失，于 1968 年底被迫关闭；1978 年，北京市政府拨款重修潭柘寺，并于 1980 年 8 月 1 日再次开放；2001 年 6 月 25 日，国务院公布第五批全国重点文物保护单位，潭柘寺名列其中
主管单位	门头沟区潭柘寺镇政府
保护情况	修复后基本完好，但因其为旅游观光胜地，少量损毁亦未能避免
损坏原因	年久失修自然风化

潭柘寺地图、照片

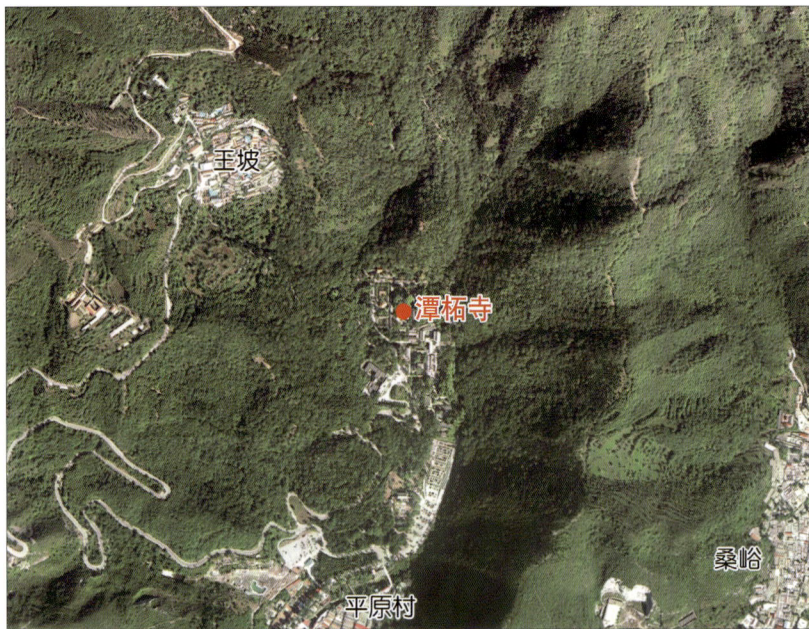

潭柘寺平面图（2016 年）

潭柘寺春景
（摄于 2008 年 5 月）

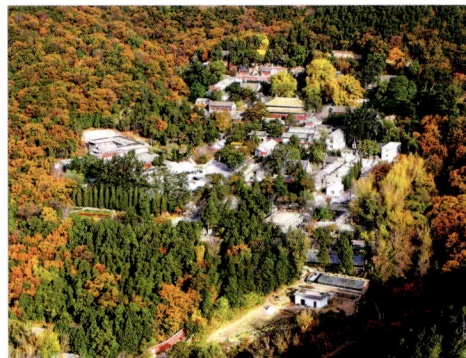

潭柘寺秋景
（摄于 2008 年 10 月）

名　称	爨底下村古建筑群
地图索引	C3
保护类型	全国重点文物保护单位（第六批）
文物类型	古建筑
公布时间	2006 年
详细地址	斋堂镇爨底下村
建造时间	明清时期
地理位置	东经 115° 38′ 23.6″，北纬 39° 59′ 47.9″
海　拔	629 米
地理环境	爨底下村位于距北京 90 公里的门头沟区斋堂镇，地处斋堂西北峡谷中部，四面环山，邻近清水河流域。该村面积约 5.3 平方公里，以村后龙头山为圆心，聚落依地势起伏并呈扇面形展于村中轴线两侧
人文环境	该村 2004 年时计有 35 户 93 口人，村民皆为韩姓；村中有丰厚的古民居建筑文化且民间风俗众多，另有一些非物质文化遗产留存
文物现状	现存爨底下村由 76 处明清古院落构成，计有 656 间房，整个建筑群依势而就，高低错落；村上、村下被一条长 200 米的弧形墙分开，村前又被一条长 170 米的弓形墙围绕，三条通道贯穿全村，具有防洪和防匪的功能。爨底下村的道路皆为石板铺就，村中建筑布局考究，具有结构严谨、门楼等级严格、四合院布局颇具匠心，以及门墩和石雕、砖雕、木雕皆精美等鲜明的建筑特色，是北方地区罕见的整体精良的古建筑村落
历史沿革	400 多年前，有韩姓乡民移居于京西斋堂西北峡谷的中部，经历代繁衍而逐渐形成一个完整村庄，因其处于明代军事隘口"爨里安口"之下方，故得名爨底下村。因山村古建筑群保存完整且聚落布局独特、构思巧妙等鲜明的建筑特色，爨底下村于 2003 年被国家建设部、国家文物局评为首批中国历史文化名村，2006 年 5 月 25 日被国务院公布为第六批全国重点文物保护单位。该村还是国家旅游局核定的国家 3A 级景区
主管单位	门头沟区斋堂镇政府
保护情况	整体基本完好，个别院落有破损
损坏原因	年久失修及房屋空置

爨底下村古建筑群地图、照片

爨底下村古建筑群

爨底下村

爨底下村古建筑群平面图（2016 年）

爨底下村古建筑群
（摄于 2008 年 3 月）

名称	灵岳寺
地图索引	C3
保护类型	全国重点文物保护单位（第七批）
文物类型	古建筑
公布时间	2013 年
详细地址	斋堂镇新兴村
建造时间	唐代
地理位置	东经 115° 40′ 18.3″，北纬 39° 59′ 54.4″
海拔	851 米
地理环境	灵岳寺位于距门头沟区斋堂镇北部 5 公里的白铁山主峰前，坐北朝南，四面环山，苍松掩映，毗邻新兴村
文物现状	灵岳寺现存石砌山门一间，面阔 3.4 米，进深 4.2 米，高 5 米，门洞高 2.5 米，歇山顶上吻兽残缺；寺内悬山式天王殿设计巧妙，有通宽 10.73 米、进深 7.47 米、高 0.85 米的条石及砖混台基；殿面阔 9.52 米，进深 5.9 米，通高 7 米；脊顶吻，垂首均已残；殿内原供奉的四天王、韦陀及接引佛塑像均无存。二进院释迦佛殿为单檐庑殿顶调大脊式建筑，大殿台基通宽 15.4 米，进深 12.4 米，高 0.8 米；殿面阔 13.1 米，进深 8.55 米，檐下双昂五彩斗拱，拱眼壁为彩绘佛像，四周有宽 1.65 米的回廊。寺内建筑多为元代木结构，正殿内尚存修庙碑二通
历史沿革	灵岳寺始建于唐贞观年间，初时其名待考，辽代重建后改称为白贴山院，至金代始改名为灵岳寺。灵岳寺在元、明、清三代均得以重修，其中元代建筑风格最为浓郁，寺内主要建筑仍保存元代木结构建筑的特点，是北京地区为数不多的元代建筑风格寺庙。寺内原有天王殿和释迦佛殿，其中释迦佛殿供奉的柳木雕刻佛像高近 4 米，于 1954 年被拆毁。灵岳寺于 2013 年 5 月 3 日被国务院公布为第七批全国重点文物保护单位，2008 年得以重修
主管单位	门头沟区斋堂镇政府
保护情况	整体建筑完好，殿内供奉的佛像均为 2008 年重修
损坏原因	年久失修及人为破坏

灵岳寺地图、照片

灵岳寺平面图（2016 年）

灵岳寺文物保护标志及山门
（摄于 2010 年 4 月）

名　称	长城（北京门头沟段）
地图索引	A5
保护类型	全国重点文物保护单位（第七批）
文物类型	古遗址
公布时间	2013 年
详细地址	门头沟区境内
建造时间	明代
地理位置	东经 115° 26′ 20.20″、北纬 39° 57′ 43.3″ 至 东经 115° 53′ 49.20″、北纬 40° 08′ 03.78″
海　拔	598 米
地理环境	长城（北京门头沟段）属于内三关长城，主要分布在门头沟西北部一线的深山区，其两边连接自然山险，内外长满灌木杂草，是扼守北京西部山区通往京城各处重要关卡；长城（北京门头沟段）西部与河北省长城相连，北部与昌平区长城相连，现于门头沟区域内长城断续分为三线：西南边为清水镇洪水口村、小龙门村、燕家台村一线，中间以斋堂镇柏峪村、黄草梁、天津关、沿河口、沿河城、东岭为一线，西北边为雁翅镇房良村、大村、马套村一线
文物现状	长城（北京门头沟段）现有残墙体 10 段，共 4289 米，其中除东岭一段外，大部分为附属墙体，墙体均为山石垒砌
历史沿革	长城在北京地区内绵延近千里，大多构筑在高山峻岭和悬崖陡壁上，以气势雄伟、规模浩大著称于世，因年久失修，北京地区内的长城现已分成不同的段落，保护情况也不大相同。门头沟段长城是长城北京段的重要组成部分，2013 年 5 月 3 日这段长城与平谷、密云、怀柔、延庆、昌平等诸段长城共同成为第七批全国重点文物保护单位
主管单位	北京市门头沟区人民政府
保护情况	较差
损坏原因	主要有四：其一为年久失修；其二为门头沟区大多为山地棕壤以及山地淋溶褐土、山地碳酸盐褐土等地质环境，这类土石长年经水蚀和冻融后容易风化，对长城遗存本体造成物理性的破坏；其三为多年来长城本体内外长满灌木，这些植物根系对长城本体也有分裂瓦解的破坏作用；其四为历年来保护不够，拆砖挪作他用的人为破坏较多

长城（北京门头沟段）地图、照片

长城（北京门头沟段）平面图（2016 年）

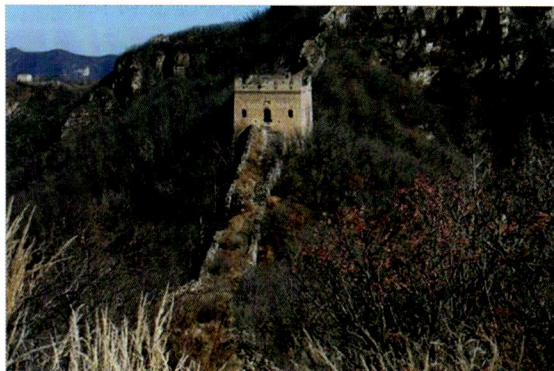

长城（北京门头沟段）
（摄于 2007 年 5 月）

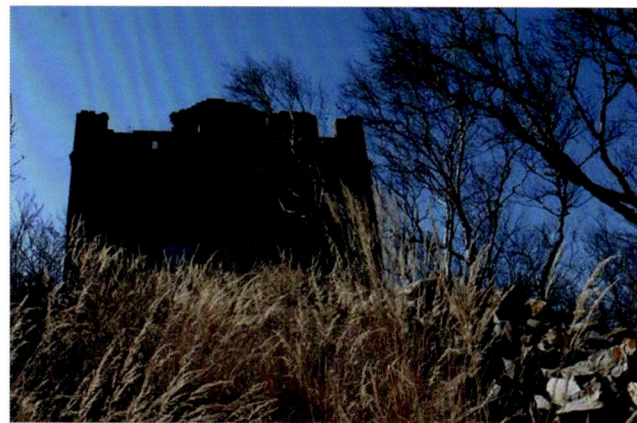

市级文物保护单位

THE MUNICIPAL BUMP UNIT

名 称	沿河城与敌台
地图索引	B4
保护类型	市级文物保护单位（第三批）
文物类型	古遗址
公布时间	1984 年
详细地址	斋堂镇沿河口村、清水镇小龙门村
建造时间	明代
地理位置	东经 115° 26′ 20.2″，北纬 39° 57′ 43.3″ 至东经 115° 42′ 52.4″，北纬 40° 04′ 07.0″
海 拔	385～1099 米
地理环境	沿河城位于永定河岸的狮子沟沟口，地处紫荆关和居庸关之间的深山峡谷之中；敌台（又称墩台）是沿河城的附属建筑，共计 18 座，位于沿河城至洪水口一线
文物现状	沿河城与敌台现存城门一座，城西敌台两座，沿河城至洪水口一线带有沿字编号敌台 15 座，另有两处未编号敌台及部分附属墙体；沿河城古建筑大多无存，仅余城门一座、城西敌台两座及东岭残城墙一段，都是用巨大的不规则山石砌造而成。城内现存明代所建大戏楼一座，为坐北朝南的三间结构，宽 6.2 米，进深 7.4 米，有 1.5 米的高石基、悬山卷棚顶和旋子彩绘柱枋。敌台均为梯形台状，台基或为青石或为花岗岩，外墙用不规则山石灌浆筑砌，内以碎石混土填充。目前沿河城已无完整敌台，有些敌台仅存台基
历史沿革	狮子沟当年是塞外与北京交通的要冲之一，为加强京城防御，故于明万历六年（1578）修建沿河城，其连同紫荆关一起成为沿长城设置的九大边防重镇之一蓟州镇的重要防守关隘。1984 年，沿河城与敌台被公布为北京市第三批市级文物保护单位
主管单位	北京市文物局
保护情况	较差
损坏原因	年久失修、自然风化和植物根系侵蚀，以及挖墙取砖的人为破坏

沿河城与敌台地图、照片

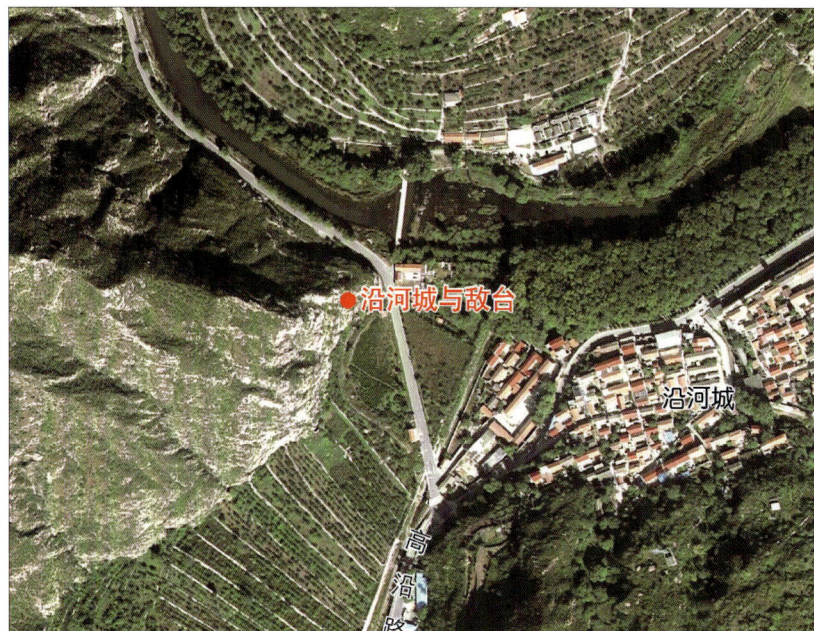

沿河城与敌台平面图（2016 年）

沿河城与敌台
（摄于 2008 年 5 月）

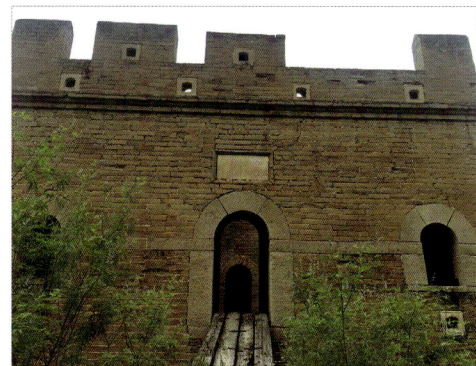

名　称	三官阁过街楼
地图索引	C7
保护类型	市级文物保护单位（第四批）
文物类型	古建筑
公布时间	1990 年
详细地址	龙泉镇琉璃渠村
建造时间	清代
地理位置	东经 116° 04′ 59.6″，北纬 39° 58′ 05.6″
海　拔	134 米
地理环境	三官阁过街楼位于琉璃渠村东口，坐东朝西
文物现状	三官阁过街楼为砖石砌筑，下部城台状，券洞进深 10 米，宽 3 米，券顶高 3.5 米；城台上建有殿堂三间，为硬山大脊琉璃顶，正脊由黄绿琉璃构件组成。过街楼上另有高 1.3 米、宽 0.6 米、厚 0.18 米的石碑一通，有碑座，方首圆角，碑额正中刻双行楷书《三官文昌东阁碑记》，对过街楼的创建做了详细的记载
历史沿革	三官阁过街楼始建于乾隆二十一年（1756），因券洞上殿堂供奉文昌等三官，故而得名。三官阁过街楼于 1990 年 2 月 23 日被公布为北京市第四市级批文物保护单位，1995 年得以修缮
主管单位	门头沟区龙泉镇政府
保护情况	主体建筑较好，碑面因磕碰略有损坏且字迹不清
损坏原因	年代久远，自然风化

三官阁过街楼地图、照片

三官阁过街楼平面图（2016 年）

三官阁过街楼（摄于 2008 年 5 月）

名　称	宛平县人民抗日战争为国牺牲烈士纪念碑
地图索引	C4
保护类型	市级文物保护单位（第五批）
文物类型	近现代重要史迹及代表性建筑
公布时间	1995 年
详细地址	斋堂镇牛战村
建造时间	1946 年
地理位置	东经 115°42′21.0"，北纬 39°59′04.1"
海　拔	440 米
地理环境	宛平县人民抗日战争为国牺牲烈士纪念碑位于邻近 109 国道的斋幽路之南，距牛战村 4.5 公里，处于高耸宽阔的九龙头山峦之中，坐北朝南，四周松柏环绕
人文环境	宛平县人民抗日战争为国牺牲烈士纪念碑镶嵌有宛平县 98 个村牺牲的 472 名烈士的姓名，自建立以来就是宛平人民怀念为国捐躯烈士的重要祭奠场所，每年清明这里的人流不绝，近年来这里更是成为附近学校进行爱国主义教育的重要基地
文物现状	宛平县人民抗日战争为国牺牲烈士纪念碑，铁灰色，为方形屋檐塔式结构，总高 8.75 米，首层四面各宽 2.2 米，底座为高 0.4 米的正方形平台，总面积 5 平方米。纪念碑有金黄色圆形塔顶，象征烈士们的功绩与日月同辉；方形碑体北面 4 块碑石镶嵌有当时宛平县各区、村牺牲的 472 名烈士的姓名、职务及出生地；南面碑额横刻"豪气长存，英名千古"两行大字，中间为"宛平县人民八年抗战为国牺牲烈士纪念碑"一行竖字，碑文竖刻于其两侧。纪念碑前方是祭奠广场，碑楼后是抗战题材的青铜浮雕
历史沿革	宛平县人民抗日战争为国牺牲烈士纪念碑建于 1946 年 7 月 7 日，是当时的宛平县抗日民主政府为纪念宛平县在抗日战争中牺牲的烈士所建，为北京历史上最早兴建的抗日战争纪念碑。该纪念碑原立于斋堂镇的斋堂中学内，1995 年 10 月 20 日被列为北京市第五批市级重点文物保护单位，1998 年迁移至九龙头山并重新修葺
主管单位	北京市文物局
保护情况	保存完好

宛平县人民抗日战争为国牺牲烈士纪念碑地图、照片

宛平县人民抗日战争为国牺牲烈士纪念碑平面图（2016 年）

宛平县人民抗日战争为国牺牲烈士纪念碑及文物保护标志（摄于 2008 年 5 月）

名　称	灵严寺大殿
地图索引	D2
保护类型	市级文物保护单位（第五批）
文物类型	古建筑
公布时间	1995 年
详细地址	清水镇齐家庄村
建造时间	元代
地理位置	东经 115° 30′ 19.7″，北纬 39° 56′ 23.0″
海　拔	711 米
地理环境	灵严寺大殿位于灵山风景区的齐家庄村，坐北朝南，依山环水，周边风景秀丽
文物现状	灵严寺现仅存面阔三间的大雄宝殿，建筑面积 118.5 平方米，梁架基本是元代风格，殿内采用减柱造，檐下斗拱代替木，整体体现了元代工艺手法，为北京地区所罕见。灵严寺内另有成化二十二年（1486）《重修灵严寺记》碑和嘉靖六年（1527）《重修灵严寺碑记》碑
历史沿革	灵严寺始建于唐武德年间，于元至正年间全部重建，寺内建筑风格皆呈现元代工艺手法，明代曾两次对该寺重建。灵严寺的大部分建筑于抗战期间被日军焚毁，现存的大雄宝殿是北京地区罕见的元代大殿。1995 年 10 月 20 日灵严寺大殿被公布为北京市第五批市级文物保护单位，后得到修复
主管单位	门头沟区清水镇政府
保护情况	修复后保护较好

灵严寺大殿地图、照片

灵严寺大殿平面图（2016 年）

灵严寺大雄宝殿
（摄于 2008 年 5 月）

灵严寺殿内梁架
（摄于 2008 年 5 月）

名 称	八路军冀热察挺进军司令部旧址
地图索引	D4
保护类型	市级文物保护单位（第五批）
文物类型	近现代重要史迹及代表性建筑
公布时间	1995 年
详细地址	斋堂镇马栏村
建造时间	民国初年
地理位置	东经 115° 41′ 25.2″，北纬 39° 56′ 10.4″
海 拔	595 米
地理环境	马栏村位于斋堂镇南部的老龙窝北麓马栏沟西坡阶地上，聚落略呈长方形，有南北向长 1000 米的主街一条，八路军冀热察挺进军司令部旧址即位于主街之南，坐北朝南
人文环境	马栏村文物古迹较多，主要有龙王观音禅林大殿、马栏戏楼等古建筑
文物现状	八路军冀热察挺进军司令部旧址位于一座坐北朝南四合院中，院门在东南角，两进院落。其前院有东西厢房各二间；后院有硬山清水脊正房三间，东西厢房各三间，倒座房三间，西侧有一个防空洞。院内建筑完好，墙体均是磨砖对缝，屋顶板瓦仰合；大门为抱框拔簪，五级踏步
历史沿革	这是一座建于民国初年的建筑。1939 年 1 月，萧克、马辉之等人奉中共中央和中央军委的命令，率干部和直属机关部队到达宛平县成立冀热察挺进军，开辟平西抗日根据地。10 月，该支挺进军的司令部进驻马栏村后借用了这个院落办公。1995 年 10 月 20 日，该建筑被公布为北京市第五批市级文物保护单位
主管单位	门头沟区斋堂镇政府
保护情况	现已辟为陈列馆，基本保存完好

八路军冀热察挺进军司令部旧址地图、照片

八路军冀热察挺进军司令部旧址平面图（2016 年）

八路军冀热察挺进军
司令部旧址
（摄于 2008 年 5 月）

名　称	天利煤厂旧址
地图索引	C8
保护类型	市级文物保护单位（第六批）
文物类型	古建筑
公布时间	2001 年
详细地址	龙泉镇三家店村
建造时间	清代
地理位置	东经 116° 05′ 56.7″，北纬 39° 57′ 54.7″
海　拔	126 米
地理环境	三家店村位于永定河出山口东岸，背靠九龙山，村中有门头沟旧时最繁华的商业街，天利煤厂旧址即位于该街中心。该煤厂占地面积 3508 平方米，建筑面积 1048 平方米，坐北朝南
文物现状	天利煤厂旧址为三个相连院落，共有民居 73 间，大门 14 座。三院之外有高大围墙，使之组合成一处完整的大型四合院
历史沿革	三家店村自古既是连接京西与北京城的重要通道，也是门头沟最大的物资集散地。因此地煤资源丰富，故十几家煤厂接踵而设，天利煤厂是其中较大的一家。天利煤厂由祖籍山东的殷姓家族创建于清道光年间，至同治、光绪时期达到鼎盛。2001 年 7 月 12 日，天利煤厂旧址被列为北京市第六批市级文物保护单位
主管单位	门头沟区龙泉镇三家店村委会
保护情况	建筑格局未变，建筑主体保存较好

天利煤厂旧址地图、照片

天利煤厂旧址平面图（2016 年）

天利煤厂旧址
（摄于 2007 年 7 月）

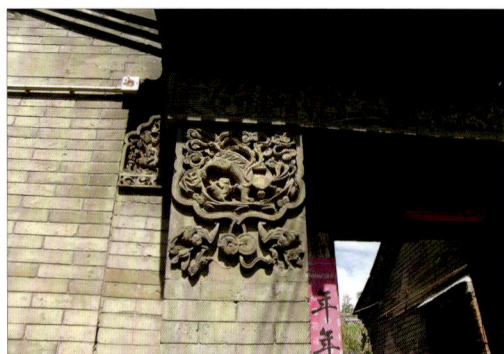

名　称	双林寺
地图索引	D3
保护类型	市级文物保护单位（第六批）
文物类型	古建筑
公布时间	2001 年
详细地址	清水镇上清水村
建造时间	辽代
地理位置	东经 115° 36′ 42.2″，北纬 39° 56′ 37.6″
海　拔	654 米
地理环境	双林寺位清水镇上清水村西北的百花山中，寺旁有清水河，周边均是山林古树，环境极为幽静
文物现状	双林寺现遗存元明时期小殿各一座，小殿均为 3.5 米见方，悬山调大脊，砖雕鸱吻。另西殿堂东有落款为"大明正德岁次辛未年乙未月癸巳日持立石"的石碑一块，碑通高 1.5 米、宽 0.63 米、厚 0.16 米，下有长 0.79 米、高 0.30 米、厚 0.46 米的碑座；碑首为方首委角，汉白玉石质，碑身为青石质，额题楷书"众等流芳"，背题篆书"重修双林寺记"；双林寺还保存有辽统和十年（992）经幢一座，该经幢为两层 4 米高，由 13 层石构件建成，下为八方基座，有圆形仰莲承托幢身。幢身上层为收分的八棱形，其上有方形小龛，龛顶为定珠状石件，龛周边雕有佛像；幢身下层刻有《尊胜陀罗尼经》及题记，是考察辽玉河地理辖界的重要文物。该文物现移至门头沟区博物馆保存
历史沿革	双林寺在辽代是百花山瑞云寺的下院，因其邻近清水河故名为"清水院"，后改名为"双林寺"。金、元、明、清时期都曾对该寺修缮，寺中主要大型建筑已毁于战火。1949 年后，双林寺遗址一直由林场保护，后又改为双林寺度假村。2001 年 7 月 12 日，双林寺被列为北京市第六批市级文物保护单位
主管单位	门头沟区园林局
保护现状	东西配殿基本格局未变，碑刻保存较好

双林寺地图、照片

双林寺平面图（2016 年）

双林寺
（拍摄时间不详）

名　称	白瀑寺
地图索引	B6
保护类型	市级文物保护单位（第七批）
文物类型	古建筑
公布时间	2003 年
详细地址	雁翅镇淤白村
建造时间	金代
地理位置	东经 115° 55′ 26.7″，北纬 40° 05′ 38.6″
海　拔	526 米
地理环境	白瀑寺位于门头沟区雁翅镇东北部的淤白村之北，四面环山，周边古树参天，梯田成片，自然环境十分优美。金代塔在白瀑寺内大雄宝殿右侧
文物现状	白瀑寺内的金代塔高约 12 米，为六角实心，下半部为密檐式，上半部为覆钵式。塔有 2 米高的须弥座，须弥座上是三层密檐，密檐之上双层仰莲承托覆钵，覆钵上置仰莲，再上为十一重相轮，上置镂空铁球，球中插铁刹杆。金代塔整体装饰华丽，雕壶形门布满塔身，门楣上刻深浮雕二龙戏珠图案，束腰龛洞中雕有卧兽，六角处有装饰性经幢小塔，其形制罕见，是金代密檐式塔中的佳作
历史沿革	白瀑寺始建于辽代乾统初年，因寺后山上有两道瀑布而得名。金代塔为圆正法师灵古塔，建于金皇统六年（1146）。白瀑寺部分建筑于民国初年遭军阀损坏，后于 20 世纪 60 年代的"文化大革命"中全寺尽毁，唯金代塔存留。2003 年 12 月 11 日，白瀑寺被列为北京市第七批市级文物保护单位
主管单位	门头沟区雁翅镇政府
保护现状	修复后保存较好

白瀑寺地图、照片

白瀑寺平面图（2016 年）

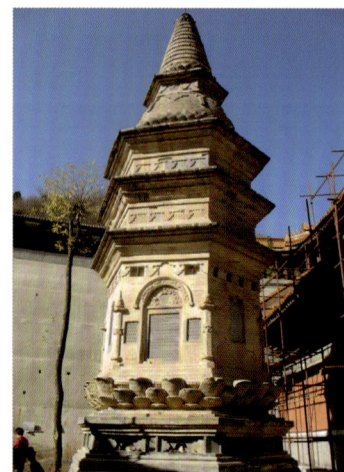

白瀑寺金代塔
（摄于 2008 年 6 月）

白瀑寺内景
（摄于 2008 年 6 月）

名　称	清工部琉璃窑厂办事公所
地图索引	C7
保护类型	市级文物保护单位（第八批）
文物类型	古建筑
公布时间	2011 年
详细地址	龙泉镇琉璃渠村
建造时间	清代
地理位置	东经 116° 04′ 57.3″，北纬 39° 58′ 05.0″
海　拔	137 米
地理环境	琉璃渠村地处龙泉镇北部，背靠九龙山，面临永定河，交通便利。清工部琉璃窑厂办事公所位于三官阁过街楼之西，坐北朝南，占地约 850 平方米
文物现状	清工部琉璃窑厂办事公所为两进四合院，全院墙体均磨砖对缝，地面铺方砖。院内有正房及倒座房各三间，为硬山大脊，倒座房带耳房；东西厢房为硬山元宝顶。整座建筑为砖墙木窗，门前青石台阶有垂带；内院有回廊相连，回廊配小筒瓦，色差头滴水为万字纹；院内建筑的砖雕及彩画精美
历史沿革	琉璃渠村自古即以生产琉璃而声名远扬，北京城内重要建筑的琉璃构件均在此烧制，故素有"中国皇家琉璃之乡"美誉。从元代起，朝廷即在此设琉璃局，至清乾隆年间，北京琉璃厂迁至此地，工部为此特别设立督烧机构，琉璃窑厂办事公所即为工部督造官之公署宅第。2011 年 3 月 7 日，清工部琉璃窑厂办事公所被列为北京市第八批市级文物保护单位，后得以全面重修
主管单位	门头沟区文委
保护现状	重修后保存较好

清工部琉璃窑厂办事公所地图、照片

琉璃渠小学

●清工部琉璃窑厂办事公所

清工部琉璃窑厂办事公所平面图（2016 年）

清工部琉璃窑
厂办事公所
（摄于 2008 年 6 月）

区级文物保护单位

DISTRICT-LEVEL BUMP UNIT

名　称	大悲岩观音寺遗址
地图索引	B4
保护类型	区级文物保护单位
文物类型	古建筑
公布时间	1981 年
详细地址	斋堂镇向阳口村
建造时间	明代
地理位置	东经115°　45′　42.1″，北纬40°　06′　27.0″
海　拔	1100 米
地理环境	向阳口村位于永定河北岸斋堂镇东北深山区，三面环山，一面临水。大悲岩观音寺遗址即位于向阳口村北山中的石岩凹进处，此地山路崎岖，人迹罕至
文物现状	大悲岩观音寺建筑多已倒塌，仅存残缺的山门殿、无顶正殿及东西配殿遗址，另有石窟寺一座和明崇祯年间及清康熙年间石碑各一通，石碑上刻有《重建大悲观音寺碑记》；寺后有带券门群仙塘，正殿内四面有残壁画多块
历史沿革	大悲岩观音寺始建于明代，于明末及清中期均得以重修，20 世纪 60 年代"文革"时期该寺庙遭到拆毁，故现称其为"大悲岩观音寺遗址"。该遗址于 1981 年被公布为区级文物保护单位
主管单位	斋堂镇镇政府
保护情况	较差
损坏原因	人为损毁

大悲岩观音寺遗址地图、照片

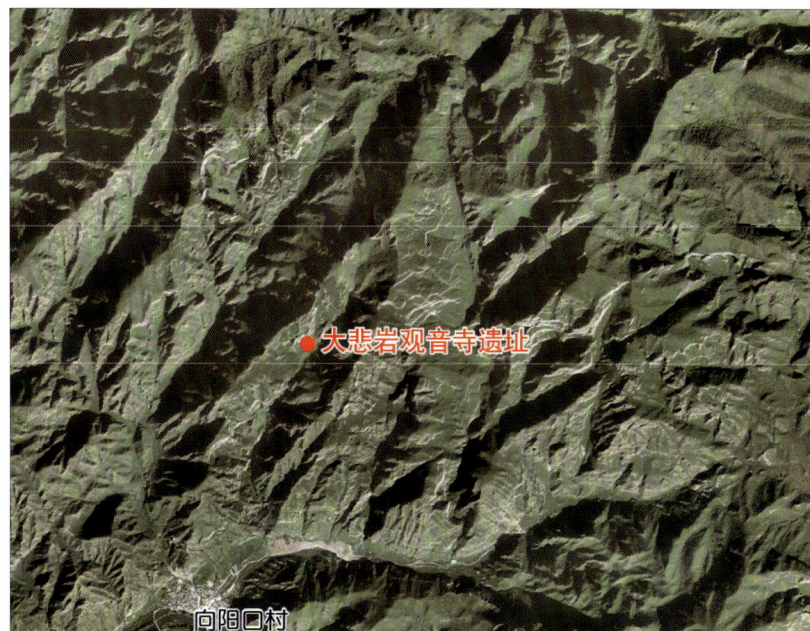

向阳口村　大悲岩观音寺遗址

大悲岩观音寺遗址平面图（2016 年）

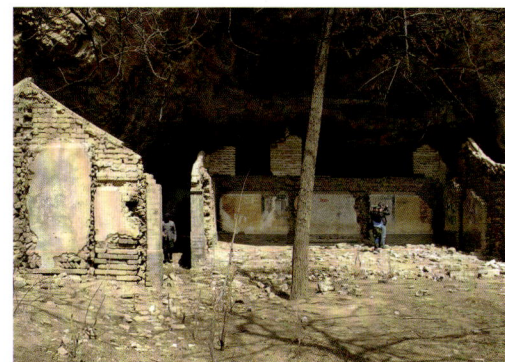

大悲岩观音寺遗址壁画
（摄于 2008 年 6 月）

名　称	妙峰山娘娘庙及灵官殿
地图索引	B7
保护类型	区级文物保护单位
文物类型	古建筑
公布时间	1981 年
详细地址	妙峰山镇涧沟村
建造时间	明清时期
地理位置	东经 116° 01′ 29.7"，北纬 40° 04′ 00.6" 及东经 116° 01′ 36.9"，北纬 40° 03′ 49.7"
海　拔	1031 米及 907 米
地理环境	妙峰山位于门头沟区北部与昌平区交界处，为西山北麓主峰，其最高峰被称为金顶，娘娘庙就建于妙峰山主峰的台地一隅，依金顶地形偏向东南，面对北京城。灵官殿是道教庙宇必备的一座殿堂，建在涧沟村通往娘娘庙的香道上
人文环境	妙峰山娘娘庙自古即吸引大批香客来此进香，每年的庙会更是人头攒动
文物现状	娘娘庙完整，主要建筑包括山门殿、正殿、地藏殿、药王殿、观音殿、月老殿、财神殿、王奶奶殿，以及庙外建筑回香阁。灵官殿现有正殿三间，后院有北房五间，轩堂三间
历史沿革	旅游胜地莲花金顶妙峰山在涧沟村地界之内，其景区以"古刹、奇松、怪石"闻名。妙峰山孤峰傲立，傲视终峦，山路九曲八弯，云雾缭绕，山泉清冽，溪水跳跃，有日出、晚霞、雾凇、山市等时令景观。此地还有华北地区规模最大的传统庙会，其以"金顶庙会"著称。1981 年妙峰山娘娘庙及灵官殿被公布为区级文物保护单位
主管单位	门头沟区妙峰山镇政府
保护情况	修复后保护较好

妙峰山娘娘庙及灵官殿地图、照片

妙峰山娘娘庙及灵官殿平面图（2016 年）

妙峰山娘娘庙一隅（摄于 2009 年 11 月）

名　称	仰山栖隐寺遗址
地图索引	B7
保护类型	区级文物保护单位
文物类型	古遗址
公布时间	1981 年
详细地址	妙峰山镇樱桃沟村
建造时间	北魏时期
地理位置	东经 116° 02′ 48.3″，北纬 40° 02′ 36.9″
海　拔	587 米
地理环境	樱桃沟村位于妙峰山樱桃沟中部，栖隐寺即坐落在村北四面环山的仰山盆地内，寺院依山而建，坐北朝南，面积达万余平方米
文物现状	仰山栖隐寺的原有建筑早已损毁，寺内遗存有仰山栖隐寺和尚塔、仰山第七代和尚塔及残缺和尚塔三座，另有大片的勾纹砖碎块、碎石碑等文物
历史沿革	仰山栖隐寺始建于北魏太和十八年（494），金代时为金章宗的"西山八大水院"之一的"灵水院"，至明朝永乐、正统年间两度大规模重修，清代和民国年间亦有重修。栖隐寺主建筑毁于日军炮火中，残寺毁于"文革"时期。仰山栖隐寺遗址于1981 年被公布为区级文物保护单位
保护情况	2010 年之后已重修寺庙
损坏情况	战火及动乱中的人为毁坏

仰山栖隐寺遗址地图、照片

仰山栖隐寺遗址平面图（2016 年）

重修后的仰山栖隐寺
（摄于 2010 年 3 月）

仰山栖隐寺一隅
（摄于 2010 年 3 月）

名 称	通仙观碑刻
地图索引	C2
保护类型	区级文物保护单位
文物类型	石窟寺及石刻
公布时间	1981 年
详细地址	清水镇燕家台村
建造时间	元明时期
地理位置	东经 115° 33′ 53.6″，北纬 40° 00′ 01.4″
海　拔	782 米
地理环境	燕家台村位于门头沟区西北部东西龙门涧汇合处的台地上，古庙通仙观即位于村中，现庙已毁，通仙观碑及额现被嵌在一个过街楼券洞角石处
文物现状	通仙观遗存碑刻两通。元碑为至元二十八年（1291）建，其长 1.08 米、宽 0.64 米、厚 0.17 米，上书《重修通仙观碑铭并序》，计楷书 19 行，每行 33 字；明碑为嘉靖九年（1530）建，其长 1.14 米、宽 0.67 米、厚 0.17 米，计楷书 23 行，每行 38 字
历史沿革	燕家台村通仙观始建于元代，曾是白云观的下院。因年久失修，通仙观早已损毁，现仅存庙碑二通。1981 年，通仙观碑刻被公布为区级文物保护单位
主管单位	门头沟区清水镇政府
保护情况	保护较好

通仙观碑刻地图、照片

通仙观碑刻平面图（2016 年）

通仙观碑刻（摄于 2008 年 6 月）

名　称	八路军平西司令部第一驻地
地图索引	C3
保护类型	区级文物保护单位
文物类型	近现代重要史迹及代表性建筑
公布时间	1981 年
详细地址	斋堂镇西斋堂村
建造时间	1938 年
地理位置	东经 115° 41′ 05.4″，北纬 39° 58′ 01.3″
海　拔	451 米
地理环境	西斋堂村位于清水河北岸，地处小北沟、马栏沟与清水河相交汇的开阔平坦地带，八路军平西司令部第一驻地即在村中，为一坐北朝南院落，长约 40 米，宽约 20 米
文物现状	八路军平西司令部第一驻地所占用院落为清代民间建筑，是一座两进不规则四合院，有房屋十余间，原建筑只遗存门楼和房屋台基。现驻地建筑均为后改建，有北房、南房、东房各一栋
历史沿革	1937 年 11 月 7 日，党中央指示成立晋察冀军区，聂荣臻任司令员，下辖四个支队。第一支队由杨成武任司令员，邓华任政委。1938 年 3 月邓华奉聂荣臻司令员之命率第一支队第三大队开辟平西根据地，部队开赴斋堂川，司令部即设在西斋村聂家大院，此院为八路军平西司令部第一驻地。1981 年，该驻地被公布为区级文物保护单位
主管单位	北京市门头沟区人民政府
保护情况	重建后保护一般

八路军平西司令部第一驻地地图、照片

西斋堂

●八路军平西司令部第一驻地

八路军平西司令部第一驻地平面图（2016 年）

八路军平西司令部第一驻地门楼（摄于 2009 年 3 月）

名　称	斋堂东城门
地图索引	C4
保护类型	区级文物保护单位
文物类型	古建筑
公布时间	1981 年
详细地址	斋堂镇东斋堂村
建造时间	明代
地理位置	东经 115° 41′ 54.2″，北纬 39° 58′ 33.8″
海　拔	414 米
地理环境	东斋堂村位于门头沟西部永定河之北的高山峡谷中，东城门即位于村东
文物现状	斋堂东城门门额清晰，券洞完整，门宽 14.93 米、高 5.28 米，门洞进深 3.15 米。城门连接部分城墙，城台为花岗岩条石座
历史沿革	门头沟区斋堂镇依山控河，是北京连接塞外的交通要道，自古即为兵家必争之地。明代这里曾修建有沿河城和斋堂两座戍守城池，周边有 12 座敌台和随山起伏的内长城，故而斋堂镇成为当时京西山区的政治和军事中心。因历史上连年战火，斋堂城池早已损毁，仅余东城门。1981 年，斋堂东城门被公布为区级文物保护单位
主管单位	门头沟区斋堂镇政府
保护情况	一般
损坏原因	年久失修

斋堂东城门地图、照片

斋堂东城门平面图（2016 年）

斋堂东城门（摄于 2008 年 9 月）

名　称	东魏武定三年刻石
地图索引	C6
保护类型	区级文物保护单位
文物类型	石窟寺及石刻
公布时间	1981 年
详细地址	王平镇河北村
建造时间	东魏
地理位置	东经 115° 59′ 00.8″，北纬 39° 58′ 33.3″
海　拔	314 米
地理环境	河北村地处永定河岸一级台地，背靠险峻的灰石山，东魏武定三年刻石即位于村西北部的山坡上，毗邻永定河故河道
文物现状	遗存刻石为一块巨大的青色石岩，刻石年号"大魏武定三年"；大魏即东魏，武定三年即公元545年。刻石文字较为清晰，上书"大魏武定三年五月十五日，平远将军海安太守筑城都使元勒又用去一千五百人夫十人乡豪督三十一人讫工"
历史沿革	该石刻已有 1400 多年历史，据传为北京地区最早的野外刻石。东魏武定三年刻石于 1981 年被公布为区级文物保护单位
主管单位	门头沟区人民政府
保护情况	基本保存完好，局部字迹模糊，已安装玻璃护罩
损坏原因	年代久远

东魏武定三年刻石地图、照片

东魏武定三年刻石平面图（2016 年）

东魏武定三年刻石
（摄于 2009 年 6 月）

名　称	庄士敦别墅
地图索引	C7
保护类型	区级文物保护单位
文物类型	古建筑
公布时间	1981 年
详细地址	妙峰山镇樱桃沟村
建造时间	清代
地理位置	东经 116° 02′ 29.1″，北纬 40° 02′ 06.5″
海　拔	351 米
地理环境	樱桃沟村位于妙峰山镇东北部的樱桃沟中，该村群山环抱，风景秀美，庄士敦别墅即在村南樱桃园中，坐北朝南
文物现状	庄士敦别墅为一座独立小院，现存正房五间及东厢房五间。正房为硬山卷棚式，前出抱厦，进深 5.4 米、长 16.5 米，石板屋面，五架梁；正房前有月台，方砖铺地，条石压边，月台两侧各有七级台阶，青石台基长 10.3 米、宽 2.5 米、厚 0.86 米。东厢房进深 4.95 米、面阔 16.5 米
历史沿革	庄士敦别墅，又名乐静山斋。英国人庄士敦于清光绪二十四年（1898）来华，曾任末代皇帝溥仪的老师。他看中了妙峰山樱桃沟的优美环境，故而在此建中式院落一座，供闲暇和避暑时居住。别墅上端原有溥仪手书"乐静山斋"匾额，院中散置山石并种植各种名贵花木，现已无存。庄士敦别墅于 1981 年被公布为区级文物保护单位
主管单位	门头沟区妙峰山镇政府
保护情况	较好
损坏原因	年久失修

庄士敦别墅地图、照片

庄士敦别墅平面图（2016 年）

庄士敦别墅（摄于 2019 年 10 月）

名 称	石刻对联
地图索引	C7
保护类型	区级文物保护单位
文物类型	近现代建筑
公布时间	1998 年
详细地址	妙峰山镇桃园村
建造时间	民国年间
地理位置	东经 116° 02′ 53.4″，北纬 40° 00′ 26.9″
海 拔	361 米
地理环境	桃园村位于门头沟东北部的妙峰山，石刻对联即在桃园村南公路西侧一处崖壁上
文物现状	石刻对联完整，字大径尺，楷书凹刻，上联"古出奇峰遮日月"，下联"岸有幽背表神灵"，横批"静与天游"
历史沿革	据考证，该崖壁对联为民国时期所刻，1998 年被公布为区级文物保护单位
主管单位	门头沟区妙峰山镇政府
保护情况	较好

石刻对联地图、照片

石刻对联平面图（2016 年）

石刻对联
（摄于 2010 年 3 月）

名 称	石窟崖摩崖碑
地图索引	C7
保护类型	区级文物保护单位
文物类型	石窟寺及石刻
公布时间	1981 年
详细地址	王平镇东石岩村
建造时间	明代
地理位置	东经 116° 00′ 23.72″，北纬 39° 58′ 28.2″
海 拔	250 米
地理环境	东石岩村位于永定河西南险峻的山峦间，石窟崖摩崖碑即位于村西石佛岭古道路东的一块岩壁上
文物现状	石窟崖摩崖碑遗存连体石碑四块。四通碑体量不一，碑下皆有莲座，碑通高 3.5 米，宽 3.3 米；碑首并列雕有三尊佛像，碑文记录了当年修路的情况和捐资人姓名
历史沿革	石窟崖摩崖碑是明万历六年（1578）因修路而设的摩崖碑，碑首的三尊石刻佛像便是石佛岭古道名称之由来。石窟崖摩崖碑于 1981 年被公布为区级文物保护单位
主管单位	北京市门头沟区人民政府
保护情况	一般
损坏原因	年久失修，自然风化

石窟崖摩崖碑地图、照片

石窟崖摩崖碑平面图（2016 年）

石窟崖摩崖碑（摄于 2009 年 6 月）

名 称	崇化寺遗址
地图索引	C7
保护类型	区级文物保护单位
文物类型	古遗址
公布时间	1981 年
详细地址	龙泉镇城子村
建造时间	明代
地理位置	东经 116° 04′ 31.2″，北纬 39° 57′ 14.9″
海 拔	136 米
地理环境	城子村位于龙泉镇东北部，地处九龙山与永定河之间的一级洪积台地，崇化寺坐落于城子村之西
文物现状	崇化寺建筑已无存，仅遗有殿堂遗址、寺塔基座五个及石碑七通。其中四通碑位于新建寺后的山坡上，碑均仆地，除《敕赐崇化寺护持香火准给贴照铭记碑》可识读碑名外，其余三块碑名在正背面皆不可见；古寺遗址场院内有两块碑：一为《敕谕碑》明成化十六年（1480）立，汉白玉石质；另一块为砂石质，制立年代及名字不详。另北面山坡上遗有过水塔基座及南北走向古桥一座，基座为青色石块发券，古桥为块石垒砌起券
历史沿革	崇化寺，初名清水禅寺，为佛教寺庙。明宣德九年至正统二年（1434 ~ 1437）重修后，由明英宗朱祁镇赐名"崇化禅寺"，民间习称"崇化寺"。明代以后崇化寺便没有修缮过，原建筑已被拆除，改建成 8 间近代房屋。崇化寺遗址 1981 年被公布为区级文物保护单位
主管单位	门头沟区龙泉镇政府
保护情况	一般

崇化寺遗址地图、照片

崇化寺遗址平面图（2016 年）

崇化寺遗址（摄于 2019 年 11 月）

名 称	周自齐墓
地图索引	C7
保护类型	区级文物保护单位
文物类型	近现代建筑
公布时间	1981 年
详细地址	龙泉镇城子村
建造时间	民国年间
地理位置	东经 116° 04′ 46.12″，北纬 39° 57′ 07.2″
海 拔	93 米
地理环境	龙城子村依山临河，周自齐墓位于城子村崇化庄后山脚下，东面以山为背，纵贯 200 多米，南北 150 多米
文物现状	周自齐墓有墓道、墓丘。墓道上有高约 3 米的三开间青石雕火焰牌坊一座，坊中间以行楷刻有"周氏墓道"，落款为"三水梁士诒拜题"，左间坊心题刻"安宅"，右间坊心题刻"佳城"，两侧坊柱上雕联幅，整座坊雕刻精良，刻书端庄飘逸。墓道尽头有高约 4 米华表一对。分立墓左右，其为汉白玉石质，下为束腰座，八棱柱身，上端有雕饰云朵，顶端圆盘形石座上蹲立瑞兽望天吼。过坊西行 150 米山丘平缓地即为墓丘，有地宫。墓丘为圆柱形，直径 4 米，四周以 8 块长方弧形白石铺饰，半球形墓顶以水泥封顶，四周立柱栏石，用铁链连接
历史沿革	周自齐是山东单县人，曾留学美国哥伦比亚大学，1922 年 4 月任民国北京政府代理内阁总理兼教育总长，该年 6 月 2 ~ 11 日还代理了 10 天的民国大总统之职。周自齐于 1923 年 10 月 21 日病逝，葬于京西门头沟城子村西的九龙山山坡上。此墓早年遭盗，"文革"中毁坏严重，墓丘被挖做防空洞，围栏台阶也被拆去砌了梯田。因周自齐墓是典型的民国早期墓葬形制，1981 年被公布为区级文物保护单位
主管单位	门头沟区龙泉镇政府
保护情况	主体建筑得以保存
损坏原因	年久失修，人为盗掘及破坏

周自齐墓地图、照片

周自齐墓平面图（2016 年）

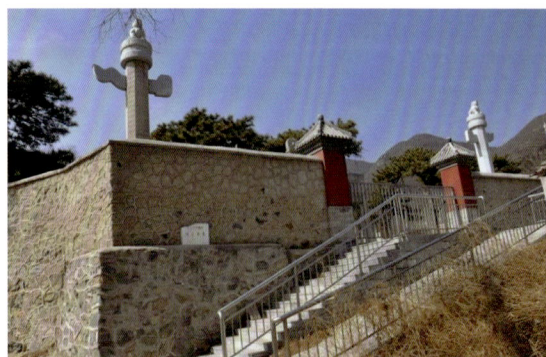

周自齐墓外景
（摄于 2008 年 9 月）

周自齐墓
（摄于 2008 年 9 月）

名　称	三家店龙王庙
地图索引	C8
保护类型	区级文物保护单位
文物类型	古建筑
公布时间	1981 年
详细地址	龙泉镇三家店村
建造时间	明代
地理位置	东经 116° 05′ 36.8″，北纬 39° 58′ 05.2″
海　拔	122 米
地理环境	三家店村地处京西古道的永定河渡口，是连接京城和西山的京西门户，村内店铺林立并有寺庙多座，龙王庙即位于村中，坐东朝西
文物现状	龙王庙呈三合院形制，现遗存正殿一座、南北配殿各一座及门楼一座、石碑三通。正殿三间为硬山调大脊，筒瓦顶，石望板前出廊，椽头钉有兽面盘子，檐下施有苏式彩绘，廊柱上有木雕雀替，大前廊下立顺治、乾隆、光绪时期三通石碑；两厢配殿各三间，均为硬山石板顶。门楼一间，门楣上嵌"古刹龙王庙"琉璃额，门楼后有抱厦一间。正殿神龛内供奉了五尊塑于乾隆时期的龙王神像，这些神像仪态超脱，肃穆威严，为北京地区仅存的龙王神像；殿内两壁彩绘《龙王行雨图》，画面人物众多，有雷公、电母、雨师、河伯等在大旗下迎接龙神出行，五龙驾驭的车辇在朵朵祥云间出没，画面描绘精微，色彩艳丽，为民间庙堂绘画中的佳作
历史沿革	三家店龙王庙建于明代，清代曾三次重修，1981 年被公布为区级文物保护单位，1987 年重新修缮
主管单位	北京市门头沟区龙泉镇政府
保护情况	修缮后保护较好

三家店龙王庙地图、照片

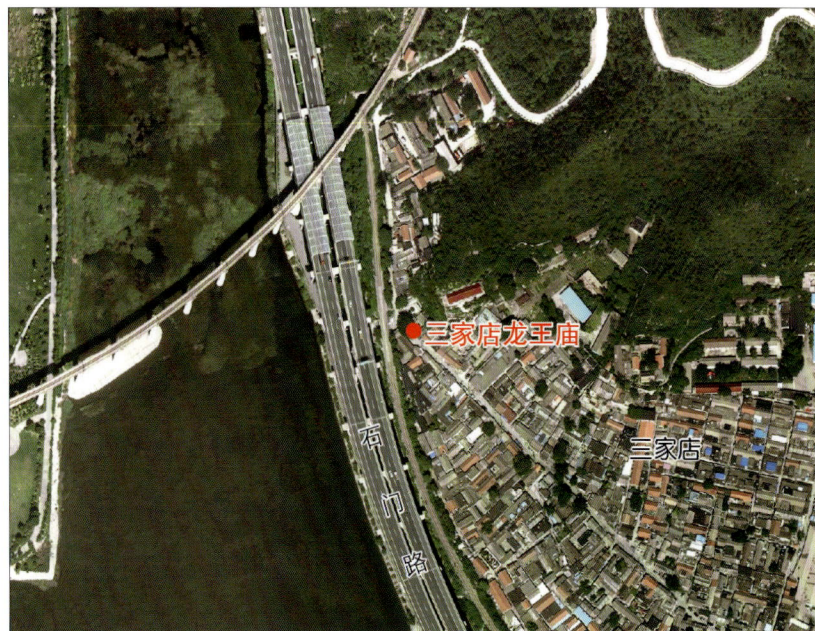

三家店龙王庙平面图（2016 年）

修缮后的三家店龙王庙正殿
（摄于 2016 年）

三家店龙王庙牌匾
（摄于 2016 年）

名 称	耿聚忠墓
地图索引	D7
保护类型	区级文物保护单位
文物类型	古墓葬
公布时间	1981 年
详细地址	龙泉镇东龙门村
建造时间	清代
地理位置	东经 116° 04′ 41.5″，北纬 39° 56′ 34.0″
海 拔	110 米
地理环境	东龙门村位于永定河西岸的九龙山下，耿聚忠墓位于村西，坐西朝东
文物现状	耿聚忠墓遗存有长约 300 米的青石质墓道，墓道尽头有两个高约 5 米八棱形华表，顶上蹲坐望天吼；墓前有 3 米高汉白玉双阙，上有残莲花座石狮；另有石碑三通，上面分别为清顺治十五年（1658）《册封耿聚忠额驸碑文》、康熙三年（1664）《和硕柔嘉公主册封碑》、康熙十二年（1673）《和硕柔喜公主谕祭碑》、康熙二十六年（1687）《耿聚忠谕祭碑》、雍正元年（1723）《和硕柔嘉公主谕祭碑》
历史沿革	耿聚忠是靖南王耿继茂第三子，柔嘉公主是清世祖福临之兄安亲王岳乐次女。顺治十五年（1658）柔嘉公主被赐配耿聚忠，朝廷封耿聚忠为三等子、和硕额驸。康熙十三年（1674）耿精忠反清，耿昭忠、耿聚忠率子侄请死，康熙十四年（1675）命其招降耿精忠，康熙十五年（1676）加封耿聚忠为太子太保。康熙十九年（1680）叛乱平定，耿聚忠奉诣在福州处理善后。耿聚忠卒于康熙二十六年（1687），葬于九龙山下，其墓丘宝顶在"文革"中被毁。耿聚忠墓是清代皇族之墓，1981 年被公布为区级文物保护单位
主管单位	门头沟区龙泉镇政府
保护情况	较差
损坏原因	年久失修及人为损毁

耿聚忠墓地图、照片

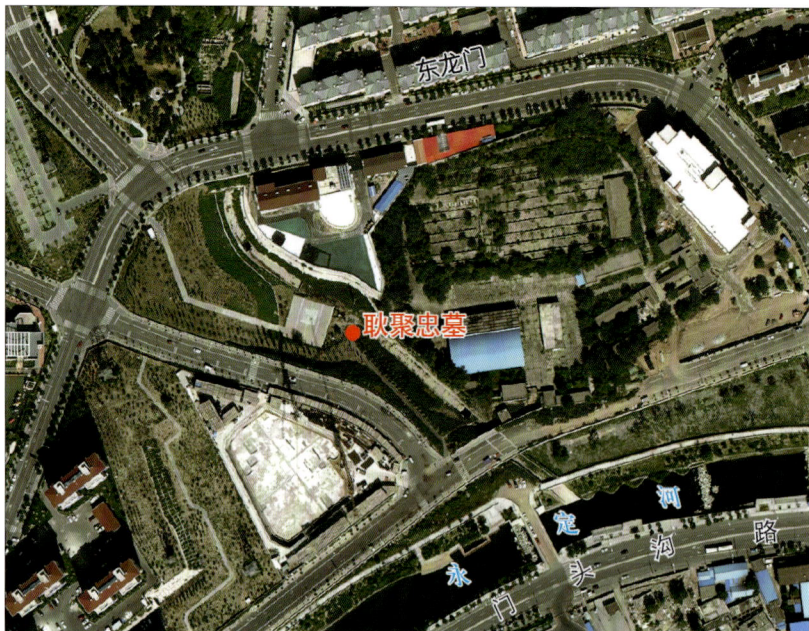

耿聚忠墓平面图（2016 年）

耿聚忠墓之石碑
（摄于 2009 年 9 月）

耿聚忠墓碑
（摄于 2009 年 9 月）

名　称	圈门大戏楼
地图索引	D7
保护类型	区级文物保护单位
文物类型	古建筑
公布时间	1981 年
详细地址	龙泉镇岳家坡村
建造时间	清代
地理位置	东经 116° 03′ 14.5″，北纬 39° 55′ 41.4″
海　拔	160 米
地理环境	岳家坡村背依九龙山，南距圈门 2 公里，大戏楼在圈门过街楼之北
文物现状	圈门大戏楼楼台口西向，为勾连建筑，整座建筑建于 1.2 米高的台基之上，共三间，面阔 10.4 米，进深 9.95 米，台口柱梁相交处施以木浮雕腾龙祥云。西部建筑形式为硬山元宝顶，排山滴水，有搏风；东部建筑较台口两侧各宽出半间，为正脊，滴水瓦当，顶均为青瓦。台口上方有明间斗拱四攒，单昂五踩，次间为半间，两攒斗拱
历史沿革	圈门大戏楼建于清代，1981 年被公布为区级文物保护单位，后重新修缮
主管单位	门头沟区龙泉镇政府
保护情况	修缮后保护较好

圈门大戏楼地图、照片

圈门大戏楼平面图（2016 年）

圈门大戏楼文物保护标志
（摄于 2008 年 7 月）

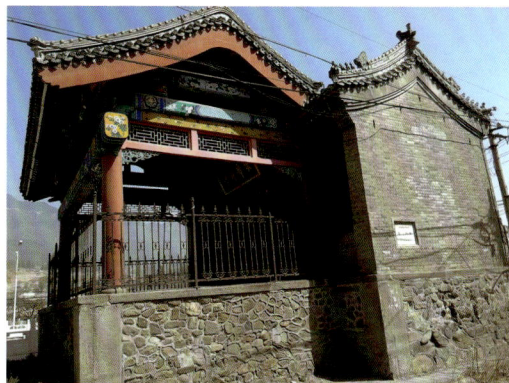

圈门大戏楼侧景
（摄于 2008 年 7 月）

名 称	桃花庵开山祖师塔
地图索引	D7
保护类型	区级文物保护单位
文物类型	古建筑
公布时间	1981 年
详细地址	永定镇艾洼村
建造时间	明代
地理位置	东经 116° 04′ 06.4″，北纬 39° 54′ 35.2″
海 拔	290 米
地理环境	艾洼村地处永定镇东部，旧村落三面环山，毗邻龙口水库，桃花庵开山祖师塔即在龙口水库旁边的山坳里，坐西北朝东南
文物现状	桃花庵开山祖师塔（即桃花庵开山祖塔）为六角五级仿木结构实心密檐塔，通高约 10 米。其为砖砌塔基，须弥座 1.2 米，束腰处宽 1.88 米，上雕麒麟、白象等瑞兽，须弥座上叠涩收分束腰处为砖雕花卉，每面两幅，有菊花、牡丹、大丽、萱草等花饰；砖雕上部雕刻有斗拱，上置"万字不到头"文饰栏板；三层仰莲承托塔身，塔身六角有圆形砖柱，正面嵌青石塔额，上有楷书"开山祖师"四字，额下有壶门，雕花已残，余面为各种文饰的装饰窗，窗上有如意纹。塔身为五级密檐，每级下均施斗拱；塔顶为双层仰莲座，上置铁质宝珠
历史沿革	桃花庵开山祖师塔是桃花庵第一代住持的墓塔，建于明代，因其造型秀美，砖雕精良，1981 年被公布为区级文物保护单位
主管单位	门头沟区永定镇政府
保护情况	塔身有破损，地宫曾遭盗墓贼盗窃
损坏原因	年久风化及人为盗毁

桃花庵开山祖师塔地图、照片

桃花庵开山祖师塔平面图（2016 年）

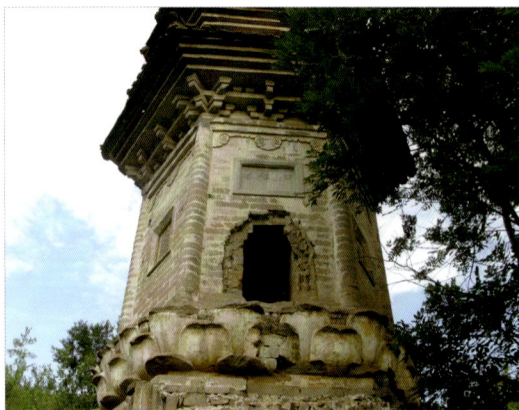

桃花庵开山祖师塔
（摄于 2008 年 7 月）

名　称	万佛堂塔
地图索引	D7
保护类型	区级文物保护单位
文物类型	古建筑
公布时间	1981 年
详细地址	永定镇万佛堂村
建造时间	明代
地理位置	东经 116° 04′ 49.5″，北纬 39° 53′ 57.8″
海　拔	212 米
地理环境	万佛堂村位于永定镇西部的万佛山山腰处，三面环山，一面通向平原，万佛堂塔即在村南山坡上，坐北朝南
文物现状	万佛堂塔由塔基、塔身、塔顶三部分组成，塔基是典型的辽塔形制。遗存的万佛堂塔为五层六角方木结构密檐式塔，实心砖石结构，残高 7 米，砖雕须弥座高 2.48 米，正南为塔门，其上为单昂单翘五踩斗拱承托平台；平台上置三层仰莲，承托塔身，塔身为龛额石刻"开山寿塔"砖雕装饰门，窗棂文饰有"万字不到头"和双菱花，门窗上雕刻如意纹，塔转角处砖雕装饰性圆柱；五层密檐，每层之下均有单昂翘斗拱承托
历史沿革	万佛堂塔建于明正统元年（1436），据考证为慧进大师之舍利灵塔，1981 年被公布为区级文物保护单位
主管单位	门头沟区永定镇政府
保护情况	残毁严重，该塔顶已坠落，现只剩四层，须弥座残毁较严重，地宫暴露且无遗存物
损坏原因	年久失修、自然风化及人为盗毁

万佛堂塔地图、照片

万佛堂塔平面图（2016 年）

万佛堂塔（摄于 2019 年 10 月）

名　称	西峰寺地宫
地图索引	D7
保护类型	区级文物保护单位
文物类型	古墓葬
公布时间	1981 年
详细地址	永定镇苛萝坨村
建造时间	清代
地理位置	东经 116°01′19.9″，北纬 39°53′03.3″
海　拔	200 米
地理环境	西峰寺位于罗睺岭下的永定镇苛萝坨村西，地处东西走向的两山夹径间，北倚龙头山，其正南和西北分别与著名的戒台寺、潭柘寺遥遥相望，地宫处于寺内如来殿之后，坐北朝南
文物现状	西峰寺遗存王族贝勒墓一座，内有地宫。地宫由大块青石砌成券拱，进深 5.63 米、宽 5.9 米、高 5.18 米，建造得十分坚固。宫内的汉白玉棺床进深 2.78 米，宽同墓室；墓门由一块重达数吨的整块汉白玉雕成，高 2.97 米、宽 1.52 米、厚 0.19 米，上面带有精致雕花。该墓曾屡遭盗劫，如今里面已是空无一物，但棺床前的一条暗泉微河则是长年流淌不息，故地宫内积水较多
历史沿革	西峰寺始建于唐，初名"会聚寺"，元称"玉泉寺"，"西峰寺"之名由明英宗朱祁镇所赐，原为戒台寺的下院。清光绪年间，恭亲王奕䜣曾在戒台寺避难养疾十余年，出资对戒台寺进行了修缮，戒台寺方丈为表示感谢即将下院西峰寺赠予恭亲王作墓地，故在如来殿后建地宫一座。但恭亲王去世后葬在昌平朝廷所赐的墓地内，这里最后即成为恭亲王次子载滢的墓地。西峰寺地宫于 1981 年被公布为区级文物保护单位
主管单位	北京市门头沟区人民政府
保护情况	现棺材已无，地宫已有较多积水，不易进入
损坏原因	年久失修及人为盗毁

西峰寺地宫地图、照片

西峰寺地宫平面图（2016 年）

西峰寺地宫入口（摄于 2008 年 7 月）

名　称	摩崖造像群
地图索引	E8
保护类型	区级文物保护单位
文物类型	石窟寺及石刻
公布时间	1981 年
详细地址	永定镇石佛村
建造时间	明代
地理位置	东经 116° 05′ 25.8″，北纬 39° 52′ 14.2″
海　拔	235 米
地理环境	门头沟摩崖造像群位于永定镇西南端石佛村东边的山崖上，坐东朝西，处于京西南和河北一带香客去往戒台寺的必经之路——芦潭古道中段
文物现状	摩崖造像群现存 17 处佛龛中，计有佛像 19 尊，其内容丰富，造型精美。佛像中有释迦牟尼、观音菩萨、地藏菩萨、大势至菩萨和罗汉等，其中包括浮雕和立佛两种，其造型和雕刻手法各不相同；佛龛则包括贺形、弧顶长方形和葫芦形三种。另有刻字五处，分别为"京城清塔寺比丘成玉造""南无阿弥陀佛""京西华楼东原游此""□靖八年十二月……之……""……张立……樊……"
历史沿革	摩崖造像群是随着戒台寺在明代的大规模修建而渐渐出现的，据《帝京景物略》所载，这里曾是永庆庵旧址。经考证，这 19 座造像大约从明天顺年间（1457 ~ 1464）开始雕凿，到嘉靖八年（1529）年基本完成。摩崖造像群于 1981 年被公布为区级文物保护单位
主管单位	门头沟区永定镇政府
保护情况	基本完好
损坏原因	年久风化

摩崖造像群地图、照片

摩崖造像群平面图（2016 年）

摩崖造像群
（摄于 2019 年 10 月）

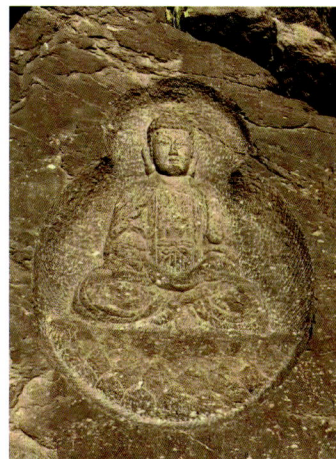

摩崖造像群之南无阿弥陀佛
（摄于 2019 年 10 月）

名 称	娘娘庙及戏台（大村娘娘庙）
地图索引	A5
保护类型	区级文物保护单位
文物类型	古建筑
公布时间	1985 年
详细地址	雁翅镇大村
建造时间	清代
地理位置	东经 115° 43′ 41.3″，北纬 40° 00′ 10.5″ 及 东经 115° 43′ 41.3″，北纬 40° 00′ 09.9″
海 拔	523 米及 530 米
地理环境	娘娘庙位于门头沟北部禾子涧盆地之中的雁翅镇大村，毗邻南芹公路，坐东朝西；戏台位于娘娘庙旁，坐东朝西
人文环境	大村历史悠久，原名长峪村，清代时长峪村成为方圆数公里内的最大的村子，故当地人习惯称之为"大村"；大村娘娘庙和大戏台一直是当地乡民祈福与娱乐之地，香火与人流长年不断
文物现状	大村娘娘庙为两进院落，南北长 17.9 米，东西长 21.9 米，有山门殿、正殿等建筑，建筑上有戗檐砖雕，非常精美。现存大殿三间为七架梁，硬山大脊带吻垂兽，彻上明造；配殿南北两厢各三间，山门殿为 13 级踏步。戏台为约三间房阔的一座砖砌平台
历史沿革	大村娘娘庙与戏台均建于清代，"文革"时期遭到破坏，1985 年被公布为区级文物保护单位
主管单位	门头沟区雁翅镇政府
保护情况	娘娘庙建筑格局未变，主体保存一般，屋顶瓦片有脱落，门窗有损坏
损坏原因	年久失修及保护不善

娘娘庙及戏台（大村娘娘庙）地图、照片

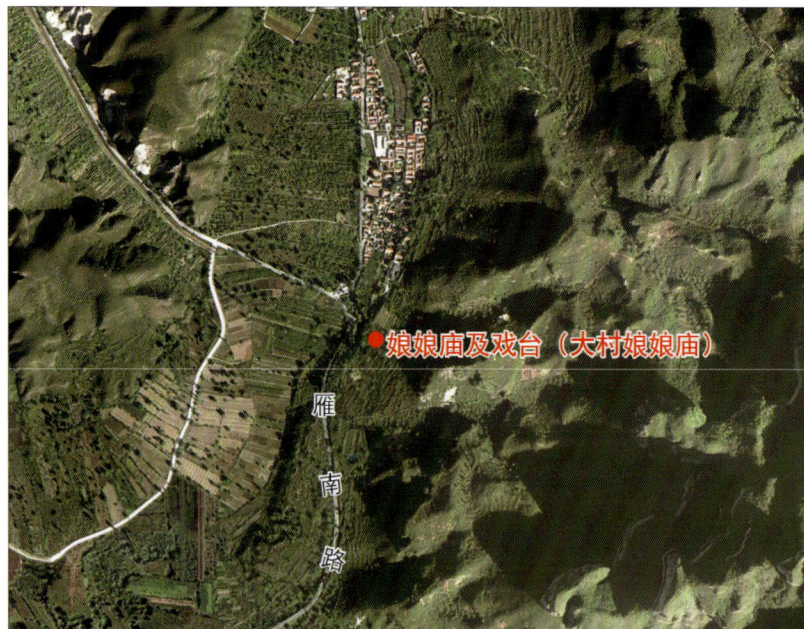

娘娘庙及戏台（大村娘娘庙）平面图（2016 年）

娘娘庙之山门殿（摄于 2009 年 10 月）

名 称	龙王庙及戏台（龙王庙）
地图索引	C4
保护类型	区级文物保护单位。
文物类型	古建筑
公布时间	1985 年
详细地址	斋堂镇灵水村
建造时间	明代
地理位置	东经 115° 43′ 41.3″，北纬 40° 00′ 10.5″ 及 东经 115° 43′ 41.3″，北纬 40° 00′ 09.9″
海 拔	455 米及 451 米
地理环境	灵水村处在北京西部群山环之中，前临清水河，背靠莲花山，龙王庙即位于村西北，坐北朝南
文物现状	龙王庙主要建筑已坍塌，只遗存西跨院中残菩萨殿一座。菩萨殿为三间，面阔 10 米，进深 6 米，硬山调大脊合瓦顶。庙门前倒座的古戏楼建在石砌台基之上，硬山皮条脊，灰筒瓦顶，面阔 6.8 米，进深 8.7 米，台口高 2.64 米，戏台中部有隔扇，分为前后台
历史沿革	灵水村是北京古驿道上的重要村落，其北控塞外，西携秦晋，东望京师，南眺冀野，故而车水马龙十分繁华。村中原有寺庙 17 座，龙王庙为其代表。龙王庙及戏台建于明代，1985 年被公布为区级文物保护单位
主管单位	门头沟区斋堂镇政府
保护情况	龙王庙较差，主要建筑已坍塌，建筑格局不明；戏台至今保存完好
损坏原因	年久失修

龙王庙及戏台（龙王庙）地图、照片

龙王庙及戏台（龙王庙）平面图（2016 年）

龙王庙及戏台遗址（龙王庙）（摄于 2008 年 9 月）

名　称	东胡林人遗址
地图索引	C4
保护类型	区级文物保护单位
文物类型	古遗址
公布时间	1985 年
详细地址	斋堂镇东胡林村
建造时间	新石器时期
地理位置	东经 115° 44′ 33.5″，北纬 39° 59′ 07.4″
海　拔	385 米
地理环境	东胡林村地处一座南北长、东西窄、呈多边形的蝌蚪状山中，东胡林人遗址即位于村西蝌蚪头部的二级阶地马兰黄土上，此地属清水河北岸，该遗址高出河床 29 米，东、南、西三面皆是悬崖峭壁，所在山峰海拔 502 米
文物现状	东胡林人遗址主要分布在大冲沟两侧，现存面积约3000 平方米。除已出土的丰富文化遗物外，此地还有墓葬、灰坑、火塘等遗迹，是研究"东胡林人"的宝贵实物资料
历史沿革	1966 年，北京大学地质地理系的学生在东胡林村参加劳动时，于村西的大冲沟中发现了古代人骨。中国科学院古脊椎动物与古人类研究所闻信后进行了清理，共发现大致代表三个个体的残存人骨以及螺壳项链、骨镯、石片等古代文化遗物，经研究认定，这些遗骨属于新石器时期。2001 ~ 2006 年，有关研究单位在该遗址进行了四次正式发掘，其中 2003年出土有各种陶器和一具完整的人类骨架，2005 年再次发掘时出土屈体埋葬人骨骼。东胡林人出土文物及骨架现由国家收藏，遗址于 1985 年被公布为区级文物保护单位
主管单位	门头沟区斋堂镇政府
保护情况	考古发掘部位已回填，地表无任何遗迹

东胡林人遗址地图、照片

东胡林人遗址平面图（2016 年）

东胡林人遗址保护标志
（摄于 2008 年 9 月）

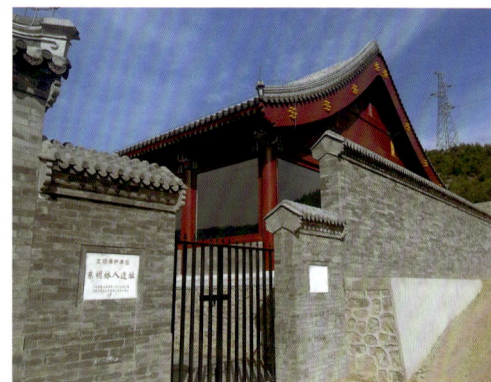

东胡林人遗址发掘处
（摄于 2008 年 9 月）

名　称	椒园寺遗址
地图索引	C7
保护类型	区级文物保护单位
文物类型	古遗址
公布时间	1985 年
详细地址	龙泉镇龙泉务村
建造时间	明代
地理位置	东经 116° 04′ 21.3″，北纬 39° 58′ 26.0″
海　拔	178 米
地理环境	椒园寺遗址位于永定河畔龙泉务村之南的九龙山山坳中，坐西朝东，其四周青山环绕，景色优雅
人文环境	龙泉镇是历史上各朝代通往山西、内蒙古的交通要道，镇上有众多的寺庙、古建石刻、古道等文物古迹，常年人流不息，历史上的椒园寺也曾经是香火旺盛之寺院
文物现状	椒园寺遗址现存残垣两间，以及数块青石质条石及明宣德年间残碑一通。残碑高 1.135 米、宽 0.71 米、厚 0.16 米，为砂岩石质，碑额已残，字迹漫漶不清，仅隐约可见碑阴上记载龙泉务村善男信女捐资修庙之事。寺内龙虎二柏东南 150 米处有残覆钵式砖塔，塔身仅存半截，残高 1.5 米，地宫因被盗而暴露
历史沿革	椒园寺原称姜牙寺，相传是为纪念姜子牙而建，佛教盛行之时此寺又改拜菩萨并改名椒园寺。椒园寺于明代全部重修，但于清代渐渐荒芜。遗址内原有墓塔三座，其墓室早已被盗，塔身也于"文革"期间被毁坏，仅遗残塔半截。1985 年，椒园寺遗址被公布为区级文物保护单位
主管单位	北京市门头沟区龙泉镇政府
保护情况	较差
损坏原因	年久荒芜及人为损毁

椒园寺遗址地图、照片

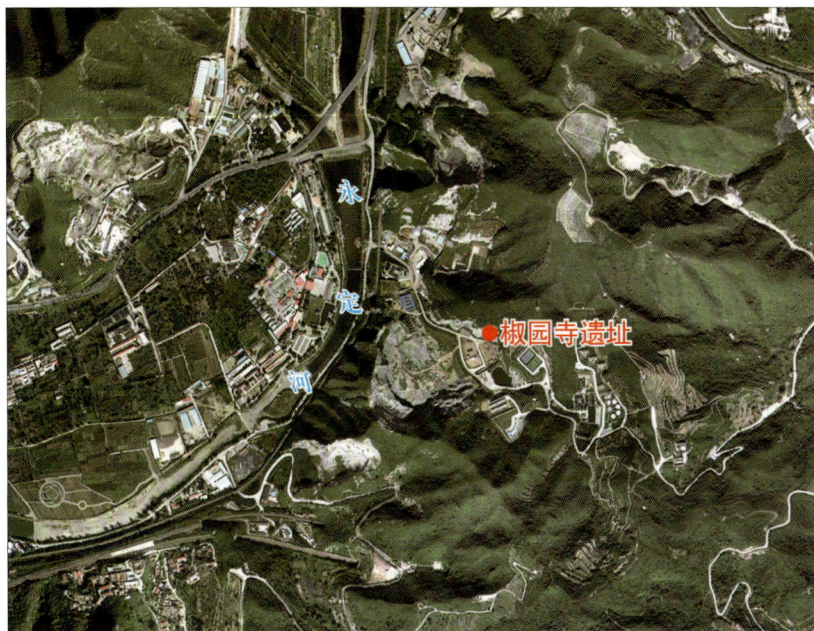

椒园寺遗址平面图（2016 年）

椒园寺遗址内的龙虎柏（摄于 2008 年 4 月）

名　称	万缘同善茶棚
地图索引	C7
保护类型	区级文物保护单位
文物类型	古建筑
公布时间	1985 年
详细地址	龙泉镇琉璃渠村
建造时间	清代
地理位置	东经 116° 04′ 49.1″，北纬 39° 58′ 23.0″
海　拔	121 米
地理环境	万缘同善茶棚位于九龙山下琉璃渠村的商业街上
文物现状	万缘同善茶棚为三合院，有正房一座，东西厢房各一座。整座建筑南北长 37 米，东西长 100 米；正屋三间面阔 10 米，前为卷棚后为硬山，琉璃瓦，勾头滴水，排山沟滴，勾连搭形制，进深 10 米；屋顶为三架梁，彻上明造，中有四根立柱分开二间，檐枋有彩绘，两侧内墙分别有琉璃两字，右为"最乐"，左为"善为"。左右厢房各五间，面阔 16 米，进深 5 米；有三处带垂带的六级台阶，厢房为卷棚琉璃瓦顶，长条石铺道，院落中方砖墁地。现东厢房被架线石损坏，椽子断裂，瓦面碎裂
历史沿革	龙泉镇历史悠久，自古即是通往山西与内蒙古的交通要道，故商业发达，客栈茶棚林立，明清建筑较多，万缘同善茶棚即为其中的代表，于 1985 年被公布为区级文物保护单位
主管单位	门头沟区龙泉镇琉璃渠村委会
保护情况	建筑格局未变，主体保存一般
损坏原因	年久风化，保护不善

万缘同善茶棚地图、照片

万缘同善茶棚平面图（2016 年）

万缘同善茶棚外景
（摄于 2008 年 4 月）

万缘同善茶棚
（摄于 2008 年 4 月）

名　称	关帝庙（琉璃渠）
地图索引	C7
保护类型	区级文物保护单位
文物类型	古建筑
公布时间	1985 年
详细地址	龙泉镇琉璃渠村
建造时间	明代
地理位置	东经 116° 04′ 40.3"，北纬 39° 58′ 04.9"
海　拔	130 米
地理环境	关帝庙位于琉璃渠村中心闹市，为东西向进深
文物现状	原遗存大殿一座，左右耳房各一间，南北厢房各三间，残碑半通及碑座两个。整座建筑南北长 15 米，东西长 35 米；大殿面阔 11.2 米，进深 8.6 米，左右耳房面阔 4 米，进深 4 米；南北厢房形制相同，面阔 11 米，进深 4 米。大殿为琉璃尖山式大脊，硬山顶，垂脊为铃铛排山式走三兽绿琉璃瓦；大殿檐下行龙和玺彩画，光彩夺目，重檐椽，上层为飞头绿地片金边框，内做片金万字锦，下层椽头为青地片金边框，内做片金团寿字，两侧山墙及廊心墙为丝缝式砌法，其中墙心部分为磨砖对缝。大殿建在 1.1 米高的青石台阶上，25 块青条石满铺檐廊地，踏跺为细加工石条，莲瓣九，耳房为莲瓣五，寓意为关帝乃九五之尊。殿内关帝坐于精美绝伦的琉璃须弥座上，北站关平，南立周仓。南北厢房为硬山式卷棚顶，满铺绿琉璃瓦
历史沿革	关帝庙建于明代，南北厢房旧时既为西山大路远近四方商旅及桥道会议事之所，又是九龙山庙会琉璃渠水茶老会、桌子会、掸尘会办事之地。该关帝庙 1985 年被公布为区级文物保护单位，后加以修缮
主管单位	门头沟区雁翅镇政府
保护情况	修缮后保护较好

关帝庙（琉璃渠）地图、照片

关帝庙（琉璃渠）平面图（2016 年）

修缮后的关帝庙（琉璃渠）
及其保护标志
（摄于 2008 年 3 月）

名　称	朝阳庵
地图索引	C8
保护类型	区级文物保护单位
文物类型	古建筑
公布时间	1985 年
详细地址	军庄镇东杨坨村
建造时间	明代
地理位置	东经 116° 06′ 33.7″，北纬 40° 00′ 26.6″
海　拔	201 米
地理环境	东杨坨村位于东山孟悟沟、东山沟和南部香峪沟的交会处，坐落在军庄小盆地正中，三面环山；朝阳庵即于村中，坐北朝南
文物现状	朝阳庵为四合院形制，现遗存面阔 13 米、进深 5 米的正殿一座，为硬山调大脊，带鸥吻，垂脊兽，棋盘格形制，五架梁，前后出廊 2 米；后殿三间，面阔 13 米，进深 5 米，五架梁，带前廊，石板顶，筒瓦压垄。现正殿及后殿残破，东西配殿已无存
历史沿革	朝阳庵始建于明万历年间，清代重修，1985 年被公布为区级文物保护单位
主管单位	门头沟区军庄镇政府
保护情况	较差

朝阳庵地图、照片

朝阳庵平面图（2016 年）

朝阳庵正殿及其保护标志
（摄于 2009 年 5 月）

名　称	龙王观音禅林大殿
地图索引	D3
保护类型	区级文物保护单位
文物类型	古建筑
公布时间	1985 年
详细地址	斋堂镇马栏村
建造时间	元代
地理位置	东经 115°41′18.8"，北纬 39°56′04.5"
海　拔	601 米
地理环境	马栏村地处老龙窝北麓马栏沟西坡阶地上，有南北向长 1000 米的主街一条，龙王观音禅林即于街道中心位置，其依山坡地势而建，坐北朝南
文物现状	龙王观音禅林原仅遗存正殿。大殿三开间，面阔 7.2 米，进深 5.5 米，悬山顶，上覆青灰筒子瓦，正脊用琉璃构件砌成，刻有龙、凤、花卉等华美图饰及佛教故事图绘；殿檐下有三昂十一踩的斗拱，属典型元代建筑风格，其出檐异常宽阔，具有地方特色，为乡间建筑中的精品
历史沿革	龙王观音禅林为元代至正年间修建的佛教建筑，明成化、嘉靖年间两次重修，1985 年其遗存大殿被公布为区级文物保护单位，后重修
主管单位	门头沟区斋堂镇政府
保护情况	重修后保护较好

龙王观音禅林大殿地图、照片

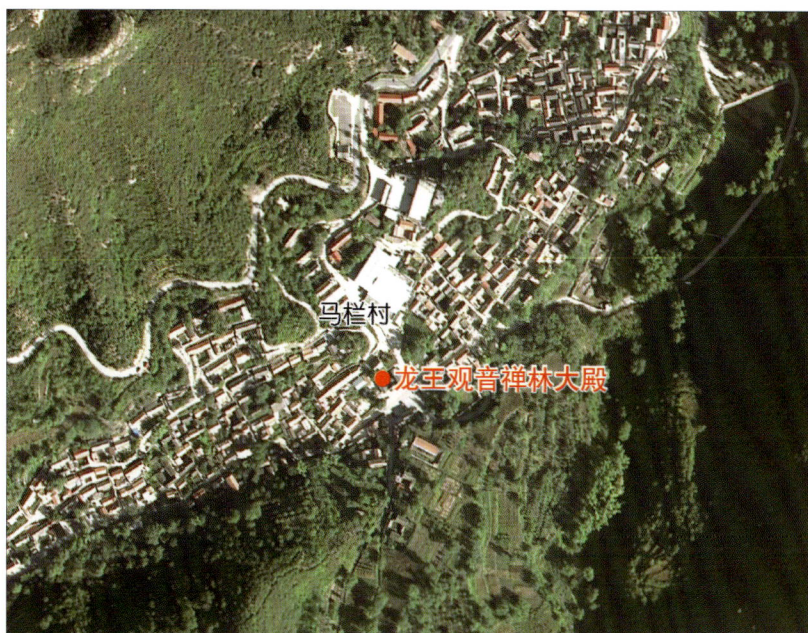

龙王观音禅林大殿平面图（2016 年）

修缮后的龙王观音禅林大殿外景（摄于 2009 年 12 月）

名称	大寒岭关城
地图索引	D5
保护类型	区级文物保护单位
文物类型	古建筑
公布时间	1985 年
详细地址	斋堂镇吕家村
建造时间	明代
地理位置	东经 115° 48′ 47.0″，北纬 39° 56′ 23.5″
海拔	978 米
地理环境	大寒岭关城位于吕家村之东 1.5 公里的大寒岭上，面东而立，是京西古道重要关隘之一
文物现状	遗存大寒岭关城由青砖券石砌筑，内为石，外包砖，青石镶口，通高 3.85 米，通宽 11.65 米，进深 6.3 米；砖发券洞宽 2.55 米，高 2.90 米；关城西北面有瓮城残迹
历史沿革	大寒岭是京西古道进入北京城的必经之地，自唐代起即是经济和军事要道，大寒岭关城是明代修建的军事要隘，1985 年被公布为区级文物保护单位
主管单位	门头沟区斋堂镇政府
保护情况	遗存的古建筑主体经现代修补后失去历史韵味
损坏原因	年久风化及人为修缮不妥

大寒岭关城地图、照片

大寒岭关城平面图（2016 年）

修缮前的大寒岭关城
（摄于 2008 年 4 月）

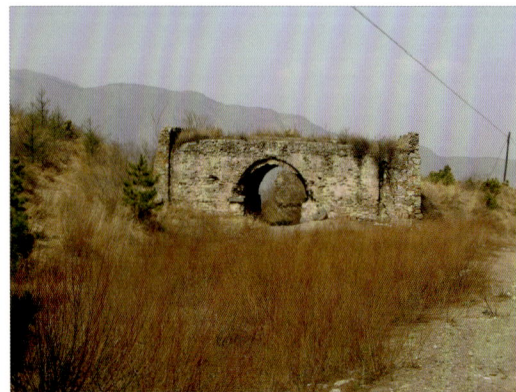

名　称	王平口关城
地图索引	D6
保护类型	区级文物保护单位。
文物类型	古建筑
公布时间	1998 年
详细地址	王平镇王平口村
建造时间	明代
地理位置	东经 115°55′42.1″，北纬 39°56′50.1″
海　拔	898 米
地理环境	王平口关城位于峰口庵到清水涧的古道上，横亘于王平口村外两山之间的凹处，东西走向
文物现状	王平口关城券洞城台已无，豁口两侧存石墙两段，南段紧贴陡坡，北段连接漫坡，墙长 20 米，墙体系夯土堆成，残墙高 3 米，厚 2.5 米
历史沿革	王平口是京西古道的咽喉要塞，早在元代这里就建有关隘设兵把守。明代时因修建万里长城将原有关隘加固扩建，是为王平口关城。王平口关城于 1998 年被列为区级文物保护单位
主管单位	北京市门头沟区人民政府
保护情况	破损严重
损坏原因	年久失修、自然风化及人为破坏

王平口关城地图、照片

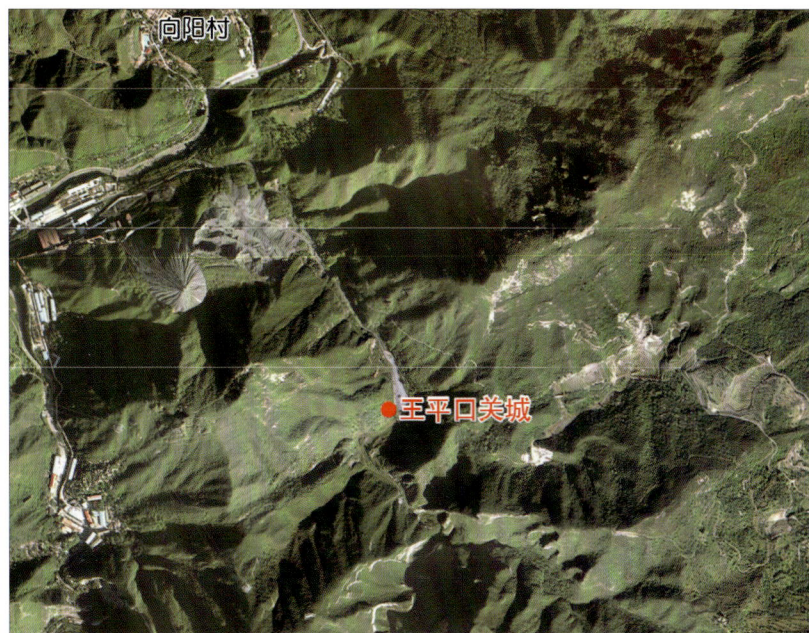

王平口关城平面图（2016 年）

残存的王平口关城（摄于 2010 年 4 月）

名称	窑神庙
地图索引	D7
保护类型	区级文物保护单位
文物类型	古建筑
公布时间	1985 年
详细地址	龙泉镇门头口村
建造时间	清代
地理位置	东经 116°03′11.6″，北纬 39°55′43.2″
海拔	172 米
地理环境	门头口村位于永定河之西的门头沟路南侧，是门头沟区的门户村庄。窑神庙地处圈门中学内，坐北朝南
文物现状	窑神庙为二进院落，现存大殿及两厢配殿，总计房屋 18 间。大殿三间为硬山大脊，筒子瓦覆顶，建在青白石条砌筑的台阶之上，面阔 11 米，进深 8 米；月台面阔 5.2 米，高 0.6 米，进深 3 米；正殿东有一耳房，面阔 3 米，进深 3 米。东西配殿形制相同，均面阔 10.5 米，进深 6.3 米
历史沿革	门头沟地区以出煤著称。旧时相传煤业的祖师爷为窑神，为保佑挖煤人平安，故当地人建窑神庙。门头口村窑神庙在清代为僧人住持，其时的煤业议事公所也设在庙内。该窑神庙是北京地区仅存的有关煤业信仰的庙宇，1985 年被公布为区级文物保护单位，后修缮
主管单位	门头沟区龙泉镇政府
保护情况	修缮后保护较好

窑神庙地图、照片

窑神庙平面图（2016 年）

未加修缮时的窑神庙正殿（摄于 2009 年 6 月）

名 称	圈门过街楼
地图索引	D7
保护类型	区级文物保护单位
文物类型	古建筑
公布时间	1985 年
详细地址	永定镇苇萝坨村
建造时间	清代
地理位置	东经 116° 03′ 08.3″，北纬 39° 55′ 41.1″
海 拔	165 米
地理环境	门头口村位于永定河之西的门头沟路南侧，是门头沟区的门户村庄，过往人流较多，圈门过街楼即位于村中要道，坐西朝东
文物现状	圈门过街楼原有四个券洞，现在仅存第三个券洞。圈门过街楼为勾连搭形式，券洞为砖石混砌，下部为城台状，上有大殿三间，前出抱厦一间。大殿左侧有南向配殿三间，与主殿有木桥连接。券洞上方镶嵌一石匾，上书"圈门"二字。大殿为黄琉璃瓦硬山顶，有排山勾滴，二层椽子，墙裙为黄绿琉璃构件装饰。抱厦为卷棚悬山顶，木架上饰有彩画。南向配殿为硬山正脊，黄琉璃瓦顶
历史沿革	圈门过街楼建于清初，在嘉庆、咸丰、光绪年间都曾重修。过街楼上的殿内过去供奉文昌大帝和关圣帝君。圈门过街楼之妙在于其跨建在永定河的泄水沟洞之上，门头沟之名即由此而来；过街楼券洞平时可以过人，汛期用于排水。1985 年，圈门过街楼被公布为区级文物保护单位，后得以重修
主管单位	门头沟区龙泉镇政府
保护情况	建重修后保护较好

圈门过街楼地图、照片

圈门过街楼平面图（2016 年）

圈门过街楼及其保护标志
（摄于 2019 年 11 月）

名　称	峰口庵关城
地图索引	D7
保护类型	区级文物保护单位
文物类型	古建筑
公布时间	1985 年
详细地址	龙泉镇天桥浮村
建造时间	待考
地理位置	东经 115° 59′ 56.0″，北纬 39° 55′ 32.9″
海　拔	825 米
地理环境	峰口庵关城位于龙泉镇圈门以西 5 公里的玉河古道之上，东距永定河 10 公里，西距王平口 10 公里，为京西玉河古道的险隘关口。其左有九龙山大岭，右有九龙山南大岭，两岭形成 V 形山口底，峰口庵关城即在山隘最窄处
文物现状	峰口庵关城现存城门券洞及部分残城墙，皆用山石砌筑。城墙高 5 米，宽 6 米；券洞高 4 米、宽 3 米、进深 7 米，城门两侧各有长达数十米的顺山石墙
历史沿革	因此地位于 V 形山口底，似倒放的马鞍，东西又各有一条大沟，常年刮风且风势迅疾，故得名风口鞍，又名峰口鞍，后此地建有一庵，遂被人习称为峰口庵。峰口庵关城清代时由绿营兵把守，抗日战争期间，关城及旁边的庙宇、戏台均被日军焚毁。峰口庵关城 1985 年被公布为区级文物保护单位
保护情况	较差
保护情况	年久失修及战争损毁

峰口庵关城地图、照片

峰口庵关城平面图（2016 年）

残存的峰口庵关城
（摄于 2008 年 6 月）

名　称	白云岩石殿堂
地图索引	D7
保护类型	区级文物保护单位
文物类型	古建筑
公布时间	1985 年
详细地址	龙泉镇赵家洼村
建造时间	明代
地理位置	东经 116° 03′ 10.3″，北纬 39° 55′ 03.2″
海　拔	374 米
地理环境	赵家洼村位于龙泉镇镇域最南端，地处龙泉镇、潭柘寺镇与永定镇三镇交界处，东距双峪环岛 5 公里，白云岩石殿堂即位于村北圆顶山西侧半山腰处，坐东朝西
文物现状	白云岩石殿堂为"无梁殿"结构，三开间面阔 5.85 米，进深 6.96 米，高 3.2 米，房顶为仿木形制，屋顶紫条石发券，券形石雕门居中，门上石额题刻"白云岩"三字，额下为券门，券门两侧有券窗；有角斗拱两个，前檐上雕 8 朵仿木斗拱纹样，殿顶为拱状，由多块条石砌成，用铁锔钳，殿顶上瓦垄大脊、吻兽俱全，檐出 0.5 米，椽瓦均为石雕，石墙厚达 1 米。殿内为石结构，殿堂后部及两侧均有人工凿挖痕迹，殿堂北侧有一开间石窟，南侧有两开间石窟与殿堂后侧相通，前不远处有卧牛石，上有一臼。现殿堂建筑格局未变，主体保存完好，但殿内龛中佛像全无，壁上彩绘脱落
历史沿革	白云岩石殿堂始建于明代，民国年间曾重修，1985 年被公布为区级文物保护单位
主管单位	门头沟区龙泉镇政府
保护情况	一般
损坏原因	年久失修

白云岩石殿堂地图、照片

白云岩石殿堂平面图（2016 年）

白云岩石殿堂侧面与正面
（摄于 2009 年 3 月）

名 称	万佛堂过街楼
地图索引	D7
保护类型	区级文物保护单位
文物类型	古建筑
公布时间	1985 年
详细地址	永定镇万佛堂村
建造时间	明代
地理位置	东经 116°04′22.1″，北纬 39°53′53.9″
海 拔	251 米
地理环境	万佛堂村地处永定镇西部的万佛山山腰上，三面环山，过街楼坐落于老村东头，坐西朝东
文物现状	过街楼通宽 6.35 米、高 4.5 米、进深 5.56 米，楼洞高 2.95 米、宽 2.25 米。正面门洞上方嵌有长条石额，题"誓永不分爨"五个大字，过街楼左侧竖刻"万历四年建造"一行小字。过街楼两侧原有围墙相连，现仅存高约 1.1 米、宽约 0.7 米的一小段。万佛堂过街楼主体保存较好，过街楼门洞内大门及券洞上原有阁楼全无，大部分围墙损毁
历史沿革	万佛堂过街楼始建于明万历四年（1576），是京西山村过街楼的代表形制之一，1985 年被公布为区级文物保护单位
主管单位	门头沟区永定镇政府
保护情况	一般
损坏原因	年久失修

万佛堂过街楼地图、照片

万佛堂过街楼平面图（2016 年）

万佛堂过街楼及其保护标志
（摄于 2008 年 8 月）

名 称	谭鑫培墓
地图索引	D8
保护类型	区级文物保护单位
文物类型	近现代建筑
公布时间	1985 年
详细地址	永定镇栗园庄村
建造时间	民国年间
地理位置	东经 116° 06′ 58.5″，北纬 39° 53′ 45.8″
海 拔	130 米
地理环境	栗园庄村位于永定镇正南部的低山丘陵处，与戒台寺相邻，谭鑫培墓位于村北，面朝西南
文物现状	谭鑫培墓四角均立石柱为界，界桩为青石质长方柱体，高 1.4 米，桩首雕方头莲花宝珠饰，刻工精湛，其下横刻楷体三字"英秀堂"，桩面上双钩竖刻"谭宅茔地"四字，另一面同法刻"□□界"三字，墓坟包状
历史沿革	栗园庄原属戒台寺的佃户村，村西的奉福寺为戒台寺的下院。谭鑫培系梨园名人，曾于光绪年间在戒台寺受戒，晚年向当时的戒台寺住持妙老人提出："愿借寺中一席之地，永作伴城，以便百年之后也能得到禅宗的恩护。"戒台寺住持应之，故其得以葬于此地。谭鑫培墓 20 世纪 60 年代遭严重毁坏，大多树木被砍伐，墓丘破坏较严重，原有石碑、石桌也移作他用。1985 年，谭鑫培墓被公布为区级文物保护单位，后门头沟文物事业管理所对此墓进行重修
主管单位	头沟区永定镇政府
保护情况	重修后保护一般
损坏原因	人为毁损及不合理利用

谭鑫培墓地图、照片

谭鑫培墓平面图（2016 年）

修缮后的谭鑫培墓及其保护标志
（摄于 2008 年 7 月）

名　称	刘鸿瑞宅院
地图索引	D8
保护类型	区级文物保护单位
文物类型	近现代建筑
公布时间	1985 年
详细地址	雁翅镇田庄村
建造时间	民国初年
地理位置	东经 116° 05′ 57.6″，北纬 39° 53′ 19.0° 至东经 116° 05′ 59.3″，北纬 39° 53′ 17.7″
海　拔	96 米
地理环境	石门营村位于永定镇平原地区的南尽头处，是门头沟区东南大门的中枢，刘鸿瑞宅院坐落于村中，为南北两处独立的四合院，坐北朝南
文物现状	刘鸿瑞宅院由南北两处独立的四合院组成。北宅由并列的东院和西院构成一座大四合院，西院有硬山正脊北房五间，前出抄手游廊；东西厢房带边房各计三间，倒座房五间，其中东南一间为开门楼。东四合院有北房三间，倒座三间，倒座东南开门楼一间，正房为垂带五级踏步，中间厢房南山墙有靠山影壁。南宅为南北 30 米、东西 19 米的二进四合院，门楼开于东南角，中有垂花门，有硬山正脊正房五间，板瓦压垄，前出廊，五级踏步，梁头带彩绘花纹；东西厢房各三间，形制与正房相同。该宅院基本保持原貌，北宅东厢房已改形制，南宅如旧
历史沿革	刘鸿瑞是石门营村人，清末民初官僚、资本家，财力雄厚。他于民国初期在村中建了三座四合院，其与父、弟各占一处。刘鸿瑞宅院 1985 年被公布为区级文物保护单位
主管单位	门头沟区永定镇石门营村委会
保护情况	整体完好

刘鸿瑞宅院地图、照片

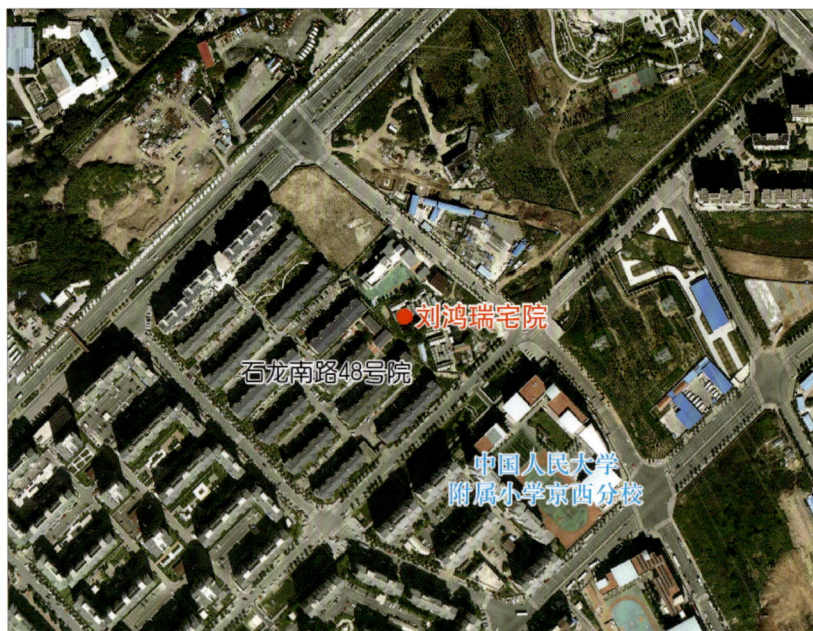

刘鸿瑞宅院平面图（2016 年）

刘鸿瑞宅院南宅大门
及其院内场景
（摄于 2008 年 8 月）

名　称	卧龙岗遗址
地图索引	D8
保护类型	区级文物保护单位
文物类型	古遗址
公布时间	2005 年
详细地址	永定镇卧龙岗村
建造时间	新石器晚期到春秋时期
地理位置	东经 116° 05′ 55.7″，北纬 39° 53′ 12.5″
海　拔	98 米
地理环境	卧龙岗遗址位于永定镇东南边缘的永定河出河口处，高出河床数十米，临河依山，属山前台地，呈条状走向，南北长约 400 米，东西宽约 200 米，面积近 10 万平方米
文物现状	遗存地下文物出土区一处
历史沿革	1997 年卧龙岗村村民庞福江盖房挖地基时挖出了一些陶片和石片，几年后挖蓄水池又挖出一些。这些出土文物包括 4 件陶器和 12 件石器残片，陶片中有陶器的三只足和一块器身残片，一柄舌状石斧和一件石质莹润而坚硬的砍砸器。经考证，这些都是新石器时代晚期的砍砸器、刮削器、石磨棒和春秋时期的加砂红陶、灰陶等古代人类用品，文物大部分存于门头沟区博物馆。卧龙岗新石器时期遗址的发现，为永定河流域古人类活动提供了新证据，2005 年该遗址被公布为区级文物保护单位
主管单位	门头沟区永定镇政府
保护情况	遗址上已建有民房，地质发生变化

卧龙岗遗址地图、照片

卧龙岗遗址平面图（2016 年）

卧龙岗遗址出土处（摄于 2009 年 9 月）

名 称	张家铺村天主教堂
地图索引	E2
保护类型	区级文物保护单位
文物类型	古建筑
公布时间	1985 年
详细地址	清水镇张家铺村
建造时间	清代
地理位置	东经 115° 33′ 12.7″，北纬 39° 50′ 45.9″
海 拔	811 米
地理环境	张家铺村位于门头沟西部百花山脚下，西与河北省涞水县相邻，天主教堂即位于村中
文物现状	天主教堂有建筑五间，已坍塌损毁，重修后的教堂已非原貌
历史沿革	张家铺村聚落始于清末，其时从后桑峪迁来两户天主教徒到此居住；清光绪七年（1881），两家出资盖起一座小天主教堂，归后桑峪教堂管辖。原教堂于庚子事变（1900 年）时被义和团烧毁，1917 年重建；抗日战争时又被日军烧毁，1945 年后得到修复。张家铺村天主教堂 1985 年被公布为区级文物保护单位
主管单位	门头沟区清水镇政府
保护情况	重修后保护较好

张家铺村天主教堂地图、照片

张家铺村天主教堂平面图（2016 年）

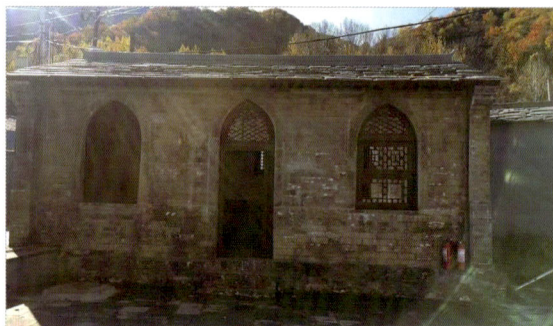

张家铺村天主教堂残址（一）（摄于 2019 年 10 月）

张家铺村天主教堂残址（二）（摄于 2019 年 10 月）

名　称	狼窝港密檐塔
地图索引	C3
保护类型	区级文物保护单位
文物类型	古建筑
公布时间	1995 年
详细地址	斋堂镇西斋堂村
建造时间	明代
地理位置	东经 115° 40′ 49.1″，北纬 39° 58′ 09.4″
海　拔	460 米
地理环境	西斋堂村位于 109 国道 83.5 公里处北侧的清水河畔，狼窝港密檐塔即坐落在村北一条蜿蜒山沟的重重密林之中，周边山峰重叠
文物现状	狼窝港密檐塔原有呈品字形的三塔，现存三级密檐塔及一级密檐塔各一座，另一座仅存塔基。三级密檐塔为砖石实心六角形，坐西南朝东北，高约 6 米，每面宽 0.9 米，塔基面宽 1.18 米，高 0.66 米；莲花如意须弥座高 0.76 米，塔铭无存，塔铭位置背后有装饰门，其上有龛洞，余面为砖雕十字花纹和万字纹；三层砖收分，中部雕花卉，六角石雕柱，塔身砖雕斗拱，承托密檐，塔顶叠涩收分，上置宝珠。一级密檐塔位于三级密檐塔的东北侧 5 米处，实心六角形，塔高约 3 米，塔基高 0.47 米，六角饰石雕柱，其上为高 0.68 米的如意莲花纹须弥座，东北侧有砖刻楷书塔铭"历代住持高僧众高塔，天顺三年五月终"，塔铭下砖雕装饰门，余面砖雕装饰窗，饰十字纹和万字不到头纹，塔刹宝珠无存
历史沿革	狼窝港密檐塔为明代建筑，1995 年被公布为区级文物保护单位
主管单位	北京市门头沟区人民政府
保护情况	部分较好
损坏原因	年久失修

狼窝港密檐塔地图、照片

狼窝港密檐塔平面图（2016 年）

狼窝港密檐塔残垣（摄于 2008 年 8 月）

名　称	下苇甸龙王庙
地图索引	C7
保护类型	区级文物保护单位
文物类型	古建筑
公布时间	1996 年
详细地址	妙峰山镇下苇甸村
建造时间	明代
地理位置	东经 116° 01′ 06.4″，北纬 39° 59′ 54.1″
海　拔	317 米
地理环境	下苇甸村位于妙峰山西麓的低山区，东临永定河，龙王庙即位于永定河北岸山丘的一处断崖前，坐西朝东
文物现状	下苇甸龙王庙规模不大，仅有山门和正殿，四周环以垣墙。山门面阔 2.1 米，进深 11 米，硬山筒瓦，清水脊，石望板，板瓦顶；正殿三间前出廊，面阔 8.2 米，进深 5.8 米，硬山箍头脊，排山沟滴，灰筒瓦顶，大式做法，五架梁，彻上明造。殿内龛台上设龙王神像，龛壁及东西两山墙均有绘于清代的龙王行雨大幅壁画。院内遗存的古柏二株直径达 1 米，是国家一级保护古树。现大殿顶上原有的琉璃小兽无存
历史沿革	下苇甸村龙王庙建于明万历年间，清代重修，1996 年被公布为区级文物保护单位
主管单位	门头沟区妙峰山镇政府
保护情况	较好

下苇甸龙王庙地图、照片

下苇甸龙王庙平面图（2016 年）

下苇甸龙王庙外侧
（摄于 2009 年 11 月）

下苇甸龙王庙匾额
（摄于 2009 年 11 月）

名　称	八路军宋邓支队会师地旧址
地图索引	D2
保护类型	区级文物保护单位
文物类型	近现代重要史迹及代表性建筑
公布时间	1996 年
详细地址	清水镇杜家庄村
建造时间	1921 年
地理位置	东经 115° 32′ 16.9"，北纬 39° 55′ 18.3"
海　拔	609 米
地理环境	杜家庄村位于灵山脚下，南面有南坨山，北有黄崖券，村东有清水河，八路军宋邓支队会师地旧址即位于村中，坐北朝南
文物现状	八路军宋邓支队会师地旧址为一不规则两进四合院，房屋布局严谨，建筑精良坚固，中西合璧风格。其门楼为七级石阶，门楣上的西洋雕刻造型精美；前院有东西厢房各二间，后院穿堂门开在五间北房的正中，一明两暗，东西厢房各面阔二间，宅院建筑均为硬山皮条脊，板瓦合瓦，门窗皆青砖发券，院内中路青石铺地，两侧青砖铺地。该院落为 1921 年老宅，现已修缮
历史沿革	宋邓分别指宋时轮和邓华。1938 年 3 月，由晋察冀军区第一军分区组成第一支队，支队政委邓华奉命进驻斋堂川开辟平西抗日根据地，这支部队经过扩编成为晋察冀第六支队，通称为邓支队；同年 5 月，八路军第一二〇师组建雁北支队，由宋时轮任支队长，这支部队通常称为宋支队。宋邓支队于 1938 年 6 月 8 日会师后合编为八路军第四纵队，宋时轮任司令，邓华任政委，杜家村的这座小院就是宋邓相会后居住的地方。八路军宋邓支队会师地旧址 1996 年被公布为区级文物保护单位，后重新修缮
主管单位	北京市门头沟区人民政府
保护情况	修缮后保存完好

八路军宋邓支队会师地旧址地图、照片

八路军宋邓支队会师地旧址平面图（2016 年）

八路军宋邓支队会师地旧址
保护标志及其正房
（摄于 2008 年 6 月）

名 称	冀热察军政委员会塔河旧址
地图索引	D2
保护类型	区级文物保护单位
文物类型	近现代重要史迹及代表性建筑
公布时间	1996 年
详细地址	清水镇塔河村
建造时间	清代
地理位置	东经 115° 33′ 18.3″，北纬 39° 53′ 41.7″
海 拔	652 米
地理环境	塔河村位于清水河上游南侧，毗邻 109 国道，是清水镇通往百花山的必经之路，冀热察军政委员会塔河旧址即位于村中，大门坐南朝北
文物现状	冀热察军政委员会塔河旧址院落内，有三个互通又相对独立的院落，分为北院、南院和西院，所有建筑均为硬山式，板瓦，方砖铺地。北院大门在东北角，西正房面阔三间，三级踏步，东房形同西房，南北厢房各两间；南院与北院平行，西正房三间，三级踏步，东房形同西房，南北厢房各两间；西院在南院西侧，院门在北侧，东西房相同，南北房各两间。现老宅保存得比较完整，部分门窗于修缮时有改动
历史沿革	1940 年 2 月 1 日，驻在马栏的冀热察军政委员会被日军炸毁，遂迁至塔河村张甫全的宅院中。老一辈挺进军领导萧克、马辉之、张明远、肖文玖等都曾在这里指挥平西、平北和冀东军民的反"围剿"战斗。冀热察军政委员会塔河旧址是塔河村中最精美的清代建筑，1996 年被公布为区级文物保护单位
主管单位	门头沟区清水镇政府
保护情况	较好，已重新修缮

冀热察军政委员会塔河旧址地图、照片

冀热察军政委员会塔河旧址平面图（2016 年）

冀热察军政委员会塔河旧址大门（摄于 2019 年 10 月）

名　称	挺进军司令部塔河驻地
地图索引	D2
保护类型	区级文物保护单位
文物类型	近现代重要史迹及代表性建筑
公布时间	1996 年
详细地址	清水镇塔河村
建造时间	民国年间
地理位置	东经 115° 33′ 17.6″，北纬 39° 53′ 38.7″
海　拔	671 米
地理环境	塔河村位于清水河上游南侧，毗邻 109 国道，是清水镇通往百花山的必经之路。挺进军司令部塔河驻地即位于塔河村 94 号，坐西朝东
文物现状	该司令部旧址是一个二进不规则四合院，前院为三合院，后院为四合院。院内建筑均为硬山调大脊，板瓦合瓦，有勾头滴水，正房门心板饰以雕花，墙腿石饰以雕刻精美花卉，院内方砖墁地。现四合院基本格局未变，主体建筑保存较好
历史沿革	挺进军司令部同冀热察军政委员会一样，因 1940 年驻马栏挺进军司令部被日军轰炸后迁至塔河，1996 年被公布为区级文物保护单位
主管单位	门头沟区清水镇塔河村委会
保护情况	较好

挺进军司令部塔河驻地地图、照片

挺进军司令部塔河驻地平面图（2016 年）

挺进军司令部塔河驻地门楼及保护标志（摄于 2008 年 6 月）

名　称	昌宛专署及其党校黄安旧址
地图索引	D2
保护类型	区级文物保护单位
文物类型	近现代重要史迹及代表性建筑
公布时间	1996 年
详细地址	清水镇黄安村
建造时间	民国年间
地理位置	东经 115° 33′ 57.4″，北纬 39° 52′ 54.7″ 及 东经 115° 33′ 55.7″，北纬 39° 52′ 56.7″
海　拔	763 米，768 米
地理环境	黄安村位于清水镇西南的百花山脚下，昌宛专署及其党校黄安旧址即位于村中，二院皆坐北朝南
文物现状	昌宛专署黄安旧址为一座不规则二进四合院，大门居西南角，房屋多为硬山大脊，板瓦合瓦，双层檐椽，南山墙上有照壁；前院有北房、东房各三间，西房一间，南房两间；后院有南、北房各三间，东、西房各两间。其党校黄安旧址亦为一座不规则二进四合院，前院为三合院，后院是四合院，现已全部改建。两旧址现皆为村民居住，党校旧址保护较差，专署旧址基本格局未变，局部主体建筑有改动
历史沿革	昌（平）宛（平）专署即晋察冀边区第四专署，于 1939 年设于黄安村，负责冀热察军区财政事务，同时建党校于此。昌宛专署及其党校黄安旧址于 1996 年被公布为区级文物保护单位
主管单位	门头沟区清水镇黄安村委会
保护情况	较差
损坏原因	人为修缮改动

昌宛专署及其党校黄安旧址地图、照片

昌宛专署及其党校黄安旧址平面图（2016 年）

昌宛专署党校黄安旧址大门（摄于 2008 年 6 月）

名 称	金代壁画墓
地图索引	D8
保护类型	区级文物保护单位
文物类型	古墓葬
公布时间	1996 年
详细地址	龙泉镇育新学校内
建造时间	金代
地理位置	东经 116° 05′ 26.12″, 北纬 39° 55′ 40.5″
海 拔	110 米
地理环境	龙泉镇地处西高东低的半山区, 北依海拔 970 米的九龙山, 南有较低的南岭, 东临永定河, 金代壁画墓即位于镇内新桥南大街的育新学校操场
文物现状	金代壁画墓遗存墓葬一处, 墓为单室砖结构, 由墓门墙和墓室两部分构成。墓门墙为雕砖仿木建筑, 通高 2.96 米, 面阔 2.8 米, 厚 0.56 米, 最上面是瓦垅檐椽, 下边是三组斗拱, 封门墙两侧有浮雕立柱; 墓门高 1.42 米, 宽 0.74 米, 甬道长 0.76 米, 内置封堵用的沟纹砖墓室呈圆形, 内直径 3 米, 通高 2.85 米, 穹隆顶高约 1 米; 墓室内砖雕四根柱, 砖斗拱及影作, 四壁及顶部绘有墓主人生前生活场景的壁画, 色调以红黑色为主。墓内曾出土盘、碗等陶瓷冥器, 以及部分北宋末年铜钱。现墓穴基本完整, 但内部壁画剥落严重
历史沿革	金代壁画墓于 1990 年被发现, 为了解金代建筑结构及家具样式提供了重要资料。该墓 1996 年被公布为区级文物保护单位
主管单位	北京市门头沟区教委
保护情况	较差
损坏原因	年久失修

金代壁画墓地图、照片

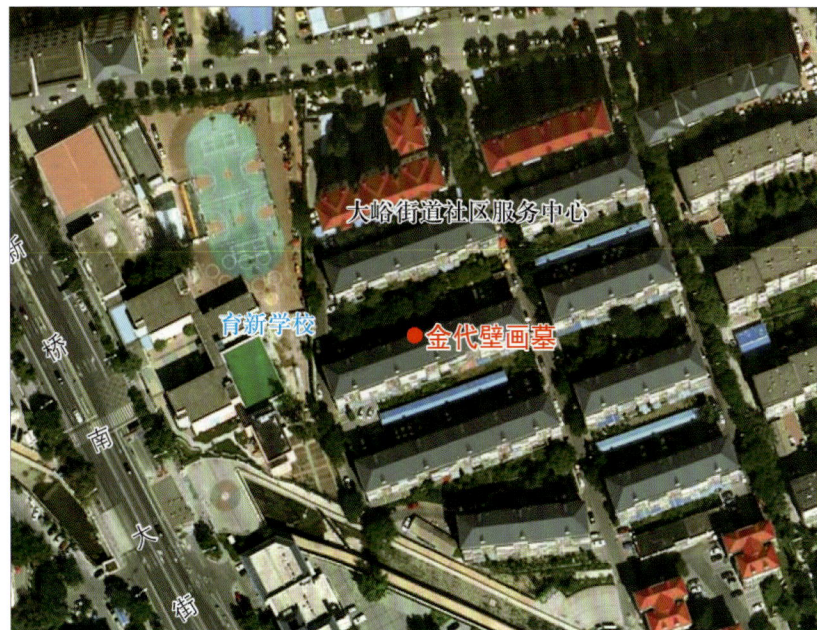

金代壁画墓平面图（2016 年）

墓内的金代壁画（摄于 2008 年 7 月）

名　称	第一个党支部旧址
地图索引	B6
保护类型	区级文物保护单位
文物类型	近现代重要史迹及代表性建筑
公布时间	1998 年
详细地址	雁翅镇田庄村
建造时间	清代
地理位置	东经 115° 53′ 52.3″，北纬 40° 04′ 46.0″
海　拔	396 米
地理环境	四面环山的田庄村呈东西狭长走势，东面紧邻高芹路，第一个党支部旧址为村中的一座清代建筑，占地面积约 159 平方米，坐北朝南
文物现状	第一个党支部旧址为三处院落，均为硬山皮条脊，板瓦合瓦，三处院落正房均为面阔三间，进深一间，其中一处院落有厢房二间。现主体建筑局部有破损，原正房已改建
历史沿革	1932 年 9 月，崔显芳与马建民等人一起组建了门头沟地区第一个党支部——田庄高小党支部，地点即为崔显芳家祖宅。1998 年，第一个党支部旧址被公布为区级文物保护单位
主管单位	门头沟区雁翅镇政府
保护情况	一般，建筑格局未变
损坏原因	年代久远，自然风化，人为改建

第一个党支部旧址地图、照片

第一个党支部旧址平面图（2016 年）

第一个党支部旧址院落中的东厢房（摄于 2009 年 10 月）

名　称	长城砖窑遗址
地图索引	C3
保护类型	区级文物保护单位
文物类型	古遗址
公布时间	1998 年
详细地址	斋堂镇柏峪村
建造时间	明代
地理位置	东经 115° 36′ 54.2″，北纬 40° 00′ 53.6″
海　拔	872 米
地理环境	柏峪村地处黄草梁南麓，在西奚古道与京城通往涿鹿古道的交会点上，长城砖窑遗址即在村北约 1.5 公里处，遗址总面积约 1.5 万平方米
文物现状	遗存砖窑数座，因年久风化，土窑均倒塌，仅存明代烧制城砖的残烟道和残砖
历史沿革	柏峪砖窑当地俗称为柏峪窑，又名"百窑"，其北即是天津关的黄草梁七座敌台，这些砖窑即是当年为修建敌台提供城砖而建的，据说最多时有小土窑百十座。柏峪砖窑已废弃数百年，1998 年被公布为区级文物保护单位
主管单位	门头沟区斋堂镇政府
保护情况	较差
损坏原因	年久风化

长城砖窑遗址地图、照片

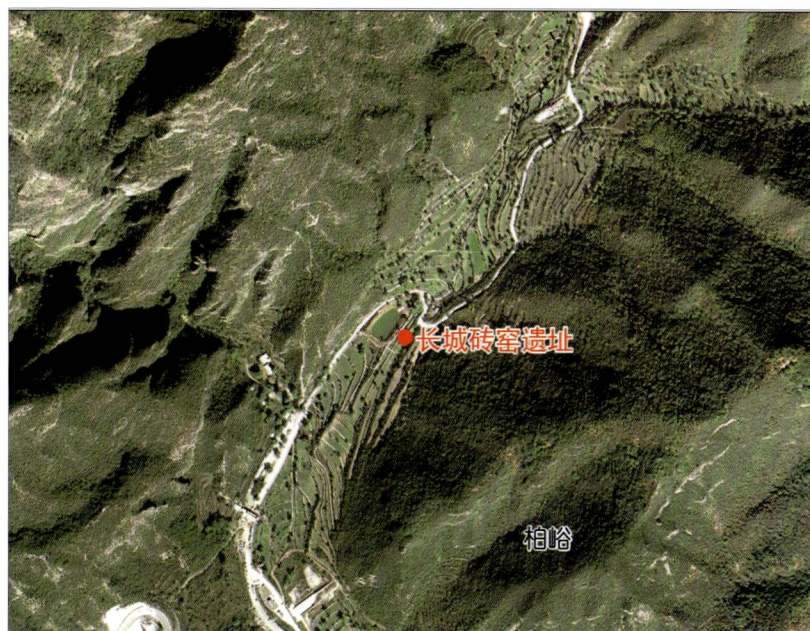

长城砖窑遗址平面图（2016 年）

长城砖窑遗址及其
文物保护标志
（摄于 2009 年 3 月）

名　称	广亮院
地图索引	C3
保护类型	区级文物保护单位
文物类型	古建筑
公布时间	1998 年
详细地址	斋堂镇爨底下村
建造时间	清代
地理位置	东经 115° 38′ 18.2″，北纬 39° 59′ 49.3″
海　拔	600 米
地理环境	爨底下村位于门头沟西北部的深山峡谷中，四面环山，聚落依地势起伏散列分布，以村后龙头为圆心、南北为轴线，呈扇面形展于两侧；其村上、村下被一条长 200 米弧形大墙分开，村前又被一条长 170 米的弓形墙围绕。广亮院是爨底下村中地势最高并位居中轴线的一座大宅院，坐北朝南，北高南低，高低落差约 5 米
文物现状	广亮院为由东西两套四合院组成的一个大四合院，共有房屋 24 间，院外有围墙。北面最高处有正房 5 间，面阔 17.7 米，进深 5 米；下面两套四合院形制相同，均有正房三间，面阔 7.6 米，进深 4 米；东西厢房各两间，面阔 5 米，进深 4 米。门楼开在东南角，面阔 2.1 米，进深 4 米。院内方砖铺地，留有花池
历史沿革	此院建于清代，是爨底下村中最具有代表性的清代民居之一，1998 年被公布为区级文物保护单位
主管单位	门头沟区斋堂镇政府
保护情况	保存完好

广亮院地图、照片

广亮院平面图（2016 年）

广亮院大门
（摄于 2008 年 7 月）

广亮院鸟瞰图
（摄于 2008 年 7 月）

名　称	石甬居
地图索引	C3
保护类型	区级文物保护单位
文物类型	古建筑
公布时间	1998 年
详细地址	斋堂镇爨底下村
建造时间	清代
地理位置	东经 115° 38′ 20.8″，北纬 39° 59′ 50.0″
海　拔	597 米
地理环境	石甬居位于爨底下村上部东侧的尽头，前有人工垒砌的高大石墙，坐北朝南
文物现状	石甬居为由三套院落组成的古民居，整座院落面阔30 米，进深 13 米，西边有一耳房。三座院落形制相同，南有一间面阔 2 米、进深 2 米的大门，有面阔 9 米、进深 4 米的正房三间及面阔 7 米、进深 4 米的东西厢房各两间，每座院落互借厢房，彼此相连
历史沿革	石甬居建于清代，是爨底下村中最具有代表性的清代民居之一，1998 年被公布为区级文物保护单位
主管单位	门头沟区斋堂镇政府
保护情况	基本保存完好

石甬居地图、照片

石甬居平面图（2016 年）

石甬居鸟瞰图
（摄于 2009 年 6 月）

石甬居大门
（摄于 2009 年 6 月）

名 称	爨底下村关帝庙
地图索引	C3
保护类型	区级文物保护单位
文物类型	古建筑
公布时间	1998 年
详细地址	斋堂镇爨底下村
建造时间	清代
地理位置	东经 115° 38′ 25.1″，北纬 39° 59′ 49.8″
海 拔	638 米
地理环境	爨底下村关帝庙建在村东北部的小山上，坐北朝南，整座院落南北长 16.6 米，东西长 10.5 米
文物现状	该关帝庙遗存有正殿一座、西配殿一座及山门一座。正殿三间，面阔 8 米，进深 3.6 米，为硬山调大脊，板瓦筒瓦合瓦，石望板，大殿前出廊；殿内供关帝、龙王，北壁有壁画，西山墙有画碑，刻雍正年修庙捐款人姓名；窗棂立柱有清代不同时期的墨书题记，上书清代对庙宇的修缮情况。西配殿四间，面阔 11.5 米，进深 2.5 米；山门面阔 1.6 米
历史沿革	爨底下村关帝庙始建于清康熙年间，仅有正殿和西配殿，于雍正至光绪年间曾多次维修，1998 年被公布为区级文物保护单位
主管单位	门头沟区斋堂镇政府
保护情况	较好

爨底下村关帝庙地图、照片

爨底下村关帝庙平面图（2016 年）

爨底下村关帝庙内景（一）
（摄于 2010 年 4 月）

爨底下村关帝庙内景（二）
（摄于 2010 年 4 月）

名　称	双店院
地图索引	C3
保护类型	区级文物保护单位
文物类型	古建筑
公布时间	1998 年
详细地址	斋堂镇爨底下村
建造时间	清代
地理位置	东经 115° 38′ 18.1″，北纬 39° 59′ 48.1″
海　拔	584 米
地理环境	双店院位于爨底下村村下古驿道上，临街而建，坐北朝南
文物现状	双店院为一组并排的两进四合院，有房 36 间，门楼 7 座，连接起 6 个院落；其门楼设置巧妙，人牲分用。一进院的正房为一明两暗，前后各有四扇大门，便于商旅出入。二进院正房后为高 18.2 米的大墙，墙体砌有凸出墙体的条石，若遇山洪，人们可从石梯迅速爬上躲避。院内建筑均为硬山清水脊，板瓦合瓦，门楼有精美砖雕；临街的高大院墙内有两个牲口棚，石砌拌料槽子台基长 12 米。现建筑主体保存完好
历史沿革	双店院建于清代，是集居住、商业、货物仓储为一体的组合院落，为昔日过往商旅的落脚之地，1998 年被公布为区级文物保护单位
主管单位	门头沟区斋堂镇政府
保护情况	较好

双店院地图、照片

双店院平面图（2016 年）

双店院大门（摄于 2010 年 5 月）

名称	宝峰寺
地图索引	C3
保护类型	区级文物保护单位
文物类型	古建筑
公布时间	1998 年
详细地址	斋堂镇西斋堂村
建造时间	明代
地理位置	东经 115° 40′ 52.9″，北纬 39° 58′ 05.8″
海拔	497 米
地理环境	宝峰寺位于斋堂镇北 5 公里处的白铁山中，坐北朝南
文物现状	宝峰寺遗存有正殿三间，两厢配殿各三间及穿堂门一间。正殿三间面阔 10.8 米，进深 6.4 米，硬山箍头脊，筒瓦，内有金柱，方砖铺地。该寺建筑格局未变，东西配殿已改建
历史沿革	宝峰寺建于明代，原为灵岳寺的下院，主要用于寺僧所居，1998 年被公布为区级文物保护单位
主管单位	门头沟区斋堂镇政府
保护情况	一般
损坏原因	年久失修及人为改建

宝峰寺地图、照片

宝峰寺平面图（2016 年）

宝峰寺遗址及文物保护标志
（摄于 2009 年 12 月）

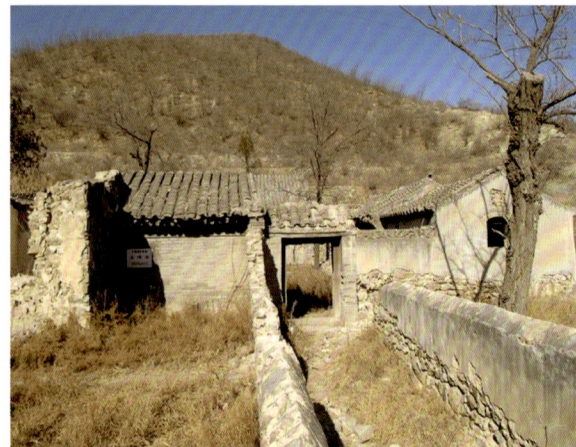

名　称	军庄过街楼
地图索引	C8
保护类型	区级文物保护单位
文物类型	古建筑
公布时间	1998 年
详细地址	军庄镇军庄村
建造时间	清代
地理位置	东经 116° 05′ 13.8″，北纬 39° 59′ 47.3″
海　拔	191 米
地理环境	军庄村位于门头沟区军庄镇西部，地处永定河东岸，是古西山大道的重要交通枢纽。军庄过街楼位于村子南口，坐北朝南，是由南进村的必经之路
文物现状	遗存过街楼为卵石砌筑，城台通宽 6.3 米，进深 5.9 米，通高 6 米；券洞高 4 米，宽 3.8 米，额题有"极善为乐"四字；城台上有建筑三间，硬山石板顶。该过街楼基本保存原貌，是门头沟区保存较好的老过街楼
历史沿革	过街楼始建于清代末年，1998 年被公布为区级文物保护单位
主管单位	门头沟区军庄镇政府
保护情况	较好

军庄过街楼地图、照片

军庄过街楼平面图（2016 年）

军庄过街楼门洞上匾额
（摄于 2009 年 5 月）

军庄过街楼
（摄于 2009 年 5 月）

名 称	三家店村中街 59 号院及东街 78 号院民宅
地图索引	C8
保护类型	区级文物保护单位
文物类型	古建筑
公布时间	1998 年
详细地址	龙泉镇三家店村
建造时间	清代
地理位置	东经 116° 06′ 00.6″，北纬 39° 57′ 52.3″； 东经 116° 06′ 10.0″，北纬 39° 57′ 42.5″
海 拔	127 米，126 米
地理环境	三家店村地处京西古道的永定河渡口，是京西前往北京城的门户之地，村内有三条主街，民宅 59 号院和 78 号院分别位于中街和东街中部，其中 59 号院占地 612 平米，建筑面积 396 平米；78 号院占地 576 平米，建筑面积 416 平米，两院皆坐北朝南
文物现状	59 号院民宅为标准二进四合院，院落进深 22 米，共 21 间房，院内建筑布局严整，有精美的靠山影壁及砖雕；78 号院民宅亦为二进四合院，大门砖雕异常精美。现 59 号院建筑格局未变，建筑主体保存较好；78 号院建筑格局有改动，建筑主体保存，局部细节保存较好；两院内均有多家住户，院内杂乱
历史沿革	三家店村建于清中期，因是门头沟地区货物集散地，故村中有许多清代老建筑，59 号院和 78 号院是村内保存较好的典型四合院民宅，1998 年被公布为区级文物保护单位
主管单位	门头沟区龙泉镇三家店村委会
保护情况	59 号院保护较好；78 号院保护较差
损坏原因	78 号院因后来住户不合理改动建筑主体，造成建筑主体原貌破坏

三家店村中街 59 号院及东街 78 号院民宅地图、照片

三家店村中街 59 号院及东街 78 号院民宅平面图（2016 年）

三家店村东街 78 号院民宅大门
（摄于 2008 年 4 月）

被改动后的三家店村
东街 59 号院民宅院落
（摄于 2008 年 4 月）

名　称	白衣庵
地图索引	C8
保护类型	区级文物保护单位
文物类型	古建筑
公布时间	1998 年
详细地址	龙泉镇三家店村
建造时间	唐代
地理位置	东经 116° 06′ 03.3″，北纬 39° 57′ 50.5″
海　拔	122 米
地理环境	三家店村地处京西古道的永定河渡口，是京西前往北京城的门户之地，白衣庵位于村内中街，东西宽 31.80 米，南北长 39 米
文物现状	白衣庵为唐初佛教建筑，有山门一座、天王殿三间、配殿东西各三间、正殿三间及碑两座。山门面阔 2.6 米，进深 1.85 米，为大式硬山脊，筒瓦、砖吻兽，五小垂兽，排山勾滴，门额有石刻"白衣观音庵"五字。天王殿三间面阔 8 米，进深 5.1 米，为大式硬山箍头脊，黄琉璃瓦垂兽，五小兽，排山滴水，五架梁，彻上明造，苏式彩绘。配殿东西面阔 11 米，进深 5 米，为大式硬山箍头脊元宝顶。正殿三间通面宽 11.05 米，进深 7 米，为大式硬山调大脊。大殿内有《白衣观音庵重修碑》，碑高 2.2 米，宽 0.65 米，立于咸丰二年（1852），青石质，方首，额雕云纹，额书"万古流芳"，文字漫漶不清。另有《重修西山大路碑》，碑高 1.88 米，宽 0.7 米，立于清同治十一年（1872），青石质，方首，额阳书"修桥补路"，阴书"流芳百世"，碑记清同治十年（1871）夏路被洪水冲断，沿途村庄的煤窑、煤厂捐钱修复大路的经过。现古庵建筑格局未变，正殿门窗全被改动，石碑风化严重
历史沿革	三家店辽代成村，有数条古道交会于此，因地理位置的特殊性，村内店铺林立，古建众多，白衣庵即是有代表性的一处。白衣观音是观音三十三身之一，一般为白衣白巾赤足，是民间常供奉的观音形象，故白衣庵又称白衣观音庵。三家店白衣庵始建于唐初，宋、明、清曾多次重修，尤以清咸丰年间重建规模最大。三家店白衣庵建筑古老，庵中《重修西山大路碑》是研究京西交通史的重要资料，1998 年被公布为区级文物保护单位
主管单位	门头沟区龙泉镇政府
保护情况	一般
损坏原因	年久风化及人为改动

白衣庵地图、照片

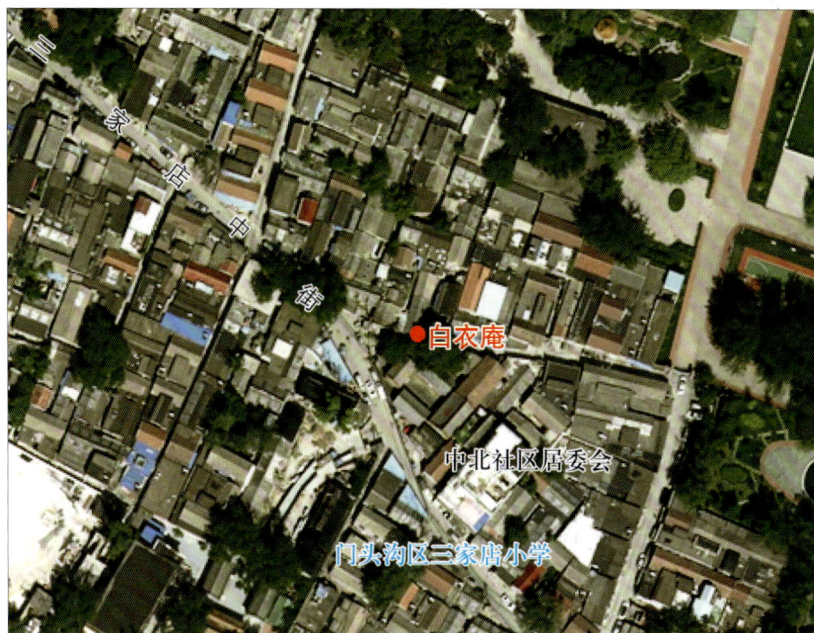

白衣庵平面图（2016 年）

白衣庵内景
（摄于 2008 年 4 月）

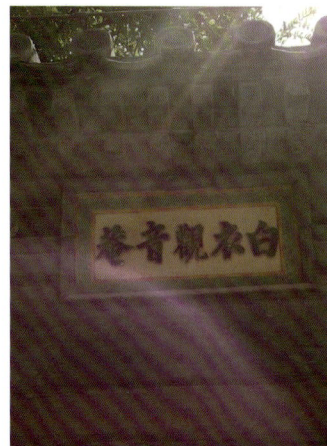

白衣庵匾额
（摄于 2008 年 4 月）

名　称	二郎庙
地图索引	C8
保护类型	区级文物保护单位
文物类型	古建筑
公布时间	1998 年
详细地址	龙泉镇三家店村
建造时间	明代
地理位置	东经 116° 05′ 44.2″，北纬 39° 52′ 04.6″
海　拔	137 米
地理环境	二郎庙位于三家店村西北山坡上，坐北朝南，南北长 36.5 米，东西宽 16.4 米
文物现状	二郎庙为四合院式建筑，有前后殿各一栋及耳房两间、东西配殿各一栋及东配殿耳房两间、碑两通。前殿三间面阔 10.5 米，进深 8 米，元宝顶箍头脊，黑琉璃瓦顶黄剪边，有垂兽，勾头滴水，旋子彩绘，殿前有月台。后殿为娘娘殿，面阔三间 10.55 米，进深 7.5 米，黄琉璃瓦硬山大脊，垂兽五，勾头滴水，苏式彩绘；后殿两旁各有耳房一间，元宝箍头脊，筒瓦顶，黄琉璃垂兽，四小兽，黄琉璃勾头滴水。东西配殿各三间，面阔 9.8 米，进深 5.1 米，硬山，筒瓦顶，有吻兽；东配房有耳房两间，元宝脊，黄琉璃瓦顶。庙内《二郎庙重修碑》为圆首方座，额雕云纹且书有"重修碑记"四个字，立于清乾隆十三年（1748）；另有《二郎庙修庙碑》，圆首，额雕双龙戏珠，书"万古流芳"四个字，立于清光绪十五年（1889）
历史沿革	二郎为战国末年秦国蜀郡太守李冰的次子李二郎，当年他协助其父治水有功，相传其死后成神，保护浇灌事宜，故民间多有供奉。三家店村二郎庙建于明万历年间，清乾隆、咸丰年间多次重修后呈清代四合院建筑风格，1998 年被公布为区级文物保护单位
主管单位	门头沟区龙泉镇政府
保护情况	建筑格局未变，建筑主体保存较好，现为村中小学教师宿舍，内搭建小房
损坏原因	荒置多年，散户入住后随意违建

二郎庙地图、照片

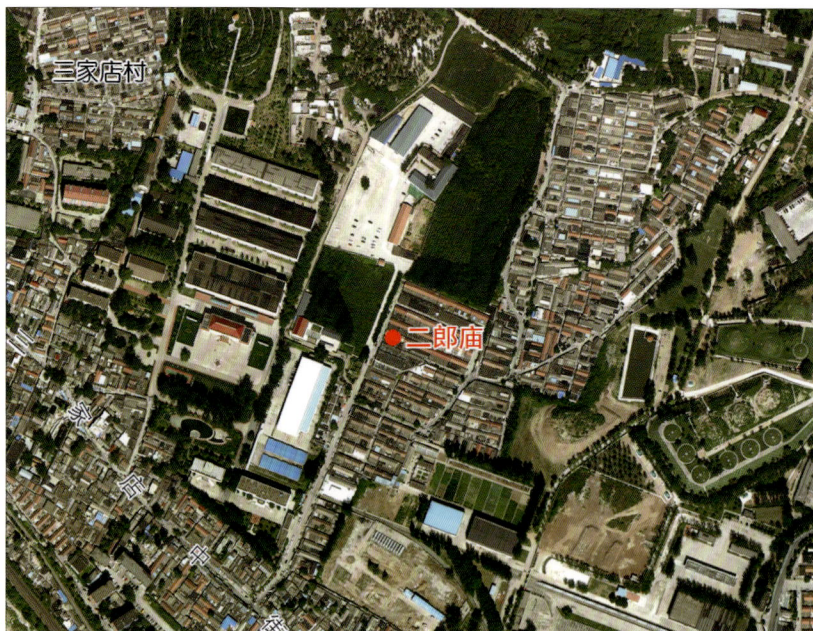

二郎庙平面图（2016 年）

二郎庙院内场景（摄于 2008 年 4 月）

名　称	冀热察区党委旧址
地图索引	D3
保护类型	区级文物保护单位
文物类型	近现代重要史迹及代表性建筑
公布时间	1998 年
详细地址	斋堂镇大三里村
建造时间	民国年间
地理位置	东经 115° 40′ 02.6″，北纬 39° 56′ 52.5″
海　拔	475 米
地理环境	大三里村位于斋堂镇深山坳的白铁山下，前临清水河，背靠斋堂水库，冀热察区党委旧址即于村中，坐西朝东
文物现状	冀热察区党委旧址原为四合院民居，现存西房三间，南、北房各二间，大门两侧墙壁上有大幅墨书题记
历史沿革	大三里村因其交通非常不便而与世隔绝，但成为抗日时期中共冀热察区根据地。1939 年，由萧克、马辉之、姚依林等人为首的中共冀热察区党委在大三里村成立，继而在周边地区发展了大批党员，并轮训了大量中共党员干部。大三里行政村现已撤销，冀热察区党委旧址于 1998 年被公布为区级文物保护单位
主管单位	门头沟区斋堂镇政府
保护情况	除正房在抗战时期被日军炸毁外，其他建筑主体保存较好
损坏原因	战争损毁

冀热察区党委旧址地图、照片

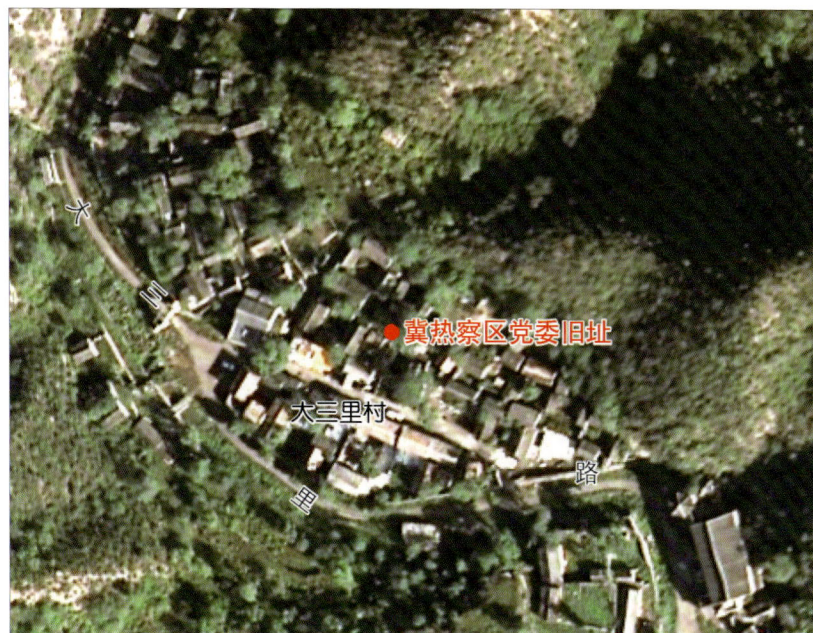

冀热察区党委旧址平面图（2016 年）

冀热察区党委旧址院落
（摄于 2010 年 6 月）

名　称	挺进军十团团部旧址
地图索引	D4
保护类型	区级文物保护单位
文物类型	近现代重要史迹及代表性建筑
公布时间	1998 年
详细地址	斋堂镇马栏村
建造时间	清代
地理位置	东经 115° 41′ 27.1″，北纬 39° 56′ 13.2″
海　拔	589 米
地理环境	马栏村位于斋堂镇南部的老龙窝北麓马栏沟西坡阶地上，聚落略呈长方形，有南北向长约 1000 米的主街一条，挺进军十团团部旧址即位于村中，坐北朝南
文物现状	挺进军十团团部旧址是一栋清末老建筑，院落中有正房及倒座房各三间，均面阔 9.1 米，进深 6.2 米，正房东西各有面阔 3 米、进深 3 米的耳房一间；东西厢房各两间，面阔 8 米，进深 5 米。门楼开在院落西北角，面阔 2 米，进深 2 米
历史沿革	挺进军十团团部旧址原为民居，1939 年 10 月为八路军借用，1998 年被公布为区级文物保护单位
主管单位	门头沟区斋堂镇马栏村委会
保护情况	一般
损坏原因	年久失修

挺进军十团团部旧址地图、照片

挺进军十团团部旧址平面图（2016 年）

挺进军十团团部旧址外部及院门（摄于 2009 年 12 月）

名　称	碣石古村落
地图索引	B4
保护类型	区级文物保护单位
文物类型	古建筑
公布时间	2005 年
详细地址	雁翅镇碣石村
建造时间	明代至民初
地理位置	东经 115°45′13.7″，北纬 40°02′21.5″
海　拔	567 米
地理环境	碣石村位于门头沟雁翅镇西部的深山峡谷中，其地形丰富，洞、石、潭及奇形古树等自然景观颇多。村中有长 200 米的东西走向中街，贯穿着 6 条南北走向的胡同，许多明清老建筑就坐落于其中
文物现状	碣石村保存有大量明清及民初时代的四合院、三合院、两合院，共计 59 座 177 间；其中有二合院 14 座，三合院 27 座，四合院 18 座。由于院落主人的地位不同，每个院落从屋脊的雕花到门前的台阶都有所差异，但都有独到之处，如有风格古朴的建筑及雕饰、弯弯曲曲的石板老路、山石垒成的老墙、200 多年前的古井，等等。在这个京西崇山峻岭中的小山村里，处处散发着浓厚的古风古韵。现古老建筑大都保存较好，部分建筑局部有破损
历史沿革	碣石村元末明初即有人落户，因村前有很多横卧的巨大石块，按照"立石为碑、卧石为碣"的说法故称其为"碣石村"。该村以开矿炼银出名，自成聚落，发达后各家建筑都极有特点，尤以明清和民初一批民居为典型代表。2005 年，碣石古村落被公布为区级文物保护单位
主管单位	门头沟区雁翅镇碣石村委会
保护情况	较好
损坏原因	年久失修

碣石古村落地图、照片

碣石古村落平面图（2016 年）

碣石村古村落大门（摄于 2009 年 10 月）

名 称	灵水古村落
地图索引	C4
保护类型	区级文物保护单位
文物类型	古建筑
公布时间	2005 年
详细地址	斋堂镇灵水村
建造时间	清代
地理位置	东经 115° 43′ 47.0″，北纬 40° 00′ 12.7″
海　拔	375 米
地理环境	灵水村处在北京西部深山，北控塞外，西携秦晋，东望京师，南眺冀野，是北京古驿道上的重要村落。该村水灵峰秀，风光秀美，古迹颇多，其中东岭石人、西山莲花、南堂北眺、北山翠柏、灵泉银杏、举人宅院和寺庙遗址等景点有"灵水八景"之称
文物现状	灵水村是一个形成于辽金时代的古老村落，聚居人口庞大，遗存的清代古民居甚多，其中 6 号、56 号、65 号、84 号、92 号、98 号、114 号、142 号院落及 78 号门楼是较为典型的代表。老式院落、硬山清水脊和精美的砖雕在古村落民宅中比比皆是，斑驳院墙与青砖小径使村落中弥漫着古风古韵。现村落中有些是保护较好的古民宅，有些则是重修后新建的现代民居
历史沿革	灵水村历史悠久，文化底蕴深厚，自明清科举制度盛行以来，村中考取功名的人层出不穷，在当地享有"举人村"之美誉，故而村中的各式古建筑颇多。2005 年，灵水古村落被公布为区级文物保护单位，同时被建设部和国家文物局列为第二批公布的"中国历史文化名村"。灵水村现已大规模重修
主管单位	门头沟区斋堂镇灵水村委会
保护情况	较好

灵水古村落地图、照片

灵水古村落平面图（2016 年）

灵水古村落外观（摄于 2010 年 10 月）

名　称	一元春药铺
地图索引	C5
保护类型	区级文物保护单位
文物类型	近现代建筑
公布时间	2005 年
详细地址	雁翅镇青白口村
建造时间	民国年间
地理位置	东经 115° 49′ 05.4″，北纬 40° 00′ 49.9″
海　拔	289 米
地理环境	青白口村坐落于清水河与永定河交汇的河口处，三面环水一面临山，一元春药店即位于村中心地段，坐东朝西
文物现状	一元春药铺是民国建筑，现存店铺一间，为砖石结构，硬山清水脊，灰板瓦，房地基高 0.8 米，临街一面 0.9 米的高槛墙为柜台台面，上面双开窗，方格饰，两边窗均可开启，房门于东，通向内院。后院为四合院，有正房三间，南北厢房各两间，倒座房四间，院落南北长 19 米，东西长 24 米。现药铺房屋局部有破损
历史沿革	一元春药铺是抗战时期中国共产党在门头沟地区的地下联络站，由最早的地下党员崔显芳和第一任抗日民主政府宛平县县长魏国元创建。2005 年，一元春药铺被公布为区级文物保护单位
主管单位	门头沟区雁翅镇青白口村委会
保护情况	一般
损坏原因	年久失修

一元春药铺地图、照片

一元春药铺平面图（2016 年）

一元春药铺外观及其文物保护标志
（摄于 2009 年 10 月）

名 称	北港沟寺庙群
地图索引	C5
保护类型	区级文物保护单位
文物类型	古建筑
公布时间	2005 年
详细地址	大台街道板桥村
建造时间	明代
地理位置	东经 115° 52′ 58.8″, 北纬 39° 57′ 35.0″; 东经 115° 52′ 59.8″, 北纬 39° 57′ 34.0″; 东经 115° 53′ 03.2″, 北纬 39° 57′ 34.8″
海 拔	525~563 米
地理环境	北港沟是位于千军台下的一条大山沟,北临坐落在鬏髻山南麓的板桥村。此地山峦起伏,怪石林立,洞潭接踵,北港沟寺庙群即位于沟中碧水潭周边,三庙相距不远
文物现状	北港沟寺庙群由遗存的龙王庙、菩萨庙和娘娘庙组成。龙王庙有面阔三间的正殿一座;菩萨庙有门楼及面阔三间的正殿一座,殿西山崖处另有自然洞及耳房一间;娘娘庙有门楼、正殿及耳房和东西配殿
历史沿革	北港沟诸寺庙群均建于明代,在 21 世纪初得到大规模重修,门窗及壁画大都为现代仿造。2005 年北港沟寺庙群被公布为区级文物保护单位
主管单位	门头沟区大台街道板桥村委会
保护情况	修复后保护较好

北港沟寺庙群地图、照片

北港沟寺庙群平面图（2016 年）

北港沟寺庙群之娘娘庙（摄于 2008 年 4 月）

名　称	关帝庙铁锚寺
地图索引	C8
保护类型	区级文物保护单位
文物类型	古建筑
公布时间	2005 年
详细地址	龙泉镇三家店村
建造时间	明代
地理位置	东经 116°05′41.3″，北纬 39°58′01.3″
海　拔	123 米
地理环境	三家店村地处永定河东岸的永定河渡口，是京西古道最主要的货物集散地，关帝庙铁锚寺位于村中西街，坐东朝西，整座建筑南北长 13.7 米，东西长 19.8 米
文物现状	关帝庙铁锚寺遗存有门楼、正殿、两厢配房和一座石碑。门楼为清水脊，门额上嵌阴刻楷书"关帝庙铁锚寺"；正殿三间，面阔 11.8 米，进深 5.3 米，清水脊石板顶，供奉关帝；东西配殿面阔 6.4 米、进深 4 米，殿内有周仓、关平及赤兔马塑像；碑为 20 世纪 40 年代补立。遗憾的是，以之命名的大铁锚已无存
历史沿革	关帝庙铁锚寺始建于明万历年间，不知何时起寺内供奉起一个大铁锚，故寺名也改为关帝庙铁锚寺。关于铁锚，有多种传说：其一为大铁锚是永定河里捞出的罕见镇水之物，故被当地人视为神物供奉在此；其二为三家店西侧的永定河古渡口是古道两岸的摆渡之处，因永定河水流湍急，所以制作了一只一米多高、重约四百斤重的四爪大铁锚立在码头，用来固定摆渡的船只。京西古道上修桥之后，这只大铁锚没有实际用途了，当地人为祈祷平安即将其搬进庙里供奉。多年来关帝庙尚存，但这只祈祷平安的大铁锚却在 20 世纪 50 年代"大跃进"时被炼钢焚毁。2005 年，关帝庙铁锚寺被公布为区级文物保护单位
主管单位	门头沟区龙泉镇政府
保护情况	建筑主体保存较好，文物保护差
损坏原因	人为损毁

关帝庙铁锚寺地图、照片

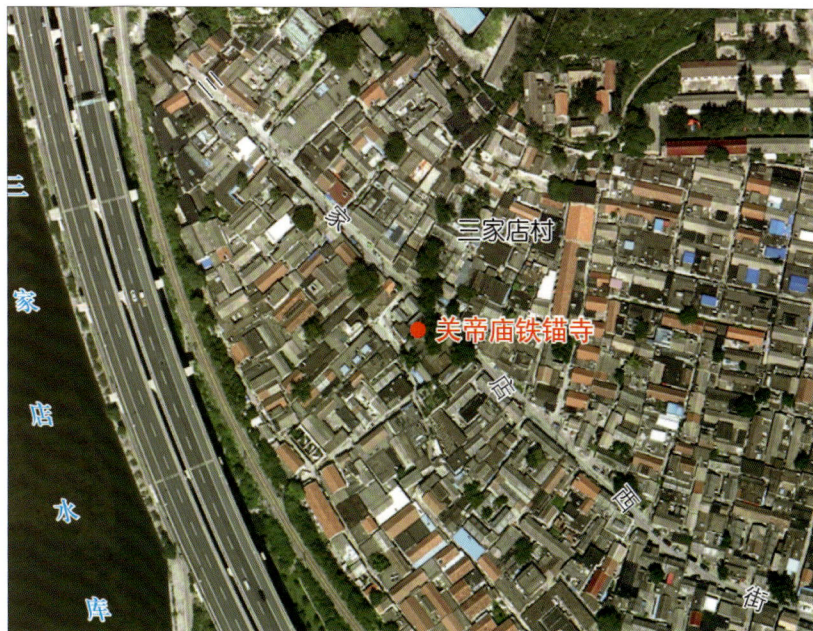

关帝庙铁锚寺平面图（2016 年）

关帝庙铁锚寺院内石碑
（摄于 2008 年 4 月）

关帝庙铁锚寺内院落
（摄于 2008 年 4 月）

名 称	杨家峪古村落
地图索引	C5
保护类型	区级文物保护单位
文物类型	古建筑
公布时间	2005 年
详细地址	斋堂镇杨家峪村
建造时间	元代至清代
地理位置	东经 115° 43′ 12.3″，北纬 39° 57′ 04.2″
海 拔	711 米
地理环境	杨家峪位于斋堂镇东南大寒岭深处，古村落房屋都建在峰岭环抱之中，自东南向西北依地势错落
文物现状	该村遗存有古民居 20 余座，其中有的民居颇具元代特色，有的彰显明清建筑风格，但除少数院落外，老民居大多残破，目前真正的老建筑已经屈指可数，很多民居都是老宅新盖
历史沿革	据村中所存一块明代残碑所记，杨家峪最早形成聚落是在辽代，这个小小村落集聚了古道文化、宗族文化、道教文化及建筑文化等众多文化遗产，堪称一座保存较好的原生态古山村。杨家峪古村落街巷勾连，房舍连合，俯瞰村形如龟似龟，2005 年被公布为区级文物保护单位
主管单位	门头沟区斋堂镇政府
保护情况	村落现处于复建中，基本格局仍保持原貌
损坏原因	年久失修

杨家峪古村落地图、照片

杨家峪古村落平面图（2016 年）

杨家峪古村落外一隅（摄于 2009 年 12 月）

名　称	牛角岭关城
地图索引	C7
保护类型	区级文物保护单位
文物类型	古建筑
公布时间	2005 年
详细地址	妙峰山镇水峪嘴村
建造时间	明代
地理位置	东经 116° 02′ 10.1″，北纬 39° 57′ 49.2″
海　拔	377 米
地理环境	牛角岭位于水峪嘴村之西，北临永定河。牛角岭关城是京西西山大道上最古老的重要关口，建在两山对峙之间，坐东朝西
文物现状	遗存古关城一座、碑二通。牛角岭关城为在自然山石上直接用石块垒砌，青砖券边，青石做腿，现一侧石面已塌毁。关城门洞高 7 米，进深 9.3 米，横宽 4.3 米。关城附近有遗存石碑二方，其一为立于乾隆四十二年（1777）的《黄公功德碑》，碑额刻"永久明垂"；其二为立于同治十一年（1872）的《重修道路碑》，碑额有"修桥补路"四字
历史沿革	牛角岭关城建于明代，扼守西山古道之要冲，2005 年被公布为区级文物保护单位
主管单位	门头沟区妙峰山镇政府
保护情况	一般
损坏原因	自然风化及年久失修

牛角岭关城地图、照片

牛角岭关城平面图（2016 年）

牛角岭关城残址（摄于 2010 年 5 月）

名 称	西山大路北道（牛角岭－韭园村段）
地图索引	C7
保护类型	区级文物保护单位
文物类型	古遗址
公布时间	2005 年
详细地址	妙峰山镇水峪嘴村
建造时间	待考
地理位置	东经 116°02′28.9″，北纬 39°57′57.2″
海 拔	220 米
地理环境	西山大路位于门头沟西的崇山峻岭之中，北道牛角岭至韭园村一段大约 4.3 公里
文物现状	该段古道长约 4.3 公里，宽约 314 米，路面青石长年积月经风受雨，被磨得十分光滑，大片青石上面留有很多碗口大小的圆形蹄窝，其或深或浅，这是当年驼队日复一日年复一年踏在石道上留下的痕迹
历史沿革	京西古道是一条从北京西部山区至内蒙古和山西诸省的商旅之路，距今已有数千年历史。西山大路是京西古道的主干线，连接着纵横南北的各条支线道路，大路北道牛角岭－韭园村线路是其中较有特色的一段，2005 年被公布为区级文物保护单位
主管单位	门头沟区妙峰山镇政府
保护情况	基本较好，部分古道有破损
损坏原因	年久失修

西山大路北道（牛角岭－韭园村段）地图、照片

西山大路北道（牛角岭－韭园村段）平面图（2016 年）

西山大路北道（牛角岭－韭园村段）修复后外观（摄于 2009 年 11 月）

名 称	水闸老公路桥
地图索引	C8
保护类型	区级文物保护单位
文物类型	近现代建筑
公布时间	2005 年
详细地址	龙泉镇城子村
建造时间	1923 年
地理位置	东经 116° 05′ 47.0″，北纬 39° 57′ 27.9″
海 拔	123 米
地理环境	城子村坐落于永定河西岸的九龙山脚下，水闸老公路桥位于村北
文物现状	水闸老公路桥为钢筋混凝土拱桥，高约 18 米，计 8 孔，每孔跨距为 30 米；老桥长 240 米，宽 9 米，其中两边各设人行道 1.5 米，中心车道 6 米，桥面厚 0.1 米，桥面设计荷载 4 吨
历史沿革	水闸老公路桥是永定河上最早的混凝土拱桥，于 1921 年动工，1923 年 12 月竣工，由法国工程师设计。大桥曾三次大修，经受多次大洪水的考验，至今仍然是永定河的一个地标性建筑。水闸老公路桥是近代桥梁的杰作，2005 年被公布为区级文物保护单位
主管单位	门头沟区交通局
保护情况	整体保存较好

水闸老公路桥地图、照片

水闸老公路桥平面图（2016 年）

水闸老公路桥（摄于 2008 年 8 月）

名 称	广慧寺
地图索引	D7
保护类型	区级文物保护单位
文物类型	古建筑
公布时间	2005 年
详细地址	潭柘寺镇桑峪村
建造时间	明代
地理位置	东经 116° 02′ 32.1″，北纬 39° 54′ 18.4″
海 拔	390 米
地理环境	桑峪村位于潭柘寺镇东部，村落三面环山，正南与108 国道相连，毗邻潭柘寺景区，广慧寺即坐落于村东北的山腰处，坐北朝南，寺院南北长 25 米、东西长 18 米
文物现状	广慧寺遗存有正殿三间及东西配殿三间，均为硬山调大脊灰筒瓦，带吻兽，排山沟滴，石望板，前后出廊；山门仅存木门框，面阔 3.15 米、进深 1.55 米，门前有影壁。寺内另有残碑两通，其一为明正德七年（1512）立的龟趺座白石碑，高 2.1 米、宽 0.96 米、厚 0.22 米，碑上字迹漫漶不清；其二为字迹无法辨认的残碑。院内另有两棵古树，原建筑有损毁
历史沿革	广慧寺始建明代，2005 年被公布为区级文物保护单位
主管单位	门头沟区潭柘寺镇政府
保护情况	现正重修
损坏原因	年久失修与自然风化

广慧寺地图、照片

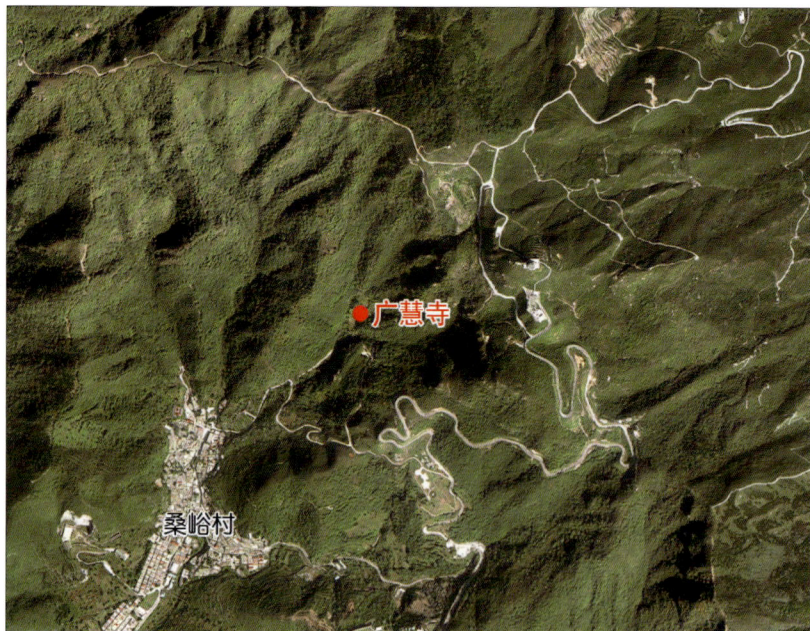

广慧寺平面图（2016 年）

广慧寺山门
（摄于 2009 年 5 月）

广慧寺正殿
（摄于 2009 年 5 月）

名　称	庞潭古道（峃萝坨村－戒台寺段）
地图索引	D7
保护类型	区级文物保护单位
文物类型	古遗址
公布时间	2005 年
详细地址	永定镇峃萝坨村
建造时间	清代
地理位置	东经 116°02′86.9″，北纬 39°89′76.6″
海　拔	218 米
地理环境	庞潭古道是由石景山庞村到潭柘寺的一条旧路，峃萝坨村至戒台寺段大约长 10 公里，处于半山区中
文物现状	遗存古香道一条，块石铺就，历史韵味浓郁
历史沿革	庞潭古道是京西古道的组成部分，由庞村出发，过永定河后经峃萝坨村、戒台寺、秋坡村，最后到达潭柘寺。几百年来，庞潭古道都是重要的进香要道，如今古道大部分无存，只有峃萝坨村到戒台寺这一段还保留完好。庞潭古道（峃萝坨村－戒台寺段）于 2005 年被被列入门头沟区文物保护单位
主管单位	门头沟区永定镇政府
保护情况	保存较好

庞潭古道（峃萝坨村－戒台寺段）地图、照片

庞潭古道（峃萝坨村-戒台寺段）平面图（2016 年）

庞潭古道文物保护标志
（摄于 2009 年 6 月）

一段历史悠久的庞潭古道
（摄于 2009 年 6 月）

名　称	芦潭古道（戒台寺－石佛村段）
地图索引	E7
保护类型	区级文物保护单位
文物类型	古遗址
公布时间	2005 年
详细地址	永定镇石佛村
建造时间	清代
地理位置	东经 116° 04′ 57.9″，北纬 39° 52′ 19.3″
海　拔	291 米
地理环境	芦潭古道（戒台寺－石佛村段）为石佛村至戒台寺石牌坊逶迤约一公里的山路
文物现状	这是一段用块石铺砌的原始古道，古道宽 3.4 米，中间铺设近一米宽的板石甬道，两侧的板石稍小
历史沿革	清代雍正年间在河北省易县修建皇陵后，由朝廷出资修建了一条用条石铺砌拜谒皇陵的长路，其时称为京易御道。芦潭古道为京易御道的支线，是一条由卢沟桥经张郭庄、大灰厂、石佛村到戒台寺，再翻过罗睺岭到达潭柘寺的古香道。如今，芦潭古道的大部分已被 108 国道等公路所覆盖，仅有石佛村至戒台寺石牌坊前一小段得以幸存。芦潭古道甬道的铺法极具文化价值和建筑艺术价值，2005 年被公布为区级文物保护单位
主管单位	门头沟区永定镇政府
保护情况	基本保持原貌
损坏原因	年久失修

芦潭古道（戒台寺－石佛村段）地图、照片

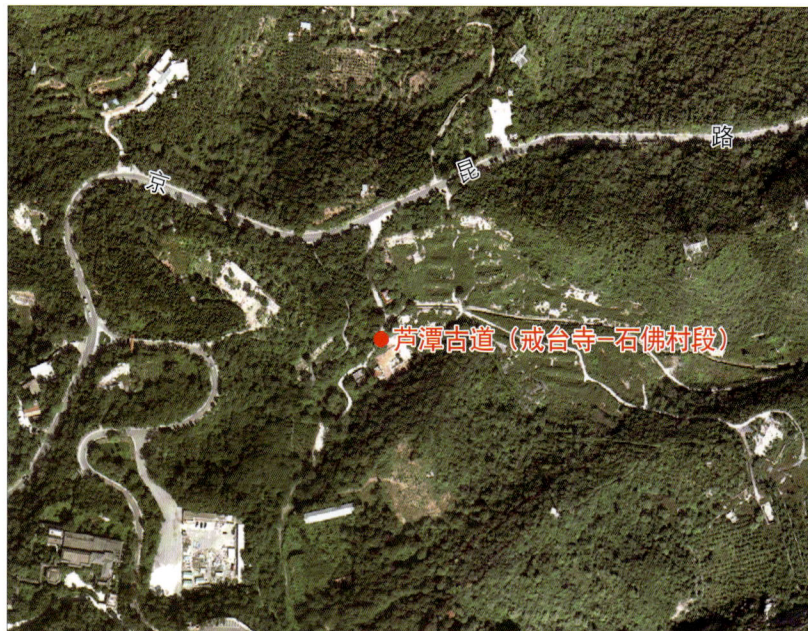

芦潭古道（戒台寺 - 石佛村段）平面图（2016 年）

芦潭古道（戒台寺 - 石佛村段）北起点（摄于 2008 年 7 月）

芦潭古道（戒台寺 - 石佛村段）文物保护标志（摄于 2008 年 7 月）

工业文化遗产

INDUSTRIAL CULTURAL HERITAGE

名　称	北京市明珠琉璃瓦厂
地图索引	C7
保护类型	北京市工业文化遗产
遗产类型	拟重点保护的工业遗存
详细地址	龙泉镇琉璃渠村
建成时间	1927 年
片　区	门头沟区新城
用地规模	0.0352 平方公里
建筑规模	0.012 平方公里
遗产现状	有保留生产
发展历程及特点	早在元大都时期，北京即有四座窑场，琉璃渠村窑场当时是一座分场。至清乾隆年间，其他琉璃厂窑或关闭或迁至琉璃渠村，琉璃渠村即成为皇家琉璃烧制的主要窑场。清同治至光绪年间，由赵氏第十六代孙赵花农主持窑场事务，被封五品顶戴，成为显赫一方的官商；此期，琉璃窑场发展达到鼎盛。民国期间战乱横生，窑工只能自谋生计，窑场被迫停产。1949 年之后，琉璃渠村窑场由文化部收回国有，窑场同时恢复生产，新取名为北京市明珠琉璃瓦厂。作为北京皇家琉璃最早的烧造地之一，北京市明珠琉璃瓦厂延续了 700 多年的古老琉璃烧造技术，所生产的琉璃制品不仅沿袭了唐宋以来的艺术风格，而且全部按清工部旧规制烧造琉璃制品，这些精湛的烧造工艺如今已成为重要的工业文化遗产

北京市明珠琉璃瓦厂地图、照片

琉璃渠小学

琉璃渠大街

●北京市明珠琉璃瓦厂

北京市明珠琉璃瓦厂平面图（2016 年）

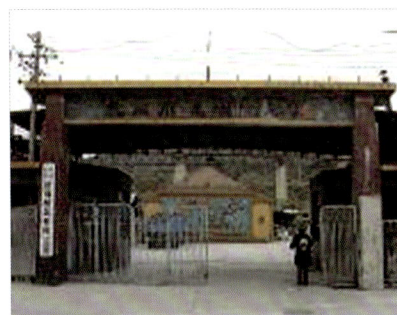

北京市明珠琉璃瓦厂大门
（摄于 2008 年 4 月）

北京市明珠琉璃瓦厂内部
（摄于 2008 年 4 月）

名 称	王平村煤矿
地图索引	C7
保护类型	北京市工业文化遗产
遗产类型	拟作为一般保护的工业遗存
详细地址	王平地区色树坟村附近
建成时间	1951 年
片 区	门头沟区王平地区
用地规模	0.1635 平方公里
遗产现状	已停产
发展历程及特点	1951 年，在京西九龙山北坡的山谷小村安家滩，同时创办起 16 家小煤窑，这使得以烧造而聚众成村的安家滩陡然转型，以挖煤为主业。1953 年 4 月，这些煤窑被移交给地方政府，由建新煤矿接管；一年后煤窑再次被移交至京西矿务局，改为国营安家滩煤矿。1958 年，安家滩煤矿的新采区王平村立井建成，两年后的 1960 年，王平村矿独自经营。至 1964 年，王平村矿和安家滩矿合并，组成新的王平村煤矿。王平村煤矿是北京矿务局所属八大煤矿之一，也是北京 20 世纪后期年产逾百万吨的大型煤矿，巅峰时矿区职工超过 5000 人。随着整个煤炭市场产能逐渐过剩和污染的逐步治理，王平村煤矿从 1994 年开始陆续减产并疏散安置职工，时间长达 22 年。2016 年，王平村煤矿彻底关停，矿井被封闭

王平村煤矿地图、照片

王平村煤矿平面图（2016 年）

王平村煤矿内一角
（摄于 2008 年 4 月）

王平村煤矿大门
（摄于 2008 年 4 月）

名 称	大台煤矿
地图索引	C6
保护类型	北京市工业文化遗产
遗产类型	拟作为一般保护的工业遗存
详细地址	大台街道大台村
建成时间	1958 年
片 区	门头沟区大台街道
用地规模	0.0889 平方公里
遗产现状	已关停
发展历程及特点	大台煤矿于 1952 年勘探设计，1954 年动工建立井，1958 年 5 月建成开采，1958 年 7 月大台主井独立成矿，用现名迄今。大台煤矿是中华人民共和国成立后由国内自行设计和建设的第一批中型矿井之一，也是北京矿务局所属八大煤矿之一。近年来，随着北京市治理污染逐步推进，大台煤矿已经逐渐减产并于 2018 年关停

大台煤矿地图、照片

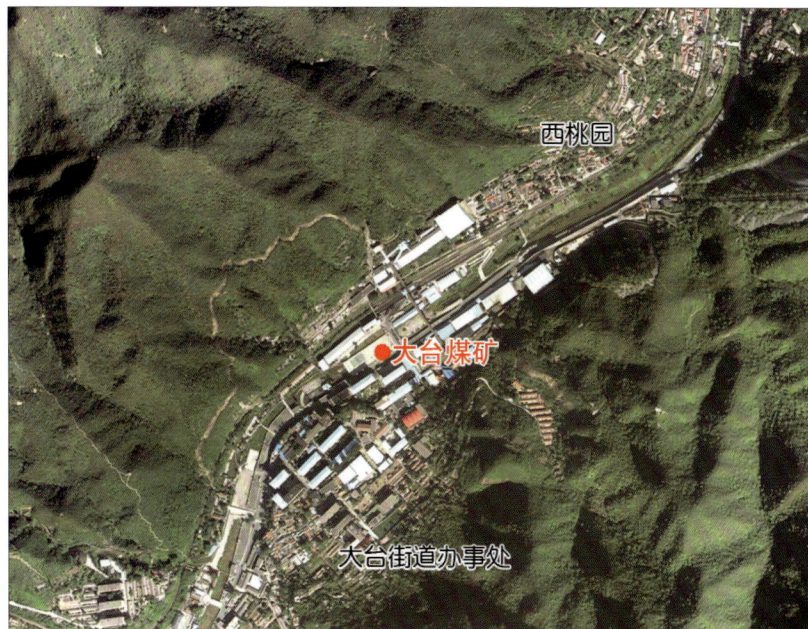

大台煤矿平面图（2016 年）

大台煤矿大门
（摄于 2008 年 4 月）

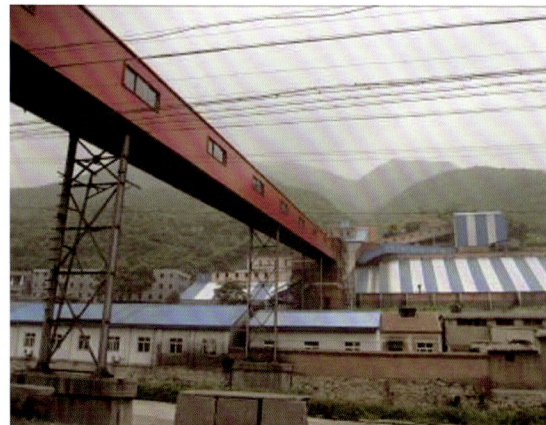

大台煤矿内部
（摄于 2008 年 4 月）

名 称	木城涧煤矿
地图索引	D6
保护类型	北京市工业文化遗产
遗产类型	拟作为一般保护的工业遗存
详细地址	大台街道木城涧村和千军台村
建成时间	1927 年
片 区	门头沟区大台街道
用地规模	63.2 平方公里
遗产现状	已关停
发展历程及特点	木城涧煤矿建于 1952 年，是京煤集团所属的最大生产矿井，其井田面积达 63.2 平方公里，以生产优质无烟煤著称，巅峰时期年产 250 万吨，约占京煤集团生产总量的一半。随着北京市治理污染和产业结构调整的逐步推进，煤炭开采要逐渐退出，木城涧煤矿于 2017 年关停

木城涧煤矿地图、照片

木城涧煤矿平面图（2016 年）

木城涧煤矿厂内景
（摄于 2008 年 4 月）

木城涧煤矿厂大门
（摄于 2008 年 4 月）

名　称	门头沟天利煤厂旧址
地图索引	C8
保护类型	北京市工业文化遗产
遗产类型	文物类工业遗产
详细地址	三家店村三家店中街
建成时间	1879 年
片　区	门头沟区龙泉镇
用地规模	0.003 平方公里
遗产现状	实地遗存
发展历程及特点	1879 年华商段益三引入外资，在门头沟天桥浮村开办通兴煤矿，这是中国煤矿史上第一个中外合办的煤矿。三家店村地处京西几条古道的交会处，是当时京西最大的物资集散地，开有十余家煤厂，门头沟天利煤厂即是依托通兴煤矿而设置的一家大型煤厂。该煤厂办公区为一组清代四合院式建筑，占地面积 0.3 公顷，现为门头沟区唯一的煤厂实物遗存地

门头沟天利煤厂旧址地图、照片

门头沟天利煤矿厂平面图（2016 年）

门头沟天利煤厂旧貌

门头沟天利煤厂旧址
（摄于 2008 年 4 月）

历史文化街区与历史文化名村

HISTORIC CONSERVATION AREA AND VILLAGE

名　称	爨底下历史文化街区
地图索引	C3
保护类型	历史文化街区
批　次	第二批
公布时间	2008 年
详细地址	斋堂镇爨底下村
建造时间	明清
片　区	斋堂镇爨底下村
面　积	村域面积 5.33 平方公里
街区现状	居住及旅游名胜
地理环境	爨底下村位于京西斋堂镇西北峡谷中部的清水河流域，海拔 650 米，距北京市区 90 公里，村落四面环山位于阳坡，周边自然植被良好
人文环境	爨底下村是一个依山而建的自然村，自古至今，这里居住的都是清一色的韩氏家族。该村至今保留有许多宗族习俗，民风十分淳朴
历史沿革	爨底下村距今已有 400 多年历史，因其处于明代军事隘口"爨里安口"之下方，故得名爨底下村。爨底下村在中华人民共和国成立前属宛平县第八区，现为门头沟区斋堂镇所辖，村中至今保存着 70 余套 600 多间明清时代的四合院民居，是我国北方保留比较完整的山村古建筑群。2008 年 12 月，爨底下村被建设部和国家文物局授予中国历史文化名村称号
主管单位	北京市规划委员会

＊该村居民情况可见"爨底下村古建筑群"。

爨底下历史文化街区地图、照片

爨底下历史文化街区平面图（2016 年）

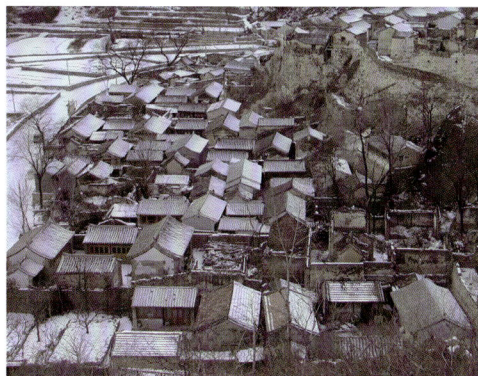

冬日下的爨底下村
（摄于 2008 年 11 月）

爨底下历史文化街区
民居一角
（摄于 2008 年 4 月）

名　称	三家店历史文化街区
地图索引	C8
保护类型	历史文化街区
批　次	第二批
公布时间	2008 年
详细地址	龙泉镇三家店村
建造时间	明代
片　区	龙泉镇三家店村
面　积	村域面积约 3.1 平方公里
街区现状	居住及旅游名胜
地理环境	三家店村地处永定河北岸的古渡口，过去是京西几条古道的交会处，现邻近 109 国道石门路段，是京西的门户村落
人文环境	特殊的地理位置使三家店村在几百年间都是京西地区最热闹一个村落，这里车水马龙，店铺如林，孕育出丰富的社会与人文历史。这里的村民傍水而居，与永定河有着天然的密切联系，因此三家店村的历史与建筑都与永定河有关。三家店村至今留有龙王庙等水利文化遗存，历史上交通、煤业、商业的兴盛也在三家店留下了带有典型地方特色的煤厂、会馆、民居等精美的建筑物，同时也使这里保留下许多京西习俗和与水利、煤业相关的风情，其中有国家级非物质文化遗产京西太平鼓，以及舞龙、高跷秧歌等民间花会活动
历史沿革	三家店于辽代成村，至今已有上千年的历史，以最早设有三家店铺而得名。明清时代，伴随着京西的交通发展与水利、煤业的开发，三家店繁盛一时，特殊的地理位置又使这里成为京西最大的物资集散地。如今的三家店村不仅古风古韵犹存，是闻名遐迩的国家级非物质文化遗产——京西太平鼓的重要传承村落，还是京西花会的传承基地。2008 年 12 月，三家店村被定为北京市历史文化街区和文化保护区
主管单位	北京市规划委员会

三家店历史文化街区地图、照片

三家店历史文化街区平面图（2016 年）

三家店村历史文化街区局部（摄于 2007 年 7 月）

名 称	爨底下村
地图索引	C3
保护类型	国家级历史文化名村
批 次	第一批
公布时间	2003 年
详细地址	斋堂镇爨底下村
建造时间	明清
地理位置	东经 115° 38′ 23.6″，北纬 39° 59′ 47.9″
海 拔	629 米
面 积	村域面积 5.33 平方公里
历史沿革	爨底下是一个以明清建筑为主体且保留完整的宗族性古老自然村，先后被评为国家 A 级景区、北京市级文明单位和北京市民俗旅游专业村，同时还是门头沟区革命传统教育基地。2003 年 10 月 8 日，爨底下村被国家建设部、国家文物局评为首批中国历史文化名村
主管单位	北京市农村工作委员会

注：该村的地理环境、人文环境及其他情况可见"爨底下村古建筑群"和"爨底下历史文化街区"。

爨底下村地图、照片

爨底下村平面图（2016 年）

爨底下村民居（一）
（摄于 2008 年 10 月）

爨底下村民居（二）
（摄于 2008 年 10 月）

名 称	灵水村
地图索引	C4
保护类型	国家级历史文化名村
批 次	第二批
公布时间	2005 年
详细地址	斋堂镇灵水村
建造时间	辽代
地理位置	东经 115° 43′ 46.12″，北纬 40° 00′ 10.9″
海 拔	377 米
面 积	约 0.064 平方公里
地理环境	灵水村是京西古驿道上的重要村落，地处北京西部深山的门头沟区斋堂镇西北部，距 109 国道 4 公里。该村水灵峰秀，古树繁茂，景观独特
人文环境	灵水村历史悠久，聚落庞大，古庙遗址颇多，民间所信仰的诸神俱全，保留有很多民间传说、故事及秋粥节民俗
历史沿革	灵水村聚落形成于辽金时代，故村中辽、金、元、明、清时的古民居很多，现有 200 余户人家。虽然地处较封闭的深山，但灵水村自古即崇尚文化，在明清科举制度时代曾出过 2 名进士和 22 名举人，民国初年有 6 人毕业于北京燕京大学。灵水村自大明永乐八年（1410）即有社学，历代私塾更是不胜枚举，清末还建起京西山区最早的新式学堂，可谓儒雅之风绵长。2005 年 9 月 16 日，灵水村被建设部和国家文物局列为第二批公布的中国历史文化名村
主管单位	北京市农村工作委员会

灵水村地图、照片

灵水村平面图（2016 年）

灵水村外围景观
（摄于 2008 年 4 月）

灵水村鸟瞰图
（摄于 2008 年 4 月）

名　称	琉璃渠村
地图索引	C7
保护类型	国家级历史文化名村
批　次	第三批
公布时间	2007 年
详细地址	龙泉镇琉璃渠村
建造时间	辽代
地理位置	东经 116°04′58.7″，北纬 39°58′05.5″
海　拔	134 米
面　积	0.002 平方公里
地理环境	琉璃渠村位于门头沟区龙泉镇北部的三家店永定河古渡口西岸，背靠九龙山，面临永定河，依山傍水，景色宜人
人文环境	琉璃渠村因元、明、清三代为朝廷烧制琉璃而声名远扬，村中古建颇多，店铺林立，是一座老北京商业气息浓郁的繁华山村
历史沿革	琉璃渠村自辽代开始有聚落，从元代起朝廷即在此设琉璃局，至清乾隆年间北京琉璃厂迁至此地，后又修一条水渠，村子因此而得名，全村现有 360 余户 1000 余人。琉璃渠村素有"中国皇家琉璃之乡"的美誉，该村保存有规模完整的琉璃厂商宅院和数十套清代民居院落，还有北京唯一的黄琉璃顶的清代过街楼，以及万缘同善茶棚、西山大路古道等古建文物。2007 年 5 月 31 日，琉璃渠村入选第三批中国历史文化名村
主管单位	北京市农村工作委员会

琉璃渠村地图、照片

琉璃渠村平面图（2016 年）

琉璃渠村牌坊
（摄于 2009 年 9 月）

琉璃渠村的琉璃文化墙
（摄于 2009 年 9 月）

风景名胜区及传统村落

SCENIC AREA AND TRADITIONAL VILLAGE

名　称	潭柘寺－戒台寺风景名胜区
地图索引	D7
保护类型	市级风景名胜区
批　次	第一批
公布时间	2000 年
详细地址	北京市门头沟区潭柘寺镇辖区
地理位置	东经 116° 04′ 17.9"，北纬 39° 53′ 57.0"
最高海拔	428 米
面　积	73 平方公里
地理环境	潭柘寺-戒台寺风景名胜区位于京西崇山峻岭的山坳之中，西起赵家台，东至小园，南起区界，北至南官圆。这里空气清新，植被丰富，树种繁多，环境优美，潭柘寺和戒台寺为其中的两大主要景区
人文环境	潭柘寺-戒台寺风景名胜区是一处集人文景观与自然景观于一体，且具有历史文化、古建筑艺术、科普探险和休闲度假等内涵的综合性风景区。景区内既有典型的古代寺庙园林建筑，也有浓重的宗教文化色彩，还有因潭柘寺和戒台寺而衍生的多种艺术作品与民间传说；此外，这里还是历史上北京最著名的上香之地与受戒之所
历史沿革	潭柘寺-戒台寺风景名胜区自古以来就以景色秀美著称，自潭柘寺与戒台寺建成之后更是集佛教寺庙的巍峨宏大与山间自然的清幽秀雅为一体。景区内既有群峰簇拥之雄健，又有古树名花之秀美；既展示皇家寺院的宏大与庄严，也呈现自然山水的宁静与深邃，是中国北方不可多得的一处名胜风景区。2000 年 3 月，潭柘寺-戒台寺风景区被列为北京市首批风景名胜区

潭柘寺－戒台寺风景名胜区地图、照片

潭柘寺 - 戒台寺风景名胜区平面图（2016 年）

潭柘寺－戒台寺
风景名胜区鸟瞰图

潭柘寺－戒台寺
风景名胜区雪景图
（摄于 2008 年 11 月）

名 称	东灵山－百花山风景名胜区
地图索引	D2
保护类型	市级风景名胜区
批　次	第一批
公布时间	2000 年
详细地址	北京市门头沟区清水镇辖区
地理位置	东经 115° 34′ 50.4″, 北纬 39° 49′ 46.8″
最高海拔	2049 米
面　积	300 平方公里
地理环境	东灵山 - 百花山风景名胜区位于门头沟区清水镇辖区内, 西起门头沟与河北省交界, 东至洪水浴, 南起门头沟与房山区界, 北至椴木沟。东灵山 - 百花山风景名胜区是北京地区海拔最高的风景名胜区, 风景区内群峰相连, 地貌奇特, 植被繁茂, 溪流众多。
人文环境	游览观光胜地, 每年远道游客无数
历史沿革	东灵山 - 百花山风景名胜区以自然风光为特点, 主要景观有东灵山最高峰火山岩夷平面草甸、龙门涧喀斯特峡谷峰丛、小龙门石灰岩森林植被和百花山火山岩夷平面草甸等。2000 年 3 月, 东灵山 - 百花山风景名胜区被列为北京市首批风景名胜区

东灵山－百花山风景名胜区地图、照片

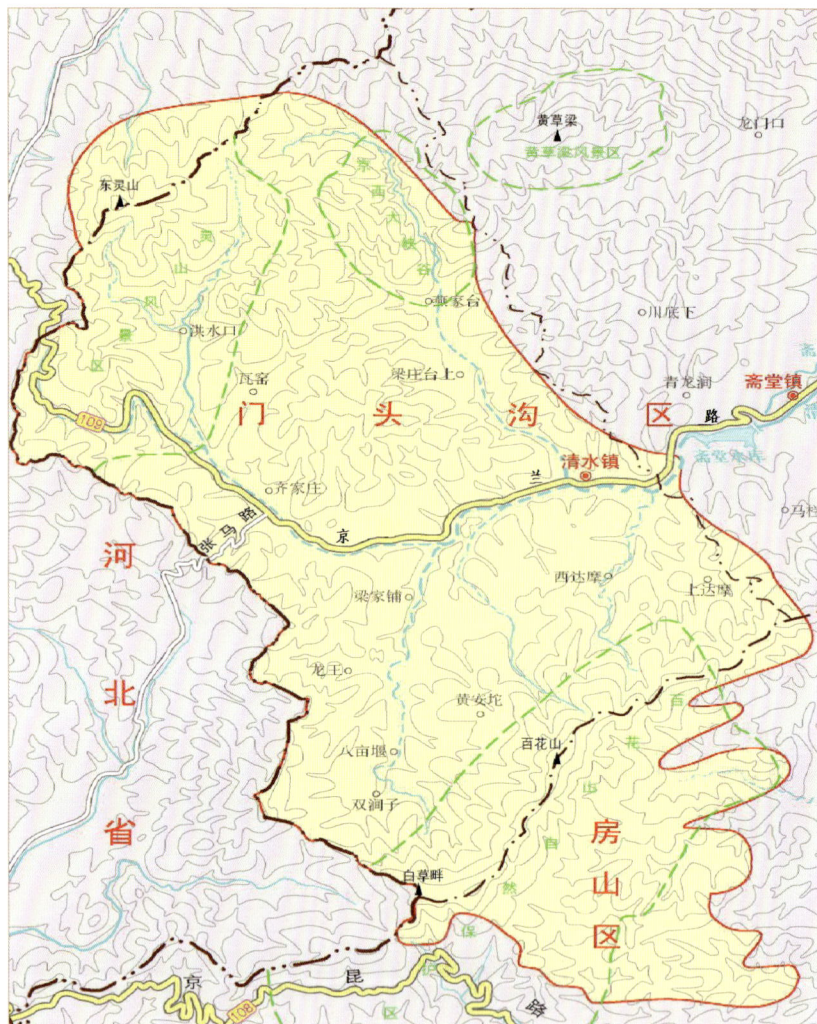

东灵山 - 百花山风景名胜区（2016 年）

东灵山－百花山
风景名胜区之秋景
（摄于 2008 年 9 月）

东灵山－百花山
风景名胜区之夏景
（摄于 2008 年 6 月）

名　称	妙峰山风景名胜区
地图索引	B6-B7
保护类型	区级风景名胜区
批　次	第一批
公布时间	2000 年
详细地址	北京市门头沟区妙峰山镇辖区 （部分在海淀区辖区内）
地理位置	东经 116°01′58.6″，北纬 40°04′15.4″
最高海拔	1291 米
面　积	20平方公里
地理环境	妙峰山风景名胜区位于北京西北的太行山余脉段，贯穿门头沟区和海淀区，距市区 55 公里，山上林木葱茏，风景优美
人文环境	妙峰山是门头沟区与昌平区的界山，山上庙宇层叠，历史上即为北京上香名山。其中著名的妙峰山娘娘庙始建于辽代，灵感宫、回香阁、玉皇顶三处庙宇群的14 座殿宇分别供奉着道、儒、释、俗各路神灵，是明清时期华北地区的民众信仰中心。妙峰山庙会历史悠久，是京郊市民春节期间游览观光的重要去处
历史沿革	妙峰山旧名仰山，山势雄峻，五峰并举，以自然风光著称，尤以山南樱桃沟景色为最。妙峰山的"古庙""奇松""怪石""异卉"引人入胜，又有日出、晚霞、雾凇、山市等时令景观，还有我国品质最好的千亩玫瑰花。抗战期间，妙峰山寺庙受到损毁，庙会亦衰。如今大部分庙宇得到修复，庙会得以在春节重现。妙峰山风景名胜区属门头沟区级风景名胜区

妙峰山风景名胜区地图、照片

妙峰山风景名胜区（2016 年）

妙峰山风景名胜区
远观图
（摄于 2009 年 6 月）

妙峰山风景名胜区
庙会活动
（摄于 2009 年 4 月）

名 称	珍珠湖风景名胜区
地图索引	B4-B5
保护类型	区级风景名胜区
详细地址	北京市门头沟区雁翅镇与斋堂镇辖区
地理位置	东经115° 46′ 55.5"，北纬40° 05′ 13.2"
最高海拔	400 米
地理环境	珍珠湖位于永定河官厅山峡中段，湖区呈狭长状，全长9.5公里，是典型的高峡平湖风景区。湖边峰峦叠嶂，山环水绕，一派湖光山色构成了雄山秀水的瑰丽景观
人文环境	游览观光胜地，可以荡舟、垂钓、戏水、攀山和休闲度假
历史沿革	珍珠湖誉有京西"小三峡""小漓江"之称，是镶嵌在太行山崇山峻岭之中的一颗璀璨明珠。珍珠湖风景名胜区具有很多著名山水景观，既有泰山之雄，又有华山之险，还具雁荡之幽，大坝、杏花村、三仙洞、湖心双柳岛、湖畔小站、24洞鸣铁龙、亚洲第一桥、同心岛、石舫桥、横流湾、野营岛等都是湖中胜景；沿湖而上，还有山洞古刹"盖不严"、边塞古城"沿河城"、黄草梁古长城遗址"七座楼"，以及仙人洞、龙门一线天、柏山寺遗址等自然或人文景观，湖光山色美不胜收。珍珠湖风景名胜区属门头沟区级风景名胜区

珍珠湖风景名胜区地图、照片

珍珠湖风景名胜区平面图（2016 年）

珍珠湖风景名胜区之秋色图

名　称	马栏村
地图索引	D4
保护类型	传统村落
批　次	第二批
公布时间	2013 年 8 月 26 日
成村朝代	明代
详细地址	北京市门头沟区斋堂镇辖区
地理位置	东经 115°41′11.62″，北纬 39°56′52.2″
最高海拔	617 米
面　积	16.34 平方公里
地形地貌	山地
地理环境	马栏村地处门头沟区斋堂镇南部的太行山余脉，位于 109 国道 83 公里处的之南，南北长 1000 米，东西宽 200 米，距斋堂镇 4 公里
人文环境	马栏村有近 400 户，全村共有 800 多人，以种植和养殖业为主。该村文物古迹和现代历史旧址众多，主要有龙王观音禅林大殿、马栏戏楼等古建筑，以及八路军冀热察挺进军司令部旧址，等等。1997 年，马栏村全体村民捐款捐物，建起了全国第一个村级抗战陈列馆。目前马栏村已开发成红色旅游专业村，其以挺进军司令部为主要展览内容，向人们展示斋堂川的抗战历史等内容
历史沿革	马栏村聚落历史悠久，因地处深山，在抗战时期成为八路军根据地，冀热察挺进军司令部和挺进军十团团部都曾设在这里，当时，在挺进军七团还有一个由马栏村籍官兵组成的"马栏排"。八年抗战岁月给马栏村打下了光辉印记，因而这个小小的深山村落享有"京西红村"之美誉。2013 年 8 月，马栏村被住房城乡建设部、文化部、财政部列为第二批传统村落
主管单位	门头沟区农村工作委员会
保存现状	较好

马栏村地图、照片

马栏村平面图（2016 年）

马栏村照片
（摄于 2009 年 11 月）

名 称	黄岭西村
地图索引	C3
保护类型	传统村落
批 次	第一批
公布时间	2012 年 12 月 19 日
成村朝代	明代
详细地址	北京市门头沟区斋堂镇辖区
地理位置	东经 115° 38′ 24.0″ 北纬 39° 58′ 13.3″
最高海拔	578 米
面 积	9.74 平方公里
地形地貌	沟谷地带
地理环境	黄岭西村地处斋堂镇西北被三条山岭包围的沟谷地带，有一村三涧之称。其与中国历史文化名村爨底下村为邻，位于 207 国道之西，距斋堂镇 5 公里
人文环境	黄岭西村有 138 户近 400 位村民，因周边多自然景观与人文景观，故有很多传说故事
历史沿革	黄岭西村具有 500 年的历史，这里曾是斋堂镇的重点产煤村之一，其与民俗旅游村柏峪村、双石头村同属斋堂西北沟旅游带，是爨柏线六村沟峪旅游的重点村落。在关停村里小煤窑之后，黄岭西村依据其独具特色的地质条件和商旅、军事文化，逐步发展成涵盖生态旅游、休闲度假、农业主题公园、户外运动、创意产业、红色旅游等于一体的复合型旅游新山村。2012 年 12 月，黄岭西村被住房城乡建设部、文化部、财政部列为第一批传统村落。
主管单位	门头沟区农村工作委员会
保存现状	较好

黄岭西村地图、照片

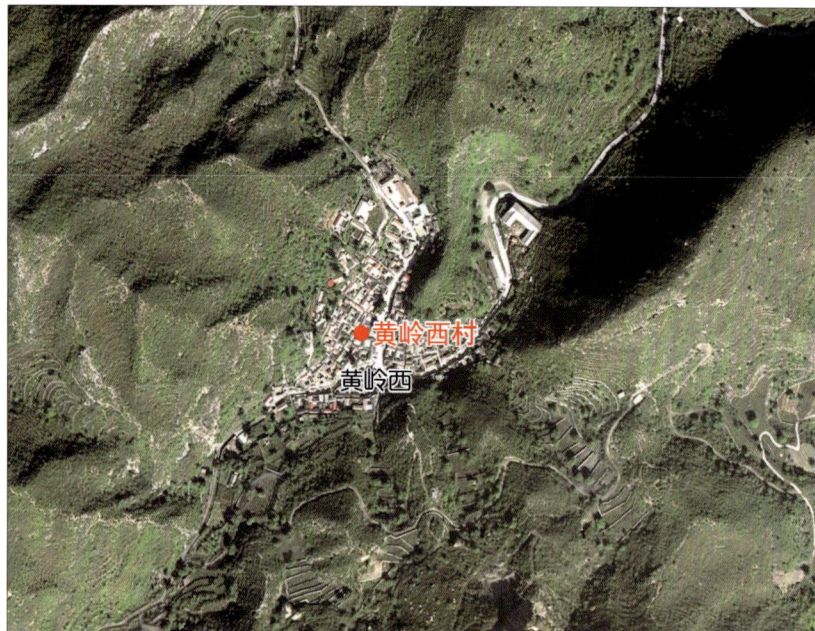

黄岭西村平面图（2016 年）

黄岭西村照片
（摄于 2009 年 11 月）

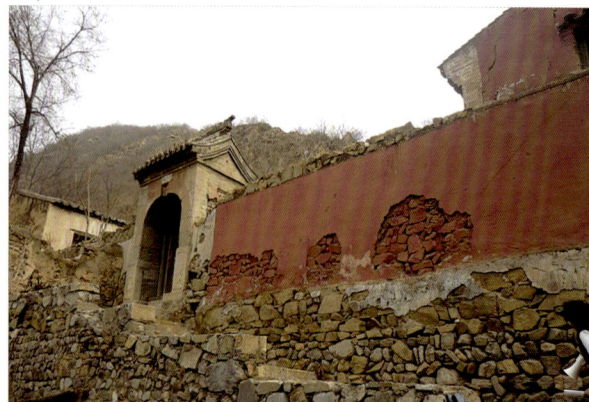

名　称	琉璃渠村
地图索引	C7
保护类型	传统村落
批　次	第一批
公布时间	2012 年 12 月 19 日
成村朝代	辽代
地理位置	东经 116° 04′ 53.32″，北纬 39° 58′ 07.4″
最高海拔	118 米
面　积	0.002 平方公里
地形地貌	山地
人文环境	琉璃渠村共有 936 户 1800 余人，因其以琉璃制造业而著名，故村中百分之六十以上为非农业人口，另外流动人口也相对较多。
主管单位	门头沟区农村工作委员会
保存现状	完好

注：该村详细情况请见"历史文化名村"中"琉璃渠村"。

琉璃渠村地图、照片

琉璃渠村平面图（2016 年）

琉璃渠村照片（摄于 2008 年 11 月）

名 称	三家店村
地图索引	C8
保护类型	传统村落
批 次	第一批
公布时间	2012 年 12 月 19 日
成村朝代	明代
详细地址	北京市门头沟区龙泉镇
地理位置	东经 116° 06′ 00.52″，北纬 39° 57′ 52.5″
最高海拔	127 米
面 积	约 3.02 平方公里
地形地貌	永定河冲积平原
主管单位	门头沟区农村工作委员会
保存现状	完好

注：该村详细情况请见"三家店历史文化街区"。

三家店村地图、照片

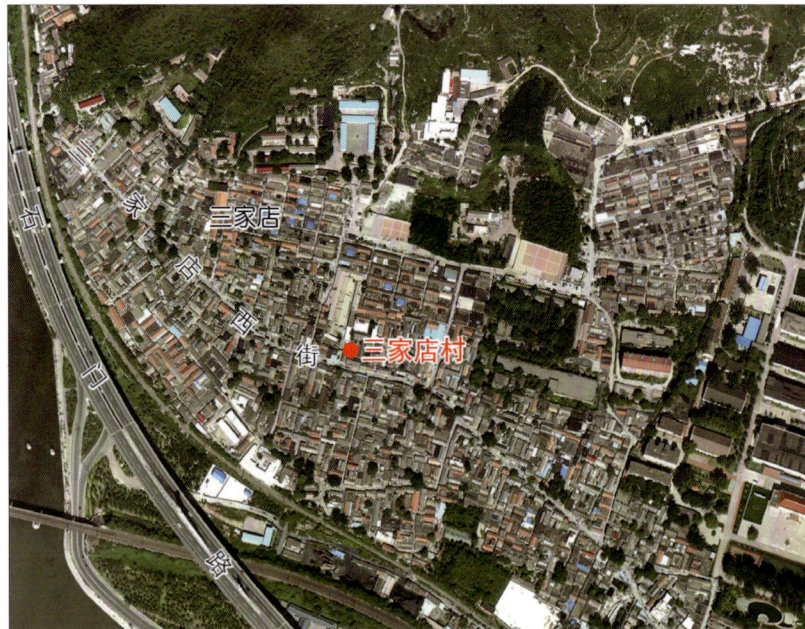

三家店村平面图（2016 年）

三家店村村落局部
（摄于 2008 年 5 月）

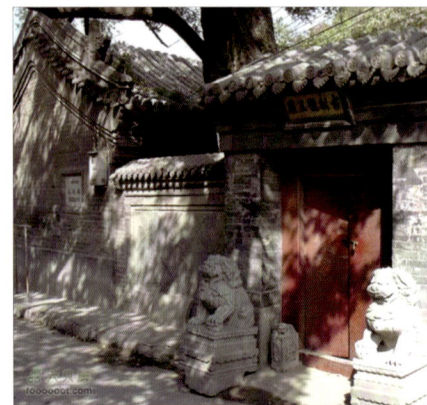

名　称	苇子水村
地图索引	B6
保护类型	传统村落
批　次	第一批
公布时间	2012 年 12 月 19 日
成村朝代	明代
详细地址	北京市门头沟区雁翅镇
地理位置	东经 115° 53′ 41.82″，北纬 40° 03′ 43.3″
最高海拔	410 米
面　积	9.76 平方公里
地形地貌	山地
地理环境	苇子水村位于雁翅镇东部，109 国道芹峪口以北田庄公路 5 公里处，民居分布在九龙八盆之中，村里有一条东西走向的河，由 13 座桥连通两岸。村子依山而建，有 46 座明清四合院
人文环境	苇子水村有 420 户 700 余人，其中农户占一半以上。苇子水村文化活动丰富，该村的秧歌戏 2007 年被列入北京市非物质文化遗产
历史沿革	苇子水村是明清时期的古村落，四合院与石拱桥是村中的一大特色。该村具有丰富的山村文化资源和南北合璧的人文景观，近年来正在利用保存完整的优势积极打造民俗旅游。2012 年 12 月，苇子水村被住房城乡建设部、文化部、财政部列为第一批传统村落
主管单位	门头沟区农村工作委员会
保存现状	完好

苇子水村地图、照片

苇子水村平面图（2016 年）

苇子水村村落及
保护标志
（摄于 2009 年 6 月）

名　称	千军台村
地图索引	D5
保护类型	传统村落
批　次	第二批
公布时间	2013 年 8 月 26 日
成村朝代	宋代
详细地址	北京市门头沟区大台办事处
地理位置	东经 115° 51′ 17.8″　北纬 39° 56′ 10.2″
最高海拔	422 米
面　积	不详
地形地貌	台地
地理环境	千军台位于门头沟区清水涧沟西端，村落建于清水涧北岸台地上，邻近大寒岭。这里自古即是京西商旅往来的必经之路，京西古道的主干道西山大路穿村而过，村周围均为林地
人文环境	千军台是北京市非物质文化遗产"京西古幡会"的传承之地，至今仍有 110 多户人家的 200 余人厮守在这古老的山村
历史沿革	千军台村成村不晚于宋代，古时称千人台，早期是军队的驻地，后来才慢慢发展成村庄。历史上，千军台曾是汉朝与北方民族的交界地，故此地留下一些古桥、古井、文昌阁古碑和水槽遗迹等。抗日战争时期，千军台的村民积极抗战，英雄辈出，也正因如此，全村的房子先后被日本鬼子和"还乡团"烧了四次，但每次千军台村人都不屈不挠又把家园重建起来。2013 年 8 月，千军台村被住房城乡建设部、文化部、财政部列为第二批传统村落
主管单位	门头沟区农村工作委员会
保存现状	较好

千军台村地图、照片

千军台村面图（2016 年）

千军台村村落外貌（摄于 2009 年 7 月）

名 称	灵水村
地图索引	C4
保护类型	传统村落
批 次	第一批
公布时间	2012 年 12 月 19 日
成村朝代	辽金
详细地址	斋堂镇灵水村
地理位置	东经 115° 43′ 46.1″，北纬 40° 00′ 10.9″
最高海拔	377 米
面 积	约 0.064 平方公里
地形地貌	山地
主管单位	门头沟区农村工作委员会
保存现状	较好

注：该村的地理环境、人文环境及历史沿革等，详见"历史文化名村"中的"灵水村"。

灵水村地图、照片

灵水村平面图（2016 年）

名　称	爨底下村
地图索引	C3
保护类型	传统村落
批　次	第一批
公布时间	2012 年 12 月 19 日
成村朝代	明清
详细地址	北京市门头沟区大台办事处
地理位置	东经 115° 38′ 23.6″，北纬 39° 59′ 47.9″
最高海拔	629 米
面　积	5.3 平方公里
地形地貌	山坡地
主管单位	门头沟农村工作委员会
保存现状	完好

注：该村的地理环境、人文环境及历史沿革等，详见"爨底下历史文化街区"和"爨底下村古建筑群"。

爨底下村地图、照片

爨底下村平面图（2016 年）

国家级和市级非物质文化遗产

STATE-LEVEL AND CITY-LEVEL INTANGIBLE CULTURAL HERITAGE

名 称	门头沟京西太平鼓
保护类型	国家级非物质文化遗产
遗产编号	Ⅲ—1
批 次	第一批
遗产类别	民间舞蹈
公布时间	2006 年
传承地区	门头沟区全境，其中以门城镇、妙峰山镇以及琉璃渠、大峪、城子、圈门里、三家店、军庄、东辛房等村庄为主
历史沿革	太平鼓是北京市门头沟区门城镇、妙峰山、军庄一带老百姓从自娱自乐中发展出来的民间舞蹈形式，相传在唐代武则天时已有雏形，因其在每年的腊月和正月最为活跃，故最早称为"迎年鼓"。千多年来，迎年鼓在门头沟地区广泛流传，衍生出多种套路和流派。自明代起，这种击鼓跳唱的娱乐形式流传到北京城区，至清代时在京城内外极为盛行。因清代宫廷中旧历除夕也要击打太平鼓，取其"太平"之意，所以迎年鼓后被冠以京西太平鼓之名，并流传下来。2006 年 5 月 20 日，京西太平鼓被列为第一批国家级非物质文化遗产
遗产内容	太平鼓有多种套路、打法和风格各异的流派，目前流传下来的动作套路有 12 套。太平鼓有两种表演形式，既可边打边舞，也可间打间唱，且具有一套完整的民间肢体语言，其中女性舞者的基本动律是"扭劲"和"颤劲"；男性舞者的动律特点是"扇劲"和"艮劲"。太平鼓音乐主要由"鼓点"和"唱曲"组成。"鼓点"既是套路名称，又是音乐曲牌，以四分之二拍为多。其中，鼓点节奏以四分音符为主的，艺人们称"单鼓点"；以八分音符和十六分音符为主的，被称为"双鼓点"。"唱曲"又称"唱绳歌儿"或"唱绳调儿"，唱词一般以人物、典故、时令花草及时话为主，曲子是当地流行的民间小调。演唱时先唱序后唱主段
传承价值	京西太平鼓根植于民间，成长于民间，繁茂于民间，具有深厚的历史渊源和广泛的群众基础，在京西民俗活动中起着重要的作用。传承延续，既将使这项民间娱乐充满新活力，也使得历史悠久的京西太平鼓能够得到更好的发扬与创新
濒危状况	近年来，北京市政府已经拨专款用于挖掘和保护太平鼓工作，但仍存在着以下诸多问题：（一）太平鼓早已失去了赖以生存的空间；（二）一些动作套路已经失传；（三）缺少传承人；（四）文化保护意识淡薄，一部分人忽视民族精粹的价值

门头沟京西太平鼓传承地地图、照片

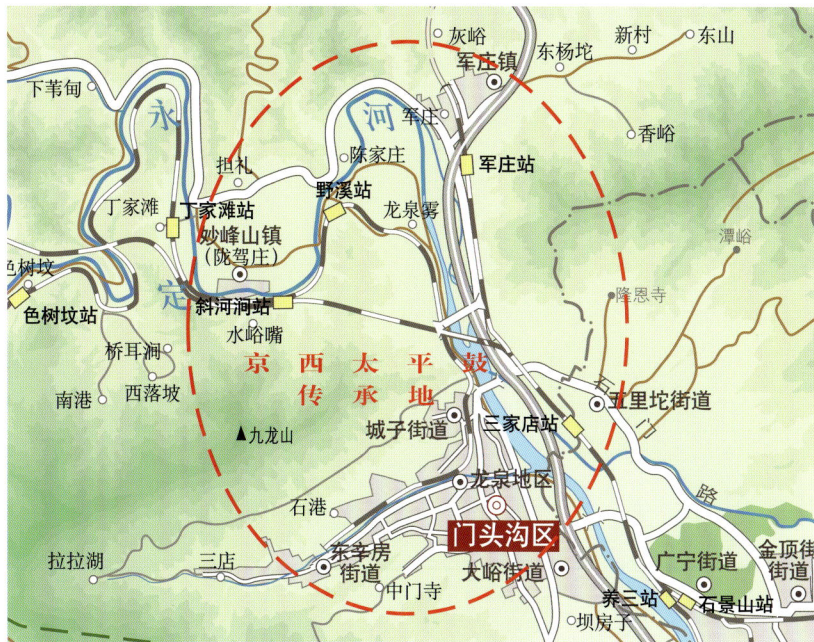

门头沟京西太平鼓传承地平面图（2016 年）

门头沟京西太平鼓
表演现场（一）
（摄于 2008 年 9 月）

门头沟京西太平鼓
表演现场（二）
（摄于 2008 年 9 月）

名　称	琉璃烧制技艺
保护类型	国家级非物质文化遗产
遗产编号	Ⅷ-90
批　次	第二批
遗产类别	传统技艺
公布时间	2008 年
传承地区	门头沟区琉璃渠村
历史沿革	京西门头沟琉璃渠村烧制琉璃历史悠久，据说是由琉璃世家赵氏家族从山西带入的，此后在琉璃渠村有了传人。早在 700 多年前的元代即在琉璃渠村设立了琉璃窑，元明两代这里都曾为朝廷烧制琉璃制品；至清，京城的琉璃厂迁至琉璃渠村，琉璃渠窑厂逐渐兴盛。1949 年之后，琉璃渠窑厂被收归国有，更名为北京市琉璃瓦厂。2008 年 6 月 14 日，琉璃渠的琉璃烧制技艺被列为第二批国家级非物质文化遗产
遗产内容	琉璃渠村的琉璃被视为传统琉璃之正宗，均按清工部古老规制烧造，从而形成了中国标准的官式做法。琉璃渠村的琉璃是远观有势，近看有形，线条优雅，装饰精巧，寓意深刻，色彩秀美，刚柔相济，形神兼备。一件琉璃制品的完成一般要经过 20 多道程序，费十多天时间，这些琉璃制品原料独特，工艺考究，是琉璃中的上乘之作。"父传子、子传孙、琉璃不传外乡人"是琉璃渠村不成文的规矩。在这里，一些技术含量高的工序，如关键的釉色配方、火候控制等技术，一直都是由琉璃渠村人亲自完成的
传承价值	琉璃渠村的琉璃作品堪称中华一绝，其原料成本昂贵、制作工艺精细繁复，具有丰富的文化内涵。琉璃渠村的琉璃的烧制技艺是皇家琉璃制作的代表艺术，关键技术具有保密性质，只有传承才能得到永久留传
濒危状况	由于生产成本较高以及市场机制的不完善，琉璃渠村琉璃烧制技艺的传承与发展也正面临着一系列的挑战

琉璃烧制技艺传承地地图、照片

琉璃烧制技艺传承地平面图（2016 年）

琉璃渠村烧制的天坛祈年殿
（摄于 2008 年 10 月）

琉璃渠村烧制的九龙壁
（摄于 2008 年 10 月）

名 称	妙峰山庙会
保护类型	国家级非物质文化遗产
遗产编号	BJX-2
批 次	第二批
遗产类别	民俗
公布时间	2008 年
传承地区	门头沟区妙峰山镇
历史沿革	妙峰山庙会又称妙峰山娘娘庙香会，是一项起源于明朝的传统民俗及民间宗教文化活动。在明清两代及民国年间，妙峰山顶的碧霞元君祠（俗称娘娘庙）是中国北方地区远近闻名的圣地，每年农历四月初一至十五和七月二十五至八月初一，分别举办春香和秋香庙会，这亦成为老北京及北方省市影响最大的一项民俗风情活动。鼎盛时有香客数十万，不同门派香会 300 余档。由于战乱，妙峰山庙会于 20 世纪 40 年代逐渐衰落，1949 年之后停办，1993 年庙会才得以恢复，庙会时间亦改在每年农历正月。2008 年 6 月 14 日，门头沟妙峰山庙会与东岳庙会等 10 处庙会同时被列为国家级第二批非物质文化遗产
遗产内容	妙峰山庙会号称"香火甲于天下"，历史上妙峰山香客来自华北各地，为华北最重要的庙会之一。旧时，庙会的主要活动在山顶的娘娘庙内，会首传会腕儿（拔旗）于徒，庙会上各种规矩、礼仪、技艺均为师徒相传。现代的妙峰山庙会除了进香之外还增添了许多民间技艺，使老北京风情得到部分重现
传承价值	妙峰山庙会保留了华北地区以民间信仰为特点的传统民间吉祥文化，是研究华北地区民众世界观和生活情况的重要根据，在民俗学研究中具有重要的作用；庙会保留下来的许多民间组织，是中国乡土社会基本构成要素；香会活动是群众自娱自乐的活动，具有凝聚力，并且保留和传承了许多的民间艺术、体育竞技活动和民间手工艺。妙峰山庙会得到传承，不仅对保护民族民间文化有重要作用，而且丰富了群众的文化生活，该庙会形成的精神品质和行为规范亦营造了安定祥与的社会风气，对构建和谐社会与促进精神文明建设能够起到促进作用

妙峰山庙会所在地地图、照片

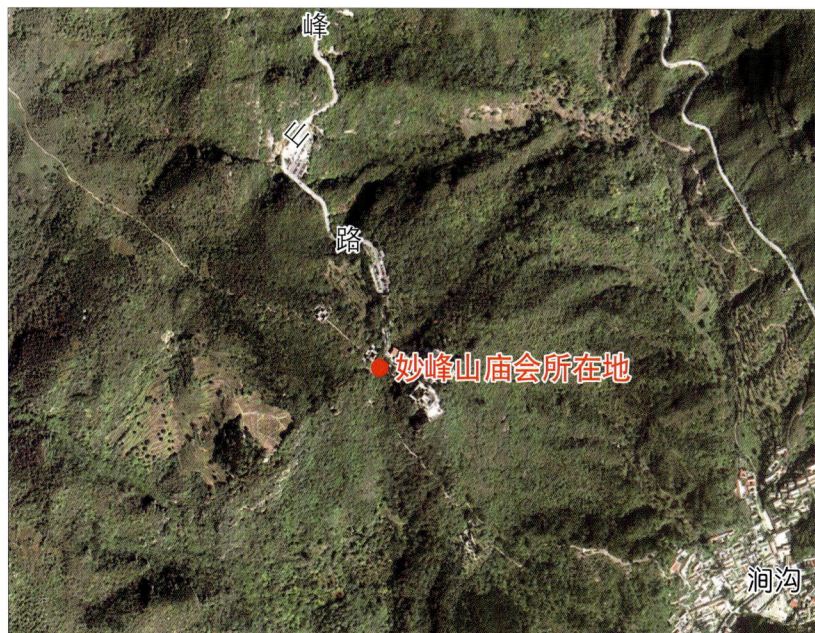

妙峰山庙会所在平面图（2016 年）

妙峰山庙会上的热闹场景（摄于 2008 年 9 月）

名 称	千军台、庄户幡会
保护类型	国家级非物质文化遗产
遗产编号	X -71
批 次	第四批
遗产类别	民俗
公布时间	2014 年
传承地区	门头沟区千军台村、庄户村
历史沿革	古幡会是京西独特的民间风俗，是京西门头沟山区元宵节庙会的产物，由山区村民自发组织并形成规模。千军台、庄户幡会始自明代，到清代发展得更为极致，数百年来一直代代传承。2014 年 11 月 11 日，千军台、庄户幡会与滦平火斗山抢花、萧山河上龙灯胜会、宁海前童元宵行会、淄博花灯会、彬县灯山会一起合属元宵节项目被列为国家级第四批非物质文化遗产
遗产内容	千军台、庄户幡会以颂神、祭神为主要内容，于每年的正月十五、十六两日举行。幡会期间，千军台和庄户两村的男女老少齐出动，高举各式彩幡的队伍浩浩荡荡绵延数里。在幡乐的吹打声中，由村里有威望的老人领队，正月十五从庄户村走到千军台村会合，正月十六从千军台村走到庄户村会合，这在当地谓之"接会"。接会时要举行祭拜仪式和焚烧香表，还要演奏古幡乐曲。除了仪式与接会外，耍幡、舞幡也是幡会的重要内容，同时还有狮子会、小车会、地秧歌等民间艺术表演
传承价值	五彩缤纷的幡旗，悠扬动听的乐曲，精湛高超的舞幡，历史悠久的仪式，千军台、庄户幡会充满古风古韵，不仅是老北京的珍贵民间文化遗产，而且是华北地区民间一绝。京西幡乐是珍藏在北京西部山村的不多见的儒家音乐，在某种程度上反映了明清时期古人尊崇儒教的历史事实，其中部分古乐曲具有较高的艺术欣赏和研究价值。此外，幡乐使用的一些古乐器也具有一定的文物价值
濒危状况	千军台、庄户幡会历经沧桑，由于历史的原因和时代的变迁，幡会古乐班仅依靠一些老艺人在维持，幡乐面临着青黄不接的局面

千军台、庄户幡会传承地地图、照片

千军台、庄户幡会传承地平面图（2016 年）

千军台、庄户幡会颂神、祭神场景（摄于 2008 年 9 月）

名　称	门头沟京西幡乐
保护类型	市级非物质文化遗产
遗产编号	BJ Ⅱ -3
批　次	第一批
遗产类别	音乐
公布时间	2006 年
传承地区	门头沟区千军台村、庄户村
历史沿革	京西幡乐是门头沟西部山区传承了 400 余年的民间吹打乐，是古幡会祭祀佛道儒神时演奏的音乐，依托京西古幡会而产生，经过几百年的流传，现已发展成人们喜闻乐见的娱乐形式。2006 年 12 月 21 日门头沟京西幡乐被北京市列为第一批市级非物质文化遗产
遗产内容	门头沟京西幡乐的演奏形式分为吹奏乐和打击乐两部分。吹奏乐器由笙、管、笛、唢呐、云锣、大鼓、小钹组成；打击乐器由大铙数个、小钹两个、铛子一个和大鼓一面组成。幡乐乐曲以颂神、祭神为主要内容。古幡乐曲吹打乐代表作是《柳公宴》《焚火赞》等；打击乐曲代表作有《颜回三省》《秦王挂玉带》等
传承价值	门头沟京西幡乐是珍藏在北京西部山村的不多见的儒家音乐，以口传心授学习单一乐器为基本传承方式。门头沟京西幡乐在某种程度上反映了明代以来尊崇儒教的历史现实，其中部分古乐曲具有较高的艺术欣赏和研究价值。此外，演奏幡乐的一些古乐器也具有一定的文物价值
濒危状况	门头沟京西幡乐具有"四老"的特点，即曲目老、乐班老、乐器老、艺人老。目前，幡会古乐班仅依靠一些老艺人在维持，传承面临青黄不接的局面

门头沟京西幡乐传承地地图、照片

门头沟京西幡乐传承地平面图（2016 年）

门头沟京西幡乐艺人表演（一）
（摄于 2009 年 11 月）

门头沟京西幡乐艺人表演（二）
（摄于 2009 年 11 月）

名　称	柏峪燕歌戏
保护类型	市级非物质文化遗产
遗产编号	BJ Ⅳ -5
批　次	第一批
遗产类别	戏剧
公布时间	2006 年
传承地区	门头沟区斋堂镇柏峪村
历史沿革	柏峪村是门头沟区斋堂镇最偏远的一个山村，这里岭峻水美，曾有柏峪燕歌戏、河北老调、山陕梆子、蹦蹦戏等多种戏曲充盈于村里乡间，其中燕歌戏在人们心中的地位最高。柏峪燕歌戏始于明代，是一种使用当地语音且具有独特风格的高腔。据《清史》记载，乾隆帝庆祝六十大寿时还调燕歌戏进京演出，柏峪村艺人在清代和民国时期也经常应邀外出"卖台"，除周边村落外，他们的足迹遍及北京天桥和河北的矾山、怀来、涿鹿、蔚县等地。2006 年 12 月 21 日，柏峪燕歌戏被列为北京市第一批非物质文化遗产
遗产内容	燕歌戏属山乡村戏，在角色行当、人物服饰、行头、脸谱方面与京剧大致相同，道白使用的是门头沟斋堂方言。柏峪燕歌戏有曲牌，唱腔雄浑厚重，方音俚语和生活习俗的融入使其具有鲜明的门头沟山区地方特色；以文戏为主，"四股子"胡琴为文场主奏乐器，唱腔素有"九腔十八调"之说
传承价值	柏峪燕歌戏以口传心授为主，有不传外村人的老习俗，这也正是燕歌戏只在柏峪村流传下来的原因。作为一个历史悠久的特色戏种，柏峪燕歌戏是北京山区古老地方戏的优秀代表
濒危状况	随着时代的发展和年轻人走出山乡，柏峪燕歌戏面临着艺人老龄化及后继乏人的困境

柏峪燕歌戏传承地地图、照片

柏峪燕歌戏传承地平面图（2016 年）

柏峪燕歌戏表演场景（一）
（摄于 2008 年 11 月）

柏峪燕歌戏表演场景（二）
（摄于 2008 年 11 月）

名 称	门头沟龙泉务童子大鼓老会
保护类型	市级非物质文化遗产
遗产编号	BJ Ⅲ-11
批 次	第一批
遗产类别	民俗
公布时间	2006 年
传承地区	门头沟区龙泉镇龙泉务村
历史沿革	门头沟龙泉务童子大鼓老会全名为"中心合义童子大鼓老会"，是由童子在前击钹舞蹈、成人在后击鼓伴奏的传统民间艺术形式，其融鼓乐、舞蹈、武术、技巧于一体。童子大鼓老会始于 1934 年，是龙泉务村开白灰窑的李福旺等十几户出资设立的，其后成为龙泉务村独特的庆典形式。80 多年来，童子大鼓老中的会打大鼓的会员传承了 6 期，打锅子（花钹）的会员传承了 8 期。2006 年 12 月 21 日，门头沟龙泉务童子大鼓老会被列为北京市第一批非物质文化遗产
遗产内容	门头沟龙泉务童子大鼓老会首先讲究队伍的排列顺序，其走会的大体排列顺序为小蓝旗、门旗、前领框子、甩子、锅子队伍、大鼓队伍、小黄旗。走会过程中，会头指挥全队的鼓点变化，一般都是通过一面"头鼓"发出信号。童子大鼓老会的表演是由大鼓和锅子（花钹）两部分组成，其中大鼓的击打表演是整个会档的核心。历史上龙泉务童子大鼓老会的鼓点有 40 多套，目前留存的仅有"震天雷""震地雷""慢三锤""小鬼推磨""喜鹊登枝""猴儿剔牙"等。锅子表演分为"站锅子"和"花锅子"，前者是指童子站立在原地，手中的锅子随着大鼓鼓点打出各种节奏，后者是击钹舞动的耍锅子表演
传承价值	门头沟龙泉务童子大鼓老会融鼓乐、舞蹈、音乐、武术和技巧于一体，艺术特点明显，文化内涵丰富，在京西山区近代各个历史时期均有一定的社会影响，有很强的生命力。其对北京地区的历史、民俗、民间艺术具有一定的研究价值
濒危状况	现在龙泉务村童子大鼓老会已经显现青黄不接的势头，会档人员年龄偏大；表演花钹的孩子们由于学习任务繁重，练习技巧的时间已经少之又少，传承问题亟待解决

门头沟龙泉务童子大鼓老会传承地地图、照片

门头沟龙泉务童子大鼓老会传承地平面图（2016 年）

大鼓击打表演
（摄于 2009 年 11 月）

龙泉务童子大鼓老会队首
（摄于 2009 年 11 月）

名　称	西斋堂山梆子戏
保护类型	市级非物质文化遗产
遗产编号	BJ Ⅳ-3
批　次	第二批
遗产类别	传统戏剧
公布时间	2007 年
传承地区	门头沟区斋堂镇
历史沿革	西斋堂山梆子戏起源于清道光年间，是京西门头沟地区特有的民间戏曲。山梆子戏最早用于祭祀祈福，后来逐渐发展为山区老百姓的文化娱乐形式，其主要分布于斋堂川一带，以西斋堂村的山梆子戏最富盛名。在西斋堂村，"六合班"戏班是山梆子戏表演的艺术代表，该戏班在史姓兄弟班主的带领下盛行于清道光时期，传至第二三代时始有了两个分支，而后即以西斋堂山梆子戏之名广为人知。2007 年 6 月 20 日，西斋堂山梆子戏被列为北京市第二批非物质文化遗产
遗产内容	西斋堂山梆子戏属于板腔体，其唱腔和板式是旧时山陕梆子的原始韵调与当地小调、民歌、方言的融合，戏中的道白使用地道的斋堂乡音；其音乐主要特点是主韵循环体和主曲变腔体，音区多以女性唱腔音区为准，板式丰富，音乐伴奏分为文武场
传承价值	西斋堂山梆子戏历史悠久，唱腔风格古朴，传统剧目丰富。西斋堂山梆子戏至今仍保持山陕梆子的原貌和基调，对于研究山乡戏曲文化和民间戏曲文学以及民俗文化等均有很大价值
濒危状况	西斋堂山梆子戏主要靠戏班师傅指导和口传心授在本村辈辈相传，目前面临着骨干艺人老龄化和戏曲内容单调的困境

西斋堂山梆子戏传承地地图、照片

西斋堂山梆子戏传承地平面图（2016 年）

西斋堂山梆子戏表演（一）
（摄于 2006 年 11 月）

西斋堂山梆子戏表演（二）
（摄于 2006 年 11 月）

名　称	苇子水秧歌戏
保护类型	市级非物质文化遗产
遗产编号	BJ Ⅳ -4
批　次	第二批
遗产类别	传统戏剧
公布时间	2007 年
传承地区	门头沟区苇子水村
历史沿革	苇子水秧歌戏又称苇子水大秧歌，是秧歌与其他歌舞、戏曲等艺术形式结合而成的具有浓郁地方特色的民间剧种，起源于明代嘉靖年间，迄今已有 400 余年历史。苇子水的村民百分之九十都姓高，秧歌戏在村里世代相传达十辈之久，至今仍常年活跃在门头沟区，时常参加各种演出。2007 年 6 月 20 日，苇子水秧歌戏被列为北京市第二批非物质文化遗产
遗产内容	苇子水秧歌戏伴奏以打击乐为主，主要有单皮鼓、檀板等，整场戏只用锣鼓不用丝竹；演出时，打一阵"家伙"唱一段戏文，其伴奏铿锵有力、节拍鲜明，唱腔苍劲豪放，高亢激昂。苇子水秧歌戏的唱腔及伴奏均带有明代高腔戏的特点，同时又有湖南花鼓戏的音韵，主要唱腔为"摔锣腔""大秧歌调"等，剧目有《赵云截江》《张飞赶船》等
传承价值	苇子水秧歌戏历史悠久，风格古朴，剧目内容保留完整，对于研究京西民间戏曲有一定的历史价值，同时也为研究历史上京西地区与外界的文化交流、商贸往来提供了历史资料
濒危状况	由于老艺人年事已高，苇子水秧歌戏同样存在后继乏人的困境，迫切需要培养新的传承人

苇子水秧歌戏传承地地图、照片

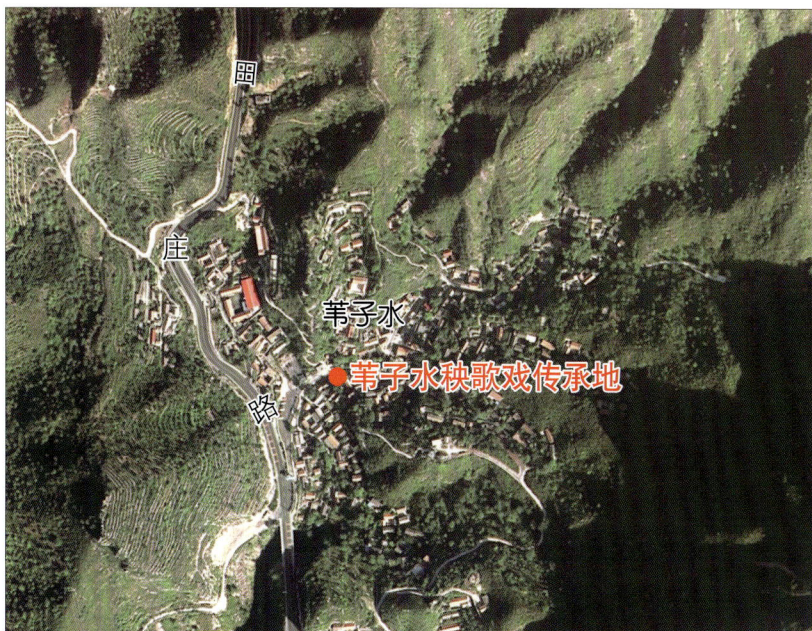

苇子水秧歌戏传承地平面图（2016 年）

苇子水秧歌戏表演（一）
（摄于 2006 年 10 月）

苇子水秧歌戏表演（二）
（摄于 2006 年 10 月）

名 称	淤白村蹦蹦戏
保护类型	市级非物质文化遗产
遗产编号	
批 次	第二批
遗产类别	传统戏剧
公布时间	2007 年
传承地区	门头沟区淤白村
历史沿革	蹦蹦戏又名"评腔梆子戏"，是门头沟地区的主要民间戏曲剧种，与东北二人转和西路评剧均有渊源。淤白村最老的蹦蹦戏班名为"义和班"，成立于1931年，早年多在周边地区演出。因有"义和班"的传承，蹦蹦戏后来成为淤白村里的重要娱乐项目。2007 年 6 月 20 日，淤白村蹦蹦戏被列为北京市第二批非物质文化遗产
遗产内容	淤白村蹦蹦戏内容以山村习俗、逸闻、趣事为主，故其唱腔原始，化装粗犷，套路简洁，板式流畅，具有浓郁的乡土特色。目前采录板式有"慢板""原板""安板"等，武场锣鼓点有"慢板""安板"等；在伴奏乐器上，文场有板胡、笛子等，武场有单皮、云板等，且规矩多多。过去戏班上演的剧目多达三四十出，现只有代表剧《老少刘公案》能上演
传承价值	淤白村蹦蹦戏剧目内容丰富且保留完整，对于研究现代评剧的发展有一定参考价值；同时它具有一定的艺术表演魅力，作为一种当地特色习俗可以吸引国内外游客，是京西民俗旅游一张亮丽的名片
濒危状况	由于与外界沟通较少，缺少创新，淤白村蹦蹦戏的许多传统剧目已经失传。此外，由于生活方式的变迁，年轻人对这一戏曲形式越来越缺少兴趣，因此也造成传承上的压力

淤白村蹦蹦戏传承地地图、照片

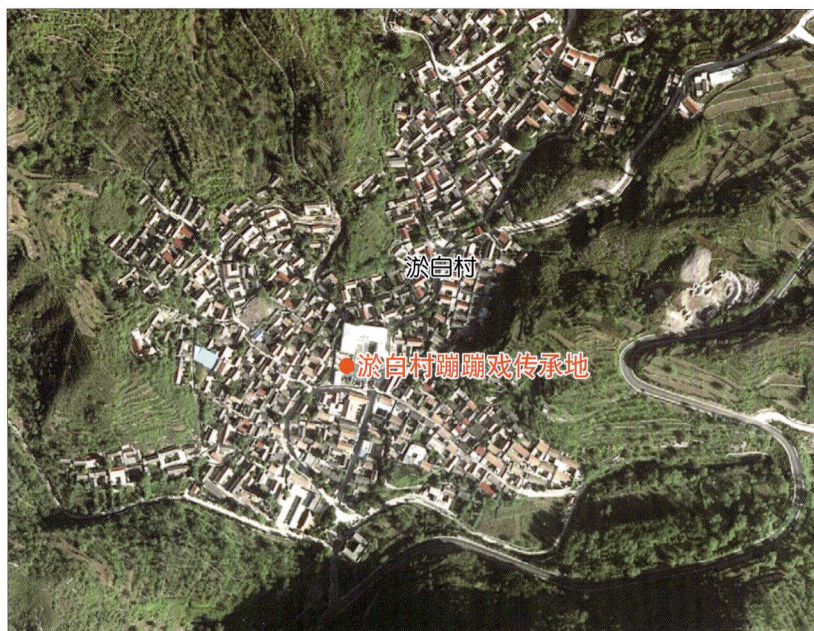

淤白村

淤白村蹦蹦戏传承地

淤白村蹦蹦戏传承地平面图（2016 年）

淤白村蹦蹦戏
演出场景（一）
（摄于 2008 年 10 月）

淤白村蹦蹦戏
演出场景（二）
（摄于 2008 年 10 月）

名 称	潭柘紫石砚雕刻技艺
保护类型	市级非物质文化遗产
遗产编号	BJ Ⅷ-15
批 次	第二批
遗产类别	传统手工技艺
公布时间	2007 年
传承地区	门头沟区
历史沿革	潭柘紫石产于潭柘寺附近的山上，石质致密细腻，扣之铮铮似金声，抚之如幼儿柔肤，色深紫如肝，适于雕刻，制砚尤佳。潭柘紫石制作的砚台具有不吸水、不耗墨、不损笔毫等特点，堪与端、歙各砚媲美。据考证，早在明英宗正统年间，宫廷就曾专门组织过开采潭柘紫石，至今潭柘寺附近还存有当时筑的监工台和刻有"内官监紫石塘界、钦差、提督马鞍山兼管理工程太监何立"的碑石。潭柘紫石砚明清以来一直是宫廷御用佳品，1949 年后，建立了潭柘紫石砚厂。多年来，潭柘紫石砚厂不断推陈出新，产品远销海内外，深受中外游客喜爱。2007 年 6 月 20 日，潭柘紫石砚雕刻技艺被列为北京市第二批非物质文化遗产
遗产内容	潭柘紫石砚是用潭柘紫石精细加工而成的，制作过程分为开山采石、切制坯石、定型尺寸、设计、凿活、铲活、磨活、配座等多道工艺。潭柘紫石砚在设计上仿照明清古砚，造型古朴典雅，图饰简练美观；在雕刻技艺上手法独特，刀法浅刻有力，线条明快流畅，具有特殊的艺术价值。一些带有北京景物特点的潭柘紫石砚，如颐和园巨砚、九龙百龟砚、团城八怪砚、海鳖砚、乾隆石鼓砚等，都是潭柘紫石砚的传统代表作品
传承价值	潭柘紫石砚石质细腻，制作精细，雕刻技法独特，极具实用与收藏价值。潭柘紫石砚雕刻技艺是一门古老的制砚技艺，与现代机器制砚不可同日而语
濒危状况	由于科技的进步与书写方式的改变，砚台市场在现代社会逐渐萎缩，同时年轻人很少愿意从事制砚行业，因此潭柘紫石砚雕刻技艺的传承与发展陷入尴尬境地

潭柘紫石砚雕刻技艺传承地地图、照片

潭柘紫石砚雕刻技艺传承地平面图（2016 年）

潭柘紫石砚雕刻（一）
（摄于 2019 年 11 月）

潭柘紫石砚雕刻（二）
（摄于 2019 年 11 月）

尚未核定公布为文物保护单位的不可移动文物
（简称"一般不可移动文物"）

GENERALLY IMMOVABLE CULTURAL RELICS

名 称	房良村北齐长城遗址
保护类型	一般不可移动文物
文物类型	古遗址
详细地址	雁翅镇房良村
建造时间	南北朝
地理位置	东经 115° 53′ 49.2″，北纬 40° 08′ 03.7″
海　拔	1100 米
地理环境	北齐长城房良村段遗址位于房良村南面山脊上，沿山脊呈东北－西南走向，从其南岭尖到东岭梁城墙，再到张槐岭折向下往西至大岭梁，与山险相连
文物现状	此段北齐长城遗址全长约 2066 米，毛石堆砌，仅见墙体遗迹
历史沿革	该墙体为北齐军事要塞，扼守从其北面蒙古人经昌平到京城的古道，地势非常险要
主管单位	门头沟区雁翅镇政府
保护情况	差
损坏原因	年久弃用及自然风化

房良村北齐长城遗址地图、照片

房良村北齐长城遗址平面图（2016 年）

房良村北齐长城遗址（摄于 2009 年 10 月）

名　称	房良村长城北挡马墙遗址
保护类型	一般不可移动文物
文物类型	古遗址
详细地址	雁翅镇房良村
建造时间	明代
地理位置	东经115°51′17.2″，北纬40°08′00.1″
海　拔	598米
地理环境	房良村位于雁翅镇政府东北24公里处，北与昌平接壤，西与河北省怀来县交界，其村北有一段东西走向的挡马墙遗址，刚好卡住两山之间的隘口
文物现状	房良村长城北挡马墙遗址长约15米，宽约3.5米，高1~3米，另有消失痕迹遗址105米
历史沿革	此段挡马墙应为明长城的附属建筑
主管单位	门头沟区雁翅镇政府
保护情况	差
损坏原因	年久失修与自然风化

房良村长城北挡马墙遗址 地图、照片

房良村长城北挡马墙遗址平面图（2016年）

房良村长城北挡马墙遗址（摄于2009年11月）

名　称	房良村南岭沟城圈挡马墙遗址
保护类型	一般不可移动文物
文物类型	古遗址
详细地址	雁翅镇房良村
建造时间	明代
地理位置	东经 115° 52′ 09.5″，北纬 40° 08′ 11.3″
海　拔	656 米
地理环境	南岭沟位于房良村北，其东西两边皆为山险，南岭沟城圈挡马墙遗址南北走向，刚好卡住南岭沟隘口
文物现状	房良村南岭沟城圈挡马墙残存长约 32 米，宽约 3.5 米，高 3~5 米，为山石堆砌；另有墙体消失痕迹 38 米
历史沿革	挡马墙遗址为明长城附属建筑
主管单位	门头沟区雁翅镇政府
保护情况	差
损坏原因	年久失修与自然风化

房良村南岭沟城圈挡马墙遗址地图、照片

● 房良村南岭沟城圈挡马墙遗址

房良村南岭沟城圈挡马墙遗址平面图（2016 年）

房良村南岭沟城圈挡马墙遗址（摄于 2008 年 9 月）

名 称	房良村宛平县界碑
保护类型	一般不可移动文物
文物类型	石窟寺及石刻
详细地址	雁翅镇房良村
建造时间	明代
地理位置	东经 115° 51′ 30.8″，北纬 40° 07′ 30.3″
海 拔	612 米
地理环境	房良村旧属宛平县，北与昌平接壤，西与河北省怀来县交界，界碑现存于一王姓村民院内
文物现状	房良村宛平县界碑为页岩质，长 0.94 米，宽 0.74 米，刻于明代嘉靖年间。现碑上文字大部分已模糊不清，不可通读
历史沿革	宛平县原为北京市属县，于 1952 年被撤销。门头沟区大部分地域原属宛平县管辖，故于明代嘉靖年间在与昌平县接的房良村设界碑一块
主管单位	门头沟区雁翅镇政府
保护情况	较差
损坏原因	年代久远，自然风化

房良村宛平县界碑地图、照片

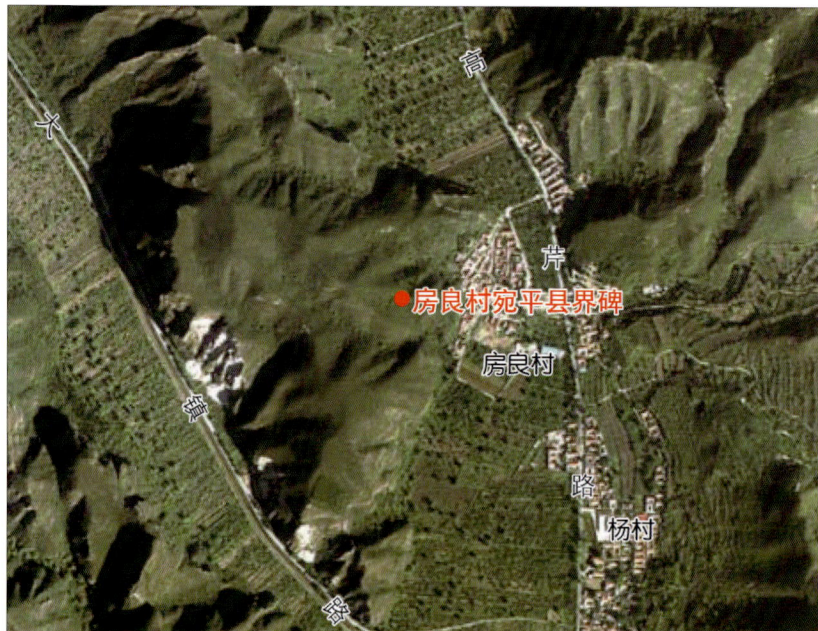

房良村宛平县界碑平面图（2016 年）

房良村宛平县界碑（摄于 2009 年 10 月）

名 称	房良村龙王庙
保护类型	一般不可移动文物
文物类型	古建筑
详细地址	雁翅镇房良村
建造时间	明代
地理位置	东经 115° 51′ 38.6″, 北纬 40° 07′ 30.1″
海 拔	560 米
地理环境	龙王庙位于房良村中, 坐西朝东
文物现状	房良村龙王庙庙宇面阔三间, 长 6.79 米, 进深 5.46 米, 为吞兽调大脊, 嵌翡翠珠为吞兽眼, 前出一步廊, 戗檐砖雕为龙形图案, 板瓦铺顶, 筒瓦压垫, 硬山, 垂背上有四小兽, 瓦当勾头滴水; 庙内墙壁上有彩绘, 山墙两侧雕有棱形砖花。现庙门窗已改, 庙前廊台阶用水泥铺就
历史沿革	据《门头沟政区通览》介绍, 龙王庙始建于明代, 于 1924 年重修
主管单位	门头沟区雁翅镇政府
保护情况	一般
损坏原因	年久失修及人为改动

房良村龙王庙地图、照片

房良村龙王庙平面图（2016 年）

房良村龙王庙（摄于 2009 年 10 月）

名　称	房良村砖瓦窑遗址
保护类型	一般不可移动文物
文物类型	古遗址
详细地址	雁翅镇房良村
建造时间	明代
地理位置	东经115°51′51.2″，北纬40°07′32.5″
海　拔	622米
地理环境	砖瓦窑遗址位于房良村村外
文物现状	房良村砖瓦窑已塌毁，现仅存直径6米、深4米的窑坑，周围杂草丛生
历史沿革	该窑址主要用于村内修庙用砖，已弃用多年
主管单位	门头沟区雁翅镇政府
保护情况	较差
损坏原因	弃用多年及自然风化

房良村砖瓦窑遗址 地图、照片

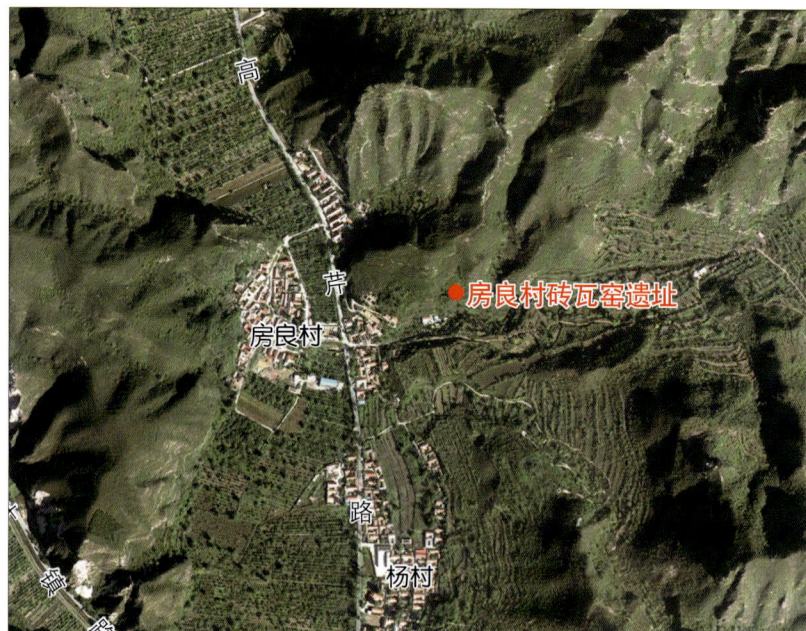

房良村砖瓦窑遗址平面图（2016年）

房良村砖瓦窑遗址（摄于2009年10月）

名 称	房良村炭窑遗址
保护类型	一般不可移动文物
文物类型	古遗址
详细地址	雁翅镇房良村
建造时间	待考
地理位置	东经 115° 51′ 34.2″，北纬 40° 07′ 25.5″
海 拔	604 米
地理环境	房良村炭窑遗址位于房良村一村民院中
文物现状	房良村炭窑早已无痕，现仅遗存窑坑一处
历史沿革	该窑址是 20 世纪 70 年代挖防空洞时偶然发现，洞内有地道，建造时间待考，用途不详
主管单位	门头沟区雁翅镇政府
保护情况	较差
损坏原因	弃用多年及自然风化

房良村炭窑遗址地图、照片

房良村炭窑遗址平面图（2016 年）

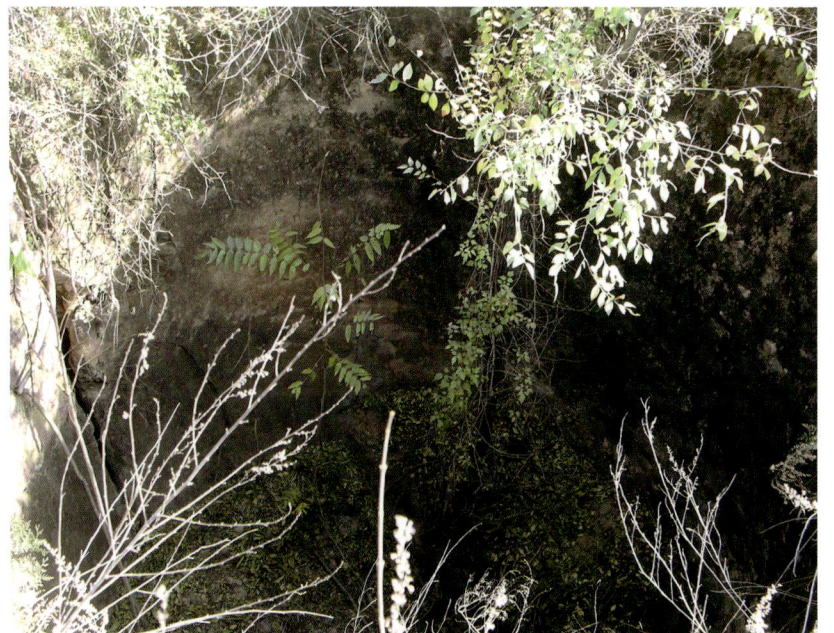

房良村炭窑遗址（摄于 2009 年 10 月）

名　称	燕家台村鳌鱼涧挡马墙遗址
保护类型	一般不可移动文物
文物类型	古遗址位
详细地址	清水镇燕家台村
建造时间	明代
地理位置	东经115°31′50.2″，北纬39°59′44.9″
海　拔	1100米
地理环境	燕家台村位于门头沟西部深山区，距清水镇10公里。挡马墙遗址在村西鳌鱼涧，南北走向，四边皆为山险
文物现状	燕家台村鳌鱼涧挡马墙为山石堆砌，中间残断，现残长约250米，宽约5米，残高约6米，另有被拆毁墙体遗址50余米
历史沿革	燕家台村鳌鱼涧挡马墙遗址为明长城附属建筑
主管单位	门头沟区雁翅镇政府
保护情况	差
损坏原因	年久风化及后世修路拆毁

燕家台村鳌鱼涧挡马墙遗址地图、照片

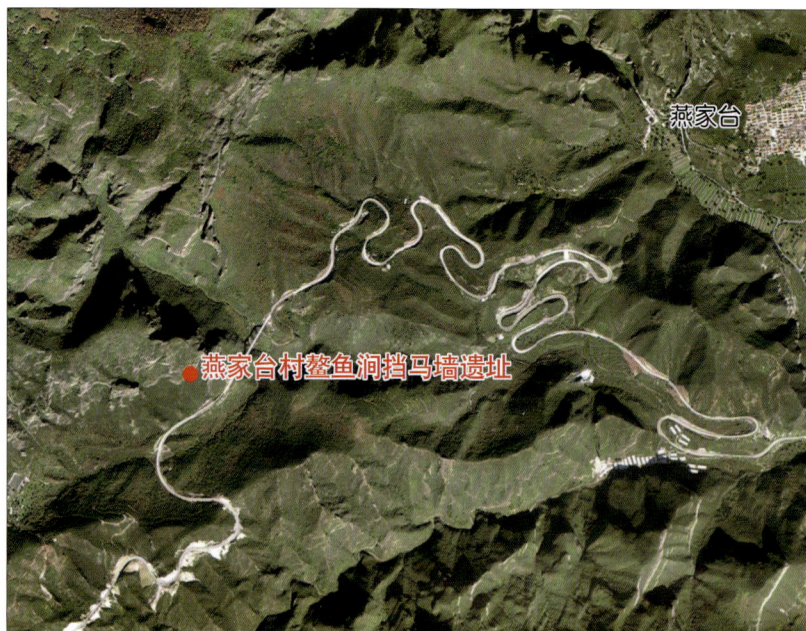

燕家台村鳌鱼涧挡马墙遗址平面图（2016年）

燕家台村鳌鱼涧挡马墙遗址（摄于2008年3月）

名　称	马套村北洋沟旧城鞍挡马墙遗址
保护类型	一般不可移动文物
文物类型	古遗址
详细地址	雁翅镇马套村
建造时间	明代
地理位置	东经 115° 49′ 14.6″，北纬 40° 08′ 01.6″
海　拔	735 米
地理环境	马套村位于雁翅镇北部 9.5 公里处，四面环山，村东几百米处即是北洋沟，一道南北走向的挡马墙刚好卡住北洋沟隘口
文物现状	马套村北洋沟旧城鞍挡马墙遗址长 60 米，宽 4 米，残高 3~5 米，为山石砌筑白灰粘接，有收分
历史沿革	马套村北洋沟旧城鞍挡马墙遗址为明长城附属建筑
主管单位	门头沟区雁翅镇政府
保护情况	差
损坏原因	年久风化

马套村北洋沟旧城鞍挡马墙遗址地图、照片

马套村北洋沟旧城鞍挡马墙遗址平面图（2016 年）

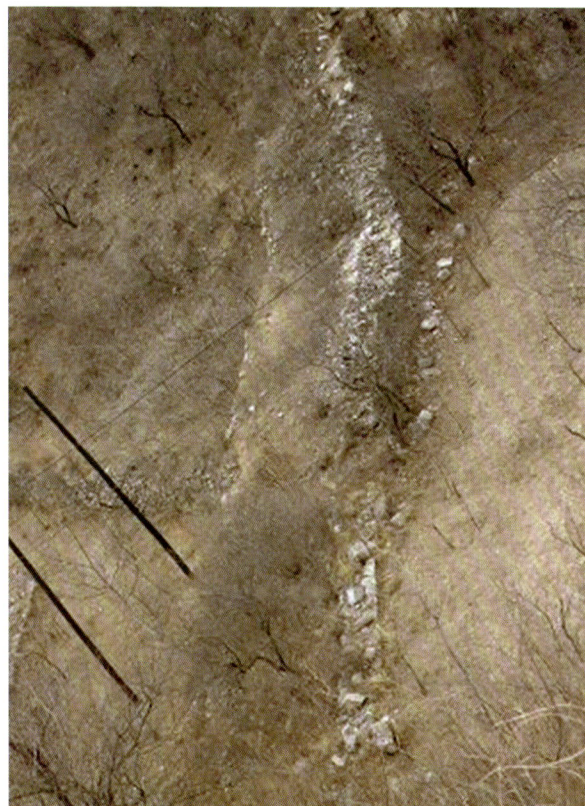

马套村北洋沟旧城鞍挡马墙遗址（摄于 2008 年 3 月）

名 称	马套村旁路沟东台岭挡马墙遗址
保护类型	一般不可移动文物
文物类型	古遗址
详细地址	雁翅镇马套村
建造时间	明代
地理位置	东经115° 48′ 29.9″, 北纬40° 07′ 09.9″
海 拔	676 米
地理环境	马套村位于雁翅镇北部9.5公里处, 四面环山。东台岭挡马墙遗址即位于村东的东台岭旁边, 刚好卡住路沟隘口, 呈西南东北走向, 四边皆为山险
文物现状	该挡马墙遗址长约50米, 宽约4米, 高约1米, 为山石堆砌
历史沿革	马套村旁路沟东台岭挡马墙遗址为明长城附属建筑
主管单位	门头沟区雁翅镇政府
保护情况	差
损坏原因	年久失修

马套村旁路沟东台岭挡马墙遗址地图、照片

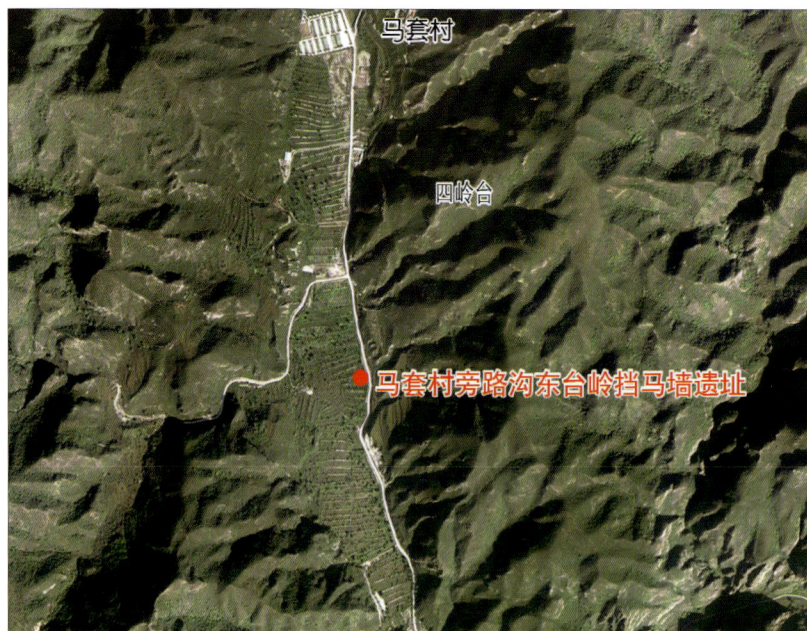

马套村旁路沟东台岭挡马墙遗址平面图（2016 年）

马套村旁路沟东台岭挡马墙遗址（摄于 2008 年 3 月）

名　称	梨园岭村砖窑遗址
保护类型	一般不可移动文物
文物类型	古遗址
详细地址	清水镇梨园岭村
建造时间	明代
地理位置	东经 115° 30′ 44.5″，北纬 39° 58′ 31.0″
海　拔	905 米
地理环境	梨园岭村地处低山阶地，四面环山（现全村已经外迁），该砖窑位于村西南约 200 米的山下，坐东朝西，窑址周边为黄土地
文物现状	该砖窑遗址为砖砌窑，下部黄土夯制，现上部已坍塌且长满野草，现存部分横宽约 2.5 米，纵宽约 3 米，深 0.5 米，窑壁有烧结痕迹
历史沿革	该砖窑为修建明长城而建，可视为明长城的工程附属建筑
主管单位	门头沟区雁翅镇政府
保护情况	差
损坏原因	弃用多年及自然风化

梨园岭村砖窑遗址地图、照片

梨园岭村砖窑遗址平面图（2016 年）

梨园岭村砖窑遗址局部（摄于 2008 年 3 月）

名　称	杨村吉祥街 4 号民居
保护类型	一般不可移动文物
文物类型	近现代建筑
详细地址	雁翅镇杨村
建造时间	民国初年
地理位置	东经 115° 51′ 46.9″，北纬 40° 07′ 11.2″
海　拔	512 米
地理环境	杨村坐落于群山之中，吉祥街 4 号民居即位于村中，坐东朝西，院落东西长 8.4 米，南北长 3.2 米
文物现状	该院有正房三间、南北厢房各两间及倒座房 1 栋；院门开在西北角，如意阶；正房为五级踏步，皮条脊，硬山，砖角，虎皮墙心；南北厢房进深 4.2 米，倒座房进深 8.7 米。该民居未进行过大修缮，现局部有破损
历史沿革	传统民居
主管单位	门头沟区雁翅镇杨村村委会
保护情况	一般
损坏原因	年久失修

杨村吉祥街 4 号民居地图、照片

杨村吉祥街 4 号民居平面图（2016 年）

杨村吉祥街 4 号民居大门（摄于 2019 年 10 月）

名　称	黄草梁七号台南兵营遗址
保护类型	一般不可移动文物
文物类型	古遗址
详细地址	斋堂镇柏峪村
建造时间	明代
地理位置	东经 115° 34′ 04.0″，北纬 40° 03′ 12.5″
海　拔	1546 米
地理环境	柏峪村位于斋堂镇西北部柏峪沟北端的山谷里，四面环山，是距黄草梁最近的村庄。黄草梁七号台南兵营遗址距柏峪村西北约 7.5 公里
文物现状	该兵营遗址尚可见格局轮廓，现遗存南边墙 1 米有余，为毛石垒砌，厚约 1 米，其余三面墙均坍塌
历史沿革	黄草梁共有七座敌台，同属明长城沿河城敌台，黄草梁七号台当时是戍边兵营所在地
主管单位	门头沟区斋堂镇政府
保护情况	差
损坏原因	弃用年久与自然风化

黄草梁七号台南兵营遗址地图、照片

黄草梁七号台南兵营遗址平面图（2016 年）

黄草梁七号台南兵营遗址（摄于 2009 年 10 月）

名　称	黄草梁钱数岭营圈遗址
保护类型	一般不可移动文物
文物类型	古遗址
详细地址	斋堂镇柏峪村
建造时间	明代
地理位置	东经115° 36′ 01.7″，北纬40° 02′ 21.0″
海　拔	1387 米
地理环境	黄草梁是明代内长城上的一处重要关隘，钱数岭营圈遗址即毗邻黄草梁古道
文物现状	黄草梁钱数岭存营圈遗址一处，仅为残垣
历史沿革	黄草梁钱数岭营圈当时是戍边兵营所在地，后来居住过土匪
主管单位	门头沟区斋堂镇政府
保护情况	差
损坏原因	多年弃用及战争动乱导致该营圈受损，四周亦时有村民从此地取砖盖房，加之自然风化损毁

黄草梁钱数岭营圈遗址地图、照片

黄草梁钱数岭营圈遗址平面图（2016 年）

黄草梁钱数岭营圈遗址（摄于 2009 年 3 月）

名　称	柏峪村摩崖石刻
保护类型	一般不可移动文物
文物类型	石窟寺及石刻
详细地址	斋堂镇柏峪村
建造时间	明代
地理位置	东经 115° 35′ 52.1″，北纬 40° 02′ 24.3″
海　拔	1313 米
地理环境	柏峪村坐落在黄草梁半山坡，摩崖石刻位于从柏峪村二道城子往北进入黄草梁的古道旁的山崖上
文物现状	柏峪村摩崖石刻距地表 1.5 米，高 0.46 米，宽 0.3 米，字体较潦草，据推断应为修完路后某官员特意刻在山岩上的。石刻为"时正德岁次己卯孟夏日守口千户李宫修"
历史沿革	明代刻字，为修建道路后所记。正德己卯即明武宗正德十四年（1519），千户为明代官职，为千户所之长，下辖 10 个百户所，统兵 1120 人
主管单位	门头沟区斋堂镇政府
保护情况	一般
损坏原因	年久风化

柏峪村摩崖石刻地图、照片

柏峪村摩崖石刻平面图（2016 年）

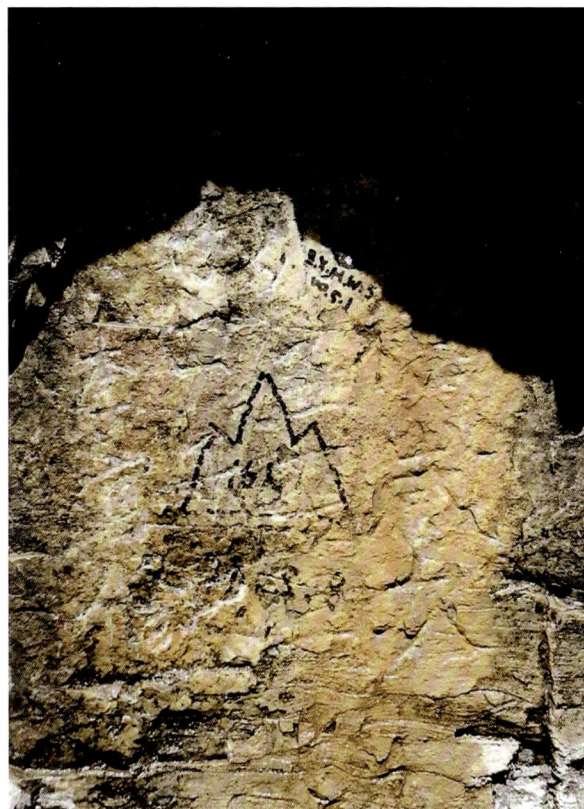

柏峪村摩崖石刻（摄于 2008 年 7 月）

名　称	向阳口村和尚坟
保护类型	一般不可移动文物
文物类型	古墓葬
详细地址	斋堂镇向阳口村
建造时间	待考
地理位置	东经 115° 45′ 42.7″，北纬 40° 06′ 20.7″
海　拔	1083 米
地理环境	向阳口村位于永定河北岸，和尚坟即于村域内，坐西朝东
文物现状	向阳口村和尚坟与现代平民坟大小相似，块石垒砌成圆锥形，中间生长出庞大的荆条枝干，坟正面有青砖垒砌一方形龛；现坟墓外围略有损毁，未见盗洞
历史沿革	不详
主管单位	门头沟区斋堂镇政府
保护情况	一般
损坏原因	年代久远

向阳口村和尚坟地图、照片

向阳口村和尚坟平面图（2016 年）

向阳口村和尚坟（摄于 2010 年 4 月）

名　称	向阳口村砖窑遗址
保护类型	一般不可移动文物
文物类型	古遗址
详细地址	斋堂镇向阳口村
建造时间	待考
地理位置	东经 115° 45′ 02.8″，北纬 40° 06′ 02.2″
海　拔	795 米
地理环境	向阳口村位于永定河北岸，砖窑遗址处于沟谷地，南北长 3.7 米，东西长 2.5 米
文物现状	向阳口村砖窑遗址尚可见残塌旧窑，窑壁厚约 0.2 米，残烟道高 2.26 米，直径 0.14 米
历史沿革	旧时烧砖地，已弃用多年
主管单位	门头沟区斋堂镇政府
保护情况	一般
损坏原因	弃用多年自然坍塌

向阳口村砖窑遗址地图、照片

向阳口村砖窑遗址平面图（2016 年）

向阳口村砖窑遗址（摄于 2010 年 4 月）

名 称	沿河城修城记碑
保护类型	一般不可移动文物
文物类型	石窟寺及石刻
详细地址	斋堂镇沿河城村
建造时间	明代
地理位置	东经 115° 42′ 36.6″，北纬 40° 03′ 52.5″
海 拔	403 米
地理环境	沿河城村坐落在门头沟西北部紫荆关与居庸关之间的深山峡谷中，村北有永定河流过。沿河城修城记碑现搁置于沿河城村委会院落内
文物现状	沿河城修城记碑高 2.17 米，宽 0.875 米，厚 0.245 米；碑首高 0.87 米，宽 0.93 米，厚 0.3 米。碑为汉白玉质，额有如意云纹，边栏为滑草纹，有正文 15 行，满行 50 字
历史沿革	沿河城是古军事要塞，建于明万历年间，是北京罕见的有城之村。明万历十九年（1591）该城竣工之后立碑一块，由冯子履撰文并书，概要记录了沿河城修建情况
主管单位	门头沟区斋堂镇政府
保护情况	一般
损坏原因	自然侵蚀

沿河城修城记碑地图、照片

沿河城修城记碑平面图（2016 年）

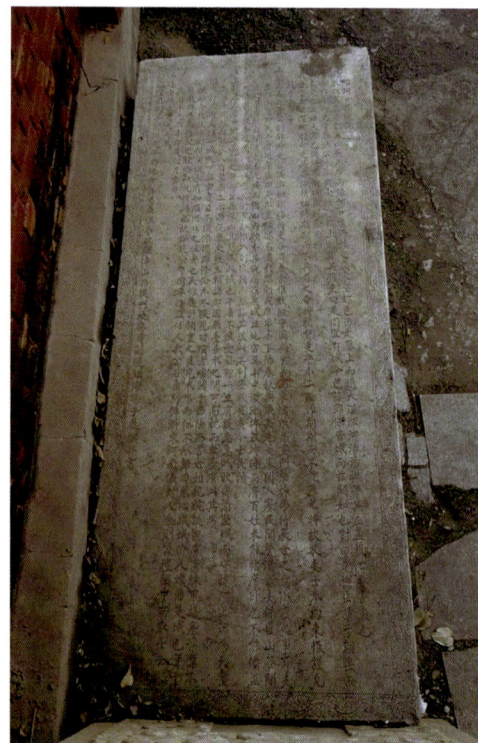

沿河城修城记碑
（摄于 2006 年 7 月）

名 称	宛平怀来交界孤山刻石
保护类型	一般不可移动文物
文物类型	石窟寺及石刻
详细地址	斋堂镇沿河城村
建造时间	清代
地理位置	东经 115° 36′ 00.0″，北纬 40° 06′ 39.5″
海 拔	1200 米
地理环境	沿河城村与河北省怀来县接壤，宛平怀来交界孤山刻石位于沿河城西部与怀来麻黄峪之间的山谷孤山崖壁上
文物现状	宛平怀来交界孤山现存摩崖刻石一块，上刻"孤山，顺天府宛平县界，西至麻黄峪十里怀来属，东至辛庄二十里宛平属，雍正五年八月一日立"
历史沿革	门头沟在明清时代大部分地域属宛平县，沿河城村即宛平县与河北省怀来县接壤处，故于清雍正年间在孤山刻石，以区分边界
主管单位	门头沟区斋堂镇政府
保护情况	较好
损坏原因	自然侵蚀

宛平怀来交界孤山刻石地图、照片

宛平怀来交界孤山刻石平面图（2016 年）

宛平怀来交界孤山刻石
全貌与局部
（摄于 2009 年 10 月）

名 称	南山烽火台
保护类型	一般不可移动文物
文物类型	古建筑
详细地址	斋堂镇沿河城村
建造时间	明代
地理位置	东经115° 43′ 29.7″，北纬40° 03′ 57.3″
海 拔	561米
地理环境	沿河城扼守着东岭和西岭两条山口及永定河水口，南山烽火台即位于沿河城村西岭的半山坡上，从此处往南可观南山烽火，向东北可瞻向阳口村烟台，往北可望沿河城和永定河
文物现状	南山烽火台早已损毁，现只余底座。现遗存的南山烽火台为用山石砌筑的矩形，长5.1米，宽5.2米，高2.9米，台上部留有原瞭望楼的圆形遗迹，直径为2.9米
历史沿革	沿河城为明代军事要塞，南山烽火台建于明代，是当时重要的信号传播基地，其与沿字一号敌台和沿字二号敌台遥遥相望，共同构成了沿河城军事要塞的防御体系
主管单位	门头沟区斋堂镇政府
保护情况	差
损坏原因	自然风化及人为损毁

南山烽火台地图、照片

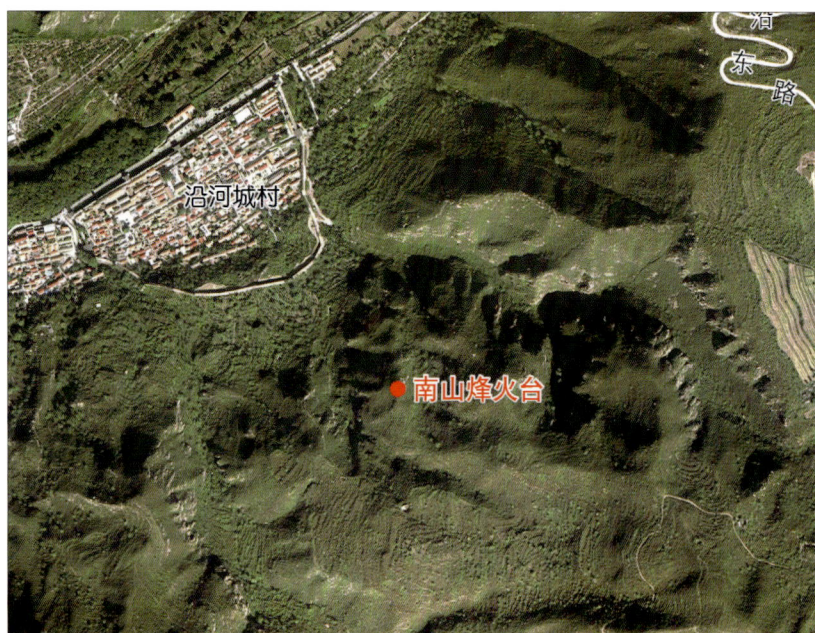

南山烽火台平面图（2016年）

遗存的南山烽火台底座（摄于2006年6月）

名　称	东岭城墙遗址
保护类型	一般不可移动文物
文物类型	古遗址
详细地址	斋堂镇沿河城村
建造时间	明代
地理位置	东经 115° 43′ 54.3″，北纬 40° 04′ 37.6″
海　拔	480 米
地理环境	东岭城墙遗址位于沿河城村外东北的东岭与西岭之间，东南接自然山险，东北接永定河水险，墙体总体走向为由东至西
文物现状	东岭城墙属明代长城的一部分，为石墙，由毛石干垒，现墙体坍塌至底，仅可见遗迹，周边有碎石堆积
历史沿革	东岭城墙为明代所建，具体砌筑形制不明
主管单位	门头沟区斋堂镇政府
保护情况	差
损坏原因	自然风化及周边植物生长

东岭城墙遗址地图、照片

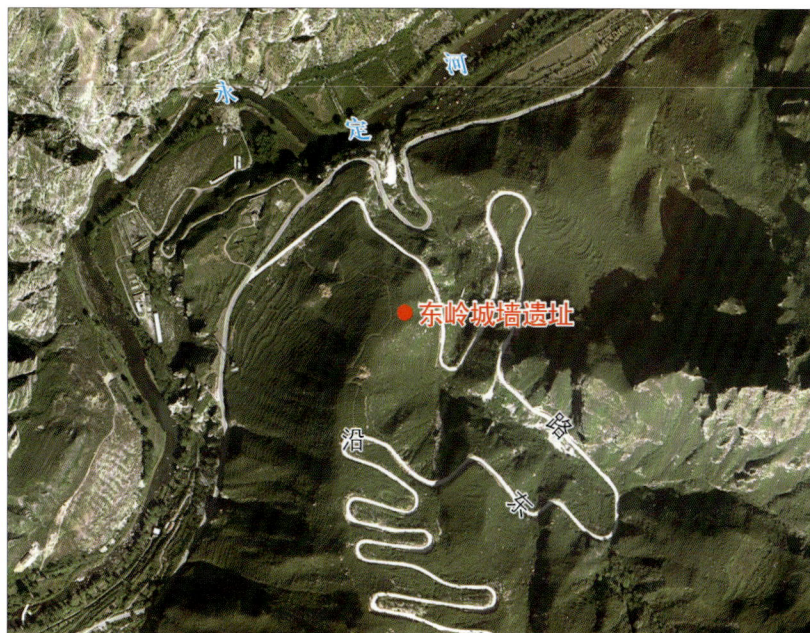

东岭城墙遗址平面图（2016 年）

东岭城墙遗址（摄于 2008 年 6 月）

名 称	沿河城村戏楼
保护类型	一般不可移动文物
文物类型	古建筑
详细地址	斋堂镇沿河城村
建造时间	明代
地理位置	东经115°43′09.7″，北纬40°04′05.6″
海 拔	389米
地理环境	沿河城村位于斋堂镇东北部，戏楼即坐落于该村中心地带，坐北朝南
文物现状	沿河城村戏楼为三间式，坐落于1.5米高的石基上，悬山卷棚顶，灰筒瓦，柱枋间旋子彩绘，戏台宽6.2米，进深7.4米
历史沿革	沿河城村是北京罕见的有城之村，因此该村中犹如小城，古街、商铺、戏楼一应俱全。沿河城村戏楼建于明代，至今仍是村中人的娱乐中心
主管单位	门头沟区斋堂镇政府
保护情况	较好
损坏原因	自然磨损

沿河城村戏楼地图、照片

沿河城村戏楼平面图（2016年）

沿河城村戏楼局部与全貌
（摄于2006年10月）

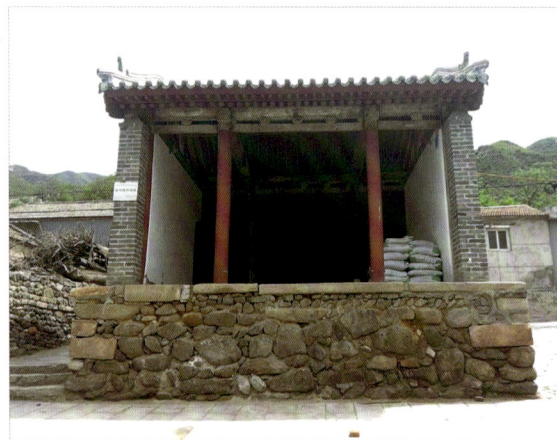

名　称	柏山寺
保护类型	一般不可移动文物
文物类型	古建筑
详细地址	斋堂镇沿河城村
建造时间	明代
地理位置	东经 115° 42′ 36.7″，北纬 40° 03′ 54.2″
海　拔	424 米
地理环境	柏山寺位于沿河城村外的万柏山半山腰，靠近沿河口敌台
文物现状	柏山寺现仅存正殿，其面阔三间 8.3 米，进深 6.2 米，五架梁带前廊，硬山调大脊，筒瓦，有鸱吻，后壁有彩绘佛像，梁檩上均有彩绘，殿内方砖墁地
历史沿革	柏山寺建于明代，抗日战争时期遭侵华日军烧毁
主管单位	门头沟斋堂镇政府
保护情况	修复后保存较好

柏山寺地图、照片

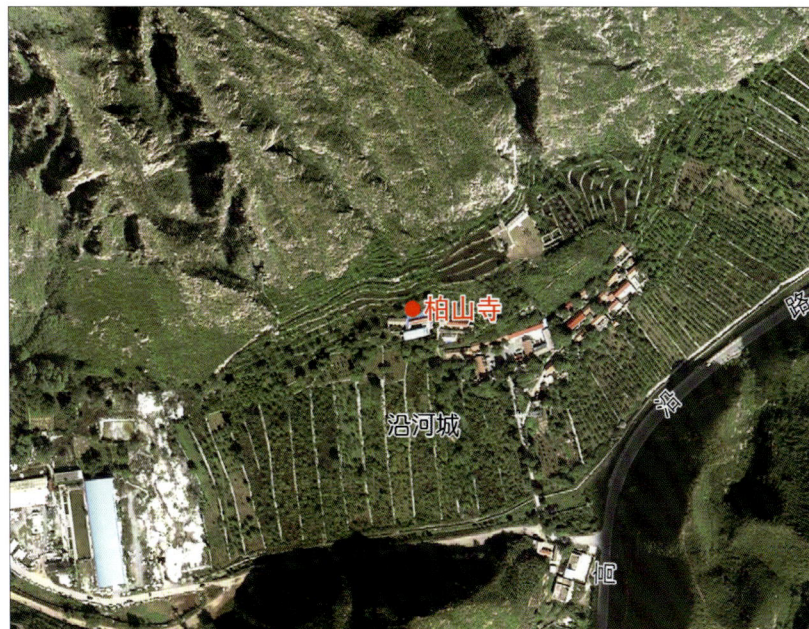

柏山寺平面图（2016 年）

柏山寺正面
（摄于 2009 年 3 月）

柏山寺侧面
（摄于 2009 年 3 月）

名　称	沿河城村 149 号民居
保护类型	一般不可移动文物
文物类型	古建筑
详细地址	斋堂镇沿河城村
建造时间	待考
地理位置	东经 115° 43′ 09.7″，北纬 40° 04′ 05.7″
海　拔	382 米
地理环境	沿河城村位于斋堂镇东北部，149 号民居即坐落于村中，坐北朝南
文物现状	沿河城村 149 号民居有正房三间，东西厢房各两间，倒座房三间，门楼开在院东南角。正房面阔 8 米，进深 4 米，硬山清水脊，板瓦铺顶压垄；东西厢房面阔 6 米，进深 4 米，硬山清水脊，板瓦铺顶压垄；倒座房面阔 8 米，进深 4 米，硬山清水脊，板瓦铺顶压垄。院内现有村民居住
历史沿革	传统民居
主管单位	门头沟区斋堂镇沿河城村委会
保护情况	较好
损坏原因	自然磨损

沿河城村 149 号民居地图、照片

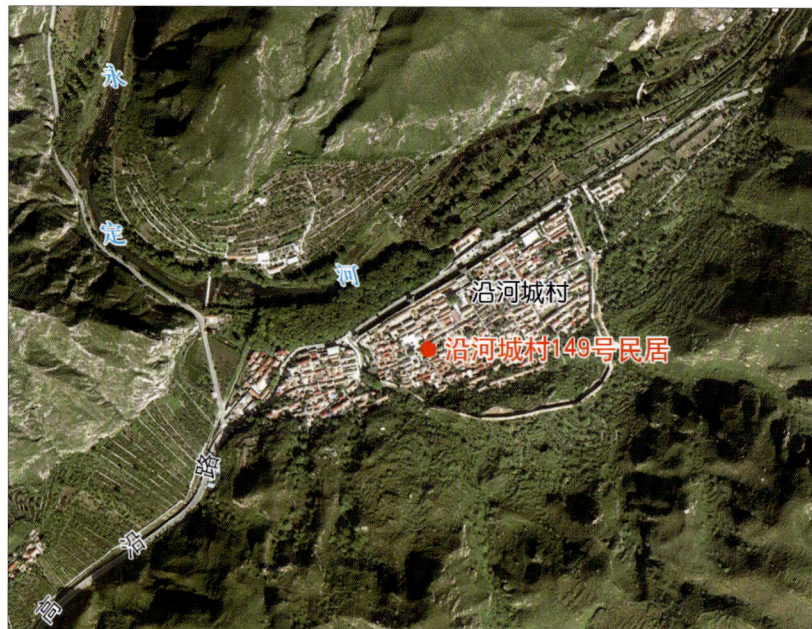

沿河城村 149 号民居平面图（2016 年）

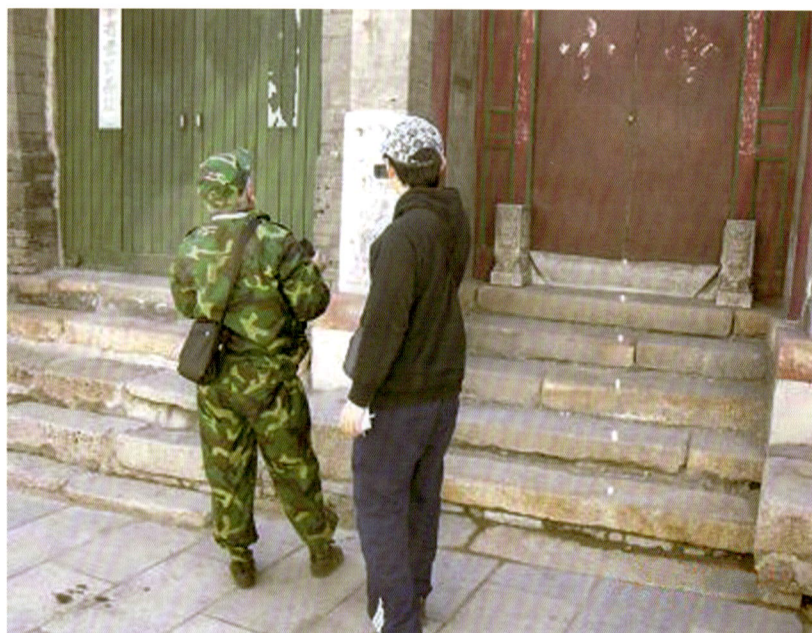

沿河城村 149 号民居大门（摄于 2009 年 3 月）

名　称	沿河城村 151 号民居
保护类型	一般不可移动文物
文物类型	古建筑
详细地址	斋堂镇沿河城村
建造时间	待考
地理位置	东经 115° 43′ 16.2″，北纬 40° 04′ 09.0″
海　拔	382 米
地理环境	沿河城村位于斋堂镇东北部，151 号民居即坐落于村中，坐南朝北
文物现状	沿河城村 151 号民居为二进院落，有正房三间、穿堂屋三间、东西厢房共四间、倒座房三间，大门开在院东南角。穿堂屋、里院正房及倒座房皆面阔 10 米，进深 5 米；里外院东西厢房面阔 9 米，进深 4 米。房屋均为硬山清水脊，板瓦铺顶压垄形制。院内现有村民居住
历史沿革	传统民居
主管单位	门头沟区斋堂镇沿河城村委会
保护情况	较好
损坏原因	自然磨损

沿河城村 151 号民居地图、照片

沿河城村 151 号民居平面图（2016 年）

沿河城村 151 号民居门楼局部（摄于 2009 年 3 月）

名　称	沿河城村 152 号民居
保护类型	一般不可移动文物
文物类型	古建筑
详细地址	斋堂镇沿河城村
建造时间	清代
地理位置	东经 115° 43′ 16.7″，北纬 40° 04′ 09.2″
海　拔	382 米
地理环境	沿河城村位于斋堂镇东北部，152 号民居即坐落于村中，坐南朝北
文物现状	沿河城村 152 号民居为广亮大门，七级踏步，大门开在院北。内有坐北朝南正房三间，东西厢房各两间，倒座房三间。正房及倒座房面阔 9 米，进深 5 米；东西厢房面阔 8 米，进深 4 米。该民居门楼保存尤好，院内现有村民居住
历史沿革	传统民居
主管单位	门头沟区斋堂镇沿河城村委会
保护情况	较好
损坏原因	自然磨损

沿河城村 152 号民居地图、照片

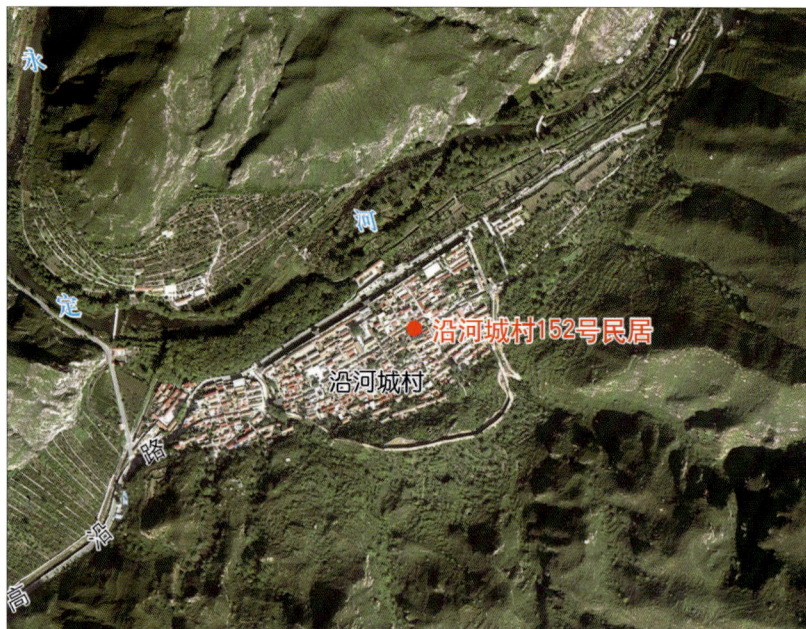

沿河城村 152 号民居平面图（2016 年）

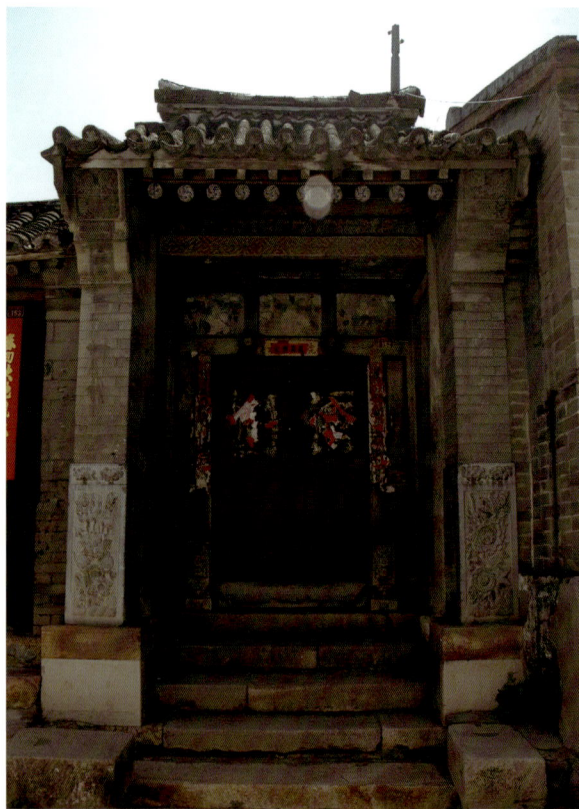

沿河城村 152 号民居门楼（摄于 2005 年 5 月）

名　称	魏氏先茔碑
保护类型	一般不可移动文物
文物类型	古墓葬
详细地址	斋堂镇沿河城村
建造时间	明代
地理位置	东经 115° 43′ 48.5″，北纬 40° 03′ 40.7″
海　拔	674 米
地理环境	魏氏先茔碑立于沿河城南的五里坡城子坨下的魏家老坟之中
文物现状	魏氏先茔碑高 1.17 米，宽 0.54 米，厚 0.15 米，碑额有篆字"魏氏先茔"并雕云纹，碑阴楷书"续祖联芳"，大明正德八年（1513）立。碑刻满行 30 字，计有 29 行，下刻魏氏先祖 200 余人之名。现碑体文字基本可辨，仅有两字被凿毁
历史沿革	明代墓碑
主管单位	门头沟区斋堂镇沿河城村委会
保护情况	一般
损坏原因	年久风化

魏氏先茔碑地图、照片

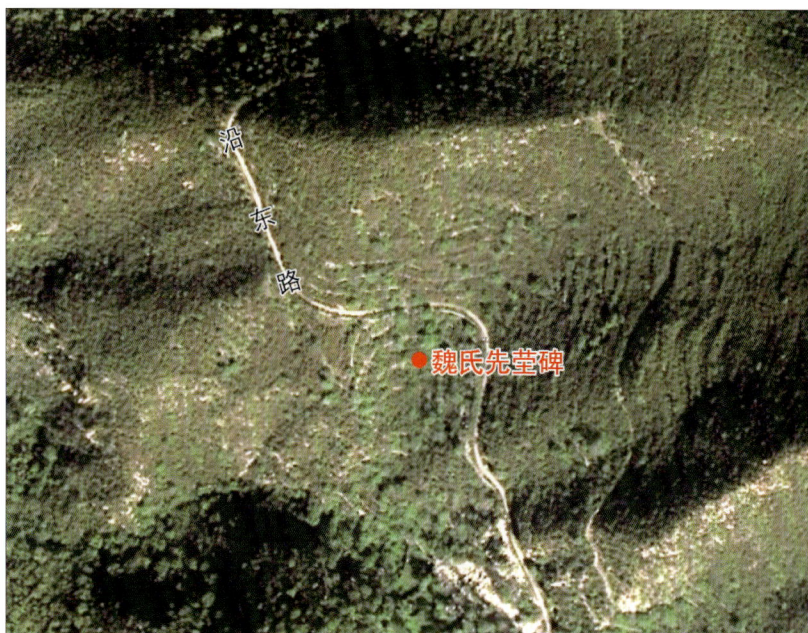

魏氏先茔碑平面图（2016 年）

魏氏先茔碑（摄于 2010 年 4 月）

名称	珠窝村剩钱寺
保护类型	一般不可移动文物
文物类型	古建筑
详细地址	雁翅镇珠窝村
建造时间	明代
地理位置	东经115°46′16.2″，北纬40°03′04.6″
海拔	305米
地理环境	珠窝村坐落在永定河官厅山峡中段的主河道旁，剩钱寺坐落在珠窝村内山坡上，坐北朝南，东西9.2米，南北8米，周围林木茂密，毗邻民居
文物现状	剩钱寺山门带七级踏步，遗存有面阔9.2米、进深7米正殿三间，七架梁，硬山调大脊；面阔8米、进深6米东西配殿各两间，五架梁，合瓦顶；另有正德年间汉白玉质刻龙纹残碑一块；现建筑主体残旧
历史沿革	剩钱寺又称老爷庙，始建于明代，据说是用修完潭柘寺剩下的钱修的这座庙宇，故而得名。寺内大殿过去供奉关公，每年农历四月十八日附近村民都会到这里来烧香。该寺在"文革"期间遭严重损毁
主管单位	门头沟区雁翅镇政府
保护情况	较差
损坏原因	年久失修及人为损毁

珠窝村剩钱寺地图、照片

珠窝村剩钱寺平面图（2016年）

剩钱寺西配殿远近景
（摄于2009年10月）

名　称	珠窝村东福园 17 号民居
保护类型	一般不可移动文物
文物类型	古建筑
详细地址	雁翅镇珠窝村
建造时间	清代
地理位置	东经 115° 46′ 26.1，北纬 40° 03′ 04.4″
海　拔	298 米
地理环境	珠窝村四面环山，看起来像是一个聚宝盆，东福园 17 号民居即于村中。该民居院落南北长 22 米，东西长 13 米，坐北朝南
文物现状	东福园 17 号民居门楼开在东南角，有面阔 9 米、进深 5 米的正房及倒座房各三间，面阔 8 米、进深 5 米的东西厢房各两间。屋宇勾头垂瓦，墙腿石左刻荷花水纹，右刻牡丹，戗檐雕牡丹纹，蝎子尾皮条脊带盘花，连珠纹
历史沿革	传统民居
主管单位	门头沟区雁翅镇珠窝村委会
保护情况	较好
损坏原因	自然磨损

珠窝村东福园 17 号民居地图、照片

珠窝村

●珠窝村东福园17号民居

珠窝村东福园 17 号民居平面图（2016 年）

珠窝村东福园 17 号民居
门楼砖雕（摄于 2009 年 10 月）

珠窝村东福园 17 号民居正房
（摄于 2019 年 10 月）

名 称	碣石村观音洞
保护类型	一般不可移动文物
文物类型	石窟寺及石刻
详细地址	雁翅镇碣石村
建造时间	待考
地理位置	东经 115° 44′ 18.7″，北纬 40° 02′ 32.4″
海 拔	717 米
地理环境	碣石村位于雁翅镇西部，距 109 国道 6 公里，碣石观音洞位于村西南两公里处的崖壁上，洞口面向西南
文物现状	观音洞也叫菩萨洞，为崖壁石灰岩体塌落洞，其进深面阔均约 15 米，洞顶石灰石呈人字交叉，洞口有石墙，中间为砖砌券门。现洞内佛像无存，地面仅残存青砖及琉璃瓦残片
历史沿革	碣石古村地形丰富，有观音洞、望月洞、飞来神石、观龟取玉、水湖深潭、古槐烟火等自然景观。观音洞经后人修建成为拜佛之地，在"文革"时期遭严重损毁
主管单位	门头沟区雁翅镇政府
保护情况	差
损坏原因	人为损毁

碣石村观音洞地图、照片

碣石村观音洞平面图（2016 年）

碣石村观音洞洞口
（摄于 2009 年 10 月）

名　称	碣石村龙王庙
保护类型	一般不可移动文物
文物类型	古建筑
详细地址	雁翅镇碣石村
建造时间	明代
地理位置	东经 115° 45′ 19.6″，北纬 40° 02′ 19.3″
海　拔	541 米
地理环境	碣石村地形复杂，龙王庙位于村中，坐西朝东，院落东西 17.4 米，南北 15.2 米
文物现状	碣石村龙王庙为三合院形制，有面阔 8 米、进深 5 米正殿三间，面阔 7 米、进深 4.5 米南北配殿各二间；庙宇山门面阔 3 米、进深 3 米，开在东南角
历史沿革	碣石村龙王庙始建于明代，2008 年得以重修
主管单位	门头沟区雁翅镇政府
保护情况	重修后保存较好
损坏原因	历史损毁原因待考

碣石村龙王庙地图、照片

碣石村龙王庙平面图（2016 年）

碣石村龙王庙（摄于 2009 年 10 月）

名　称	碣石村胜泉寺碑刻
保护类型	一般不可移动文物
文物类型	石窟寺及石刻
详细地址	雁翅镇碣石村
建造时间	明代
地理位置	东经 115° 45′ 01.8″，北纬 40° 02′ 04.6″
海　拔	579 米
地理环境	胜泉寺位于碣石村大峪沟，胜泉寺碑刻被置于沟内杏树林中
文物现状	胜泉寺碑刻为汉白玉石质，石碑和碑座分离在两处。螭首龟趺碑座宽 0.98 米，厚 0.35 米，露地面高为 0.14 米，上有人为破坏长裂痕。碑身高 1.44 米，宽 0.72 米，厚 0.135 米，圆首，左下角残缺；碑阳额书"胜泉寺碑记"并雕刻有 5 个窝形纹，碑阴额书"檀越芳名""明正德十三年立"字样。现碑刻扑地，碑阳朝下，碑阴朝上
历史沿革	胜泉寺始建于明代，已有损毁，20 世纪 60 年代动乱时期被完全拆除，该碑刻遭人为推倒
主管单位	门头沟区雁翅镇政府
保护情况	较差
损坏原因	人为损毁及自然风化

碣石村胜泉寺碑刻地图、照片

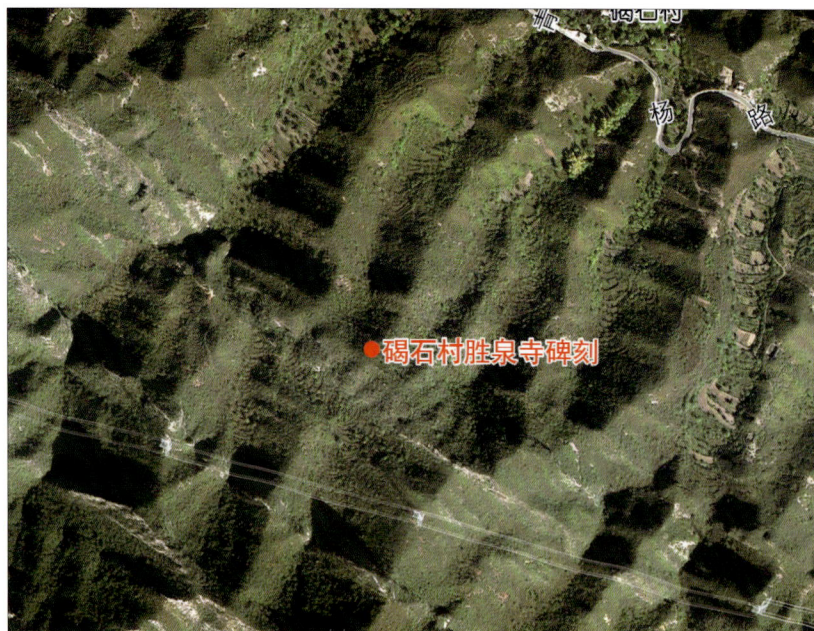

碣石村胜泉寺碑刻平面图（2016 年）

碣石村胜泉寺碑刻（摄于 2009 年 3 月）

名　称	碣石村 57 号民居
保护类型	一般不可移动文物
文物类型	古建筑
详细地址	雁翅镇碣石村
建造时间	清代
地理位置	东经 115° 45′ 13.1″，北纬 40° 02′ 20.8″
海　拔	567 米
地理环境	碣石村 57 号民居位于村中，坐北朝南
文物现状	该民居南北长 8.3 米，有正房三间，硬山皮条脊，五级踏步；东西厢房各三间，其中一间有门道，倒座位置为影壁
历史沿革	碣石古村保存有大量清代建筑的四合院、三合院和两合院，57 号民居即为其中有代表性的一座
主管单位	门头沟区雁翅镇碣石村委会
保护情况	一般
损坏原因	年久失修

碣石村 57 号民居地图、照片

碣石村 57 号民居平面图（2016 年）

碣石村 57 号民居外貌（摄于 2009 年 10 月）

名　称	碣石村刘云民居
保护类型	一般不可移动文物
文物类型	古建筑
详细地址	雁翅镇碣石村
建造时间	清代
地理位置	东经115°45′13.8″，北纬40°02′20.6″
海　拔	566 米
地理环境	刘云民居位于碣石古村，坐北朝南
文物现状	刘云民居为四合院，有正房三间，东西厢房各两间，倒座房两间，门楼一间及南北配房各两间；房屋为皮条脊，合瓦，硬山，博风
历史沿革	传统民居
主管单位	门头沟区雁翅镇碣石村委会
保护情况	一般
损坏原因	年久失修

碣石村刘云民居地图、照片

碣石村刘云民居平面图（2016 年）

碣石村刘云民居（摄于 2019 年 10 月）

名　称	黄土贵村民居群
保护类型	一般不可移动文物
文物类型	古建筑
详细地址	雁翅镇黄土贵村
建造时间	明清时期
地理位置	东经 115° 46′ 32.8"，北纬 40° 02′ 22.1"
海　拔	528 米
地理环境	黄土贵村位于雁翅镇西北的山间谷地，全村依南北方向分为东西两部分，该民居群即是村西的八座明清时期四合院，坐东朝西，与梯田相邻
文物现状	黄土贵村八座四合院按照统一的传统格局建造，形成一个分散的群居整体。各院都是正房、厢房和门房将院子围在中间，并建有门楼和影壁；房屋都是五架梁，正房在东，为清水脊，带耳房；东厢房西边有耳房，五级踏步，带隔扇；建筑材料为青砖、青瓦及木质骨架，门楼上和瓦脊上都有雕花装饰。现部分房屋或墙皮已脱落或墙体坍塌，整体建筑显陈旧
历史沿革	黄土贵村民居群是该村最早的村民居住地，疑为同一家族迁入所建
主管单位	门头沟区雁翅镇黄土贵村委会
保护情况	一般
损坏原因	年久失修

黄土贵村民居群地图、照片

黄土贵村民居群平面图（2016 年）

黄土贵村民居群（摄于 2009 年 10 月）

名　称	大村北齐长城遗址
保护类型	一般不可移动文物
文物类型	古遗址位
详细地址	雁翅镇大村
建造时间	南北朝
地理位置	东经 115° 51′ 04.4″，北纬 40° 06′ 30.2″
海　拔	519 米
地理环境	大村坐落在门头沟西北的山间盆地中，南芹公路通过村中。北齐长城遗址位于大村西南之山脊上，沿山脊呈东北－西南走向，到西岭尖东北处折向往东北，至得胜寺，与得胜寺东墙体外山险相连
文物现状	遗存长城遗址约 1600 多米，原为毛石堆砌，现仅可见墙体遗迹
历史沿革	北齐长城是在南北朝时代由北齐开国皇帝高洋下令修建，目的是巩固北方边防和防御西部的北周。北齐长城主要修建了三段，共修筑了六次，其规模之大仅次于秦汉长城。大村长城遗址应为北齐长城北线的一段
主管单位	门头沟区雁翅镇政府
保护情况	差
损坏原因	年久风化

大村北齐长城遗址地图、照片

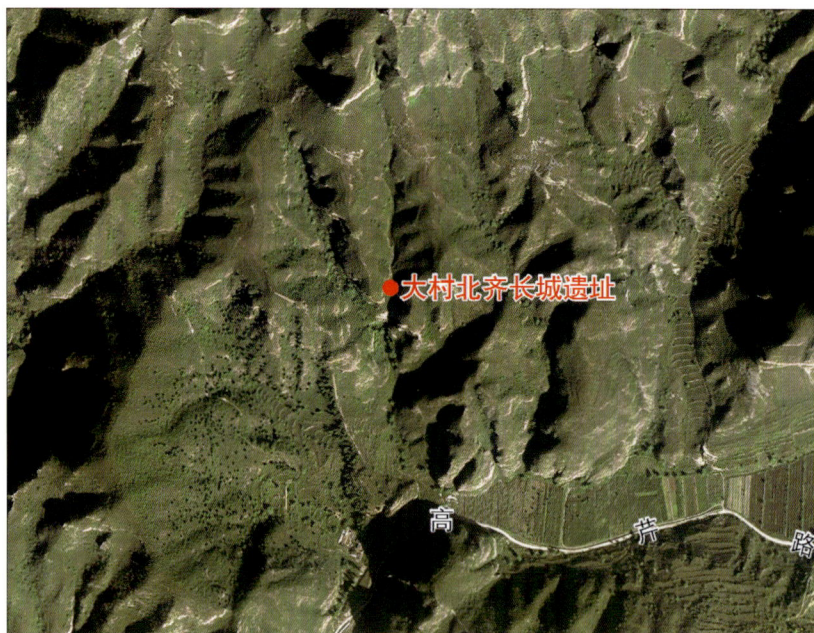

大村北齐长城遗址平面图（2016 年）

大村北齐长城遗址（摄于 2008 年 3 月）

名　称	得胜寺遗址
保护类型	一般不可移动文物
文物类型	古建筑
详细地址	雁翅镇大村
建造时间	明代
地理位置	东经 115° 49′ 55.5″，北纬 40° 07′ 02.1″
海　拔	544 米
地理环境	得胜寺遗址坐落在大村西北处，该遗址南北 50 米，东西 30 米
文物现状	得胜寺早已无痕，遗址上仅存残旧钟楼木架一座及明代残碑半块
历史沿革	得胜寺始建设于明，寺内建筑在"文革"时期被全部破坏
主管单位	门头沟区雁翅镇政府
保护情况	差
损坏原因	人为损毁

得胜寺遗址地图、照片

得胜寺遗址平面图（2016 年）

得胜寺遗址上的钟楼木架（摄于 2009 年 10 月）

名 称	山神庙村山神庙
保护类型	一般不可移动文物
文物类型	古建筑
详细地址	雁翅镇山神庙村
建造时间	待考
地理位置	东经115° 51′ 13.3″，北纬40° 04′ 55.3″
海 拔	572 米
地理环境	山神庙位于京西古道较偏僻的山坳中，先有庙而后成村，故山神庙是山神庙村的标志性建筑
文物现状	山神庙现仅存无门窗正殿一座，进深4.3米，面阔4.55米
历史沿革	山神庙村所处地是旧时骡马车队从河北至天津的必经之地，据传有位商人带领满载大批货物的车队路经此地时遇上老虎，他便合掌祷告："山神爷，今天是我不对，惊动仙尊，我要是您一口菜，您就把我吃了，您要是不吃我，放我过去，回来我给您修庙。"听完祷告后老虎真的退走，商人就兑现承诺修庙于此。庙成之后，又有人在其旁边开了骡马店方便过往行人，渐渐此地形成村落，故村名以庙名冠之
主管单位	门头沟区雁翅镇政府
保护情况	修复后保存较好
损坏原因	年久失修

山神庙村山神庙地图、照片

山神庙村山神庙平面图（2016 年）

山神庙村山神庙（摄于 2009 年 10 月）

名 称	淤白村龙王庙
保护类型	一般不可移动文物
文物类型	古建筑
详细地址	雁翅镇淤白村
建造时间	清代
地理位置	东经 115°55′23.6″，北纬 40°05′31.2″
海 拔	450 米
地理环境	淤白村龙王庙位于淤白村西侧村口处，与菩萨庙、马王庙相邻
文物现状	淤白村龙王庙现存大殿三间，殿内两面山墙均有彩绘壁画
历史沿革	该庙建于清代，现已重修
主管单位	门头沟区雁翅镇政府
保护情况	修复后保存较好
损坏原因	自然磨损

淤白村龙王庙地图、照片

淤白村龙王庙平面图（2016 年）

淤白村龙王庙外貌与
文物保护标志
（摄于 2009 年 10 月）

名 称	淤白村马王庙
保护类型	一般不可移动文物
文物类型	古建筑
详细地址	雁翅镇淤白村
建造时间	清代
地理位置	东经115°55′22.5″，北纬40°05′30.3″
海　拔	457米
地理环境	淤白村马王庙位于淤白村村口西侧处，与菩萨庙、龙王庙相邻
文物现状	马王庙现存一间小殿，建筑面积约20平方米，庙宇为硬山顶皮条脊，板瓦合瓦；庙前有影壁一堵，屋内有多幅壁画
历史沿革	淤白村马王庙建于清代，现已重修
主管单位	门头沟区雁翅镇政府
保护情况	修复后保存完好
损坏原因	自然磨损

淤白村马王庙地图、照片

淤白村马王庙平面图（2016年）

淤白村马王庙文物保护标志
（摄于2009年10月）

淤白村马王庙外貌
（摄于2009年10月）

名　称	淤白村菩萨庙
保护类型	一般不可移动文物
文物类型	古建筑
详细地址	雁翅镇淤白村
建造时间	清代
地理位置	东经 115°55′22.5，北纬 40°05′30.3″
海　拔	457 米
地理环境	淤白村菩萨庙位于淤白村村口西侧处，与马王庙、龙王庙相邻
文物现状	该菩萨庙只有一间正殿面阔 3.4 米、进深 3.8 米，内有彩绘壁画
历史沿革	淤白村菩萨庙建于清代，现已重修
主管单位	门头沟区雁翅镇政府
保护情况	修复后保存完好
损坏原因	自然磨损

淤白村菩萨庙地图、照片

淤白村菩萨庙平面图（2016 年）

淤白村菩萨庙文物保护标志与外貌
（摄于 2009 年 10 月）

名　称	淤白村 27 号民居
保护类型	一般不可移动文物
文物类型	古建筑
详细地址	雁翅镇淤白村
建造时间	清代
地理位置	东经 115° 55′ 29.1″，北纬 40° 05′ 36.2″
海　拔	459 米
地理环境	淤白村有上下街之分，27 号民居位于村中，坐东朝西，占地面积 800 余平方米
文物现状	淤白村 27 号民居为三进院落，东西长 11.2 米，南北 16.5 米，一进院有正房四间，倒座房及厢房各有三间，均为硬山皮条脊和蝎子脊，合瓦铺顶；二进院有正房二间，南北厢房及倒座房各三间；三进院有正房及倒座房各三间，南北厢房各两间，一间门楼。现院落格局未变，局部房顶已改
历史沿革	传统民居
主管单位	门头沟区雁翅镇淤白村委会
保护情况	一般
损坏原因	年久失修及人为改建

淤白村 27 号民居地图、照片

淤白村 27 号民居平面图（2016 年）

淤白村 27 号民居三进院正房（摄于 2009 年 10 月）

名 称	重修白瀑寺碑
保护类型	一般不可移动文物
文物类型	近现代建筑
详细地址	雁翅镇淤白村
建造时间	民国年间
地理位置	东经 115° 55′ 26.6″，北纬 40° 05′ 38.4″
海 拔	454 米
地理环境	淤白村位于雁翅镇东北部，与昌平区接壤，重修白瀑寺碑被嵌于淤白村委会院墙壁上
文物现状	重修白瀑寺碑为青石质，宽 0.5 米、高 0.9 米、厚 0.24 米，碑文共 16 行，满行 38 字，上有字迹清晰之楷书，碑名为"重修白瀑寺碑文记"。碑上刻有"京兆宛平县第七区淤白村北有古刹一座名曰白瀑寺开基之庙皇朝者修其钱出于国……"及"中华民国十年六月二十九日立"等字样
历史沿革	淤白村于元代建村，村中主街之上为白瀑岭，岭上有辽代所建白瀑寺。该寺曾于民国年间重修，故留有重修白瀑寺碑一通
主管单位	门头沟区雁翅镇政府
保护情况	较好
损坏原因	自然磨损

重修白瀑寺碑地图、照片

重修白瀑寺碑平面图（2016 年）

重修白瀑寺碑（摄于 2009 年 10 月）

名 称	高台村菩萨庙
保护类型	一般不可移动文物
文物类型	古建筑
详细地址	雁翅镇高台村
建造时间	清代
地理位置	东经 115° 55′ 13.2″，北纬 40° 05′ 23.5″
海 拔	425 米
地理环境	高台村位于南雁路西侧，与高芹路隔河相望，菩萨庙即位于村中
文物现状	高台村菩萨庙仅有五架梁正殿一间，面阔 3.6 米，进深 4 米，内有彩绘
历史沿革	高台村菩萨庙始建设于清代，近年重修
主管单位	门头沟区雁翅镇政府
保护情况	修复后保存完好
损坏原因	自然磨损

高台村菩萨庙地图、照片

高台村菩萨庙平面图（2016 年）

高台村菩萨庙之
文物保护标志与外貌
（摄于 2009 年 10 月）

名　称	泗家水村上街 1 号民居
保护类型	一般不可移动文物
文物类型	古建筑
详细地址	雁翅镇泗家水村
建造时间	清代
地理位置	东经 115° 56′ 14.3″，北纬 40° 05′ 13.7″
海　拔	415 米
地理环境	泗家水村依山势呈扇状分布在低山缓坡上，1 号民居位于村中，坐南朝北，院落长约 8.6 米
文物现状	泗家水村上街 1 号院有板瓦铺顶正房三间，面阔 9 米，进深 3.6 米，砖包虎皮墙，五级踏步，硬山皮条脊；东西厢房各两间，面阔 6 米，进深 3.6 米，带滴水三级踏步。现正房和厢房门窗已改
历史沿革	传统民居
主管单位	门头沟区雁翅镇泗家水村委会
保护情况	一般
损坏原因	年久失修及人为改动

泗家水村上街 1 号民居地图、照片

泗家水村上街 1 号民居平面图（2016 年）

泗家水村上街 1 号民居（摄于 2019 年 10 月）

名　称	泗家水村上街 8 号民居
保护类型	一般不可移动文物
文物类型	古建筑
详细地址	雁翅镇泗家水村
建造时间	清代
地理位置	东经 115° 56′ 04.4″，北纬 40° 05′ 12.8″
海　拔	417 米
地理环境	泗家水村依山势呈扇状分布在低山缓坡上，上街 8 号民居坐东朝西
文物现状	泗家水村上街 8 号民居门楼为卷棚顶，内有面阔 8 米、进深 4 米的正房及倒座房各三间，均为蝎子尾；面阔 7 米、进深 3.5 米的南北厢房各两间，倒座房后有神龛。该院建筑除正房外其他各屋均有破损，院内无人居住
历史沿革	传统民居
主管单位	门头沟区雁翅镇泗家水村委会
保护情况	差
损坏原因	年久失修

泗家水村上街 8 号民居平面图（2016 年）

泗家水村上街 8 号民居正房（摄于 2019 年 10 月）

名　称	松树村关帝庙
保护类型	一般不可移动文物
文物类型	古建筑
详细地址	雁翅镇松树村
建造时间	清代
地理位置	东经 115° 54′ 51.9″，北纬 40° 05′ 09.3″
海　拔	424 米
地理环境	松树村地处雁翅镇东部，四面环山，关帝庙位于村东
文物现状	该关帝庙遗存有面阔 3 米、进深 2.5 米的正殿一间，檐枋上有彩绘，内墙绘有故事壁画。现彩绘已剥落，建筑局部有改动
历史沿革	关帝庙始建于清代，是传统供奉关公的庙宇
主管单位	门头沟区雁翅镇政府
保护情况	较差
损坏原因	年久失修及人为改建

松树村关帝庙地图、照片

松树村关帝庙平面图（2016 年）

松树村关帝庙正殿（摄于 2009 年 10 月）

名 称	松树村五道庙
保护类型	一般不可移动文物
文物类型	古建筑
详细地址	雁翅镇松树村
建造时间	清代
地理位置	东经115° 54′ 45.2″，北纬40° 05′ 05.0″
海 拔	265 米
地理环境	松树村四面环山，五道庙位于村西
文物现状	松树村五道庙遗存进深6.5米、面阔4.5米的正殿一间，三架梁，硬山清水脊，蝎尾，内有彩绘壁画。现庙宇山墙损坏，砖石外露，门窗损毁，壁画脱落严重
历史沿革	传统庙宇，在20世纪60年代动乱中曾遭破坏
主管单位	门头沟区雁翅镇政府
保护情况	修复后保存较好
损坏原因	年久失修及人为损毁

松树村五道庙地图、照片

松树村五道庙平面图（2016 年）

松树村五道庙壁画
（摄于 2009 年 10 月）

松树村五道庙外貌
（摄于 2009 年 10 月）

名　称	田庄村娘娘庙及崔奶奶庙
保护类型	一般不可移动文物
文物类型	古建筑
详细地址	雁翅镇田庄村
建造时间	清代，1954 年
地理位置	东经 115° 53′ 39.7″，北纬 40° 04′ 41.3″
海　拔	442 米
地理环境	田庄村位于雁翅镇东北部，四面环山，呈东西狭长走势，娘娘庙及崔奶奶庙建于村西的青茶山上
文物现状	田庄村娘娘庙院落进深 7 米，庙前有四个方形汉白玉插杆石，石庙门带 17 踏石阶；院内有面阔 9.1 米、进深 5.4 米正殿三间，五架梁带前廊，有博风，带垂兽；庙后有 500 多年茶树一棵。崔奶奶庙为一间面阔 3.2 米、进深 3.2 米的小殿，沟头滴水
历史沿革	该娘娘庙建于清，原有茶棚和戏楼，每年当地村民都要在此举行传统庙会。娘娘庙在抗战及"文革"时期均遭到不同程度破坏，1995 年重建。崔奶奶是田庄村的一位传奇人物，她精通外科医术，曾免费治好了不少当地以及外乡人的疑难杂症，于 1953 年去世。人们为了纪念她，在娘娘庙旁立了一座小庙，名为崔奶奶庙
主管单位	门头沟区雁翅镇政府
保护情况	修复后保存完好
损坏原因	自然磨损

田庄村娘娘庙及崔奶奶庙地图、照片

田庄村娘娘庙及崔奶奶庙平面图（2016 年）

田庄村崔奶奶庙
（摄于 2009 年 10 月）

田庄村娘娘庙
（摄于 2009 年 10 月）

名　称	苇子水村村落
保护类型	一般不可移动文物
文物类型	近现代建筑
详细地址	雁翅镇苇子水村
建造时间	清代
地理位置	东经 115° 53′ 30.6″，北纬 40° 03′ 50.4″
海　拔	399 米
地理环境	苇子水村位于雁翅镇东部的 109 国道芹峪口以北的田庄公路 5 公里处，顺山势坐落在九龙八盆山谷之中；该村环境幽静，风景秀丽
文物现状	苇子水村不大，每一条沟岔中都依山建有明清四合院，目前保存的计有 46 座，其中 5 座基本完好。这些院落建筑讲究，明清风格浓郁，其中以 35 号民居、54 号民居、132 号民居和高永天宅院为典型代表。一条东西走向的小河穿苇子水村而过，河上的 13 座各式小桥连接村中的家家户户，一榆、两槐、四古柏更是苇子水村的自然风景，百多年来它们见证了这个山乡小村的春去秋来
历史沿革	苇子水村的最早村民是明代从山西洪洞大槐树迁徙到此的高氏家族，历经 600 余年繁衍，这里已经成为百户同宗的家族村。苇子水村几十代从无其他杂姓混入，家族谱系清晰，相对封闭的环境使得这里的百姓生活宁静、平和、安详、自然
主管单位	门头沟区雁翅镇政府
保护情况	较好
损坏原因	年久失修

苇子水村村落地图、照片

苇子水村村落平面图（2016 年）

苇子水村村落文物保护标志及
其中一座四合院（摄于 2009 年 10 月）

名　称	苇子水村一号及二号古桥
保护类型	一般不可移动文物
文物类型	古建筑
详细地址	雁翅镇苇子水村
建造时间	清代
地理位置	东经115°53′33.7″，北纬40°03′47.1″； 东经115°53′35.9″，北纬40°03′47.9″
海　拔	388米，395米
地理环境	苇子水村有一条东西走向的河，河上架有13座桥，其中有5座水泥桥和8座石桥，一、二号桥即为最早的石桥
文物现状	一号古桥为毛渣石砌，起券，长8米，宽3.9米，桥洞高2.15米，洞径3米，外沿50米，桥栏高2.2米，通高4米。二号古桥为毛石砌，宽2.15米，桥跨径3.2米，桥洞高2.45米，券洞高2米。现今一号古桥桥面坚实，两边桥栏保存完整，尚可通人行；二号古桥情况一般
历史沿革	一号、二号古桥均建于清代，百多年来一直维系着村民越河通行
主管单位	门头沟区雁翅镇政府
保护情况	较好
损坏原因	因常年使用，部分石块有松动

苇子水村一号及二号古桥地图、照片

苇子水村一号及二号古桥平面图（2016年）

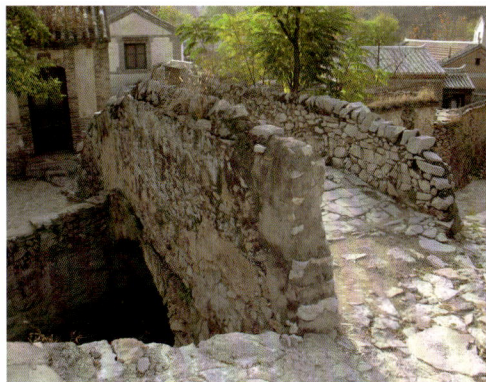

苇子水村一号古桥
（摄于2009年10月）

苇子水村二号古桥
（摄于2009年10月）

名 称	雁翅村朝阳庵
保护类型	一般不可移动文物
文物类型	古建筑
详细地址	雁翅镇雁翅村
建造时间	明代
地理位置	东经 115° 54′ 28.8″，北纬 40° 03′ 12.0″
海 拔	416 米
地理环境	雁翅村地处门头沟西部深山区，朝阳庵坐北朝南
文物现状	朝阳庵已无存，古庵遗址上现仅存石碑一通
历史沿革	朝阳庵始建于明代，于 20 世纪 60 年代动乱时期遭毁
主管单位	门头沟区雁翅镇政府
保护情况	差
损坏原因	人为损毁

雁翅村朝阳庵地图、照片

雁翅村朝阳庵平面图（2016 年）

《重修朝阳庵碑记》石碑（摄于 2009 年 10 月）

名　称	炭厂村炭窑遗址
保护类型	一般不可移动文物
文物类型	古遗址
详细地址	妙峰山镇炭厂村
建造时间	明代
地理位置	东经 115° 56′ 45.3″，北纬 40° 03′ 35.8″
海　拔	739 米
地理环境	炭厂村位于两山之间的沟谷坡地上，炭窑遗址位于村外，坐东朝西
文物现状	炭厂村炭窑遗址外径 3.5 米，内径 1.9 米，宽 0.5 米，残窑为毛石黄土垒砌，口高 0.6 米，通高 0.84 米，宽 0.7 米，窑壁厚 0.7 米，窑内淤土
历史沿革	废弃窑址
主管单位	门头沟区妙峰山镇政府
保护情况	一般
损坏原因	废弃多年及自然风化

炭厂村炭窑遗址地图、照片

炭厂村炭窑遗址平面图（2016 年）

炭厂村炭窑遗址（摄于 2009 年 10 月）

名 称	炭厂村五道庙
保护类型	一般不可移动文物
文物类型	古建筑
详细地址	妙峰山镇炭厂村
建造时间	清代
地理位置	东经 115° 58′ 22.6″，北纬 40° 02′ 21.7″
海 拔	463 米
地理环境	炭厂村五道庙坐落于该村内，坐北朝南，周围是民居
文物现状	炭厂村五道庙仅有面阔 4 米、进深 4 米正殿一间，五架梁，石墙及石板顶，梁架有彩绘。建筑主体保存较差
历史沿革	传统庙宇
主管单位	门头沟区妙峰山镇政府
保护情况	一般
损坏原因	年久失修

炭厂村五道庙地图、照片

炭厂村五道庙平面图（2016 年）

炭厂村五道庙正房（摄于 2009 年 11 月）

名　称	炭厂村古井
保护类型	一般不可移动文物
文物类型	古建筑
详细地址	妙峰山镇炭厂村
建造时间	待考
地理位置	东经115° 58′ 22.6″，北纬40° 02′ 21.7″
海　拔	463 米
地理环境	炭厂村古井位于村中，四周皆民宅
文物现状	炭厂村古井为块石垒砌，井内水位低
历史沿革	此井曾是当地村民的主要水源之一，现已废弃
主管单位	门头沟区妙峰山镇政府
保护情况	较差
损坏原因	弃用多年及人为损毁

炭厂村古井地图、照片

炭厂村古井平面图（2016 年）

炭厂村古井（摄于 2009 年 11 月）

名　称	涧沟村关帝庙
保护类型	一般不可移动文物
文物类型	古建筑
详细地址	妙峰山镇涧沟村
建造时间	清代
地理位置	东经 116° 01′ 57.9″，北纬 40° 03′ 47.0″
海　拔	742 米
地理环境	涧沟村位于妙峰山下东南向的小盆地中，关帝庙就坐落于该村内妙峰山香道旁，坐北朝南
文物现状	涧沟村关帝庙为一座四合院，南北长 19.5 米，东西长 30 米；有面阔 25 米、进深 5 米的正殿，另有西配殿三间、东配殿五间及倒座房五间；此外，还有钟楼一座
历史沿革	涧沟村关帝庙建于清代，现为平西情报交通联络站教育基地，已重新修复
主管单位	门头沟区妙峰山镇政府
保护情况	修复后保存完好
损坏原因	自然磨损

涧沟村关帝庙地图、照片

涧沟村关帝庙平面图（2016 年）

涧沟村关帝庙庙内
（摄于 2009 年 11 月）

涧沟村关帝庙钟楼
（摄于 2009 年 11 月）

名　称	涧沟村观音庙
保护类型	一般不可移动文物
文物类型	古建筑
详细地址	妙峰山镇涧沟村
建造时间	清代
地理位置	东经 116° 01′ 56.8″，北纬 40° 03′ 42.5″
海　拔	734 米
地理环境	观音庙坐落于涧沟村村口牌楼旁，建在一块大石头上
文物现状	观音庙有面阔 4.2 米、进深 5 米正殿三间，五架梁
历史沿革	涧沟村观音庙始建于清代，近年已重新修复
主管单位	门头沟区妙峰山镇政府
保护情况	修复后保存完好
损坏原因	自然磨损

涧沟村观音庙地图、照片

涧沟村观音庙平面图（2016 年）

涧沟村观音庙外貌（摄于 2009 年 11 月）

名　称	樱桃沟村摩崖石刻
保护类型	一般不可移动文物
文物类型	石窟寺及石刻
详细地址	妙峰山镇樱桃沟村
建造时间	清代
地理位置	东经 116° 02′ 45.2″，北纬 40° 02′ 25.0″
海　拔	446 米
地理环境	樱桃沟村位于妙峰山镇东北部的樱桃沟中部，群山环抱，摩崖石刻在该村外通往栖隐寺的古道旁
文物现状	樱桃沟村摩崖石刻在一块巨石的侧面，高约 2 米，长约 5.4 米，现仅能辨认出其中的少量文字。石刻额首有"万古流芳"字样，首行有"重修仰山寺真迹铭"，刻石完成于清光绪丙申年（1896）。此石周边另有"乐囡同圣""为善最乐""引仙道人""一山善人""松柏为寿"等 10 余处石刻。现石刻风化严重，大多字迹无法辨认
历史沿革	樱桃沟村摩崖石刻为门头沟地区所发现的最大一处摩崖石刻，应为清光绪年间重修仰山寺之记铭碑
主管单位	门头沟区妙峰山镇政府
保护情况	差
损坏原因	自然风化

樱桃沟村摩崖石刻地图、照片

樱桃沟村摩崖石刻平面图（2016 年）

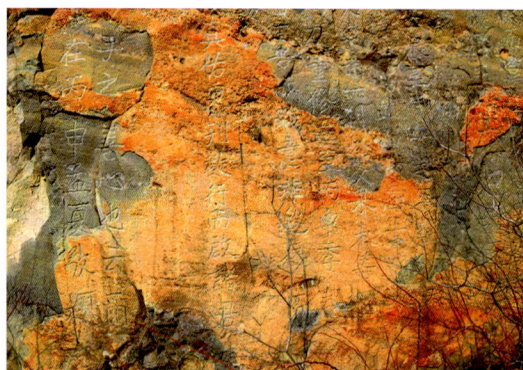

樱桃沟村摩崖石刻
（摄于 2010 年 3 月）

名 称	东灵山长城遗址
保护类型	一般不可移动文物
文物类型	古遗址
详细地址	清水镇江水河村
建造时间	待考
地理位置	东经 115° 27′ 14.8″，北纬 40° 01′ 05.2″
海　拔	2297 米
地理环境	东灵山长城遗址位于东灵山最高峰立碑处，沿山坡往下呈西东走向
文物现状	东灵山长城遗址有毛石干垒长城墙体遗址一段及营房遗迹和坍塌的烽火台遗迹，营房遗迹面积约600平方米，烽火台遗迹面积约36平方米。现遗址上碎石满地，杂草丛生
历史沿革	不详
主管单位	门头沟区清水镇政府
保护情况	差
损坏原因	年久失修及自然风化

东灵山长城遗址地图、照片

东灵山长城遗址平面图（2016 年）

东灵山长城遗址主峰部分
（摄于 2008 年 5 月）

东灵山长城遗址局部
（摄于 2008 年 5 月）

名　称	灵山古道
保护类型	一般不可移动文物
文物类型	古遗址
详细地址	清水镇洪水口村
建造时间	待考
地理位置	东经 115° 28′ 37.7″，北纬 39° 59′ 34.0″
海　拔	949 米
地理环境	洪水口村坐落于灵山脚下，灵山古道位于村北半山腰处，可直通灵山主峰
文物现状	灵山古道古道一段，部分地段有石阶
历史沿革	洪水口村是北京海拔最高的村庄之一，素有"灵山门户"之称，村中自古即有一条通往灵山山顶的小道
主管单位	门头沟区清水镇洪水口村委会
保护情况	较好
损坏原因	自然磨损

灵山古道地图、照片

灵山古道平面图（2016 年）

灵山古道局部
（摄于 2019 年 10 月）

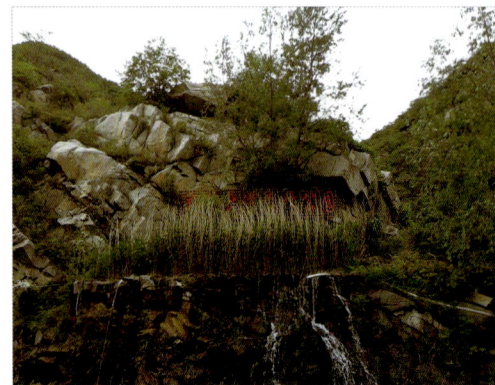

灵山古道南端起点
（摄于 2019 年 10 月）

名　称	洪水口村砖窑遗址
保护类型	一般不可移动文物
文物类型	古遗址
详细地址	清水镇洪水口村
建造时间	待考
地理位置	东经 115° 28′ 57.5″，北纬 39° 59′ 53.4″
海　拔	1029 米
地理环境	洪水口村坐落于灵山脚下，东北部山坡均为深达数米的黄土层，砖窑即位于半山坡处
文物现状	洪水口村砖窑遗址有三处，下部为黄土夯制，上部用砖砌成马蹄形。现上部已坍塌并长满野草，窑壁有烧结痕迹
历史沿革	传统烧砖工地
主管单位	门头沟区清水镇洪水口村委会
保护情况	较差
损坏原因	多年弃用及自然风化

洪水口村砖窑遗址地图、照片

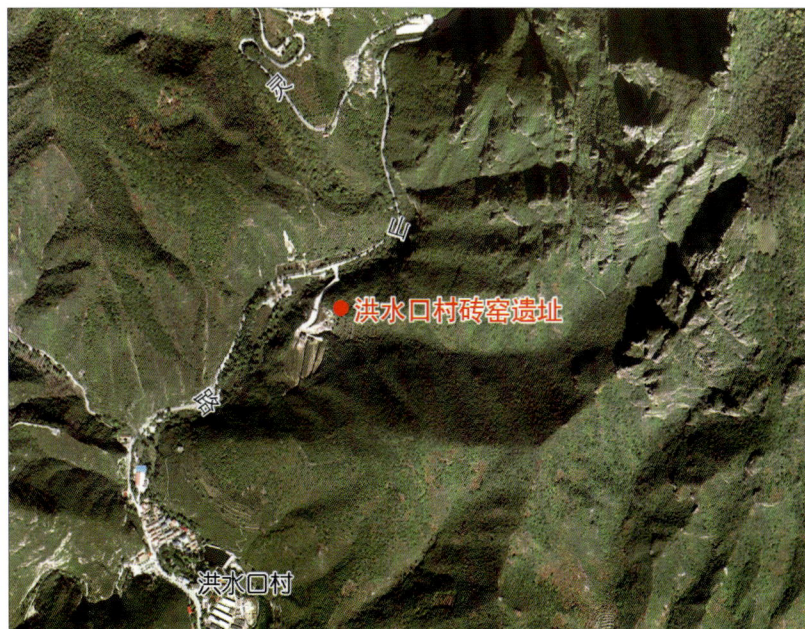

洪水口村砖窑遗址平面图（2016 年）

洪水口村砖窑遗址（一）
（摄于 2008 年 6 月）

洪水口村砖窑遗址（二）
（摄于 2008 年 6 月）

名 称	洪水口村诉讼碑
保护类型	一般不可移动文物
文物类型	近现代建筑
详细地址	清水镇洪水口村
建造时间	民国年间
地理位置	东经 115° 28′ 42.2″，北纬 39° 59′ 31.8″
海 拔	951 米
地理环境	洪水口村坐落于灵山脚下，诉讼碑搁置于村口路边台基处
文物现状	洪水口村诉讼碑为汉白玉石质，长 0.58 米，宽 0.39 米，厚 0.095 米，上有楷书 17 行，满行 27 字，民国十二年二月立。现碑首、碑座遗失
历史沿革	待考
主管单位	门头沟区清水镇洪水口村委会
保护情况	一般
损坏原因	多年弃用

洪水口村诉讼碑地图、照片

洪水口村诉讼碑平面图（2016 年）

洪水口村诉讼碑（摄于 2008 年 6 月）

名　称	洪水口老村上营盘北门遗址
保护类型	一般不可移动文物
文物类型	古建筑
详细地址	清水镇洪水口村
建造时间	明代
地理位置	东经 115° 28′ 37.5″，北纬 39° 59′ 03.8″
海　拔	958 米
地理环境	洪水口老村地处灵山南麓峡谷中，上营盘北门遗址位于村北半山处
文物现状	洪水口老村上营盘北门遗址上现仅可见长约 5 米的营盘门残迹，为毛石垒砌，高约 2 米，厚 0.5 米
历史沿革	洪水口老村上营盘为明代驻军营地，已弃用多年
主管单位	门头沟区清水镇洪水口村委会
保护情况	较差
损坏原因	弃用多年风化塌陷

洪水口老村上营盘北门遗址地图、照片

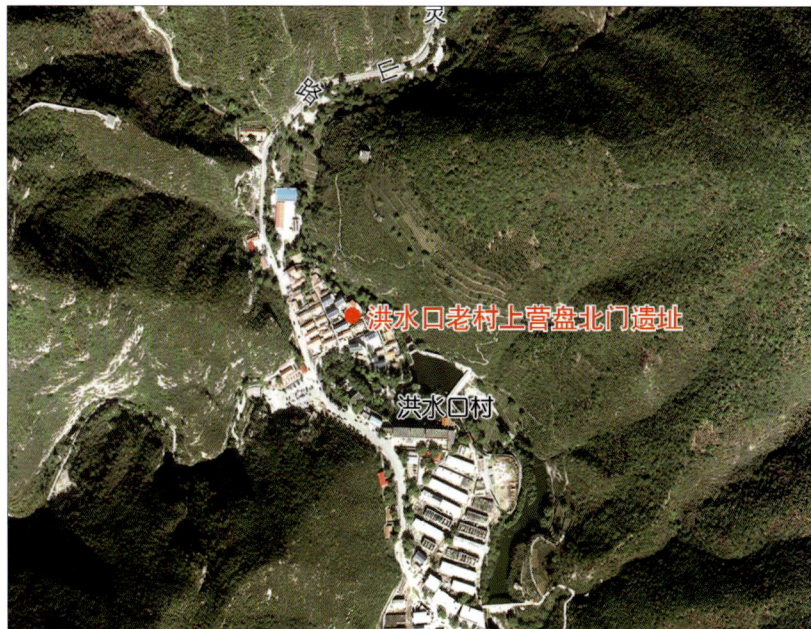

洪水口老村上营盘北门遗址平面图（2016 年）

洪水口老村上营盘北门遗址上的残迹（摄于 2019 年 10 月）

名 称	小龙门村观音庙
保护类型	一般不可移动文物
文物类型	古建筑
详细地址	清水镇小龙门村
建造时间	明代
地理位置	东经115°28′00.2″，北纬39°57′54.3″
海 拔	797米
地理环境	小龙门村坐落在门头沟西北的109国道边，观音庙位于小龙门村中，坐北朝南
文物现状	小龙门村观音庙遗存院落宽19.4米、长231米，有硬山正脊青砖发券山门一间；院内有面阔7.6米、进深5.3米正殿三间，五架梁，加接檐，挑大脊硬山，板瓦铺顶，筒瓦压垄，有残螭吻及垂脊，檐檩有彩绘，殿内有彩绘壁画，门窗已残；正殿两边原有卷棚顶、合瓦耳房，现西耳房无存；东配殿面阔10.3米，进深3.6米；天王殿面阔6.5米，进深3.8米，挑大脊，板瓦，筒瓦压垄，门窗已改，大脊上有砖雕纹饰。此外，另有长0.685米、宽0.39米、厚0.11米青石质碑一块，碑身边栏饰蔓草纹，碑额题"万古不朽""大清乾隆八年"字样，碑文字迹漫漶
历史沿革	传统庙宇
主管单位	门头沟区清水镇政府
保护情况	较差
损坏原因	年久失修，自然风化

小龙门村观音庙地图、照片

小龙门村观音庙平面图（2016年）

小龙门村观音庙正殿
（摄于2020年6月）

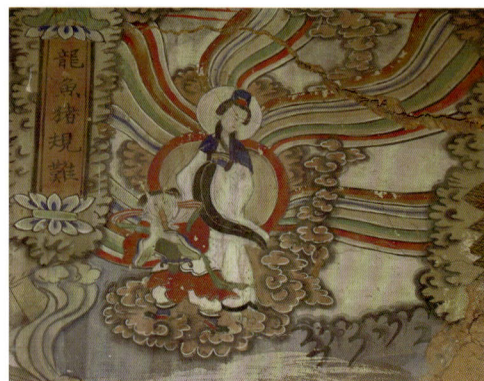

小龙门村观音庙壁画
（摄于2019年10月）

名　称	小龙门村关帝庙
保护类型	一般不可移动文物
文物类型	古建筑
详细地址	清水镇小龙门村
建造时间	清代
地理位置	东经115°28′00.9″，北纬39°57′53.4″
海　拔	797米
地理环境	小龙门村关帝庙位于该村中心处，坐北朝南
文物现状	小龙门村关帝庙仅遗存面阔7米、进深4.5米正殿一座，为硬山顶，挑大脊，板瓦，筒瓦压垄，三架梁加接檐，三壁及梁架均有彩绘。院内尚有一棵油松古树。现正殿屋顶后坡漏天，瓦面破落，门窗残缺，其他主体建筑无存
历史沿革	传统庙宇
主管单位	门头沟区清水镇政府
保护情况	现已重修
损坏原因	年久失修，自然风化

小龙门村关帝庙地图、照片

小龙门村关帝庙平面图（2016年）

小龙门村关帝庙残存壁画
（摄于2008年6月）

小龙门村关帝庙
（摄于2019年10月）

名　称	小龙门村 45 号民居
保护类型	一般不可移动文物
文物类型	古建筑
详细地址	清水镇小龙门村
建造时间	待考
地理位置	东经 115° 27′ 56.7″，北纬 39° 57′ 58.0″
海　拔	836 米
地理环境	小龙门村 45 号民居位于小龙门村中心处，坐北朝南
文物现状	小龙门村 45 号民居有正房及倒座房三间，东西厢房各两间。正房面阔 10 米，进深 6 米，清水脊硬山式，带蝎尾，阴阳合瓦，有勾头滴水，六级踏步旁出垂带；东西厢房面阔 5.6 米，进深 4 米，东厢房南山墙有影壁；倒座房踏阶三级；院内方砖墁地。现建筑格局未变，正房门窗已改
历史沿革	传统民居
主管单位	门头沟区清水镇小龙门村委会
保护情况	一般
损坏原因	年久失修及人为改动

小龙门村 45 号民居地图、照片

小龙门村 45 号民居平面图（2016 年）

小龙门村 45 号民居（摄于 2019 年 10 月）

名　称	双塘涧村前街 54 号民居
保护类型	一般不可移动文物
文物类型	古建筑
详细地址	清水镇双塘涧村
建造时间	清代
地理位置	东经 115° 28′ 58.9″，北纬 39° 57′ 30.1″
海　拔	510 米
地理环境	双塘涧村坐落于清水镇西部的 109 国道与灵山公路交会处，前街 54 号民居位于村中，坐北朝南
文物现状	双塘涧村前街 54 号民居有门楼一间，正房及倒座房三间，东西厢房各两间。正房面阔 8.1 米，进深 4.2 米，五级踏步有垂带，硬山清水脊，有跨草砖雕、阴阳合瓦、勾头滴水，门窗已改；东西厢房面阔 6.2 米，进深 4.4 米，硬山卷棚顶，东厢房南山墙有靠山影壁，影壁心写有"鸿禧"二字；倒座三间规格同正房，踏步三级；门楼为小式硬山清水脊形制，院内方砖墁地。现主体建筑有部分改动
历史沿革	传统民居
主管单位	门头沟区清水镇双塘涧村委会
保护情况	一般
损坏原因	年久失修及人为改动

双塘涧村前街 54 号民居地图、照片

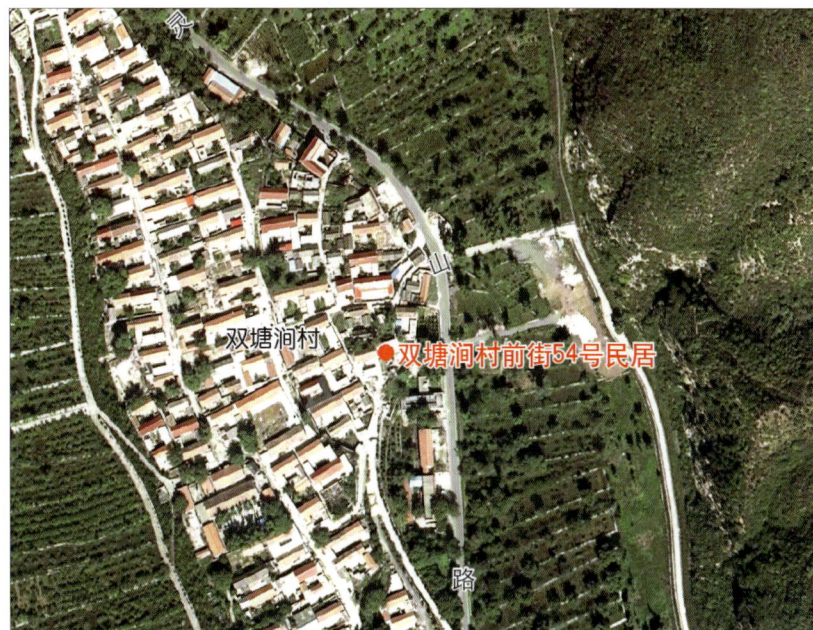

双塘涧村前街 54 号民居平面图（2016 年）

双塘涧村前街 54 号民居前街正房（摄于 2008 年 6 月）

名　称	双塘涧村 117 号民居
保护类型	一般不可移动文物
文物类型	古建筑
详细地址	清水镇双塘涧村
建造时间	待考
地理位置	东经 115° 28′ 59.6″，北纬 39° 57′ 29.5″
海　拔	526 米
地理环境	双塘涧村坐落于清水镇西部的 109 国道与灵山公路交会处，117 号民居位于村中，坐北朝南
文物现状	双塘涧村 117 号民居为三合院，有正房三间及东西厢房各两间。正房面阔 10 米，进深 5 米，清水硬山脊，带蝎尾，有五级踏阶；东西厢房面阔 9 米，进深 4 米，厢房为卷棚顶，三级踏阶，有精美墙腿石。东厢房精美墙腿石上写"四季平安""五子登科"；西厢房墙腿石上写"福到眼前""琴棋书画"，院内有毛石铺砌的甬道，砌房所用的砖均为大砖，疑为明代建筑。现厢房门窗已改
历史沿革	传统民居
主管单位	门头沟区清水镇双塘涧村委会
保护情况	一般
损坏原因	年久失修及人为改动

双塘涧村 117 号民居地图、照片

双塘涧村 117 号民居平面图（2016 年）

双塘涧村 117 号民居门楼墙腿石（摄于 2008 年 6 月）

名　称	商币出土遗址
保护类型	一般不可移动文物
文物类型	古遗址
详细地址	清水镇燕家台村
建造时间	商代
地理位置	东经115°33′20.7″，北纬40°00′11.4″
海　拔	796米
地理环境	燕家台村坐落于门头沟西部深山区的龙门涧峡谷中，商币出土遗址位于西涧入口处
文物现状	商币出土文物遗址无任何特殊保护，现周边杂草丛生
历史沿革	1981年某天，到燕家台村下乡的区农机站干部高振江、张善之等人在工作之余前往西龙门涧，在入口处沟边意外发现了几枚贝壳，继续挖掘后竟发现100多枚。经专家鉴定，那些贝壳是我国最原始的货币——商代贝币，也是北京地区首次出土的窖藏贝币
主管单位	门头沟区清水镇政府
保护情况	差
损坏原因	自然风化，管理不善

商币出土遗址地图、照片

商币出土遗址平面图（2016年）

商币出土遗址（摄于2008年6月）

名 称	张仙港圣泉庵
保护类型	一般不可移动文物
文物类型	古建筑
详细地址	清水镇燕家台村
建造时间	明代
地理位置	东经115°34′28.4″，北纬40°00′45.3″
海 拔	924米
地理环境	燕家台村风景优美，有古老独特的峡谷龙门洞。张仙港位于东龙门洞东，圣泉庵位于半山腰中，坐东北朝西南
文物现状	圣泉庵又名娘娘庙，因庙内有泉从石窝中涌出，旱年不涸，涝年不溢，称为"圣泉"。泉侧石上刻有一联："灵泉接地脉，圣水映天光。"庵内正殿为娘娘殿，另有龙王殿与张仙殿。张仙港圣泉庵旁边有一宽12米、深9.2米、高4米的自然洞穴，称为弥勒洞
历史沿革	张仙港娘娘庙是京西民间香火最为旺盛的寺庙，虽各庙所供主神不同，但都司送子使命。张仙是民间传说中专司送子之事的神仙，故在圣泉庵中为其设有一殿。前往圣泉庵拜求的主要是周边山乡妇女，她们最主要的心愿是求子。张仙港圣泉庵始建于明，于20世纪90年代重新修缮
主管单位	门头沟区清水镇政府
保护情况	修缮后保护较好
损坏原因	自然磨损

张仙港圣泉庵地图、照片

张仙港圣泉庵平面图（2016年）

张仙港圣泉庵（摄于2008年6月）

名　称	燕家台村 45 号民居
保护类型	一般不可移动文物
文物类型	古建筑
详细地址	清水镇燕家台村
建造时间	清代
地理位置	东经 115° 33′ 45.7″，北纬 40° 00′ 03.6″
海　拔	789 米
地理环境	燕家台村坐落在龙门涧峡谷，燕家台村 45 号民居位于该村内，坐北朝南
文物现状	燕家台村 45 号民居有面阔 11 米、进深 5 米的正房及倒座房各三间，东西厢房各两间，皆为硬山清水脊；现民居建筑格局未变，但西厢房及正房门窗已改
历史沿革	燕家台村有众多清代老建筑，45 号民居即为其一
主管单位	门头沟区清水镇燕家台村委会
保护情况	较差
损坏原因	年久失修及人为改动

燕家台村 45 号民居地图、照片

燕家台村 45 号民居平面图（2016 年）

燕家台村 45 号民居正房（摄于 2008 年 6 月）

名　称	燕家台村 158 号民居
保护类型	一般不可移动文物
文物类型	古建筑
详细地址	清水镇燕家台村
建造时间	清代
地理位置	东经 115° 33′ 53.3″，北纬 40° 00′ 05.0″
海　拔	767 米
地理环境	燕家台村坐落在龙门涧峡谷，158 号民居位于村内，坐北朝南
文物现状	燕家台村 158 号民居院门开在东南角，内有面阔 9 米、进深 6 米的正房及倒座房各三间，硬山清水脊；面阔 8 米、进深 4 米的东西厢房各两间，东厢房为卷棚，西厢房脊已改
历史沿革	传统民居
主管单位	门头沟区清水镇燕家台村委会
保护情况	一般
损坏原因	年久失修，自然风化

燕家台村 158 号民居地图、照片

燕家台村

燕家台村158号民居

燕家台村 158 号民居平面图（2016 年）

燕家台村 158 号民居大门及院落
（摄于 2008 年 6 月）

名　称	燕家台村 177 号民居
保护类型	一般不可移动文物
文物类型	古建筑
详细地址	清水镇燕家台村
建造时间	清代
地理位置	东经 115° 33′ 52.6″，北纬 40° 00′ 03.3″
海　拔	786 米
地理环境	燕家台村坐落在龙门涧峡谷，177 号民居位于村内，坐北朝南
文物现状	燕家台村 177 号民居为一套二进四合院，倒座形制，已改。二进门有清水脊硬山式门楼，后进院有面阔 10 米、进深 5 米正房三间及面阔 9 米、进深 4 米的东西厢房各一间，均为硬山清水脊，板瓦铺顶压垄
历史沿革	传统民居
主管单位	门头沟区清水镇燕家台村委会
保护情况	一般
损坏原因	年久失修及人为改动

燕家台村 177 号民居地图、照片

燕家台村 177 号民居平面图（2016 年）

燕家台村 177 号民居门楼及院落
（摄于 2008 年 6 月）

名　称	燕家台村 179 号西院民居
保护类型	一般不可移动文物
文物类型	古建筑
详细地址	清水镇燕家台村
建造时间	清代
地理位置	东经 115° 33′ 54.3″，北纬 40° 00′ 02.8″
海　拔	783 米
地理环境	燕家台村坐落在龙门涧峡谷，179 号西院民居位于燕家台村内
文物现状	燕家台村 179 号西院民居为二进二套院落，与东院共用一堵影壁。西院前院有面阔 8 米、进深 4 米东西厢房各两间，面阔 18 米、进深 6 米倒座房六间，中为过道，接面阔 3 米、进深 6 米门楼一间。后院有面阔 9 米、进深 6 米正房三间，清水脊硬山式；面阔 8 米、进深 4 米东西厢房各三间，其中东厢房与东院合用。两进院之间有垂花门，影壁墙帽仿清水脊有跨草，影壁上有菱形砖雕
历史沿革	传统民居
主管单位	门头沟区清水镇燕家台村委会
保护情况	一般
损坏原因	年代久远

燕家台村 179 号西院民居地图、照片

燕家台村 179 号西院民居平面图（2016 年）

燕家台村 179 号西院民居院内（摄于 2008 年 6 月）

名　称	梨园岭北坡明城墙
保护类型	一般不可移动文物
文物类型	古遗址
详细地址	清水镇梨园岭村
建造时间	明代
地理位置	东经 115° 31′ 00.0″，北纬 39° 59′ 11.7″
海　拔	1266 米
地理环境	梨园岭村位于门头沟西部深山区中，现已荒弃，其北坡明城墙位于村北约百米处的山坡上，总体上为由东北走向西南，东北接山险，西南临悬崖
文物现状	梨园岭北坡明城墙原是在自然基础上用毛石干垒而成的，现两侧宇墙全部塌毁至底，满地碎石，只剩遗址
历史沿革	明代所建，废弃多年
主管单位	门头沟区清水镇政府
保护情况	差
损坏原因	弃用多年、自然风化及周边植物的生长对墙体造成破坏

梨园岭北坡明城墙地图、照片

梨园岭北坡明城墙平面图（2016 年）

梨园岭北坡明城墙遗址（摄于 2007 年 6 月）

名　称	梨园岭村二道城墙遗址
保护类型	一般不可移动文物
文物类型	古遗址
详细地址	清水镇梨园岭村
建造时间	明代
地理位置	东经 115° 31′ 09.9″，北纬 39° 59′ 31.0″
海　拔	1462 米
地理环境	二道城墙遗址横卡在梨园岭老村西北约 150 米处的山腰上，总体为东西走向，东为绝壁，仅有一条狭窄小道可供人行，西为悬崖，周边皆为险峻山体
文物现状	梨园岭村二道城墙遗址长约 30 米，宽 2 米，高约 8 米，墙体原是在自然基础上用大块毛石垒砌而成的，现已自然塌毁，仅见碎石满地
历史沿革	整段墙体为明代所建，弃用多年
主管单位	门头沟区清水镇政府
保护情况	差
损坏原因	弃用多年及自然风化

梨园岭村二道城墙遗址地图、照片

梨园岭村二道城墙遗址平面图（2016 年）

梨园岭村二道城墙遗址（一、二）
（摄于 2007 年 6 月）

名 称	梨园岭敌台及墙体
保护类型	一般不可移动文物
文物类型	古建筑
详细地址	清水镇梨园岭村
建造时间	明代
地理位置	东经 115° 30′ 29.4"，北纬 40° 00′ 10.5"
海 拔	1720 米
地理环境	梨园岭老村四面环山，敌台位于村西南约 200 米处的山腰上，正门朝西南，其东北向有 150 多米长的墙体，为西南至东北走向，与山险相连
文物现状	梨园岭遗存敌台为四眼，基座由巨型长方条石砌筑，台身为青砖砌筑，白灰勾缝，内有回廊，门窗为青砖起券；天井处为青砖发券拱顶，开四门通往外层回廊；二层墙面有明显裂缝，内部楼梯坍塌严重，门窗全无，西北处有楼梯通往三层；三层楼橹损毁严重，顶及四面宇墙无存，只有高 0.5～1 米的残缺垛口。东北向 150 多米长的墙体由毛石干垒，碎石填心。现石砌墙体风化严重，墙体附属设施无存，上面长满灌木，坍塌敌台碎石堆积
历史沿革	建于明代，弃用多年
主管单位	门头沟区清水镇政府
保护情况	一般
损坏原因	弃用多年及自然风化

梨园岭敌台及墙体地图、照片

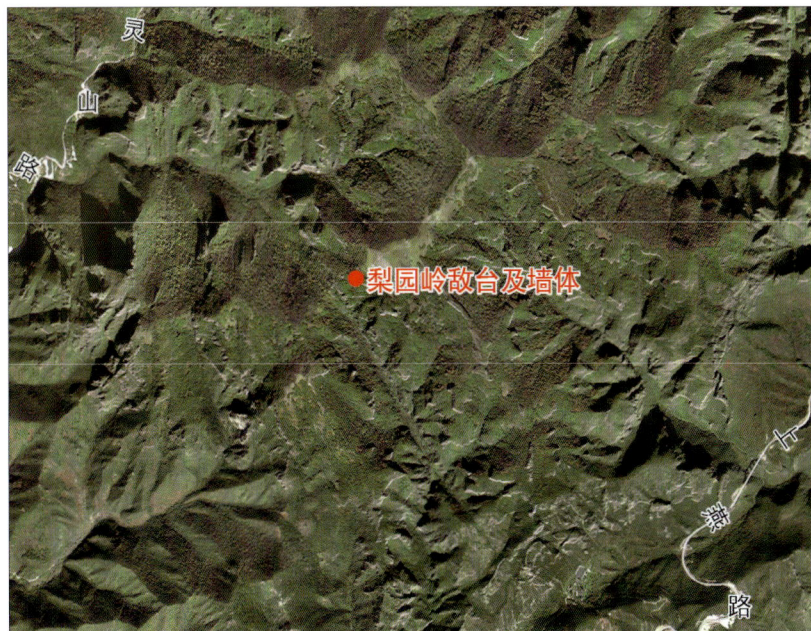

梨园岭敌台及墙体平面图（2016 年）

梨园岭敌台及墙体鸟瞰图（摄于 2007 年 6 月）

名　称	李家庄药王庙遗址
保护类型	一般不可移动文物
文物类型	古遗址
详细地址	清水镇李家庄村
建造时间	明代
地理位置	东经 115° 33′ 57.8″，北纬 40° 00′ 11.3″
海　拔	727 米
地理环境	李家庄村坐落于门头沟西部深山区中，药王庙遗址位于该村中的山坡上
文物现状	李家庄药王庙早已无存，遗址仅有古柏两株
历史沿革	不详
主管单位	门头沟区清水镇政府
保护情况	差
损坏原因	年久失修及人为拆砖

李家庄药王庙遗址地图、照片

李家庄药王庙遗址平面图（2016 年）

李家庄药王庙遗址（摄于 2008 年 6 月）

名　称	李家庄村 52 号民居
保护类型	一般不可移动文物
文物类型	古遗址
详细地址	清水镇李家庄村
建造时间	清代
地理位置	东经 115° 34′ 28.8″，北纬 39° 59′ 08.0″
海　拔	707 米
地理环境	李家庄村坐落于门头沟西部深山区中，52 号民居位于村内，坐北朝南
文物现状	李家庄村 52 号民居门楼开在东南角，内有正房及倒座房各三间，东西厢房各两间。正房为硬山清水脊，五步踏阶有垂带。东西厢房与正房形制相同，东厢房门窗已改，其南山墙有影壁，影壁心形制已改，白灰抹面，上有用黑墨所写的"福"字
历史沿革	传统民居
主管单位	门头沟区清水镇李家庄村委会
保护情况	一般
损坏原因	年久失修及人为改动

李家庄村 52 号民居地图、照片

李家庄村 52 号民居平面图（2016 年）

李家庄村 52 号民居正房（摄于 2008 年 6 月）

名 称	刘玉昆故居
保护类型	一般不可移动文物
文物类型	近现代重要史迹及代表性建筑
详细地址	斋堂镇柏峪村
建造时间	民国年间
地理位置	东经 115° 36′ 12.8″，北纬 40° 00′ 48.6″
海　拔	855 米
地理环境	柏峪村位于斋堂镇西北部柏峪沟北端，聚落沿山谷呈矩形，刘玉昆故居位于村中，坐西朝东
文物现状	刘玉昆故居是一座四合院，大门开在东北角，内有面阔 10 米、进深 5 米正房及倒座房各三间，面阔 9 米、进深 4 米南北厢房各两间。该民居建筑主体改变较大，屋顶及门窗均有改变
历史沿革	刘玉昆是抗日战争时期斋堂地区著名的游击队队长，战功卓著，其故居为传统民宅
主管单位	门头沟区斋堂镇柏峪村委会
保护情况	一般
损坏原因	人为改建

刘玉昆故居地图、照片

刘玉昆故居平面图（2016 年）

刘玉昆故居大门及外墙（摄于 2008 年 7 月）

名 称	柏峪村陈氏宅院
保护类型	一般不可移动文物
文物类型	古建筑
详细地址	斋堂镇柏峪村
建造时间	清代
地理位置	东经 115° 36′ 16.0″，北纬 40° 00′ 48.3″
海 拔	828 米
地理环境	柏峪村地处西奚古道与京城通往涿鹿古道的交会点，陈氏宅院位于村中，坐西朝东
文物现状	陈氏宅院门前有抱鼓石门墩一对，门楼墙腿石及墙基均为紫砂岩，院内有面阔 9 米、进深 5 米的正房及倒座房各 4 间，面阔 8 米、进深 4 米的南北厢房各两间，现除北厢房外其余均改变
历史沿革	传统民居
主管单位	门头沟区斋堂镇柏峪村委会
保护情况	较差
损坏原因	经外业核实，现已改造

柏峪村陈氏宅院地图、照片

柏峪村陈氏宅院平面图（2016 年）

柏峪村陈氏宅院（摄于 2008 年 7 月）

名 称	爨底下村神驹蹄窝古道
保护类型	一般不可移动文物
文物类型	古遗址
详细地址	斋堂镇爨底下村
建造时间	待考
地理位置	东经 115° 37′ 40.0″，北纬 40° 00′ 09.8″
海 拔	712 米
地理环境	爨底下村位于门头沟西北部深山峡谷中，四面环山。神驹蹄窝古道是从村北碾子阵和六角凉亭上山，绕过"一线天"深涧，经柏峪台再往西北，经杨家峪口北到柏峪村的这一段山路
文物现状	该古道为石砌路面，大部分保存完好，上有驮商长年累月走过所踩踏的马蹄窝，有的达半尺深
历史沿革	爨底下村是斋堂镇著名古村，于明代成聚落，神驹蹄窝古道曾是村民与外界连接的交通要道，现已弃用多年
主管单位	门头沟区斋堂镇政府
保护情况	较好
损坏原因	年久弃用

爨底下村神驹蹄窝古道地图、照片

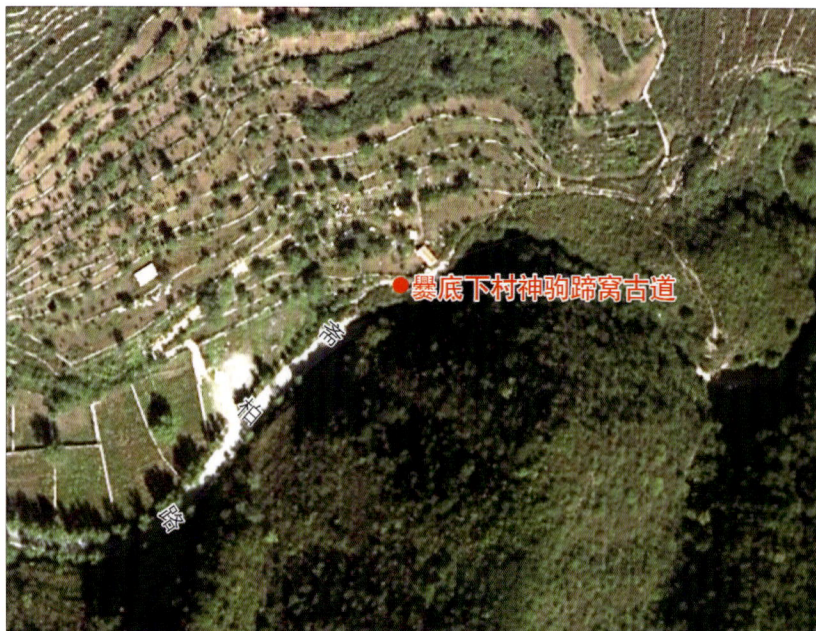

爨底下村神驹蹄窝古道平面图（2016 年）

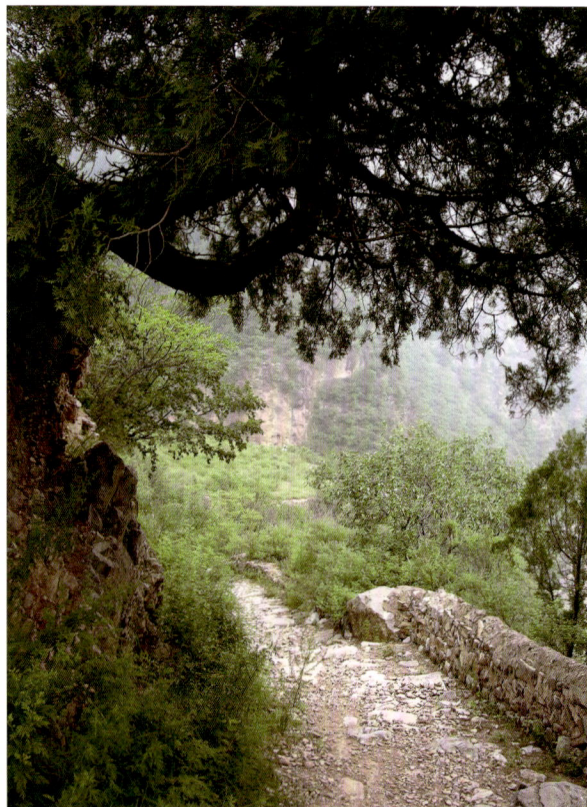

爨底下村神驹蹄窝古道局部（摄于 2008 年 7 月）

名 称	双石头村关帝庙
保护类型	一般不可移动文物
文物类型	古建筑
详细地址	斋堂镇双石头村
建造时间	明代
地理位置	东经 115° 38′ 58.5″，北纬 39° 58′ 41.8″
海 拔	575 米
地理环境	双石头村坐落在门头沟西部的东西两山夹沟偏坡之上，关帝庙位于村中，坐北朝南，院落南北 14 米，东西 13 米
文物现状	双石头村关帝庙山门朝南，内有正殿及东西配殿各三间。正殿面阔 7.4 米，进深 3.7 米；东西配殿面阔 8 米，进深 4 米；均为清水硬山调大脊，阴阳合瓦，三架梁，带接檐，正殿鸱吻已经毁坏，西配殿已垮，山门已毁。西配殿后山墙有明代灰岩质石碑一通，长 0.6 米，宽 0.33 米，上有行楷碑文 8 行，满行 22 字，为崇祯十五年（1642）维修后所立
历史沿革	双石头村关帝庙始建于明，曾多次修缮，于 2009 年重修。
主管单位	门头沟区斋堂镇政府
保护情况	重修后保存较好
损坏原因	自然磨损

双石头村关帝庙地图、照片

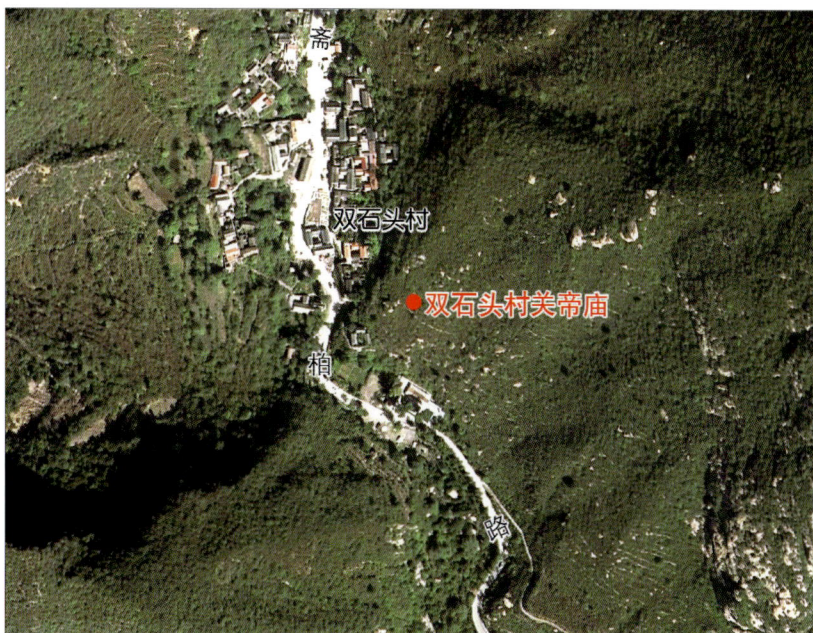

双石头村关帝庙平面图（2016 年）

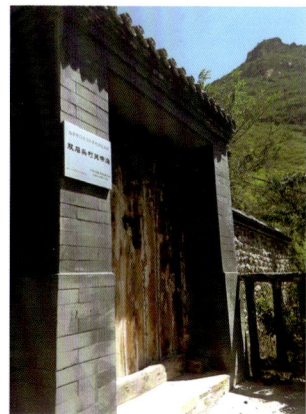

双石头村关帝庙大门及院落
（摄于 2008 年 7 月）

名　称	双石头村 8 号院民居
保护类型	一般不可移动文物
文物类型	古建筑
详细地址	斋堂镇双石头村
建造时间	清代
地理位置	东经 115° 38′ 57.7″，北纬 39° 58′ 45.4″
海　拔	583 米
地理环境	8 号院民居位于双石头村，坐东朝西，院落南北长 17 米，东西长 14.8 米
文物现状	双石头村 8 号院民居门楼开在东南角，面阔 1.3 米，进深 1.3 米，内有面阔 10 米、进深 5 米正房三间，面阔 5 米、进深 4 米南北厢房各两间及倒座房一间，南厢房门楼开在过道中。正房五级踏步，硬山清水脊蝎子尾，板瓦铺顶压垄；倒座门窗后刷绿漆，民居屋构件，平草五块，梅花、牡丹纹，另两块山墙博风构件，院内方砖墁地
历史沿革	双石头村有多所明清民居，其中很多都是建筑精良的四合院或三合院，8 号院民居是较有代表性的一座老式民居
主管单位	门头沟区斋堂镇双石头村委会
保护情况	一般
损坏原因	年久失修

双石头村 8 号院民居地图、照片

双石头村 8 号院民居平面图（2016 年）

双石头村 8 号院民居院内（摄于 2008 年 7 月）

名　称	灵泉庵
保护类型	一般不可移动文物
文物类型	古建筑
详细地址	斋堂镇黄岭西村
建造时间	清代
地理位置	东经 115° 38′ 26.9″，北纬 39° 58′ 17.5″
海　拔	584 米
地理环境	黄岭西村地处三条山岭包围的沟谷地带，灵泉庵位于村北，倚山而建，坐东朝西
文物现状	灵泉庵为三合院，有面阔 9 米、进深 6 米正殿三间，面阔 10 米、进深 5 米的北配殿两间，以及面阔 6 米、进深 5 米的南配殿一间，另有门楼一座。正殿五级踏步，硬山大脊，六檩五架梁。现存殿堂破损严重，正殿门窗无存
历史沿革	灵泉庵创建年代待考，曾于清光绪年间重修
主管单位	门头沟区斋堂镇政府
保护情况	差
损坏原因	年久失修

灵泉庵地图、照片

灵泉庵平面图（2016 年）

灵泉庵外貌（摄于 2008 年 7 月）

名　称	柏峪寺
保护类型	一般不可移动文物
文物类型	古建筑
详细地址	斋堂镇黄岭西村
建造时间	待考
地理位置	东经 115° 36′ 51.5″，北纬 39° 58′ 51.0″
海　拔	788 米
地理环境	柏峪寺位于黄岭西村西北之山中，坐北朝南，寺庙面积约 900 平方米
文物现状	柏峪寺遗存有正殿三间，东西配殿各三间，进正门有过殿三间及东耳房两间。现建筑格局未变，建筑主体多坍塌
历史沿革	传统庙宇
主管单位	门头沟区斋堂镇政府
保护情况	较差
损坏原因	年久失修

柏峪寺地图、照片

柏峪寺平面图（2016 年）

柏峪寺外貌及院落
（摄于 2008 年 7 月）

名　称	黄岭西村菩萨庙
保护类型	一般不可移动文物
文物类型	古建筑
详细地址	斋堂镇黄岭西村
建造时间	清代
地理位置	东经 115° 38′ 19.8″，北纬 39° 58′ 09.1″
海　拔	585 米
地理环境	菩萨庙位于黄岭西村西涧路之南，坐南朝北
文物现状	黄岭西村菩萨庙为三合院建筑，现遗存面阔 10 米、进深 6 米的正殿三间，为五檩四架梁，硬山清水阴阳合瓦；另存残围墙。现正殿破损严重，其余断壁残垣，形制难辨
历史沿革	传统庙宇
主管单位	门头沟区斋堂镇政府
保护情况	差
损坏原因	年久失修

黄岭西村菩萨庙地图、照片

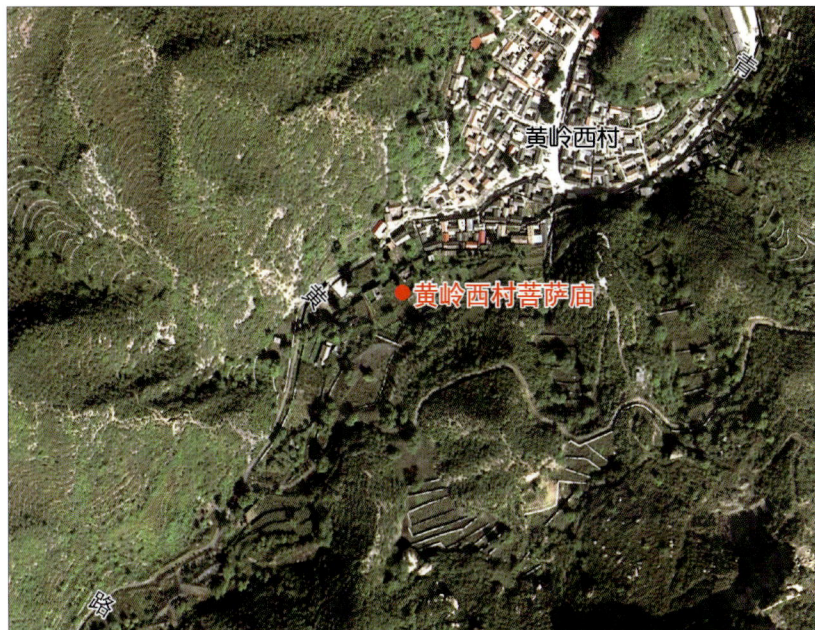

黄岭西村菩萨庙平面图（2016 年）

黄岭西村菩萨庙（摄于 2008 年 7 月）

名 称	黄岭西村古井及石槽
保护类型	一般不可移动文物
文物类型	古建筑
详细地址	斋堂镇黄岭西村
建造时间	待考
地理位置	东经 115° 38′ 24.4″，北纬 39° 58′ 13.2″
海 拔	578 米
地理环境	黄岭西村地处深山沟谷地带，古井位于村中
文物现状	黄岭西村古井为石砌，石槽为青石质，有辘轳。现古井仍可使用，周边有保护基石
历史沿革	传统生活水源
主管单位	门头沟区斋堂镇政府
保护情况	较好
损坏原因	自然风化，人为磨损

黄岭西村古井及石槽地图、照片

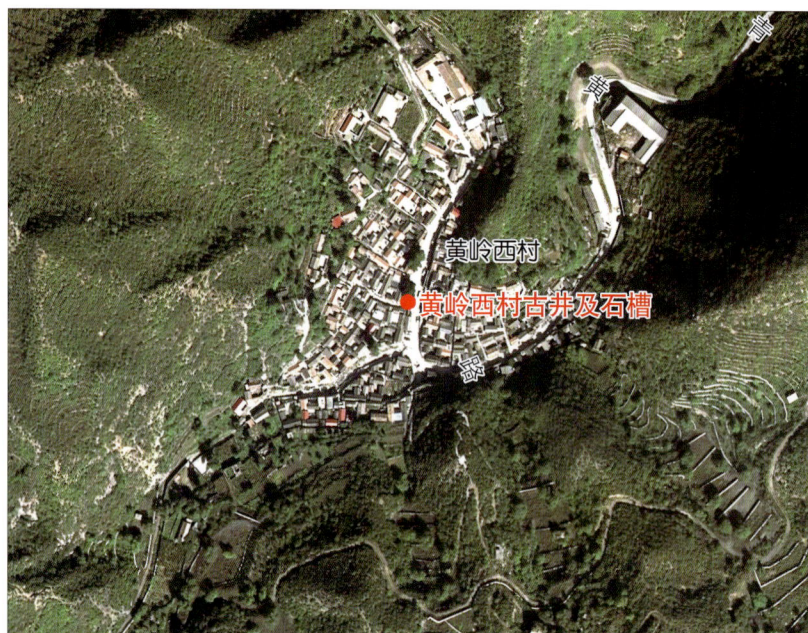

黄岭西村古井及石槽平面图（2016 年）

黄岭西村古井及石槽（摄于 2008 年 7 月）

名 称	黄岭西村1号民居
保护类型	一般不可移动文物
文物类型	古建筑
详细地址	斋堂镇黄岭西村
建造时间	清代
地理位置	东经 115° 38′ 29.5″，北纬 39° 58′ 13.4″
海 拔	573 米
地理环境	黄岭西村地处深山沟谷地带，1号民居位于村中，坐北朝南
文物现状	黄岭西村1号民居门前有照壁一堵，门楼开在东南角，内有正房面阔10米、进深5米三间，面阔5米、进深4米东西厢房各两间，面阔9米、进深5米倒座房三间，东厢房后还有面阔10米、进深3米仓房三间。正房及倒座房为皮条脊，板瓦合瓦，正房有五级踏步，东西厢房为卷棚
历史沿革	黄岭西村是斋堂镇采煤大村，成村已有500余年，村内有大片相连的灰瓦屋顶古民居，以三合院、四合院为多，黄龄西村1号民居就是其中有代表性的一座
主管单位	门头沟区斋堂镇黄岭西村委会
保护情况	一般
损坏原因	年代久远，自然风化

黄岭西村1号民居地图、照片

黄岭西村1号民居平面图（2016 年）

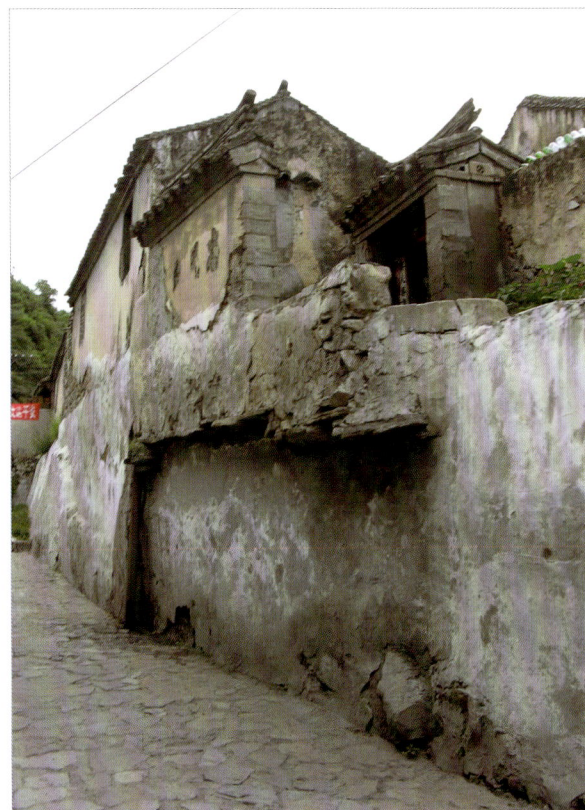

黄岭西村 1 号民居外貌（摄于 2008 年 4 月）

名称	黄岭西村 3 号民居
保护类型	一般不可移动文物
文物类型	古建筑
详细地址	斋堂镇黄岭西村
建造时间	清代
地理位置	东经 115°38′28.4″，北纬 39°58′12.4″
海拔	576 米
地理环境	黄岭西村地处深山沟谷地带，3 号民居位于黄岭西村，坐北朝南
文物现状	黄岭西村 3 号民居有面阔 13 米、进深 5 米正房三间，面阔 5 米、进深 4 米东西厢房各两间，面阔 8 米、进深 5 米倒座房三间，另有门楼一座和倒座房耳房一间。正房为皮条脊，硬山清水脊，厢房为卷棚顶，倒座房为皮条脊，板瓦，门楼与倒座房耳房相连
历史沿革	黄岭西村是斋堂镇采煤大村，成村已有 500 余年，村内有大片相连的灰瓦屋顶古民居，以三合院、四合院为多，3 号民居即是其中有代表性的一座
主管单位	门头沟区斋堂镇黄岭西村委会
保护情况	较差
损坏原因	年代久远，自然风化

黄岭西村 3 号民居地图、照片

黄岭西村 3 号民居平面图（2016 年）

黄岭西村 3 号民居院内（摄于 2008 年 7 月）

名　称	黄岭西村 5 号民居
保护类型	一般不可移动文物
文物类型	古建筑
详细地址	斋堂镇黄岭西村
建造时间	清代
地理位置	东经 115° 38′ 27.9″，北纬 39° 58′ 12.5″
海　拔	574 米
地理环境	黄岭西村地处深山沟谷地带，5 号民居位于村中，坐南朝北
文物现状	黄岭西村 5 号民居现有面阔 8 米、进深 4 米的正房三间，为清水脊，硬山，板瓦合瓦，三级踏步带垂带；有面阔 6 米、进深 4 米的东厢房，顶已改；有面阔 8 米、进深 4 米的倒座房三间，板瓦铺顶，清水脊，门窗已改；门楼一座开在东南角，带东耳房一间，顶已残。院内西厢房已塌
历史沿革	传统民居
主管单位	门头沟区斋堂镇黄岭西村委会
保护情况	较差
损坏原因	年久失修及人为改建

黄岭西村 5 号民居地图、照片

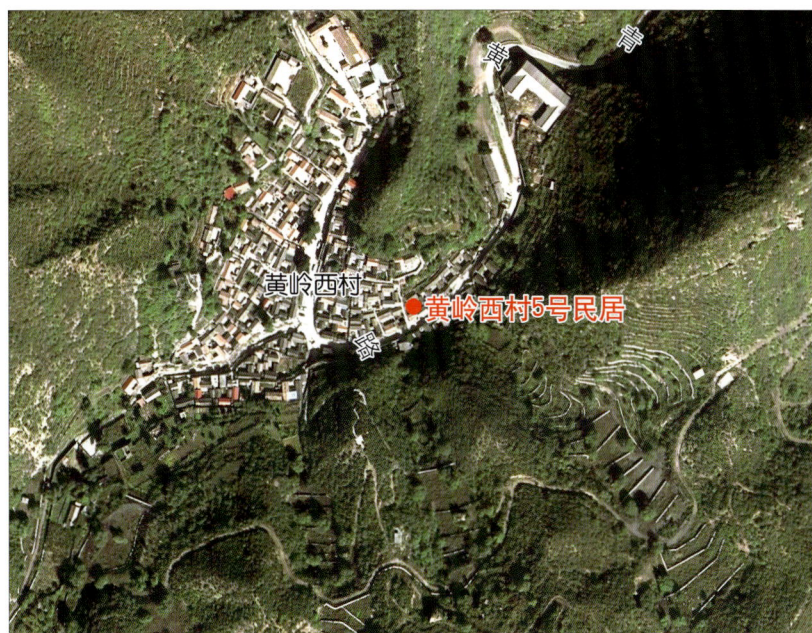

黄岭西村 5 号民居平面图（2016 年）

黄岭西村 5 号民居院内（摄于 2008 年 7 月）

名　称	黄岭西村 6 号民居
保护类型	一般不可移动文物
文物类型	古建筑
详细地址	斋堂镇黄岭西村
建造时间	清代
地理位置	东经 115°38′30.1″，北纬 39°58′13.1″
海　拔	571 米
地理环境	黄岭西村地处深山沟谷地带，6 号民居位于村中，坐东朝西
文物现状	黄岭西村 6 号民居有正房三间，四抹门，硬山清水脊蝎子尾，窗形制已改；南北厢房各两间，南厢房前门脸墙面重新抹漆，北厢房门窗已改；倒座房三间，硬山清水脊蝎子尾，板瓦
历史沿革	传统民居
主管单位	门头沟区斋堂镇黄岭西村委会
保护情况	一般
损坏原因	年久失修及人为改动

黄岭西村 6 号民居地图、照片

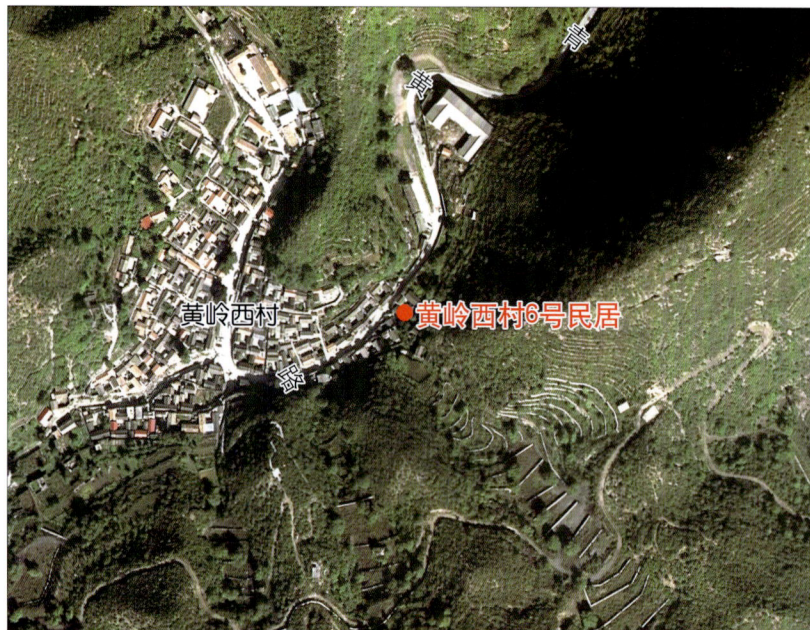

黄岭西村 6 号民居平面图（2016 年）

黄岭西村 6 号民居院落及影壁
（摄于 2008 年 7 月）

名　称	黄岭西村 8 号民居
保护类型	一般不可移动文物
文物类型	古建筑
详细地址	斋堂镇黄岭西村
建造时间	清代
地理位置	东经 115° 38′ 29.6″，北纬 39° 58′ 12.4″
海　拔	575 米
地理环境	黄岭西村地处深山沟谷地带，8 号民居位于村中，坐北朝南
文物现状	黄岭西村 8 号民居门楼开在西南角，有面阔 8 米、进深 5 米的正房及倒座房各三间；有面阔 5 米、进深 3.4 米的东西厢房各两间。正房四级踏步，硬山清水脊蝎子尾，合瓦，门窗已改；厢房卷棚顶，门窗已改；倒座房硬山清水脊，合瓦
历史沿革	传统民居
主管单位	门头沟区斋堂镇黄岭西村委会
保护情况	一般
损坏原因	年久失修及人为改动

黄岭西村 8 号民居地图、照片

黄岭西村 8 号民居平面图（2016 年）

黄岭西村 8 号民居院内（摄于 2008 年 6 月）

名　称	黄岭西村 11 号民居
保护类型	一般不可移动文物
文物类型	古建筑
详细地址	斋堂镇黄岭西村
建造时间	清代
地理位置	东经 115° 38′ 28.2″，北纬 39° 58′ 16.9″
海　拔	573 米
地理环境	黄岭西村地处深山沟谷地带，11 号民居位于村中，坐东朝西
文物现状	黄岭西村 11 号民居有面阔 5 米、进深 4 米的正房三间，南厢房两间，门楼一座，以及倒座房三间。建筑均为硬山清水脊，合瓦，现正房门脸已改
历史沿革	传统民居
主管单位	门头沟区斋堂镇黄岭西村委会
保护情况	差
损坏原因	年久失修及人为改动

黄岭西村 11 号民居地图、照片

黄岭西村 11 号民居平面图（2016 年）

黄岭西村 11 号民居外貌及院落
（摄于 2008 年 7 月）

名 称	黄岭西村 15 号民居
保护类型	一般不可移动文物
文物类型	古建筑
详细地址	斋堂镇黄岭西村
建造时间	清代
地理位置	东经 115°38′27.5″，北纬 39°58′12.9″
海　拔	580 米
地理环境	黄岭西村地处深山沟谷地带，15 号民居位于村中，坐北朝南
文物现状	黄岭西村 15 号民居有面阔 9 米、进深 5 米正房三间，硬山清水蝎子尾，三级踏步，门窗已改；有面阔 5.2 米、进深 4 米东西厢房各两间，皮条脊，硬山清水脊；另有面阔 9 米、进深 4 米的倒座三间，皮条脊，板瓦合瓦，门窗已改变
历史沿革	传统民居
主管单位	门头沟区斋堂镇黄岭西村委会
保护情况	一般
损坏原因	年久失修及人为改动

黄岭西村 15 号民居地图、照片

黄岭西村 15 号民居平面图（2016 年）

黄岭西村 15 号民居院落鸟瞰图（摄于 2008 年 7 月）

名称	黄岭西村 31 号民居
保护类型	一般不可移动文物
文物类型	古建筑
详细地址	斋堂镇黄岭西村
建造时间	清代
地理位置	东经 115° 38′ 27.4″，北纬 39° 58′ 11.6″
海　　拔	574 米
地理环境	黄岭西村地处深山沟谷地带，31 号民居位于村中，坐东朝西
文物现状	黄岭西村 31 号民居院门开在西北角，有面阔 5 米、进深 3.3 米的正房两间，以及面阔 6 米、进深 3.3 米的倒座房两间。正房为皮条硬山脊，现门窗有改变
历史沿革	传统民居
主管单位	门头沟区斋堂镇黄岭西村委会
保护情况	差
损坏原因	年久失修及人为改动

黄岭西村 31 号民居地图、照片

黄岭西村 31 号民居平面图（2016 年）

黄岭西村 31 号民居外貌（摄于 2008 年 7 月）

名　称	黄岭西村 32 号民居
保护类型	一般不可移动文物
文物类型	古建筑
详细地址	斋堂镇黄岭西村
建造时间	清代
地理位置	东经 115° 38′ 25.2″，北纬 39° 58′ 12.3″
海　拔	633 米
地理环境	黄岭西村地处深山沟谷地带，32 号民居位于村中，坐北朝南
文物现状	黄岭西村 32 号民居为二进四合院，里进院落有面阔 7 米、进深 4 米的正房及倒座房各三间，有面阔 5.5 米、进深 4 米的东西厢房各两间；原房屋建筑均为硬山清水脊蝎子尾，现正房屋顶及门窗已改，厢房门窗后上漆。该院门楼开在东南角，门楼屋脊与倒座脊用菱形砖雕饰相连。外进院原有面阔 5.5 米、进深 4 米的东西厢房各二间，现西厢房已毁；又有面阔 7 米、进深 4 米的倒座房三间，门窗有"工字锦"纹饰，现硬山清水脊蝎子尾已毁
历史沿革	黄岭西村是斋堂镇采煤大村，成村已有 500 余年，村内有大片相连的灰瓦屋顶古民居，以三合院、四合院为多，32 号民居即是其中有代表性的一座。该院于 20 世纪 50 年代曾被作为大食堂，故改动较大
主管单位	门头沟区斋堂镇黄岭西村委会
保护情况	一般
损坏原因	年久失修及人为改动

黄岭西村 32 号民居地图、照片

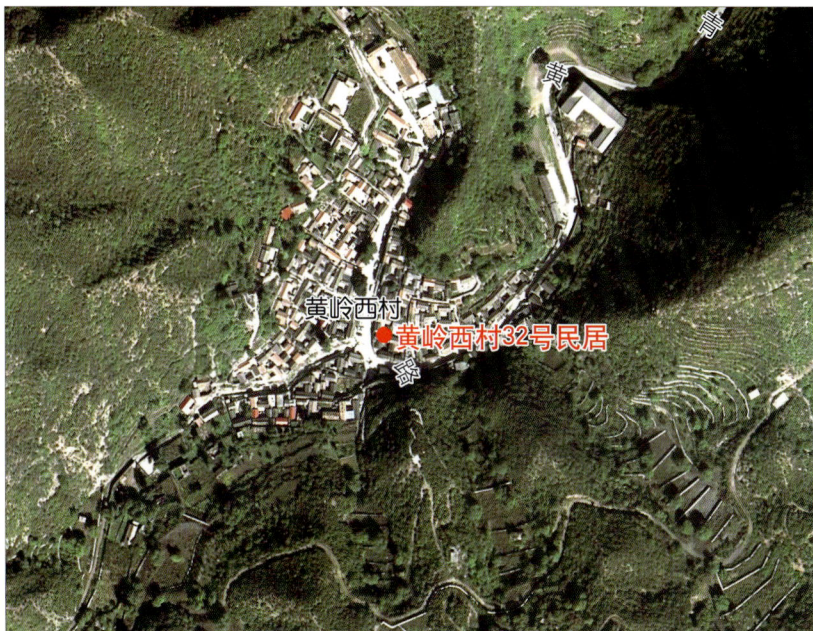

黄岭西村 32 号民居平面图（2016 年）

黄岭西村 32 号民居院落（摄于 2008 年 7 月）

名 称	黄岭西村 60 号民居
保护类型	一般不可移动文物
文物类型	古建筑
详细地址	斋堂镇黄岭西村
建造时间	清代
地理位置	东经 115° 38′ 23.8″，北纬 40° 00′ 49.1″
海 拔	630 米
地理环境	黄岭西村地处深山沟谷地带，60 号民居位于村中，坐北朝南
文物现状	黄岭西村 60 号民居有面阔 8.2 米、进深 4 米的正房及倒座房各三间，有面阔 6 米、进深 4.8 米的东西厢房各二间，门楼开在东南角。该院正房及倒座房为硬山清水蝎子尾，正房板瓦铺顶压垄，四级踏步有垂带；厢房为卷棚顶，现东厢房屋顶、墙基及门窗已改；东厢房南山墙有软心跨山影壁
历史沿革	传统民居
主管单位	门头沟区斋堂镇黄岭西村委会
保护情况	一般
损坏原因	年久失修及人为改动

黄岭西村 60 号民居地图、照片

黄岭西村 60 号民居平面图（2016 年）

黄岭西村 60 号民居内貌（摄于 2008 年 7 月）

名 称	黄岭西村 72 号院民居
保护类型	一般不可移动文物
文物类型	古建筑
详细地址	斋堂镇黄岭西村
建造时间	清代
地理位置	东经 115° 38′ 24.0"，北纬 39° 58′ 13.3"
海 拔	578 米
地理环境	黄岭西村地处深山沟谷地带，72 号民居位于村中，坐北朝南
文物现状	黄岭西村 72 号院民有面阔 6.6 米、进深 4.4 米的正房三间，面阔 5 米、进深 4.8 米的东西厢房各两间，以及面阔 4.6 米、进深 4.4 米的倒座房三间。房屋均为硬山清水脊蝎子尾，正房板瓦铺顶压垄，西厢房及倒座房门窗已改，东厢房原有中门与东边另一院落相通，现已封上。该院门楼开在东南角，门枕石为抱鼓石形制，上刻浅浮雕麒麟兽纹
历史沿革	传统民居
主管单位	门头沟区斋堂镇黄岭西村委会
保护情况	一般
损坏原因	年久失修及人为改动

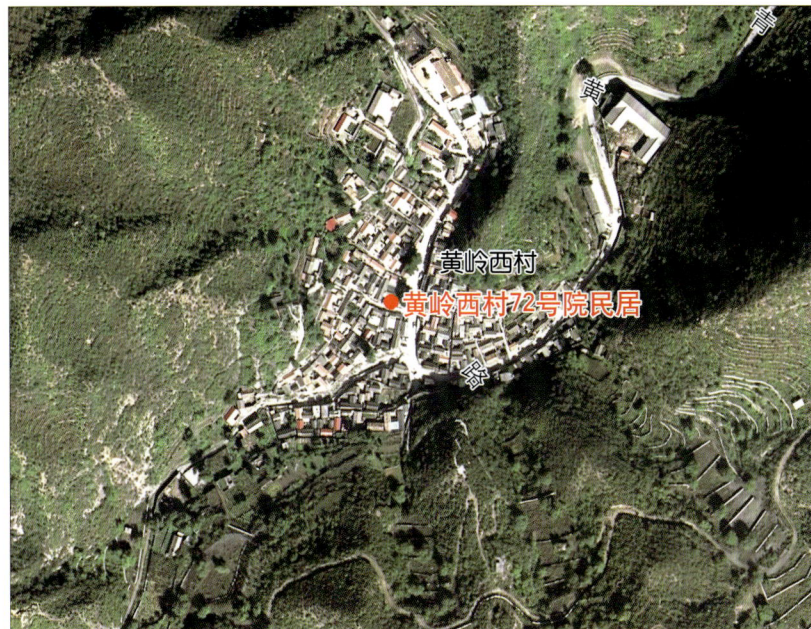

黄岭西村 72 号院民居地图、照片

黄岭西村 72 号院民居平面图（2016 年）

黄岭西村 72 号院民居院内（摄于 2008 年 7 月）

名　称	黄岭西村 73 号院民居
保护类型	一般不可移动文物
文物类型	古建筑
详细地址	斋堂镇黄岭西村
建造时间	清代
地理位置	东经 115° 38′ 24.0″，北纬 39° 58′ 13.6″
海　拔	578 米
地理环境	黄岭西村地处深山沟谷地带，73 号民居位于村中，坐北朝南
文物现状	黄岭西村 73 号院民居与 72 号院原为合院，后分开，门楼开在东南角，门楼脊与倒座脊以"寿"字菱形砖雕纹饰相连，门枕石为抱鼓石，上刻浅浮雕花纹。院内有面阔 6.6 米、进深 4.4 米的正房及倒座房各三间，以及面阔 5 米、进深 4.8 米的东西厢房各二间，正房及倒座房为硬山清水蝎子尾，板瓦合瓦；西厢房与西院相隔，硬山清水蝎子尾。现东厢房及西厢房门窗形制已改
历史沿革	传统民居
主管单位	门头沟区斋堂镇黄岭西村委会
保护情况	一般
损坏原因	年久失修及人为改动

黄岭西村 73 号院民居地图、照片

黄岭西村 73 号院民居平面图（2016 年）

黄岭西村 73 号院民居（摄于 2008 年 7 月）

名 称	王家山惨案纪念碑
保护类型	一般不可移动文物
文物类型	近现代重要史迹及代表性建筑
详细地址	斋堂镇王家山村
建造时间	1997
地理位置	东经 115° 40′ 54.4″，北纬 40° 00′ 37.7″
海　拔	944 米
地理环境	王家山村位于斋堂西北山区，王家山惨案纪念碑立于村后山坡
文物现状	王家山惨案纪念碑为汉白玉石长形碑，有青石碑座，上书"门头沟王家山惨案遗址"，碑周围有石阶及不锈钢围栏
历史沿革	王家山惨案发生在 1942 年 12 月 12 日，当日黎明时分，驻斋堂日军头目赖野带领日伪军 50 余人在汉奸的指引下包围王家山村，村中青壮年早已退入深山，只有老弱妇孺陷入包围之中。日伪军进村后架起机枪，赖野下令放火烧村，42 名无辜百姓葬身火海。遇难者中有 2 名古稀老人、12 名中青年妇女（其中怀孕妇女 6 人）以及 16 岁以下未成年人 28 人，他们中最小的刚刚满月，17 户人家从此绝根断代。王家山惨案震惊了平西根据地，《晋察冀日报》曾先后三次报道该惨案发生的经过和平西人民为死难者复仇的决心。制造王家山惨案的刽子手赖野于 1943 年在河北省涞水县被八路军击毙；汉奸宋福增外逃时被抓捕归案，1951 年在东斋堂东门外戏楼经公审后枪决；策划惨案的主谋船木健次郎被生俘，1956 年受到中华人民共和国最高人民法院特别军事法庭的正义审判，判处其 20 年徒刑。1997 年北京市人民政府公布王家山惨案发生地为"国耻纪念地"，并立汉白玉纪念碑
主管单位	门头沟区斋堂镇政府
保护情况	保存完好
损坏原因	自然风化

王家山惨案纪念碑地图、照片

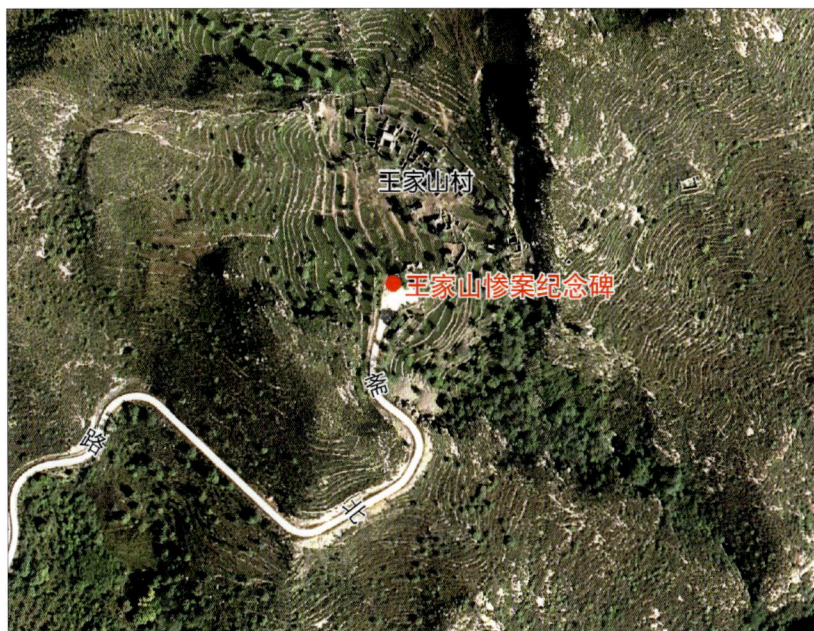

王家山惨案纪念碑平面图（2016 年）

王家山惨案纪念碑近远景
（摄于 2009 年 12 月）

名 称	东斋堂村壁画墓
保护类型	一般不可移动文物
文物类型	古墓葬
详细地址	斋堂镇东斋堂村
建造时间	元代
地理位置	东经115°41′27.1″，北纬39°58′20.4″
海 拔	405 米
地理环境	东斋堂村地处门头沟西北部，面临清水河，壁画墓位于该村北
文物现状	墓葬遗址无遗存物，现地表不见任何遗迹
历史沿革	1979年，在斋堂镇东斋堂村村北发现一座辽代墓葬，墓室顶部及四壁均有色彩艳丽的各种彩绘，画面精细华美，顶部还写有"斋堂""东堂"四字。此墓经清理发掘后壁画由北京市文物部门收藏，其余部分就地掩埋
主管单位	门头沟区斋堂镇政府
保护情况	无保护
损坏原因	年代久远及人为损坏

东斋堂村壁画墓地图、照片

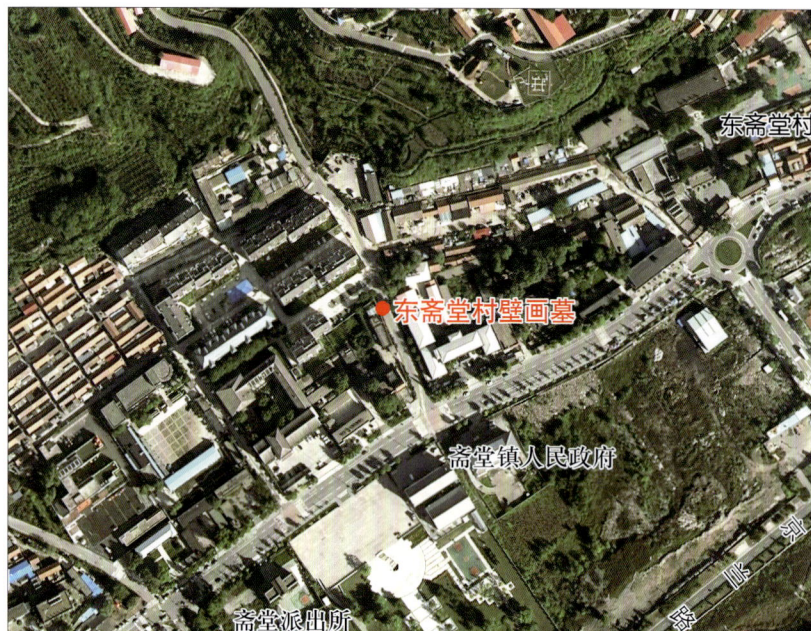

东斋堂村壁画墓平面图（2016 年）

东斋堂村壁画墓地表（摄于 2019 年 10 月）

名　称	东斋堂村天仙庙
保护类型	一般不可移动文物
文物类型	古建筑
详细地址	斋堂镇东斋堂村
建造时间	明代
地理位置	东经115° 41′ 35.4″，北纬39° 58′ 28.4″
海　拔	457 米
地理环境	东斋堂村背靠九龙头山，天仙庙位于村北的山坡上，坐南朝北，院落南北50米、东西15米
文物现状	东斋堂村天仙庙现仅遗存山门及倒座观音殿，其余建筑均已损毁。山门顶用筒瓦覆盖，硬山调大脊，砖砌拔券门，券洞条石铺筑，券上横眉嵌石额，寺门额题"天仙行宫"；大殿为硬山清水脊，筒瓦元宝顶，彻上明造，三架梁，檩枋绘旋子彩绘。庙内荒芜残破
历史沿革	天仙庙应为明万历年间重修，已弃用多年
主管单位	门头沟区斋堂镇政府
保护情况	较差
损坏原因	年久失修

东斋堂村天仙庙地图、照片

东斋堂村天仙庙平面图（2016年）

东斋堂村天仙庙庙内及山门
（摄于2009年12月）

名　称	东斋堂村戏楼
保护类型	一般不可移动文物
文物类型	古建筑
详细地址	斋堂镇东斋堂村
建造时间	明代
地理位置	东经 115° 41′ 17.4″，北纬 39° 58′ 03.0″
海　拔	415 米
地理环境	东斋堂村戏楼位于该村东城外南侧，坐南朝北
文物现状	东斋堂村戏楼东西 8.28 米，南北 8.18 米，台口高 2.5 米，宽 6.82 米，进深 4.7 米；悬山卷棚顶，板瓦筒瓦合瓦，木过梁内侧有清道光十五年（1835）墨书题记
历史沿革	传统戏楼
主管单位	门头沟区斋堂镇政府
保护情况	修复后保护较好
损坏原因	人为损毁

东斋堂村戏楼地图、照片

东斋堂村戏楼平面图（2016 年）

东斋堂村戏楼（摄于 2008 年 9 月）

名　称	东斋堂村二郎庙遗址
保护类型	一般不可移动文物
文物类型	古遗址
详细地址	斋堂镇东斋堂村
建造时间	待考
地理位置	东经 115° 40′ 57.9″，北纬 39° 58′ 07.1″
海　拔	525 米
地理环境	二郎庙遗址位于东斋堂村中，坐北朝南
文物现状	东斋堂村二郎庙遗址已无建筑，仅遗存明万历二十年（1592）残碑二通，另有一株古柏。
历史沿革	传统庙宇遗址
主管单位	门头沟区斋堂镇政府
保护情况	差
损坏原因	弃用多年倒塌损毁

东斋堂村二郎庙遗址地图、照片

东斋堂村二郎庙遗址平面图（2016 年）

东斋堂村二郎庙遗址
（摄于 2008 年 9 月）

名　称	西斋堂村古塔
保护类型	一般不可移动文物
文物类型	古建筑
详细地址	斋堂镇西斋堂村
建造时间	清代
地理位置	东经 115° 40′ 55.9″，北纬 39° 58′ 35.5″
海　拔	453 米
地理环境	西斋堂村面临清水河，古塔位于村外山坡，坐北朝南
文物现状	遗存古塔高 2.6 米，为砖砌筑实心，白灰掺黄土抹面。塔形近似于覆钵式，砖砌方形须弥座上是圆柱体塔身，塔身往上逐渐收拢攒尖，正面有一青石质碑刻塔铭，共刻 161 字，塔铭首款刻有"时大清岁次甲午 二月丁卯 十七日戊寅 清明吉节修建"字样。现局部有破损
历史沿革	该塔属新发现文物，根据塔铭知其建于清代
主管单位	门头沟区斋堂镇政府
保护情况	较好
损坏原因	自然风化

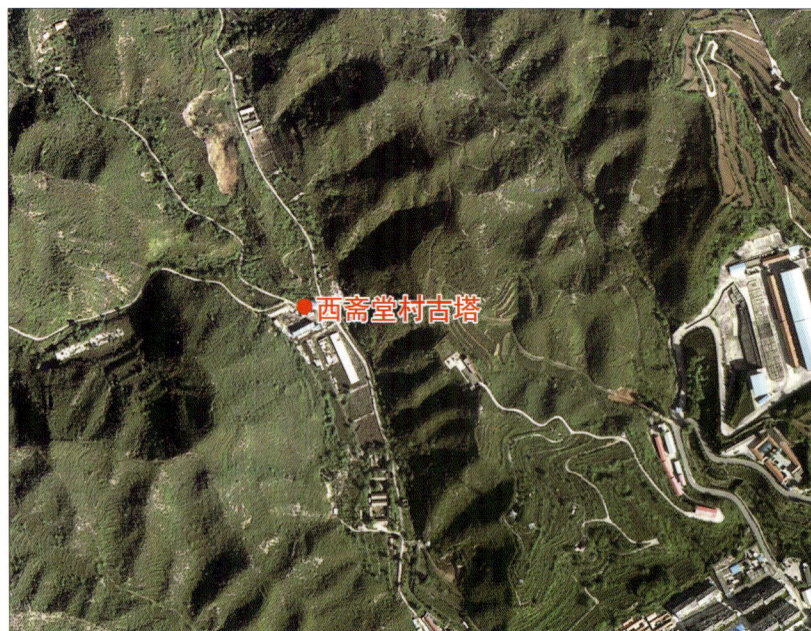

西斋堂村古塔地图、照片

西斋堂村古塔平面图（2016 年）

西斋堂村古塔侧面及正面（摄于 2008 年 4 月）

名 称	牛站村刘氏家族碑
保护类型	一般不可移动文物
文物类型	近现代建筑
详细地址	斋堂镇灵水村
建造时间	1916 年
地理位置	东经 115° 42′ 14.5″，北纬 40° 00′ 45.3″
海 拔	578 米
地理环境	牛站村地处低山沟谷坡地上，刘氏家族碑位于村外墓地，正面朝东
文物现状	牛站村刘氏家族碑有碑楼，碑为青石质，通高 1.59 米，宽 0.57 米，厚 0.125 米；碑首雕云龙，额书"永垂不朽"，碑正面叙述地界，反面叙述家谱
历史沿革	此碑立于 1916 年，为家族墓碑
主管单位	门头沟区斋堂镇政府
保护情况	较好
损坏原因	自然风化

牛站村刘氏家族碑地图、照片

牛站村刘氏家族碑平面图（2016 年）

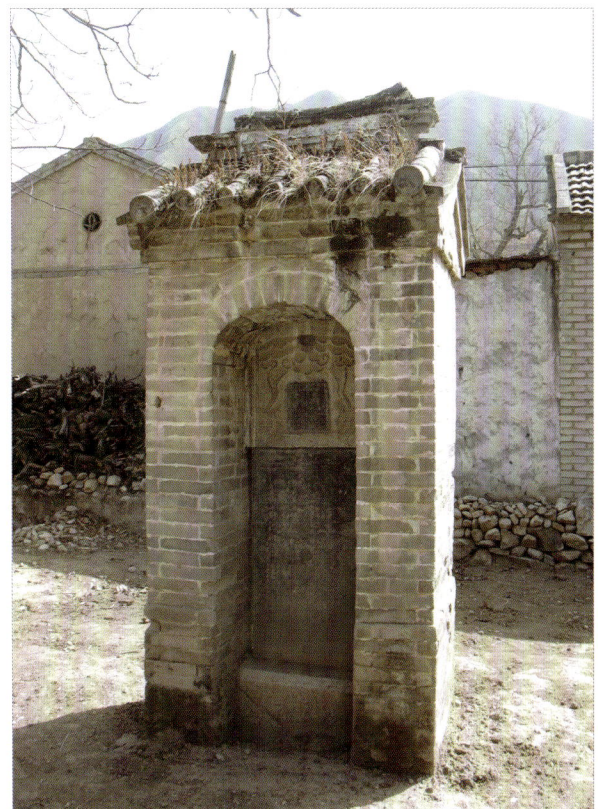

牛站村刘氏家族碑（摄于 2009 年 3 月）

名　称	灵泉禅寺遗址
保护类型	一般不可移动文物
文物类型	古遗址
详细地址	斋堂镇灵水村
建造时间	明代
地理位置	东经 115° 43′ 41.7″，北纬 40° 00′ 15.7″
海　拔	457 米
地理环境	灵水村地处北京西部深山，灵泉禅寺遗址在村西莲花山下，南北约 50 米，东西约 30 米
文物现状	灵泉禅寺为仿木结构建筑，现仅遗存山门殿。山门殿为歇山顶，双层砖檐，鸡嗉檐，冰盘座；大门宽 4.17 米，进深 2.54 米，侧门洞宽 1.87 米，高 2.5 米，门洞为青砖起券，砖石结构，券门为石雕件拼砌而成。山门东侧有小门一座，形制与山门同
历史沿革	据《宛署杂记》记载，灵泉禅寺始自汉代，明弘治年间重修
主管单位	门头沟区斋堂镇政府
保护情况	差
损坏原因	年久失修

灵泉禅寺遗址地图、照片

灵泉禅寺遗址平面图（2016 年）

灵泉禅寺山门近远景
（摄于 2008 年 9 月）

名　称	灵水村娘娘庙
保护类型	一般不可移动文物
文物类型	古建筑
详细地址	斋堂镇灵水村
建造时间	清代
地理位置	东经115°43′41.9″，北纬40°00′10.7″
海　拔	458米
地理环境	灵水村坐落在莲花山下，娘娘庙位于村西南海火龙王庙北侧，坐北朝南
文物现状	灵水村娘娘庙山门无存，建筑主体大部分坍塌，现仅遗存面阔10米、进深6米残正殿三间，以及面阔9米、进深5米残东西配殿各三间
历史沿革	传统庙宇
主管单位	门头沟区斋堂镇政府
保护情况	现已重修
损坏原因	人为损毁

灵水村娘娘庙地图、照片

灵水村娘娘庙平面图（2016年）

灵水村娘娘庙
（摄于2019年10月）

名　称	灵水村马王庙
保护类型	一般不可移动文物
文物类型	古建筑
详细地址	斋堂镇灵水村
建造时间	清代
地理位置	东经 115° 43′ 56.1″，北纬 40° 00′ 09.8″
海　拔	423 米
地理环境	灵水村坐落在莲花山下，马王庙在灵水村过街楼二层，坐北朝南
文物现状	灵水村马王庙仅有一面阔 5.32 米、进深 4 米的小殿，庙中供马王爷像，现庙已残破
历史沿革	马王爷全名"水草马明王"，民间俗称"马王爷"，属道教神灵，是中国民间信奉的神仙之一。在中国各地有许多马王庙，灵水村马王庙是较有代表性的一座
主管单位	门头沟区斋堂镇政府
保护情况	一般
损坏原因	年久失修

灵水村马王庙地图、照片

灵水村马王庙平面图（2016 年）

灵水村马王庙（摄于 2008 年 9 月）

名 称	灵水村八角龙池
保护类型	一般不可移动文物
文物类型	古建筑
详细地址	斋堂镇灵水村
建造时间	待考
地理位置	东经 115° 43′ 40.5″，北纬 40° 00′ 10.0″
海 拔	454 米
地理环境	灵水村坐落在莲花山下，八角龙池位于村西的龙王庙前
文物现状	灵水村八角龙池为圆形，周围用石块砌成，池面上原有八角围栏，故称"八角龙池"，现仅存坑址
历史沿革	传统水源
主管单位	门头沟区斋堂镇政府
保护情况	较差
损坏原因	弃用多年

灵水村八角龙池地图、照片

灵水村八角龙池平面图（2016 年）

灵水村八角龙池（摄于 2008 年 9 月）

名 称	斋堂镇桑峪村古人类遗址
保护类型	一般不可移动文物
文物类型	古遗址
详细地址	斋堂镇桑峪村
建造时间	旧石器时代
地理位置	东经 115° 45′ 50.7″，北纬 40° 00′ 02.7″
海 拔	400 米
地理环境	桑峪村位于门头沟西北部的深山峡谷中，北依金牛山，南临清水河，古人类遗址地处清水河西岸 1.1 公里的马栏台地，约 50 米见方
文物现状	该遗址为古人类骨化石出土地，现立有"桑峪冰楔层与桑峪人遗址"石碑一块
历史沿革	20 世纪 90 年代初，北京地质工作者在马栏台地底部地表下约 7 米的黄土状土层中发现一根人类骨化石，经北京自然博物馆、中国科学院地质研究所及古脊椎动物与古人类研究所专家鉴定，确认该化石属晚更新世古人类化石，至今约有 11 万年。因出土地点在桑峪村界域内，该人类骨化石被命名为"前桑峪人"
主管单位	门头沟区斋堂镇政府
保护情况	较好
损坏原因	自然风化

斋堂镇桑峪村古人类遗址地图、照片

斋堂镇桑峪村古人类遗址平面图（2016 年）

斋堂镇桑峪村古人类遗址（摄于 2008 年 9 月）

名　称	重建团山禅寺宝地四至碑
保护类型	一般不可移动文物
文物类型	石窟寺及石刻
详细地址	斋堂镇桑峪村
建造时间	明代
地理位置	东经115° 45′ 36.4″，北纬40° 00′ 00.6″
海　拔	388 米
地理环境	桑峪村四面环山，重建团山禅寺宝地四至碑位于村域内
文物现状	遗存石碑已残
历史沿革	重建团山禅寺宝地四至碑为明代重建团山禅寺时的石刻碑，记录了明正德年间该寺重修的情况及四至地界
主管单位	门头沟区斋堂镇政府
保护情况	较差
损坏原因	自然风化及人为损毁

重建团山禅寺宝地四至碑地图、照片

重建团山禅寺宝地四至碑平面图（2016 年）

重建团山禅寺宝地四至碑（摄于 2008 年 9 月）

名称	斋堂镇桑峪村过街楼
保护类型	一般不可移动文物
文物类型	近现代建筑
详细地址	斋堂镇桑峪村
建造时间	1933 年
地理位置	东经 115° 45′ 32.6″，北纬 40° 00′ 01.4″
海　拔	404 米
地理环境	斋堂镇桑峪村四面环山，从前桑峪通往后桑峪的路上有过街楼一座，坐北朝南
文物现状	斋堂镇桑峪村过街楼为砖石结构，通宽 11.6 米，进深 7.5 米，高 6.5 米，券洞宽 4.64 米，城台四周均有女儿墙。过街楼券洞上方嵌石额，上书"紫芝"，两旁题"桑田香馥""峪地泽生"，款识为"前桑峪乡公立，民国时期二十二年三月建"。城台上有殿堂三间，顶部为黄色琉璃瓦，现过街楼下部已改建
历史沿革	桑峪村过街楼建于 20 世纪 30 年代，是从前桑峪通往后桑峪的必经之路
主管单位	门头沟区斋堂镇政府
保护情况	修复后保存良好
损坏原因	人为损毁

斋堂镇桑峪村过街楼地图、照片

斋堂镇桑峪村过街楼平面图（2016 年）

斋堂镇桑峪村过街楼
（摄于 2019 年 10 月）

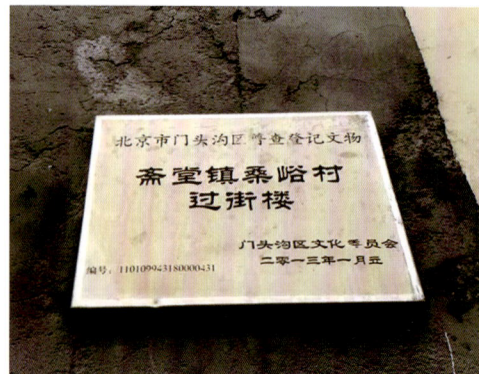

名　称	桑峪村军沿道路碑
保护类型	一般不可移动文物
文物类型	石窟寺及石刻
详细地址	斋堂镇桑峪村
建造时间	民国年间
地理位置	东经115° 45′ 33.4″，北纬40° 00′ 02.7″
海　拔	402 米
地理环境	桑峪村四面环山，军沿道路碑位于村中
文物现状	桑峪村军沿道路碑为一块长方形条石，上刻"军沿道路"四个大字
历史沿革	不详
主管单位	门头沟区斋堂镇政府
保护情况	较好
损坏原因	自然风化

桑峪村军沿道路碑地图、照片

桑峪村军沿道路碑平面图（2016 年）

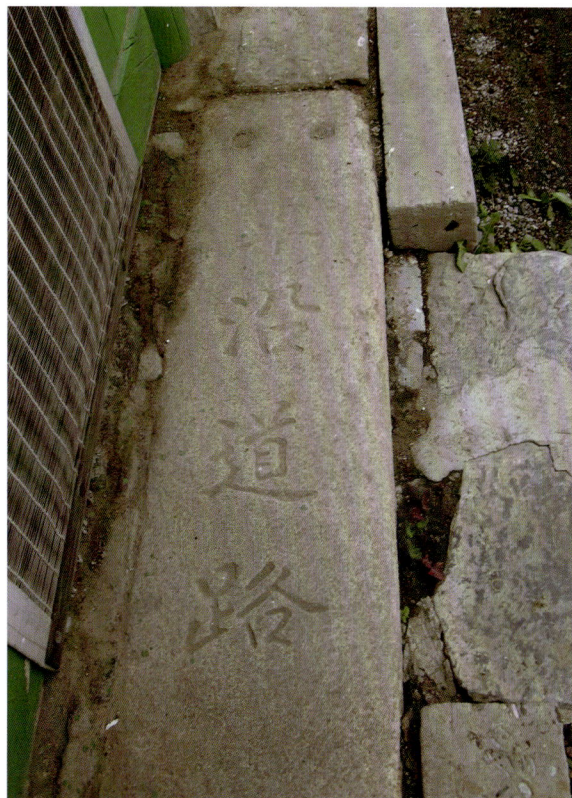

桑峪村军沿道路碑（摄于 2008 年 9 月）

名　称	斋堂镇桑峪村沟子瓦窑遗址
保护类型	一般不可移动文物
文物类型	古遗址
详细地址	斋堂镇桑峪村
建造时间	待考
地理位置	东经 115° 45′ 50.7″，40° 00′ 02.7″
海　拔	400 米
地理环境	桑峪村地处低山谷地，北部为山地淋溶褐土，瓦窑遗址位于村北沟子，南北约 70 米，东西约 60 米
文物现状	瓦窑遗址已无任何建筑，仅可知其为早年瓦窑地点
历史沿革	传统制瓦工地
主管单位	门头沟区斋堂镇政府
保护情况	差
损坏原因	弃用多年

斋堂镇桑峪村沟子瓦窑遗址地图、照片

斋堂镇桑峪村沟子瓦窑遗址平面图（2016 年）

斋堂镇桑峪村沟子瓦窑遗址（摄于 2008 年 9 月）

名　称	斋堂镇桑峪村 111 号民居
保护类型	一般不可移动文物
文物类型	近现代建筑
详细地址	斋堂镇桑峪村
建造时间	清代
地理位置	东经 115° 45′ 30.3″，北纬 40° 00′ 02.3″
海　拔	386 米
地理环境	桑峪村四面环山，111 号民居位于村中谷地，院落南北长约 12 米，东西长约 14 米，坐北朝南
文物现状	斋堂镇桑峪村 111 号民居有正房一栋及东西厢房各一栋。正房面阔 9 米，进深 5 米；东西厢房面阔 8 米，进深 4 米。现整座建筑修缮后改动较多，建筑主体已失去原有风貌
历史沿革	传统民居
主管单位	门头沟区斋堂镇桑峪村委会
保护情况	差
损坏原因	年久失修及人为改建

斋堂镇桑峪村 111 号民居地图、照片

斋堂镇桑峪村 111 号民居平面图（2016 年）

修葺中的斋堂镇桑峪村 111 号民居（摄于 2019 年 10 月）

名 称	斋堂镇桑峪村 114 号民居
保护类型	一般不可移动文物
文物类型	近现代建筑
详细地址	斋堂镇桑峪村
建造时间	清末民初
地理位置	东经 115° 45′ 31.9″，北纬 40° 00′ 02.7″
海 拔	371 米
地理环境	桑峪村四面环山，114 号民居位于村中谷地，坐北朝南
文物现状	斋堂镇桑峪村 114 号民居有面阔 10 米、进深 5 米的正房三间，为硬山清水式，阴阳合瓦，有勾头滴水，带蝎尾，有盘花；现建筑主体破损严重
历史沿革	桑峪村于元代成聚落，人文历史厚重，村中有许多明清及民国时期的民居，该村 114 号居即为其中之一
主管单位	门头沟区斋堂镇桑峪村委会
保护情况	差
损坏原因	年久失修

斋堂镇桑峪村 114 号民居地图、照片

斋堂镇桑峪村 114 号民居平面图（2016 年）

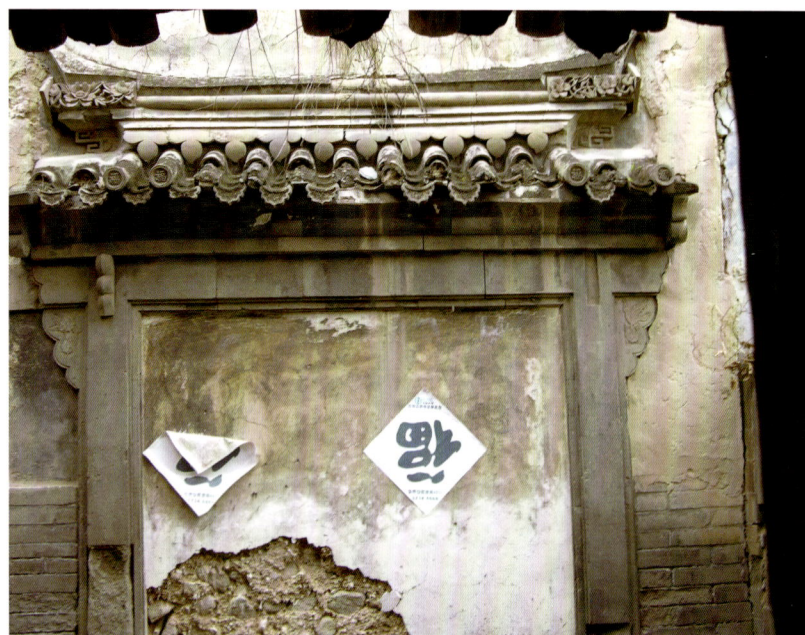

斋堂镇桑峪村 114 号民居影壁（摄于 2019 年 11 月）

名　称	斋堂镇桑峪村 115 号民居门楼
保护类型	一般不可移动文物
文物类型	近现代建筑
详细地址	斋堂镇桑峪村
建造时间	清末民初
地理位置	东经 115° 45′ 32.9″，北纬 40° 00′ 03.8″
海　拔	374 米
地理环境	桑峪村四面环山，115 号民居位于村中谷地，坐北朝南
文物现状	斋堂镇桑峪村 115 号民居门楼面阔 3 米，进深 3 米，其戗檐砖造型精美
历史沿革	传统民居门楼
主管单位	门头沟区斋堂镇桑峪村委会
保护情况	较好
损坏原因	年久失修

斋堂镇桑峪村 115 号民居门楼地图、照片

斋堂镇桑峪村 115 号民居门楼平面图（2016 年）

斋堂镇桑峪村 115 号民居门楼（摄于 2019 年 10 月）

名　称	斋堂镇桑峪村 129 号民居
保护类型	一般不可移动文物
文物类型	近现代建筑
详细地址	斋堂镇桑峪村
建造时间	清末民初
地理位置	东经 115° 45′ 33.0″，北纬 40° 00′ 03.4″
海　拔	397 米
地理环境	桑峪村四面环山，该村 129 号民居位于村中谷地，坐北朝南
文物现状	斋堂镇桑峪村 129 号民居有面阔 8 米、进深 5 米的正房和倒座房各三间，以及面阔 7 米、进深 3.5 米的东西厢房各两间。院内建筑均为硬山清水脊，板瓦铺顶；现该院建筑主体改动较大
历史沿革	传统民居
主管单位	门头沟区斋堂镇桑峪村委会
保护情况	差
损坏原因	人为不合理修缮

斋堂镇桑峪村 129 号民居地图、照片

斋堂镇桑峪村 129 号民居平面图（2016 年）

斋堂镇桑峪村 129 号民居（摄于 2019 年 11 月）

名　称	斋堂镇桑峪村 135 号民居
保护类型	一般不可移动文物
文物类型	近现代建筑
详细地址	斋堂镇桑峪村
建造时间	清末民初
地理位置	东经 115° 45′ 34.2″，北纬 40° 00′ 05.1″
海　拔	416 米
地理环境	桑峪村四面环山，该村 135 号民居位于村中谷地，坐北朝南
文物现状	斋堂镇桑峪村 135 号民居院门开在东南角，门楼为如意门，墙腿石寓意琴、棋、书、画，门枕石为石麒麟。院内有面阔 9 米、进深 5 米的正房和倒座房各三间，以及面阔 8 米、进深 4 米的东西厢房各两间；正房为硬山清水式，带蝎尾，阴阳合瓦，院内方砖墁地。现正房与西厢房门窗已改
历史沿革	传统民居
主管单位	门头沟区斋堂镇桑峪村委会
保护情况	一般
损坏原因	年久失修及人为改建

斋堂镇桑峪村 135 号民居地图、照片

斋堂镇桑峪村 135 号民居平面图（2016 年）

斋堂镇桑峪村 135 号民居外侧
（摄于 2019 年 10 月）

斋堂镇桑峪村
135 号民居院落
（摄于 2019 年 10 月）

名 称	斋堂镇桑峪村 138 号民居
保护类型	一般不可移动文物
文物类型	近现代建筑
详细地址	斋堂镇桑峪村
建造时间	清末民初
地理位置	东经 115° 45′ 35.32″，北纬 40° 00′ 04.4″
海 拔	366 米
地理环境	桑峪村四面环山，该村 138 号民居位于村中谷地，坐北朝南
文物现状	斋堂镇桑峪村 138 号民居门楼的门簪上写有"吉""迪"二字，其与对门互借影壁，有正房三间，东西厢房及倒座房各两间；现建筑门窗已改
历史沿革	传统民居
主管单位	门头沟区斋堂镇桑峪村委会
保护情况	一般
损坏原因	年久失修及人为改建

斋堂镇桑峪村 138 号民居地图、照片

斋堂镇桑峪村 138 号民居平面图（2016 年）

斋堂镇桑峪村 138 号民居院内一隅（摄于 2008 年 9 月）

名　称	斋堂镇桑峪村 146 号民居门楼
保护类型	一般不可移动文物
文物类型	近现代建筑
详细地址	斋堂镇桑峪村
建造时间	清末民初
地理位置	东经 115° 45′ 32.9″，北纬 40° 00′ 04.6″
海　拔	369 米
地理环境	桑峪村四面环山，该村 146 号民居门楼位于村中谷地，坐北朝南
文物现状	斋堂镇桑峪村 146 号民居门楼面阔、进深皆 3 米，倒挂门楣，有精美木质镂空莲花蔓草纹饰，门枕石为青石
历史沿革	传统民居门楼
主管单位	门头沟区斋堂镇桑峪村委会
保护情况	较好
损坏原因	年久失修

斋堂镇桑峪村 146 号民居门楼地图、照片

斋堂镇桑峪村 146 号民居门楼平面图（2016 年）

斋堂镇桑峪村 146 号民居门楼（摄于 2008 年 9 月）

名 称	斋堂镇桑峪村 181 号民居
保护类型	一般不可移动文物
文物类型	近现代建筑
详细地址	斋堂镇桑峪村
建造时间	清末民初
地理位置	东经 115° 45′ 37.3″，北纬 40° 00′ 07.6″
海 拔	367 米
地理环境	桑峪村四面环山，该村 181 号民居位于村中谷地，坐北朝南
文物现状	斋堂镇桑峪村 181 号民居原为四合院建筑，现正房不存，仅有面阔 10 米、进深 5 米的东西厢房各两间，以及面阔 8 米、进深 4 米倒座房两间，均为硬山清水脊，合瓦；现院内建筑门窗均有改动
历史沿革	传统民居
主管单位	门头沟区斋堂镇桑峪村委会
保护情况	较差
损坏原因	年久失修及人为改建

斋堂镇桑峪村 181 号民居地图、照片

斋堂镇桑峪村 181 号民居平面图（2016 年）

斋堂镇桑峪村 181 号民居门楼（摄于 2008 年 9 月）

名　称	斋堂镇桑峪村 120 号民居
保护类型	一般不可移动文物
文物类型	近现代建筑
详细地址	斋堂镇桑峪村
建造时间	民国初年
地理位置	东经 115°45′31.1″，北纬 40°00′03.5″
海　拔	387 米
地理环境	桑峪村四面环山，该村 120 号民居位于村中谷地，坐北朝南
文物现状	斋堂镇桑峪村 120 号民居原为一座仿西式建筑，正房及倒座房均面阔 8 米、进深 4 米。现东西厢房无存，建筑格局已改变
历史沿革	此院为民国初年民居，东西厢房在抗日战争时期被日本人烧毁
主管单位	门头沟区斋堂镇桑峪村委会
保护情况	较差
损坏原因	战争损毁、及人为改造年久失修

斋堂镇桑峪村 120 号民居地图、照片

斋堂镇桑峪村 120 号民居平面图（2016 年）

斋堂镇桑峪村 120 号民居大门
（摄于 2019 年 10 月）

斋堂镇桑峪村 120 号民居院内
（摄于 2008 年 9 月）

名称	军响村庵庙
保护类型	一般不可移动文物
文物类型	古建筑
详细地址	斋堂镇军响村
建造时间	待考
地理位置	东经 115° 45′ 40.5″，北纬 39° 59′ 39.3″
海　拔	513 米
地理环境	军响村位于门头沟西部，南临清水河，军响村庵庙位于村中，坐北朝南
文物现状	军响村庵庙现仅存进深 3.3 米、面阔 3.4 米的正殿一间，为青砖垒砌，五架梁，合瓦顶，硬山清水脊，屋脊中心有卷云纹砖雕，外墙四周涂红料；殿正面无窗，大门为一扇开。现残存大殿被村民作储存杂物之用，门框为后人用红砖垒砌
历史沿革	传统庙宇
主管单位	门头沟区斋堂镇政府
保护情况	较差
损坏原因	年久失修

军响村庵庙地图、照片

军响村庵庙平面图（2016 年）

军响村庵庙外貌及屋顶
（摄于 2010 年 1 月）

名　称	西胡林村 71 号门楼
保护类型	一般不可移动文物
文物类型	古建筑
详细地址	斋堂镇西胡林村
建造时间	清代
地理位置	东经 115° 44′ 03.1″，北纬 39° 58′ 51.6″
海　拔	320 米
地理环境	西胡林村北临清水河，南依山坡，71 号门楼位于村中
文物现状	西胡林村 71 号门楼面阔 3 米，进深 3 米，戗檐，天花饰鲜艳彩绘。该门楼勾头滴水砖雕精美，墙腿石由整块汉白玉石雕琢而成，雕刻有喜鹊登梅
历史沿革	西胡林村成聚落较早，优越的自然条件使得当地百姓生活较为富裕，建的宅院也比较规范，对于门楼更是讲究。该村有建于明清时的旧石门楼 8 处，71 号门楼为其中保存较好的一座
主管单位	门头沟区斋堂镇西胡林村委会
保护情况	较好
损坏原因	年久失修

西胡林村 71 号门楼地图、照片

西胡林村 71 号门楼平面图（2016 年）

西胡林村 71 号门楼（摄于 2009 年 12 月）

名 称	西胡林村 129 号民居
保护类型	一般不可移动文物
文物类型	古建筑
详细地址	斋堂镇西胡林村
建造时间	清代
地理位置	东经 115° 44′ 04.72″，北纬 39° 58′ 48.2″
海 拔	333 米
地理环境	西胡林村依山临水，129 号民居位于村中，坐南朝北
文物现状	西胡林村 129 号民居有面阔 8 米、进深 5 米的正房及倒座房各三间，以及面阔 7.2 米、进深 5 米的东西厢房各二间。正房三级踏步，皮条脊，合瓦，窗棂为木雕变形"福字"；倒座房三级踏步；东西厢房均为两级踏步，西厢房有座山影壁。现东西厢房屋顶已改，建筑局部有改建
历史沿革	西胡林村有许多明清宅院，大都为四合院，内中砖雕石刻及窗棂华丽精美，其中 129 号民居是其中较有代表性的一座
主管单位	门头沟区斋堂镇西胡林村委会
保护情况	一般
损坏原因	年久失修及人为改建

西胡林村 129 号民居地图、照片

西胡林村 129 号民居平面图（2016 年）

西胡林村 129 号民居院内一角（摄于 2009 年 12 月）

名　称	西胡林村石建秀宅院
保护类型	一般不可移动文物
文物类型	古建筑
详细地址	斋堂镇西胡林村
建造时间	清代
地理位置	东经 115° 44′ 08.7″，北纬 39° 58′ 50.7″
海　拔	311 米
地理环境	西胡林村依山临水，石建秀宅院位于村中，坐北朝南
文物现状	石建秀宅院有面阔 9 米、进深 5 米的正房及倒座房各三间，以及面阔 8 米、进深 4 米的东西厢房各两间；正房为清水硬山，蝎尾，三踏四抹门
历史沿革	西胡林村有许多明清宅院，大都为四合院，内中砖雕石刻及窗棂华丽精美，石建秀宅院是其中较有代表性的一座
主管单位	门头沟区斋堂镇西胡林村委会
保护情况	一般
损坏原因	年久失修

西胡林村石建秀宅院地图、照片

西胡林村石建秀宅院平面图（2016 年）

西胡林村石建秀宅院院内一隅（摄于 2008 年 9 月）

名 称	西胡林村谭秀全宅院门楼
保护类型	一般不可移动文物
文物类型	近现代建筑
详细地址	斋堂镇西胡林村
建造时间	清末民初
地理位置	东经115° 44′ 06.4″，北纬39° 58′ 51.6″
海 拔	314 米
地理环境	西胡林村依山临水，谭秀全宅院门楼位于村中
文物现状	谭秀全宅院门楼面阔 3 米，进深 3 米，其砖雕精美，戗檐的富贵生财图案砖雕尤为出色
历史沿革	西胡林村成聚落较早，当地百姓生活较为富裕，对住宅及门楼建筑比较讲究，谭秀全宅院门楼即此村民居中较为典型的一座
主管单位	门头沟区斋堂镇西胡林村委会
保护情况	较好
损坏原因	不明

西胡林村谭秀全宅院门楼地图、照片

西胡林村谭秀全宅院门楼平面图（2016 年）

西胡林村谭秀全宅院门楼（摄于 2008 年 4 月）

名　称	西胡林村王增君宅院门楼
保护类型	一般不可移动文物
文物类型	近现代建筑
详细地址	斋堂镇西胡林村
建造时间	民国年间
地理位置	东经115°44′04.3″，北纬39°58′30.0″
海　拔	502 米
地理环境	西胡林村依山临水，王增君宅院门楼于村中，坐北朝南
文物现状	王增君宅院门楼面阔3米，进深3米，其戗檐、勾头滴水、盘头等砖雕精美，门楼顶上的天花彩绘带有浓郁民国彩绘风格
历史沿革	传统民居门楼
主管单位	门头沟区斋堂镇西胡林村委会
保护情况	较好
损坏原因	自然风化

西胡林村王增君宅院门楼地图、照片

西胡林村王增君宅院门楼平面图（2016 年）

西胡林村王增君宅院门楼（摄于 2008 年 6 月）

名　称	东胡林村鞑子寨遗址
保护类型	一般不可移动文物
文物类型	古遗址
详细地址	斋堂镇西胡林村
建造时间	元代
地理位置	东经 115° 44′ 47.3″，北纬 39° 58′ 47.6″
海　拔	502 米
地理环境	东胡林村地处一座南北长、东西窄、呈多边形的蝌蚪状山中，鞑子寨位于蝌蚪状山的头部，东南西三面皆为悬崖峭壁，只有一条十分隐蔽且仅容一人通过的小路可上到寨顶，山峰顶部北高南低，南北总长约 35 米，东西宽 10 米
文物现状	鞑子寨遗址上仅存残墙，中间有一个人工开凿的石坑，坑长约 4.5 米，宽 2.5 米，深 4 米
历史沿革	东胡林一带在一万年之前就有人类出现，著名的"东胡林人"化石即出土于此。元朝时期，蒙古人为了稳固他们的统治，在各村建立了数个圆形堡垒的大寨，鞑子寨即为其一。此地三面悬崖峭壁，易守难攻
主管单位	门头沟区斋堂镇西胡林村委会
保护情况	差
损坏原因	自然风化及无人管理

东胡林村鞑子寨遗址地图、照片

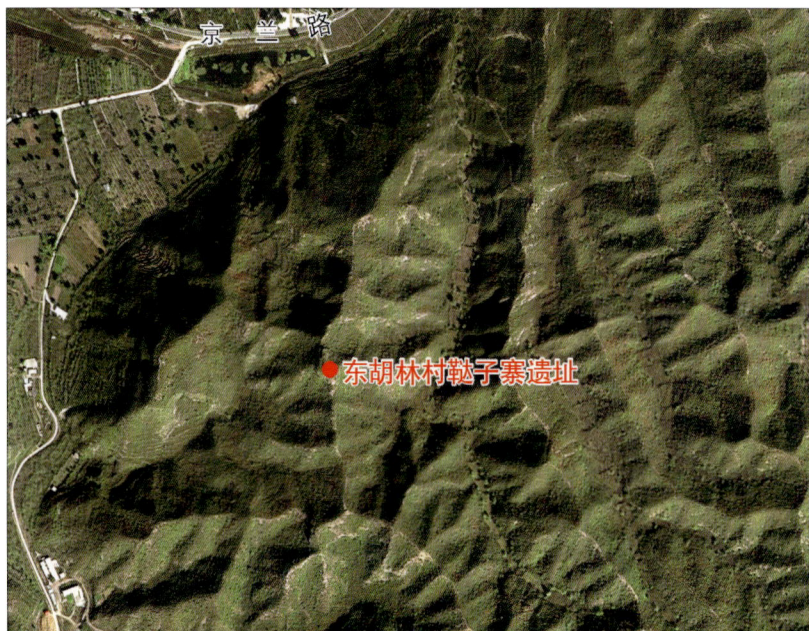

东胡林村鞑子寨遗址平面图（2016 年）

东胡林村鞑子寨遗址（摄于 2009 年 12 月）

名　称	刘增广墓
保护类型	一般不可移动文物
文物类型	近现代墓葬
详细地址	斋堂镇军响村
建造时间	民国年间
地理位置	东经 115° 46′ 30.5″，北纬 39° 58′ 19.5″
海　拔	410 米
地理环境	刘增广墓位于斋堂镇军响村煤窝七里峪沟坟地，呈长方形
文物现状	刘增广墓墓丘已无存，现仅存遗址及古树
历史沿革	刘增广系灵水村人，清光绪二十一年（1895）参加顺天府科考，得中甲午科举人，民国后返乡闲居，兴办新学堂。死后葬于七里峪沟坟地，后此地属军响村
主管单位	门头沟区斋堂镇政府
保护情况	一般
损坏原因	待考

刘增广墓地图、照片

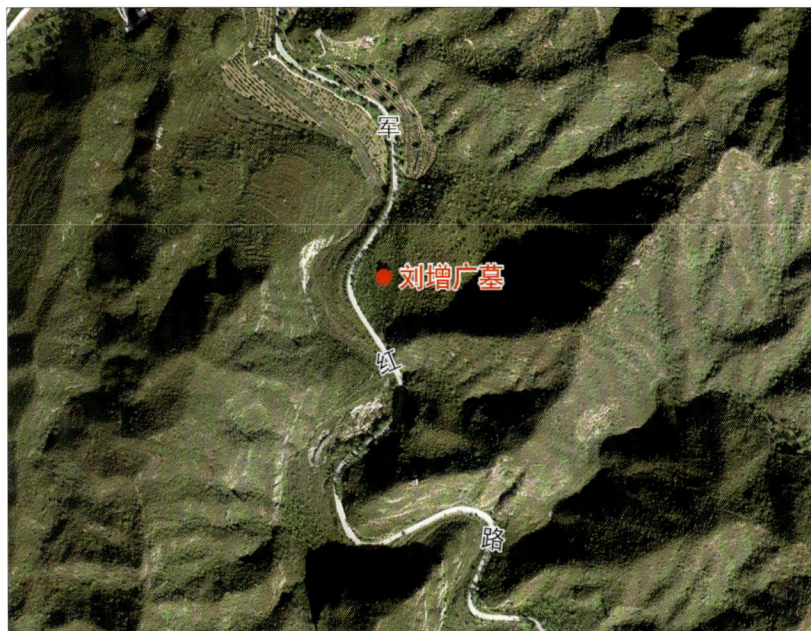

刘增广墓平面图（2016 年）

刘增广墓遗址古树（摄于 2009 年 12 月）

名 称	火村北过街楼
保护类型	一般不可移动文物
文物类型	古建筑
详细地址	斋堂镇火村
建造时间	清代
地理位置	东经115° 42′ 59.5″，北纬39° 58′ 11.1″
海 拔	414米
地理环境	火村三面环山，一面向川，过街楼位于村北南头井胡同
文物现状	火村北过街楼底层面阔4.1米，进深4.2米，券洞高2.25米，宽1.82米，用砖砌成；上层亭子面阔2.5米，进深2米，高3米，琉璃瓦瓦顶；底层篆刻题词为前"鸿瑞"后"祥云"
历史沿革	火村风景秀丽，村内寺庙、过街楼、古塔等古建筑颇多。火村北过街楼始建于清代，曾在"文革"时期遭到破坏，现已修复
主管单位	门头沟区斋堂镇政府
保护情况	修复后保存完好
损坏原因	人为损毁

火村北过街楼地图、照片

火村北过街楼平面图（2016年）

火村北过街楼（摄于2009年12月）

名　称	火村南过街楼
保护类型	一般不可移动文物
文物类型	古建筑
详细地址	斋堂镇火村
建造时间	清代
地理位置	东经115°42′59.6″，北纬39°58′11.1″
海　拔	412米
地理环境	火村南过街楼位于火村南口
文物现状	火村南过街楼面阔5米，高2.1米，券洞面阔2.2米，进深4.5米，额题"揆文"二字
历史沿革	火村风景秀丽，村内寺庙、过街楼、古塔等古建筑颇多。火村南过街楼始建于清代，曾在"文革"时期遭到破坏，现已修复
主管单位	门头沟区斋堂镇政府
保护情况	修复后保存完好
损坏原因	曾人为损毁

火村南过街楼地图、照片

火村南过街楼平面图（2016年）

火村南过街楼（摄于2009年12月）

名 称	太子墓村关帝庙
保护类型	一般不可移动文物
文物类型	古建筑
详细地址	雁翅镇太子墓村
建造时间	清代
地理位置	东经115° 51′ 23.0″，北纬40° 01′ 48.8″
海 拔	29 米
地理环境	太子墓村坐落在雁翅镇中部的大山深处，前临永定河，关帝庙位于村西，坐西朝东
文物现状	太子墓村关帝庙现存面阔7米、进深6米的西正殿三间，为三架梁带前廊，殿内墙壁有残损壁画，院内有一棵门头沟区一级古槐树。现该庙主体建筑已修缮，壁画有破损
历史沿革	太子墓村为守墓人及其后代的聚落，清代村中建庙以供村民祭拜
主管单位	门头沟区雁翅镇政府
保护情况	较好
损坏原因	经年久风化

太子墓村关帝庙地图、照片

太子墓村关帝庙平面图（2016 年）

太子墓村关帝庙外景（摄于 2009 年 10 月）

名　称	太子墓村龙王庙
保护类型	一般不可移动文物
文物类型	古建筑
详细地址	雁翅镇太子墓村
建造时间	清代
地理位置	东经 115° 51′ 30.9″，北纬 40° 01′ 43.6″
海　拔	284 米
地理环境	太子墓村坐落在雁翅镇中部的大山深处，龙王庙位于该村村东一高台之上
文物现状	太子墓村龙王庙现存残正殿一间，五架梁；该建筑损毁严重，已基本废弃
历史沿革	太子墓村龙王庙始建于清代，于 20 世纪 60 年代的动乱时期遭到破坏
主管单位	门头沟区雁翅镇政府
保护情况	差
损坏原因	人为损毁

太子墓村龙王庙地图、照片

太子墓村龙王庙平面图（2016 年）

太子墓村龙王庙残殿（摄于 2019 年 10 月）

名 称	太子墓村 19 号院民居
保护类型	一般不可移动文物
文物类型	近现代建筑
详细地址	雁翅镇太子墓村
建造时间	清末民初
地理位置	东经 115° 51′ 27.2″，北纬 40° 01′ 48.0″
海 拔	294 米
地理环境	太子墓村依山临水，19 号院民居位于村中，坐北朝南
文物现状	太子墓村 19 号院民居为四合院，门开在西南角，有正房及倒座房各三间，东西厢房各二间。正房及倒座房为硬山皮条脊，合瓦，五级步踏；东西厢房为皮条脊，棋盘格三踏。现民居建筑局部有破损
历史沿革	传统民居。
主管单位	门头沟区雁翅镇太子墓村委会
保护情况	一般
损坏原因	年久失修

太子墓村 19 号院民居地图、照片

太子墓村 19 号院民居平面图（2016 年）

太子墓村 19 号院民居一隅（摄于 2019 年 10 月）

名　称	饮马鞍村古井
保护类型	一般不可移动文物
文物类型	古建筑
详细地址	雁翅镇饮马鞍村
建造时间	待考
地理位置	东经 115° 52′ 30.9″，北纬 40° 01′ 24.8″
海　拔	308 米
地理环境	饮马鞍村四面环山，古井位于村内
文物现状	饮马鞍村古井深 4 米，井径 0.59 米，井内中水质甘甜，经测定为永定河滤渗水和地表水。现古井已弃用，水位有所下降
历史沿革	传统水源
主管单位	门头沟区雁翅镇政府
保护情况	较好
损坏原因	弃用年久

饮马鞍村古井地图、照片

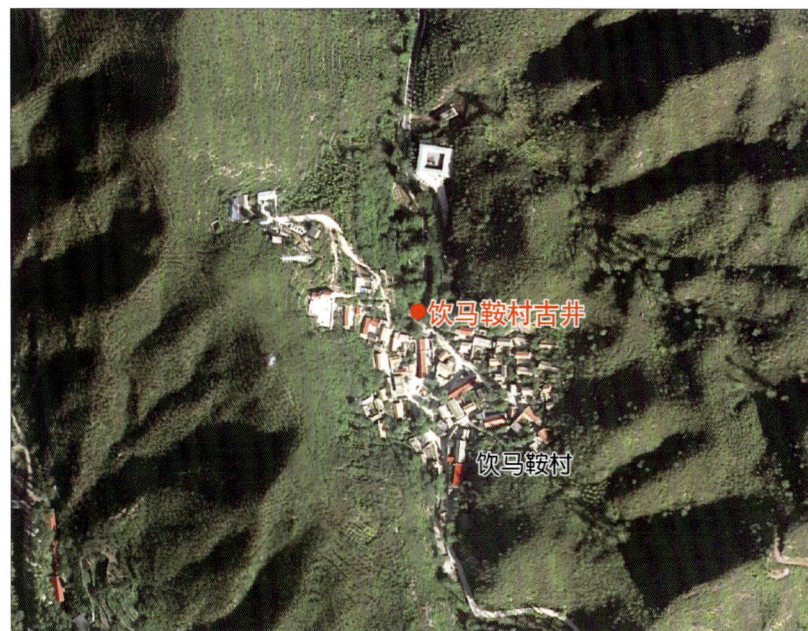

饮马鞍村古井平面图（2016 年）

饮马鞍村古井（摄于 2009 年 10 月）

名 称	付家台村关帝庙
保护类型	一般不可移动文物
文物类型	古建筑
详细地址	雁翅镇付家台村
建造时间	清代
地理位置	东经 115° 49′ 46.5″，北纬 40° 01′ 06.0″
海 拔	300 米
地理环境	付家台村坐落在鬐髻山脚下，前临永定河，关帝庙位于村中，坐东朝西
文物现状	付家台村关帝庙仅遗存面阔 6 米、进深 4.2 米的正殿一座，为五架梁前出一步廊，硬山清水脊，石板瓦铺顶，板瓦压垄，山墙带砖博风，内有彩绘壁画；现该庙损毁严重
历史沿革	付家台村关帝庙建于清代，"文革"时期遭到破坏
主管单位	门头沟区雁翅镇政府
保护情况	已修复，保护较好
损坏原因	人为损毁

付家台村关帝庙地图、照片

付家台村关帝庙平面图（2016 年）

付家台村关帝庙（摄于 2009 年 10 月）

名　称	付家台村龙王庙
保护类型	一般不可移动文物
文物类型	古建筑
详细地址	雁翅镇付家台村
建造时间	清代
地理位置	东经 115° 49′ 33.9″，北纬 40° 00′ 03.2″
海　拔	292 米
地理环境	付家台村坐落在髽鬏山脚下，前临永定河，龙王庙位于村中，坐北朝南
人文环境	付家台村依山傍水，景色秀丽，得天独厚的自然条件造就了许多具有保护和开发价值的旅游资源。该村村域内现有"两沟一山"，即黄岩沟、刘公沟和髽鬏山
文物现状	付家台村龙王庙仅遗存面阔 7.65 米、进深 4.3 米的正殿一座，为硬山调大脊，吻吞兽，石板瓦顶，棋盘格形制；现该庙损毁严重
历史沿革	付家台村龙王庙建于清代，"文革"时期遭到破坏
主管单位	门头沟区雁翅镇政府
保护情况	较差
损坏原因	人为损毁

付家台村龙王庙地图、照片

付家台村龙王庙平面图（2016 年）

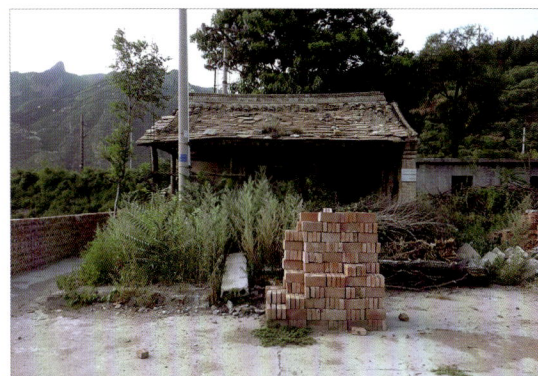

付家台村龙王庙
外貌及其文物保护标志
（摄于 2009 年 10 月）

名 称	付家台村过街楼
保护类型	一般不可移动文物
文物类型	古建筑
详细地址	雁翅镇付家台村
建造时间	待考
地理位置	东经 115° 49′ 36.5″，北纬 40° 01′ 03.0″
海 拔	295 米
地理环境	付家台村坐落在鬌髻山脚下，前临永定河，过街楼位于村口
文物现状	付家台村过街楼长 5.25 米、高 3.4 米、宽 5 米，为块石垒砌，发券，洞径 2.5 米、高 2.8 米
历史沿革	付家台村过街楼历史悠久，楼上原有一小菩萨庙，"文革"时期遭到破坏
主管单位	门头沟区雁翅镇政府
保护情况	较差
损坏原因	人为损毁及年久失修

付家台村过街楼地图、照片

付家台村过街楼平面图（2016 年）

付家台村过街楼残址（摄于 2009 年 10 月）

名　称	付家台村水渠
保护类型	一般不可移动文物
文物类型	近现代建筑
详细地址	雁翅镇付家台村
建造时间	民国年间
地理位置	东经 115° 50′ 07.5″，北纬 40° 01′ 55.9″
海　拔	256 米
地理环境	付家台村依山临水，水渠位于付家台村西侧
文物现状	水渠约 2.5 公里长，穿山洞而建
历史沿革	因地势原因，自古以来付家台村屡遭水患，清光绪二十九年（1903），村民傅有光等首倡集资筑渠，次年傅有元等又借款缮修，但因测勘不精，修筑无法，一直未能修成。直至 1920 年有张姓村民邀来煤矿技师细测，并开凿山洞数十米。经过村民的不懈努力，在当时民国政府的帮助下，水渠才修建成竣
主管单位	门头沟区雁翅镇政府
损坏原因	较好
损坏原因	渠道易受堵塞淤积

付家台村水渠地图、照片

付家台村水渠平面图（2016 年）

付家台村水渠（摄于 2019 年 11 月）

名 称	付家台村修水渠碑
保护类型	一般不可移动文物
文物类型	石窟寺及石刻
详细地址	雁翅镇付家台村
建造时间	民国年间
地理位置	东经115°49′49.6″，北纬40°01′01.0″
海 拔	304 米
地理环境	付家台村依山临水，修水渠碑现存于付家台村委会仓库内
文物现状	修水渠碑为石灰岩质，现已断为数块，其中最大块宽0.6米，厚0.195米，其他则大小不一。现可见高0.55米残碑首，上刻有青天白日旗及如意云纹，碑额刻"有心竟成"，边栏有几何勾连纹
历史沿革	该碑为1923年水渠修成时所立，"文革"时被砸成数段
主管单位	门头沟区雁翅镇政府
保护情况	差
损坏原因	人为损毁及自然风化

付家台村修水渠碑地图、照片

付家台村修水渠碑平面图（2016 年）

付家台村修水渠碑
（摄于 2019 年 11 月）

名 称	青白口村古船坞
保护类型	一般不可移动文物
文物类型	古建筑
详细地址	雁翅镇青白口村
建造时间	待考
地理位置	东经 115° 49′ 09.9″，北纬 40° 00′ 57.3″
海 拔	284 米
地理环境	青白口村位于清水河与永定河交汇河口，村落三面环水一面临山，古船坞即坐落在村南永定河畔
文物现状	遗存古船坞为河卵石砌筑而成，宽 5.1 米、进深 8.8 米，门宽 3.4 米、高 4 米，洞高 3.6 米
历史沿革	青白口村三面临水，船曾是村民出行的主要交通工具；该古船坞历史悠久，现已弃用，四周格局已改
主管单位	门头沟区雁翅镇政府
保护情况	一般
损坏原因	年久失修

青白口村古船坞地图、照片

青白口村古船坞平面图（2016 年）

青白口村古船坞
（摄于 2009 年 10 月）

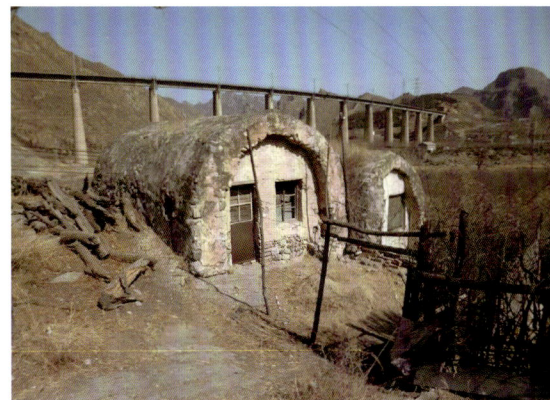

名　称	青白口村中街 26 号南院民居
保护类型	一般不可移动文物
文物类型	近现代建筑
详细地址	雁翅镇青白口村
建造时间	清末民初
地理位置	东经 115° 49′ 03.6″，北纬 40° 00′ 52.1″
海　拔	289 米
地理环境	青白口村三面环水一面临山，中街 26 号南院民居位于村中心地带，坐北朝南
文物现状	青白口村中街 26 号南院民居有面阔 7 米、进深 4 米的正房及倒座房各三间，以及面阔 5 米、进深 4 米的东西厢房各两间；此外，另有面阔 4 米、进深 3.5 正房东耳房一间。正房为硬山带博风，皮条脊，蝎尾带盘花，合瓦顶带滴水，五级踏步；东西厢房及倒座房为硬山皮条脊，合瓦顶，蝎尾带盘花，三级踏步；现房屋陈旧
历史沿革	传统民居
主管单位	门头沟区雁翅镇青白口村委会
保护情况	一般
损坏原因	年久失修

青白口村中街 26 号南院民居地图、照片

青白口村中街 26 号南院民居平面图（2016 年）

青白口村中街 26 号南院民居门楼（摄于 2019 年 10 月）

名　称	青白口村南街 25 号民居
保护类型	一般不可移动文物
文物类型	近现代建筑
详细地址	雁翅镇青白口村
建造时间	清代
地理位置	东经 115° 49′ 04.8″，北纬 40° 00′ 49.9″
海　拔	291 米
地理环境	青白口村三面环水一面临山，南街 25 号民居位于村庄南部，坐西朝东，院落南北长 11.4 米，东西长 18 米
文物现状	青白口村南街 25 号民居有面阔 9 米、进深 5 米的正房及倒座房各五间，以及面阔 6 米、进深 4.8 米的南北厢房各三间。建筑均为硬山清水脊，合瓦顶，蝎尾带盘花，正房及倒座房有七级踏步带垂带；现房屋陈旧
历史沿革	传统民居
主管单位	门头沟区雁翅镇青白口村委会
保护情况	一般
损坏原因	年久失修

青白口村南街 25 号民居地图、照片

青白口村南街 25 号民居平面图（2016 年）

青白口村南街 25 号民居（摄于 2019 年 10 月）

名　称	杨家峪村龙王庙
保护类型	一般不可移动文物
文物类型	古建筑
详细地址	斋堂镇杨家峪村
建造时间	清代
地理位置	东经 115° 43′ 11.2″，北纬 39° 57′ 04.0″
海　拔	712 米
地理环境	杨家峪村位于大寒岭西北麓，龙王庙位于村口，坐西朝东
文物现状	杨家峪村龙王庙有山门一间，大殿三间，东西配殿各一栋；山门面阔 2 米，进深 1.3 米，硬山筒瓦顶；大殿面阔 6.8 米，进深 4.5 米，硬山筒瓦顶，黄琉璃瓦吻兽，彻上明造，内壁有龙王庙壁画；现庙宇东西配殿现已改
历史沿革	该庙建于清道光二十年（1840），现已弃用
主管单位	门头沟区雁翅镇青白口村委会
保护情况	一般
损坏原因	年久失修及人为改动

杨家峪村龙王庙地图、照片

杨家峪村龙王庙平面图（2016 年）

杨家峪村龙王庙外貌（摄于 2009 年 12 月）

名 称	河南台村关帝庙
保护类型	一般不可移动文物
文物类型	古建筑
详细地址	雁翅镇河南台村
建造时间	清代
地理位置	东经 115° 53′ 58.2"，东经 40° 01′ 57.8"
海 拔	254 米
地理环境	河南台村三面环山，南临永定河；关帝庙位于村中，坐北朝南，南北长约 9 米，东西长约 7 米
文物现状	关帝庙前有 4 米长影壁；正殿面阔 5 米，进深 4.2 米，为硬山清水脊蝎子尾，合瓦铺顶，清水博风，五架梁，梁枋有清式旋子彩绘，房梁写有"河南台村领修人……"字样，墙壁有壁画。现正殿门窗已改
历史沿革	河南台村于元代即已成村，村中原有多座古庙，关帝庙是其中有代表性的一座，近年来曾重修
主管单位	门头沟区雁翅镇政府
保护情况	重修后保护较好
损坏原因	年久失修及人为改动

河南台村关帝庙地图、照片

河南台村关帝庙平面图（2016 年）

河南台村关帝庙庙内局部（摄于 2009 年 10 月）

名 称	河南台村船坞
保护类型	一般不可移动文物
文物类型	古建筑
详细地址	雁翅镇河南台村
建造时间	清代
地理位置	东经115° 54′ 00.1″，北纬40° 01′ 46.7″
海 拔	236米
地理环境	河南台村傍山临河，永定河水成"几"字形绕村，使其形成半岛式村落，古船坞位于村东永定河畔
文物现状	古船坞用鹅卵石筑成，宽6.6米，券洞底宽3.6米，券洞高3米，进深9.8米
历史沿革	为古代船舶停靠避风之用，现已废弃
主管单位	门头沟区雁翅镇政府
保护情况	一般
损坏原因	年久失修

河南台村船坞地图、照片

河南台村船坞平面图（2016年）

河南台村船坞（摄于2009年10月）

名　称	岭角村地藏菩萨庙
保护类型	一般不可移动文物
文物类型	古建筑
详细地址	妙峰山镇岭角村
建造时间	清代
地理位置	东经 115° 58′ 11.6″，北纬 40° 00′ 56.9″
海　拔	334 米
地理环境	岭角村坐落于妙峰山下的灵溪沟谷旁，地藏菩萨庙位于村内，院落进深 7.1 米，面阔 8.5 米
文物现状	地藏菩萨庙原建筑仅遗存正殿，现重修
历史沿革	地藏菩萨庙始建于清，曾遭损毁，现已复建
主管单位	门头沟区妙峰山镇政府
保护情况	修复后完好
损坏原因	历史损毁原因不明

岭角村地藏菩萨庙地图、照片

岭角村地藏菩萨庙平面图（2016 年）

岭角村地藏菩萨庙（摄于 2009 年 11 月）

名　称	李成华墓
保护类型	一般不可移动文物
文物类型	近现代墓葬
详细地址	王平地区办事处安家庄村
建造时间	1949 年
地理位置	东经 115° 56′ 15.5″，北纬 40° 00′ 27.6″
海　拔	300 米
地理环境	安家庄村坐落在永定河北岸，毗邻 109 国道，李成华墓即位于村域内的山坡上
文物现状	李成华墓碑为大理石质，高 0.89 米，宽 0.285 米，厚 0.145 米，碑铭刻有墓主简介及立墓年月
历史沿革	李成华是中国人民解放军第四十军第一一八师第三五二团团长，1939 年牺牲，年仅 32 岁，牺牲后安葬于家乡安家庄
主管单位	门头沟区王平地区办事处
保护情况	保存较好
损坏原因	自然风化

李成华墓地图、照片

李成华墓平面图（2016 年）

李成华墓之墓碑（摄于 2009 年 6 月）

名　称	王平地区人民抗日纪念碑
保护类型	一般不可移动文物
文物类型	近现代重要史迹及代表性建筑
详细地址	王平地区安家庄村
建造时间	新中国成立后
地理位置	东经 115° 56′ 04.9″，北纬 40° 00′ 20.3″
海　拔	246 米
地理环境	安家庄村抗日纪念碑坐落在村旁一座独立的小山上，周边遍植松柏
文物现状	安家庄村抗日纪念碑为砖砌汉白玉贴面，束腰须弥座，碑正面有"王平地区人民抗日纪念碑"题字，碑阴落款为王平镇人民政府；碑通高 3.15 米，其中碑座宽 1.5 米，厚 0.62 米，高 0.685 米；碑身高 1.93 米，宽 1.05 米，厚 0.41 米
历史沿革	王平地区人民在抗战时期曾积极参与抵抗日军的战斗，涌现出许多可歌可泣事迹，中华人民共和国成立后特立抗日纪念碑一座
主管单位	门头沟区王平地区办事处
保护情况	完好
损坏原因	自然风化

王平地区人民抗日纪念碑地图、照片

王平地区人民抗日纪念碑平面图（2016 年）

王平地区人民抗日纪念碑（摄于 2009 年 6 月）

名 称	安家庄娘娘庙遗址
保护类型	一般不可移动文物
文物类型	古遗址
详细地址	王平地区安家庄村
建造时间	待考
地理位置	东经 115° 56′ 15.5″，北纬 40° 00′ 25.3″
海 拔	239 米
地理环境	安家庄村山坐落在永定河北岸，娘娘庙遗址位于村内，坐北朝南
文物现状	安家庄娘娘庙现仅剩门楼，其进深 2 米，面阔 2.54 米，券洞宽 1.55 米，高 2.2 米，为仿木结构，硬山，卷棚，墙腿石刻荷花饰图案；建筑局部有破损
历史沿革	传统庙宇
主管单位	门头沟区王平地区办事处
保护情况	一般
损坏原因	年久失修

安家庄娘娘庙遗址地图、照片

安家庄娘娘庙遗址平面图（2016 年）

安家庄娘娘庙遗址上的门楼（摄于 2009 年 6 月）

名　称	安家庄龙王庙
保护类型	一般不可移动文物
文物类型	古建筑
详细地址	王平地区安家庄村
建造时间	待考
地理位置	东经 115° 56′ 07.8″，北纬 40° 00′ 20.0″
海　拔	231 米
地理环境	安家庄龙王庙位于村旁一座小山的半腰处，坐西朝东，与王平地区抗日纪念碑相距不远
文物现状	安家庄龙王庙仅有面阔 8 米、进深 4.4 米的一间小殿，为五架梁
历史沿革	安家庄龙王庙曾遭损毁，于 2004 年重修
主管单位	门头沟区王平地区办事处
保护情况	修复后保护较好
损坏原因	损毁原因不明

安家庄龙王庙地图、照片

安家庄龙王庙平面图（2016 年）

修复后的安家庄龙王庙（摄于 2009 年 6 月）

名　称	清水涧村龙王庙
保护类型	一般不可移动文物
文物类型	古建筑
详细地址	大台街道清水涧村
建造时间	明代
地理位置	东经 115° 57′ 25.3″，北纬 39° 58′ 42.5″
海　拔	226 米
地理环境	清水涧村位于大台街道办事处东北角，依山临涧，龙王庙位于村西头北山坡上，坐北朝南
文物现状	清水涧村龙王庙现仅存面阔 6.9 米、进深 3.9 米的正殿及山门，正殿为硬山正脊，石板顶，顶小筒瓦压垄，五架梁，彻上明造，檐枋施以彩绘；殿内柁顶及墙壁均施有彩绘；现正殿门窗无存，山门也只剩门框
历史沿革	传统庙宇
主管单位	门头沟区大台街道办事处
保护情况	修复后保护较好
损坏原因	年久失修

清水涧村龙王庙地图、照片

清水涧村龙王庙平面图（2016 年）

清水涧村龙王庙外貌及正殿
（摄于 2008 年 4 月）

名　称	清水涧村灵官亭
保护类型	一般不可移动文物
文物类型	古建筑
详细地址	大台街道清水涧村
建造时间	待考
地理位置	东经 115° 57′ 41.9″，北纬 39° 58′ 35.1″
海　拔	227 米
地理环境	灵官亭位于清水涧村域内，南北约 30 米，东西约 15 米，坐北朝南
文物现状	清水涧村灵官亭面阔 10 米，进深 6 米，为硬山正脊，石板瓦铺顶，筒瓦压垄，前出廊，五架梁，檐枋有彩绘；亭旁有古柏一棵；现建筑主体残缺不全
历史沿革	传统祭拜灵宫菩萨之地
主管单位	门头沟区大台街道办事处
保护情况	较差
损坏原因	年久失修

清水涧村灵官亭地图、照片

清水涧村灵官亭平面图（2016 年）

清水涧村灵官亭（摄于 2008 年 4 月）

名　称	落坡岭炮楼
保护类型	一般不可移动文物
文物类型	近现代建筑
详细地址	大台街道清水涧村
建造时间	1940 年
地理位置	东经 115° 58′ 27.7″，北纬 39° 59′ 18.1″
海　拔	225 米
地理环境	清水涧村位于大台街道办事处东北角，落坡岭炮楼位于村东南的落坡岭，坐西朝东
文物现状	落坡岭炮楼为一直径 5 米的圆形二层半建筑，用山石砌筑，灰浆包砌，带九眼射击孔；现炮楼二层以上已毁，残高 3 米
历史沿革	落坡岭炮楼为侵华日军在 20 世纪 40 年代所建，该炮楼尚未完工日本政府即宣布投降，炮楼成为日本军国主义侵华的又一物证
主管单位	门头沟区大台街道办事处
保护情况	较差
损坏原因	自然损毁

落坡岭炮楼地图、照片

落坡岭炮楼平面图（2016 年）

落坡岭炮楼残存（摄于 2008 年 4 月）

名　称	西桃园村关帝庙
保护类型	一般不可移动文物
文物类型	古建筑
详细地址	大台街道西桃园村
建造时间	清代
地理位置	东经 115° 56′ 31.7″，北纬 39° 58′ 19.1″
海　拔	301 米
地理环境	西桃园村位于清水涧河北岸的大台火车站南侧，关帝庙位于村中，坐北朝南，院落面积约 256 平方米
文物现状	西桃园村关帝庙遗存有面阔 10 米、进深 5.3 米的大殿三间，为硬山正脊，板瓦铺顶，布瓦压垄，五架梁，带左右耳房各一；有面阔 12 米、进深 5 米的东西厢房各三间，东西厢房均带南耳房；山门殿面阔 3 米，进深 2.5 米；现大殿鸱吻及垂兽已残，西耳房已改，东西配殿已改建
历史沿革	西桃园村关帝庙为清代建筑，曾于 20 世纪 50 年代为大台法院所用，建筑主体改动较大
主管单位	门头沟区大台街道办事处
保护情况	较差
损坏原因	人为改动

西桃园村关帝庙地图、照片

西桃园村关帝庙平面图（2016 年）

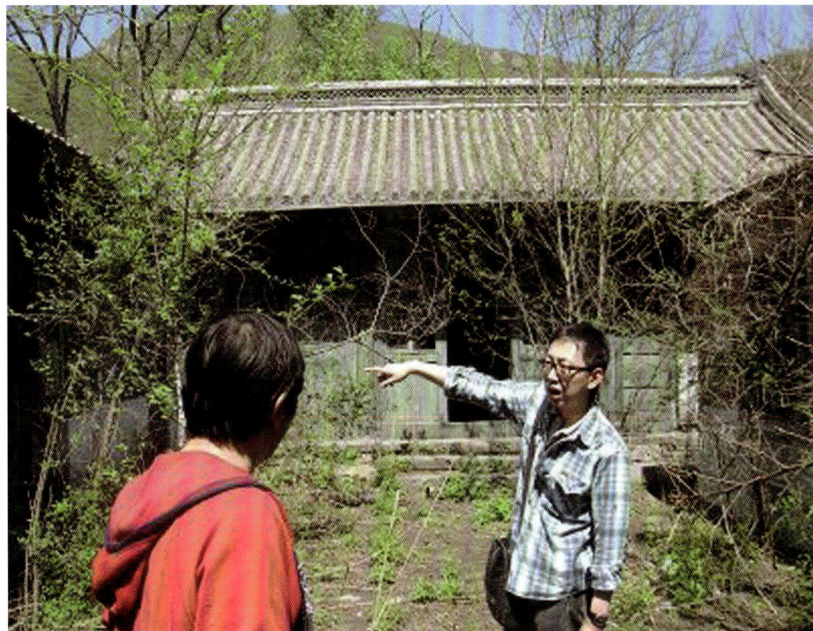

西桃园村关帝庙内景（摄于 2010 年 4 月）

名 称	中共宛平县政府驻地旧址
保护类型	一般不可移动文物
文物类型	近现代重要史迹及代表性建筑
详细地址	大台街道西桃园村
建造时间	民国时期
地理位置	东经 115° 56′ 36.4″，北纬 39° 58′ 14.4″
海 拔	276 米
地理环境	宛平县政府旧址位于西桃园村穆家胡同，该院落南北约 20 米，东西约 4 米
文物现状	该院落共有 12 间半房，其中有 4 间老房为清水脊硬山式，带蝎尾，石板顶，板瓦压垄；现老房门窗已改，院内影壁已拆
历史沿革	宛平县原为河北省辖区，1952 年 9 月划入北京市；1946～1952 年，中共宛平县委和县政府曾两次在大台地区办公，村中白家院、穆家胡同原官中老房等民居在 1952 年 9 月底之前为中共河北省宛平县政府驻地；该院建筑主体改动较多，显得整体凌乱
主管单位	门头沟区大台街道西桃园村委会
保护情况	较差
损坏原因	人为不合理改动

中共宛平县政府驻地旧址地图、照片

中共宛平县政府驻地旧址平面图（2016 年）

中共宛平县政府驻地旧址（摄于 2008 年 4 月）

名　称	西王平村王锦龙宅院
保护类型	一般不可移动文物
文物类型	古建筑
详细地址	王平地区西王平村
建造时间	清代
地理位置	东经 115° 58′ 31.1″，北纬 39° 58′ 05.0″
海　拔	311 米
地理环境	西王平村位于门头沟中部，京西古道西山大路北道穿村而过，王锦龙宅院位于村中上街，坐南朝北，院落南北约 23 米，东西约 16 米
文物现状	王锦龙宅院为四合院，广亮大门，院内有面阔 16 米、进深 5 米的正房五间，面阔 9 米、进深 5 米的东西厢房各五间，以及倒座房三间和门楼，倒座房为门面房。该院建筑均为清水脊蝎子尾带盘花，五架梁，两搭椽；影壁上有"鸿禧"二字
历史沿革	王锦龙是西王平村人，清代加入海军，在甲午海战中两次立功，被封官；王锦龙宅院是王家老宅
主管单位	门头沟区王平地区西王平村委会
保护情况	一般
损坏原因	年久失修

西王平村王锦龙宅院地图、照片

王平村
●西王平村王锦龙宅院

西王平村王锦龙宅院平面图（2016 年）

西王平村王锦龙宅院院内（摄于 2009 年 6 月）

名　称	西王平村 41 号民居
保护类型	一般不可移动文物
文物类型	古建筑
详细地址	王平地区西王平村
建造时间	清代
地理位置	东经 115° 58′ 28.5″，北纬 39° 58′ 05.6″
海　拔	315 米
地理环境	西王平村地处低山河谷，41 号民居位于村中
文物现状	西王平村 41 号民居为小四合院，有面阔 10 米、进深 5 米的正房及倒座房各三间，有面阔 6.2 米、进深 4.3 米的南北厢房各两间；正房为硬山皮条脊，石板铺顶，板瓦间隔压垄，三级踏步；厢房为鞍子脊；现建筑局部有破损，门窗已改
历史沿革	传统民居
主管单位	门头沟区王平地区西王平村委会
保护情况	一般
损坏原因	年久失修

西王平村 41 号民居地图、照片

西王平村 41 号民居平面图（2016 年）

西王平村 41 号民居院内（摄于 2009 年 6 月）

名　称	西王平村 60 号民居
保护类型	一般不可移动文物
文物类型	古建筑
详细地址	王平地区西王平村
建造时间	清代
地理位置	东经 115° 58′ 41.0″，北纬 39° 58′ 07.9″
海　拔	304 米
地理环境	西王平村地处低山河谷，41 号民居位于村中，坐北朝南
文物现状	西王平村 60 号民居有面阔 5 米、进深 2.5 米的正房及倒座房各三间，面阔 5 米、进深 2.5 米的东西厢房各两间，建筑均为硬山清水脊，板瓦铺顶压垄，门楼开在东南角。现建筑格局未变，局部有破损
历史沿革	传统民居
主管单位	门头沟区王平地区西王平村委会
保护情况	一般
损坏原因	年久失修

西王平村 60 号民居地图、照片

西王平村 60 号民居平面图（2016 年）

西王平村 60 号民居（摄于 2009 年 6 月）

名　称	西王平村 46 号民居
保护类型	一般不可移动文物
文物类型	近现代建筑
详细地址	王平地区西王平村
建造时间	民国时期
地理位置	东经 115° 58′ 27.4″，北纬 39° 58′ 05.5″
海　拔	315 米
地理环境	西王平村地处低山河谷，46 号民居位于村中，坐北朝南
文物现状	西王平村 46 号民居有正房及倒座房各三间，东西厢房各三间，均为硬山清水脊。该院门楼开在东南角，后山墙遗有宽 0.9 米、高 0.7 米的民国时期广告，现建筑格局未变，局部有破损
历史沿革	传统民居
主管单位	门头沟区王平地区西王平村委会
保护情况	一般
损坏原因	年久失修

西王平村 46 号民居地图、照片

西王平村 46 号民居平面图（2016 年）

西王平村 46 号民居内部（摄于 2009 年 6 月）

北京

北京历史文化资源图集

门头沟卷［下］

印迹

主　编 温宗勇

副主编 陈品祥

本书由

北京市测绘设计研究院编

项目资助：首都师范大学文化研究院

社会科学文献出版社

SOCIAL SCIENCES ACADEMIC PRESS (CHINA)

目 录

名　称	西王平村古井
保护类型	一般不可移动文物
文物类型	古遗址
详细地址	王平地区西王平村
建造时间	待考
地理位置	东经 115° 58′ 26.5″，北纬 39° 58′ 04.8″
海　拔	315 米
地理环境	西王平村地处低山河谷，古井坐落于村委会院内
文物现状	古井为花岗岩质，井券直径 0.55 米，井口直径 0.4 米，水质较好
历史沿革	传统水源
主管单位	门头沟区王平地区办事处
保护情况	较好
损坏原因	自然磨损

西王平村古井地图、照片

西王平村古井平面图（2016 年）

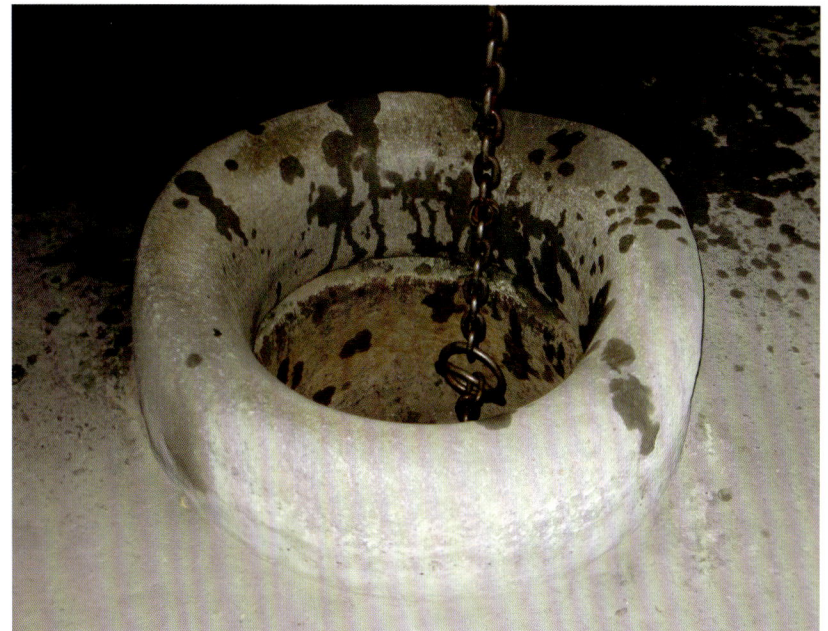

西王平村古井（摄于 2009 年 6 月）

名　称	西王平村 41 号民居
保护类型	一般不可移动文物
文物类型	古建筑
详细地址	王平地区西王平村
建造时间	清代
地理位置	东经 115° 58′ 28.2″，北纬 39° 58′ 06.2″
海　拔	307 米
地理环境	西王平村地处低山河谷，41 号民居位于村中，坐西朝东
文物现状	41 号民居有面阔 7 米、进深 3.5 米的正房及倒座房各三间，另有面阔 7 米、进深 3 米的南北厢房各两间；均为硬山清水脊，合瓦；现建筑陈旧
历史沿革	传统民居
主管单位	门头沟区王平地区西王平村委会
保护情况	一般
损坏原因	年久失修

西王平村 41 号民居地图、照片

西王平村 41 号民居平面图（2016 年）

西王平村 41 号民居院内（摄于 2009 年 6 月）

名　称	东王平村东庵庙
保护类型	一般不可移动文物
文物类型	古建筑
详细地址	王平地区东王平村
建造时间	雍正年间（1722 ~ 1735）
地理位置	东经 115° 58′ 47.9″，北纬 39° 58′ 11.8″
海　拔	308 米
地理环境	东王平村地处低山河谷，东庵庙位于村东山坡上，坐北朝南
文物现状	东王平村东庵庙现仅存面阔 11 米、进深 6.5 米正殿三间，五架梁带前廊，梁上施以彩绘，硬山挑大脊带鸱吻，脊上正中写"南海大士"，石板顶，筒瓦压垄；另有砂岩质碑一通，圆首，碑阴额题"本庵四至"；该庙原建筑格局不明，建筑主体现有损
历史沿革	东王平村东庵庙建于清雍正年间，供奉观音大士，已弃用多年
主管单位	门头沟区王平地区办事处
保护情况	一般
损坏原因	年久失修

东王平村东庵庙地图、照片

东王平村东庵庙平面图（2016 年）

东王平村东庵庙四至石碑
（摄于 2009 年 6 月）

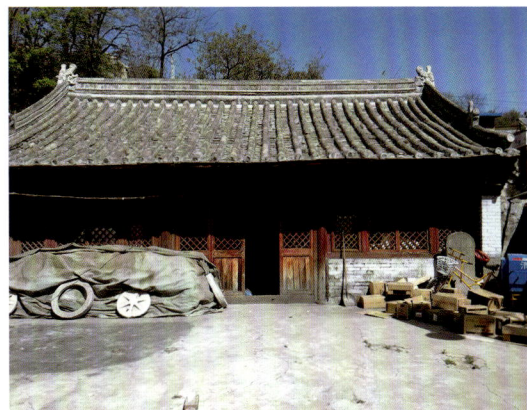

东王平村东庵庙
（摄于 2009 年 6 月）

名称	东王平村 8 号民居
保护类型	一般不可移动文物
文物类型	近现代建筑
详细地址	王平地区东王平村
建造时间	清末民初
地理位置	东经 115° 58′ 45.7″，北纬 39° 58′ 09.3″
海　拔	308 米
地理环境	东王平村地处低山河谷，8 号民居位于村中，坐北朝南
文物现状	东王平村 8 号民居为二进四合院，两院形制相同，均有面阔 10 米、进深 4 米的正房及倒座房各三间，以及面阔 8.8 米、进深 4 米的东西厢房各三间；倒座房含门楼；现建筑局部有破损
历史沿革	传统民居
主管单位	门头沟区王平地区东王平村委会
保护情况	一般
损坏原因	年久失修

东王平村 8 号民居平面图（2016 年）

东王平村 8 号民居院内（摄于 2009 年 6 月）

名 称	吕家坡村龙岩寺遗址
保护类型	一般不可移动文物
文物类型	古建筑
详细地址	王平地区吕家坡村
建造时间	元代
地理位置	东经 115° 57′ 48.92″，北纬 39° 58′ 01.8″
海　拔	117 米
地理环境	吕家坡村地处北大岭南麓向阳山坡，下临王平大沟，龙岩寺位于王平村西部的北大梁上，坐北朝南
文物现状	吕家坡村龙岩寺早已完全损毁，现遗址上仅存小段残墙，寺外荒野散落残存的柱础、条石等原寺内的石构件
历史沿革	吕家坡村龙岩寺为佛教建筑，元元统二年（1334）创建，寺已久废
主管单位	门头沟区王平地区办事处
保护情况	修复后保护较好
损坏原因	年久失修及战争动乱损毁

吕家坡村龙岩寺地图、照片

吕家坡村龙岩寺平面图（2016 年）

吕家坡村龙岩寺外貌（摄于 2009 年 6 月）

名　称	吕家坡村双眼井
保护类型	一般不可移动文物
文物类型	古建筑
详细地址	王平地区办家坡村
建造时间	待考
地理位置	东经 115° 57′ 45.0″，北纬 39° 57′ 39.4″
海　拔	356 米
地理环境	双眼井位于吕家坡村中
文物现状	吕家坡村双眼井为青石修筑，井板长 2.4 米，宽 0.67 米，厚 0.18 米，井口直径均为 0.27 米，水质较差
历史沿革	牲畜及建筑用水水源
主管单位	门头沟区王平地区办事处
保护情况	一般
损坏原因	年代久远

吕家坡村双眼井地图、照片

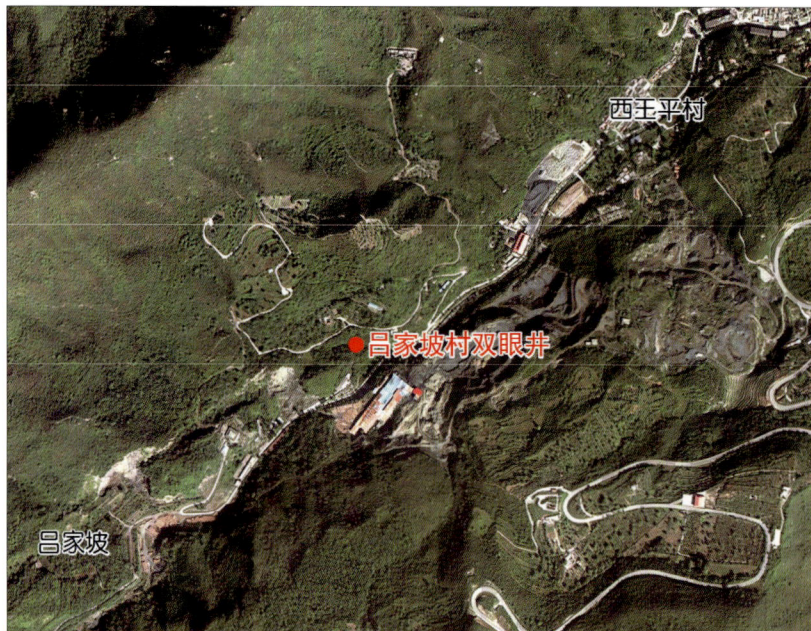

吕家坡村双眼井平面图（2016 年）

吕家坡村双眼井（摄于 2009 年 6 月）

名 称	南涧村刘氏民居
保护类型	一般不可移动文物
文物类型	古建筑
详细地址	王平地区南涧村
建造时间	清代
地理位置	东经 115° 59′ 00.1″，北纬 39° 57′ 52.3″
海 拔	218 米
地理环境	南涧村刘氏民居坐西朝东，院落南北 16 米，东西 17 米
文物现状	南涧村刘氏民居为一座四合院，现存面阔 16 米、进深 5 米的正房五间，以及面阔 9 米、进深 4.3 米的南北厢房各三间；倒座房已无；该民居已无人居住，院内砖石碎片遍地，杂草丛生
历史沿革	传统民居
主管单位	门头沟区王平地区南涧村委会
保护情况	较差
损坏原因	年久失修

南涧村刘氏民居地图、照片

南涧村刘氏民居平面图（2016 年）

南涧村刘氏民居一隅（摄于 2009 年 6 月）

名 称	滴水岩天泉寺
保护类型	一般不可移动文物
文物类型	石窟寺及石刻
详细地址	妙峰山镇南庄村
建造时间	明清时期
地理位置	东经116°00′44.9″，北纬40°02′04.7″
海 拔	627米
地理环境	南庄村地处三条沟谷的交汇之处，滴水岩在村北半山腰上，巨大的山岩向内凹进，内侧是山洞，洞顶岩石极平坦，天泉寺位于石洞内，坐北朝南
文物现状	滴水岩古称锤古洞，是"宛平八景"之一，其前有面阔10米、进深5.6米菩萨殿三间，为大式硬山黄琉璃瓦顶，大脊带吻兽及小兽，前出廊，旋子彩绘，带东西耳房各三间；菩萨殿西北角立有清代道光年间的天泉寺重修碑，碑南碑北各有天然洞穴一个；菩萨殿后为山洞，岩壁上雕有字径约0.2米的楷书"洞天"二字，洞内建滴水岩天泉寺，殿堂面阔三间，7.4米，进深4.6米，为大式硬山调大脊，旋子彩绘；寺院中有一通明代万历时的天泉寺碑，现倒置
历史沿革	滴水岩的庙宇建于明代，初名大悲庵，清代时多次重修，并改称天泉寺；天泉寺在2008~2010年得以重修，但寺内已无古文物
主管单位	门头沟区妙峰山镇政府
保护情况	重修后保护较好
损坏原因	历史损毁原因待考

滴水岩天泉寺地图、照片

滴水岩天泉寺平面图（2016年）

重修后的滴水岩天泉寺（摄于2010年6月）

名　称	上苇甸村娘娘庙
保护类型	一般不可移动文物
文物类型	古建筑
详细地址	妙峰山镇上苇甸村
建造时间	明代
地理位置	东经 115° 59′ 15.6″，北纬 40° 01′ 51.0″
海　拔	484 米
地理环境	娘娘庙位于上苇甸村中心位置，坐北朝南，旁有一泓清泉，庙基高出地面一米有余，院落南北 13.7 米，东西 17.6 米
文物现状	上苇甸村娘娘庙有面阔 10 米、进深 5 米的正殿五间，以及面阔 13 米、进深 4 米的东西配殿各四间；山门殿面阔 2 米，进深 2 米；庙内有一花岗岩插杆石，底座为须弥座形制，四方形，上为圆柱形；该庙现已残破
历史沿革	上苇甸村庵始建于明崇祯年间，清代时曾重修，后遭人为破坏，现为村委会修配站
主管单位	门头沟区妙峰山镇政府
保护情况	较差
损坏原因	年久失修及人为破坏

上苇甸村娘娘庙地图、照片

上苇甸村娘娘庙平面图（2016 年）

上苇甸村娘娘庙正殿
（摄于 2009 年 11 月）

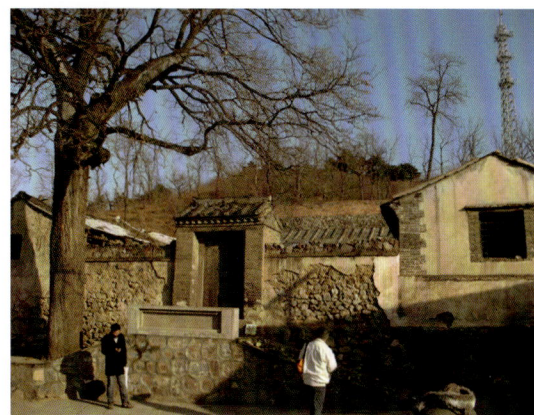

上苇甸村娘娘庙外景
（摄于 2009 年 11 月）

名　称	妙峰山桃园村关帝庙
保护类型	一般不可移动文物
文物类型	古建筑
详细地址	妙峰山镇桃园村
建造时间	清代
地理位置	东经 116° 02′ 40.4″，北纬 40° 01′ 07.6″
海　拔	221 米
地理环境	妙峰山桃园村关帝庙坐落于群山环抱的桃园村内，坐北朝南，院落东西长约 15 米，南北长约 18 米，周围是村民住宅
文物现状	桃园村关帝庙有正殿三间及东西厢房各两间，院外槐树环绕，布局严谨，建筑为近年重修
历史沿革	桃园村关帝庙始建设于清，2004 年已重修改建
主管单位	门头沟区妙峰山镇政府
保护情况	重修后保护较好
损坏原因	历史损毁原因待考

妙峰山桃园村关帝庙地图、照片

妙峰山桃园村关帝庙平面图（2016 年）

重修后的妙峰山桃园村关帝庙（摄于 2009 年 5 月）

名　称	灰峪村仙人洞遗址
保护类型	一般不可移动文物
文物类型	古遗址
详细地址	军庄镇灰峪村
建造时间	待考
地理位置	东经 116° 05′ 01.9″，北纬 40° 01′ 14.5″
海　拔	317 米
地理环境	灰峪村位于军庄镇西北部一个小盆地里，四周皆山，只有南边一条出村的道路；灰峪村仙人洞遗址位于村西北 800 米的山坡处
文物现状	灰峪村仙人洞遗址为喀斯特地貌的石灰岩溶洞，洞内题字较多，最早为明嘉靖元年所题
历史沿革	贾兰坡等专家经考察，将灰峪村仙人洞定为周口店古人类遗址第十八号洞
主管单位	无
保护情况	一般
损坏原因	年久失修及风化腐蚀

灰峪村仙人洞遗址地图、照片

灰峪村仙人洞遗址平面图（2016 年）

灰峪村仙人洞遗址（摄于 2009 年 5 月）

名　称	灰峪村碑刻
保护类型	一般不可移动文物
文物类型	石窟寺及石刻
详细地址	军庄镇灰峪村
建造时间	待考
地理位置	东经 116° 04′ 59.5″，北纬 40° 01′ 13.1″
海　拔	282 米
地理环境	灰峪村四周皆山，灰峪村碑刻位于村外
文物现状	灰峪村碑刻已残破，遗存残碑长 0.69 米，宽 0.38 米，厚 0.09 米；现碑文不全，仅能见"在险峰"三字
历史沿革	传统记事碑，内容待考
主管单位	门头沟区军庄镇政府
保护情况	较差
损坏原因	年久风化

灰峪村碑刻地图、照片

灰峪村碑刻平面图（2016 年）

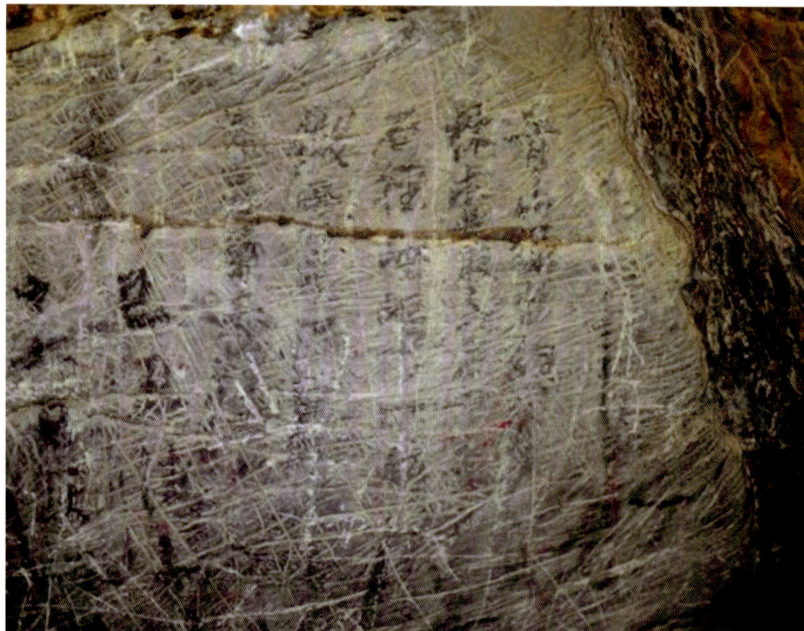

灰峪村碑刻局部（摄于 2009 年 5 月）

名 称	灰峪村关帝庙
保护类型	一般不可移动文物
文物类型	古建筑
详细地址	军庄镇灰峪村
建造时间	待考
地理位置	东经 116° 05′ 04.8″，北纬 40° 00′ 34.7″
海 拔	186 米
地理环境	灰峪村四周皆山，关帝庙位于村南头灰峪村委会内，坐北朝南
文物现状	灰峪村关帝庙现遗存面阔 10 米、进深 4 米的正殿三间，面阔 6 米、进深 3.5 米的西配殿三间；正殿五架梁带前廊，硬山调大脊带鸱吻，石板顶，筒瓦压垄带沟头滴水，檐枋施以彩绘；该庙东殿及山门现均无存，建筑格局有改变
历史沿革	灰峪村关帝庙始建年代待考，清光绪二年（1876）重修
主管单位	门头沟区军庄镇政府
保护情况	一般
损坏原因	年久失修

灰峪村关帝庙地图、照片

灰峪村关帝庙平面图（2016 年）

灰峪村关帝庙庙内一隅（摄于 2009 年 5 月）

名 称	灰峪村中街 16、17 号民居
保护类型	一般不可移动文物
文物类型	古建筑
详细地址	军庄镇灰峪村
建造时间	清代
地理位置	东经 116° 05′ 06.2″，北纬 40° 00′ 39.0″
海　拔	190 米
地理环境	灰峪村隶属军庄镇，位于镇的西北部，四周皆山。整个村庄好像是被镶嵌在一个小盆地里，只有南边一条出村的道路。土壤为山地淋溶褐土和普通褐土，山坡植被为荆条、酸枣等灌木，人为种植的有杨树、香椿等；灰峪村中街 16、17 号民居位于村中心，坐北朝南
人文环境	灰峪村中街 16、17 号民居原为同一主人，院子有"32间"之别称，因两院均有正房及倒座南房各五间，东西厢房各三间，合计 32 间。各房均为小布瓦互压顶，青龙脊，室内柁檩均有柁方檩方，南北房内均有雕花木隔扇相隔，前脸柁檩均有油漆彩绘；院内青砖满地，建筑做工讲究。因长期生活使用，现房屋略显老旧
文物现状	正房 2 栋，倒座 2 栋，东西厢房各 2 栋
历史沿革	灰峪村中街 16、17 号民居，为清代本村的大地主孙万善在财气兴旺时所建，距今已 120 多年。两个院子格局相同，都是正房五间，面阔 12.5 米，进深 3.5 米；倒座南房五间，面阔 12.5 米，进深 3.5 米；东西厢房各三间，面阔 9 米，进深 3 米；共计 16 间房。各房均为小布瓦互压顶，青龙脊。室内柁檩均有柁方檩方，南北各五间房内均有雕花木隔扇相隔。前脸柁檩均有油漆彩绘。院内青砖满地，建筑工程做工讲究
主管单位	门头沟区军庄镇灰峪村委会
保护情况	较好
损坏原因	建筑时间久远以及长时间的生活使用

灰峪村中街 16、17 号民居地图、照片

灰峪村

灰峪村中街16、17号民居

灰峪村中街 16 、17 号民居平面图（2016 年）

灰峪村中街 16 号民居
（摄于 2009 年 5 月）

灰峪村中街 17 号民居
（摄于 2009 年 5 月）

名 称	灰峪村中街 21 号范家老宅
保护类型	一般不可移动文物
文物类型	古建筑
详细地址	军庄镇灰峪村
建造时间	清代
地理位置	东经 116° 05′ 06.2″，北纬 40° 00′ 40.3″
海 拔	189 米
地理环境	灰峪村中街 21 号范家老宅位于村中心，坐东朝西
文物现状	灰峪村中街 21 号范家老宅是一座四合院，有正房及倒座房各五间，南北厢房各三间；正房五级踏步带垂带，清水蝎子尾，原有镇宅兽，现已无；倒座房为如意踏步；南北厢房为卷棚顶，鞍子脊，清水蝎子尾无盘花，中间为过道。范家大院保存基本完整，但建筑已显陈旧
历史沿革	此院老门牌号是"宛平县第五区七号"，距今已有 250 多年的历史
主管单位	门头沟区军庄镇灰峪村委会
保护情况	一般
损坏原因	年久失修

灰峪村中街 21 号范家老宅地图、照片

灰峪村中街 21 号范家老宅平面图（2016 年）

灰峪村中街 21 号范家老宅内部（摄于 2009 年 5 月）

名　称	昆仑山极乐洞
保护类型	一般不可移动文物
文物类型	石窟寺及石刻
详细地址	妙峰山镇下苇甸村
建造时间	待考
地理位置	东经 116° 00′ 50.6″，北纬 39° 59′ 44.9″
海　拔	452 米
地理环境	下苇甸村东临永定河，南北为低山，昆仑山极乐洞位于村南昆仑山上
文物现状	昆仑山极乐洞为天然洞穴，高约 3 米，长宽均约 7 米，后有人依石洞砌墙而成庙，洞内有一个长方石台，疑为供奉神像的基座；庙旁的岩石上有"念佛，阿弥陀佛""开山和尚，现光禅师"等五处楷书摩崖刻字
历史沿革	昆仑山极乐洞为天然洞穴，明代被和尚砌石成庙，故所建极乐洞又名和尚庙，明清两代均有和尚修行于此；洞内曾供奉铜制菩萨佛像一尊，战争年代佛头被人推滚下山，至今无查；佛身于 1946 年被用于制造子弹
主管单位	门头沟区妙峰山镇政府
保护情况	石洞完好
损坏原因	自然风化

昆仑山极乐洞地图、照片

昆仑山极乐洞平面图（2016 年）

昆仑山极乐洞
（摄于 2009 年 8 月）

名　称	下苇甸村修路碑
保护类型	一般不可移动文物
文物类型	石窟寺及石刻
详细地址	妙峰山镇下苇甸村
建造时间	清代
地理位置	东经 116° 00′ 54.6″，北纬 40° 00′ 13.5″
海　拔	161 米
地理环境	下苇甸村位于苇店沟汇入永定河处，是妙峰山古香道岭西道的起始点，修路碑立于下苇甸村公路边
文物现状	遗存修路碑为汉白玉质，通高 1.18 米，宽 0.525 米，厚 0.21 米，方首圆角，碑首刻双鹤祥云纹，碑额刻"万古流芳"，碑阴刻"永垂不朽"及捐款人功德名录；现碑上部分字迹已模糊不清
历史沿革	下苇甸村修路碑立于清嘉庆年间，为修路捐款记事碑
主管单位	门头沟区妙峰山镇政府
保护情况	一般
损坏原因	自然风化

下苇甸村修路碑地图、照片

下苇甸村修路碑平面图（2016 年）

下苇店村修路碑（摄于 2010 年 4 月）

名 称	下苇甸村五道庙
保护类型	一般不可移动文物
文物类型	古建筑
详细地址	妙峰山镇下苇甸村
建造时间	清代
地理位置	东经116°01′01.7″，北纬40°00′07.7″
海　拔	156 米
地理环境	下苇甸村五道庙位于前街公路旁，坐北朝南
文物现状	下苇甸村五道庙仅遗存面阔4米、进深3.7米的正房一间，墙壁三面有残缺壁画，现房屋局部破损，屋内堆满杂物
历史沿革	传统庙宇，五道庙是亡人报庙的地方
主管单位	门头沟区妙峰山镇政府
保护情况	一般
损坏原因	年久失修

下苇甸村五道庙地图、照片

下苇甸村五道庙平面图（2016 年）

下苇甸村五道庙（摄于 2009 年 11 月）

名 称	下苇甸村茶棚
保护类型	一般不可移动文物
文物类型	古建筑
详细地址	妙峰山镇下苇甸村
建造时间	待考
地理位置	东经 116° 01′ 01.2″，北纬 40° 00′ 00.0″
海　拔	161 米
地理环境	下苇甸村茶棚位于村中心前街路口，坐北朝南，院落南北长约 17 米，东西长约 16 米
文物现状	下苇甸村茶棚面阔 12 米、进深 5 米，为卷棚顶，鞍子脊；现建筑局部有破损
历史沿革	下苇甸村是通往妙峰山古香道的必经之处，故古来商街繁华，茶棚为其中店铺之一
主管单位	门头沟妙峰山镇政府
保护情况	一般
损坏原因	年久失修

下苇甸村茶棚地图、照片

下苇甸村茶棚平面图（2016 年）

下苇甸村茶棚（摄于 2009 年 11 月）

名　称	军庄村战国时期墓葬遗址
保护类型	一般不可移动文物
文物类型	古墓葬
详细地址	军庄镇军庄村
建造时间	东周时期
地理位置	东经116°05′09.2″，北纬39°59′56.1″
海　拔	206米
地理环境	军庄村位于永定河东岸滩地，战国时期墓葬遗址位于村中某民居院内
文物现状	遗存战国时期墓葬遗址，已回填，考古地现为民居
历史沿革	在战国时期，门头沟区地处古冀州，为燕属地；军庄村曾挖出青铜剑、青铜戟以及三枚燕国贝币，经考证均为春秋战国时期燕国陪葬物品
主管单位	门头沟区军庄镇军庄村委会
保护情况	无保护
损坏原因	年代久远，自然风化，人为损坏

军庄村战国时期墓葬遗址地图、照片

军庄村战国时期墓葬遗址平面图（2016年）

军庄村战国时期墓葬遗址（摄于2009年10月）

名　称	上将军洞遗址
保护类型	一般不可移动文物
文物类型	古遗址
详细地址	军庄镇军庄村
建造时间	明代
地理位置	东经116°04′18.1″，北纬40°00′20.5″
海　拔	370米
地理环境	军庄村地处永定河东岸滩地，上将军洞遗址位于村外将军山
文物现状	上将军洞是利用石灰岩溶洞经人工砌筑而成的驻人防御设施，洞口高0.62米，宽0.5米，内里通高1.17米，宽1.3米，西南方向有瞭望口，洞上有瞭望台，共26级台阶
历史沿革	军庄村是沿永定河上行的古西山大道的重要交通枢纽，成村较早，古代常设军营并派兵驻守；上将军洞遗址即是明代军庄村军事防御系统的一部分，早已弃用
主管单位	门头沟区军庄镇政府
保护情况	一般
损坏原因	弃用年久

上将军洞遗址地图、照片

上将军洞遗址平面图（2016年）

上将军洞遗址
（摄于2009年3月）

名　称	下将军洞遗址
保护类型	一般不可移动文物
文物类型	古遗址
详细地址	军庄镇军庄村
建造时间	明代
地理位置	东经116°03′59.3″，北纬40°00′10.2″
海　拔	212米
地理环境	军庄村地处永定河东岸滩地，下将军洞遗址位于村外将军山，洞口朝南
文物现状	下将军洞遗址是利用石灰岩溶洞经人工砌筑而成的驻人防御设施，经一天然小洞匍匐而入，洞体内有约80平方米的大厅，最里面是一个13米长的小洞，整个山洞呈葫芦形。洞中间狭窄处有人工砌筑的上下两层设施，经三级石阶可通上将军洞；原洞口朝东，现已无，南墙已塌
历史沿革	下将军洞约于嘉靖三十年（1551）修建，是明代军庄村军事防御系统的一部分，早已弃用
主管单位	门头沟区军庄镇政府
保护情况	一般
损坏原因	弃用年久

下将军洞遗址地图、照片

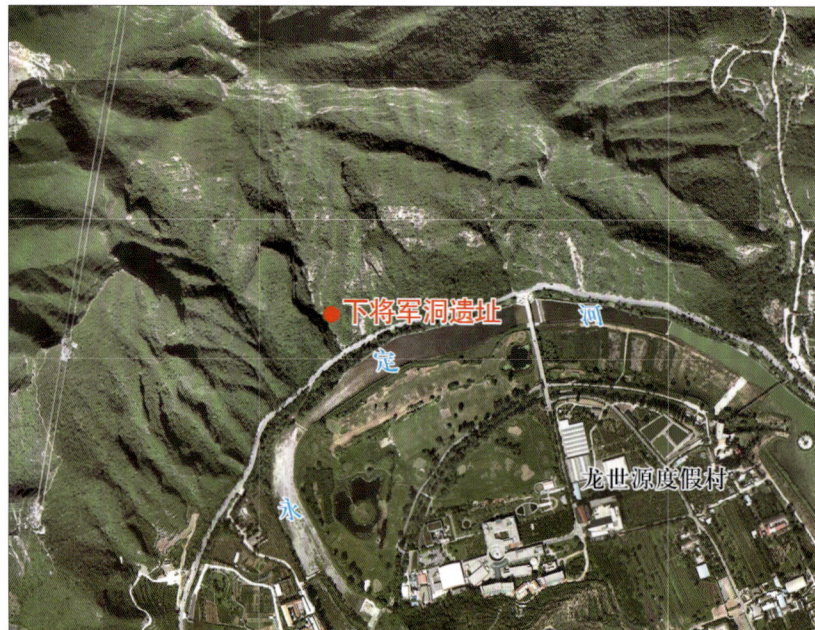

下将军洞遗址平面图（2016年）

下将军洞遗址（摄于2009年3月）

名　称	将军洞南北墙遗址
保护类型	一般不可移动文物
文物类型	古遗址
详细地址	军庄镇军庄村
建造时间	明代
地理位置	东经 116° 04′ 17.4″，北纬 39° 59′ 29.9″
海　拔	183 米
地理环境	将军洞南北墙遗址位于永定河旁的将军山上，依山就势，东低西高
文物现状	遗存古墙为一段约 180 米长残墙，厚约 1.5 米，用较大石块垒成，未使用石灰等粘接物；现墙内已修成梯田
历史沿革	将军洞南北墙遗址为明代军营的遗址
主管单位	门头沟区军庄镇政府
保护情况	较差
损坏原因	弃用年久

将军洞南北墙遗址地图、照片

将军洞南北墙遗址平面图（2016 年）

将军洞南北墙遗址
（摄于 2009 年 3 月）

名 称	军庄村摩崖造像
保护类型	一般不可移动文物
文物类型	石窟寺及石刻
详细地址	军庄镇军庄村
建造时间	待考
地理位置	东经 116° 04′ 51.1″，北纬 40° 00′ 00.2″
海 拔	203 米
地理环境	军庄村西面傍水，南北靠山，军庄村摩崖造像位于村北山坡石崖
文物现状	军庄村摩崖造像高 0.59 米，宽 0.44 米，其头戴丰帽，上身穿通肩袈裟，颈项璎珞，双手置胸前结跏趺坐于莲座上，面部五官不清晰；其旁有石灰岩质碑一通，碑额刻"万古流芳"，碑石一部分埋于地下
历史沿革	不详
主管单位	门头沟区军庄镇政府
保护情况	较好
损坏原因	自然风化

军庄村摩崖造像地图、照片

军庄村摩崖造像平面图（2016 年）

军庄村摩崖造像（摄于 2009 年 5 月）

名　称	军庄村南安庙
保护类型	一般不可移动文物
文物类型	古遗址
详细地址	军庄镇军庄村
建造时间	待考
地理位置	东经 116° 05′ 12.7″，北纬 39° 59′ 47.7″
海　拔	198 米
地理环境	南安庙位于军庄村内，坐北朝南
文物现状	军庄村南安庙有面阔 9 米、进深 3.5 米的正殿及山门殿各三间，以及面阔 8 米、进深 3 米的东西配殿各两间。正殿五级踏步带垂带，片瓦铺顶，筒瓦隔间压垄；现正殿屋顶形制已改，配殿、后殿形制已改
历史沿革	传统庙宇，1949 年以后设成小学校，后成为生产大队及村委会办公地点
主管单位	门头沟区军庄镇政府
保护情况	修复后保护较好
损坏原因	人为改造他用

军庄村南安庙地图、照片

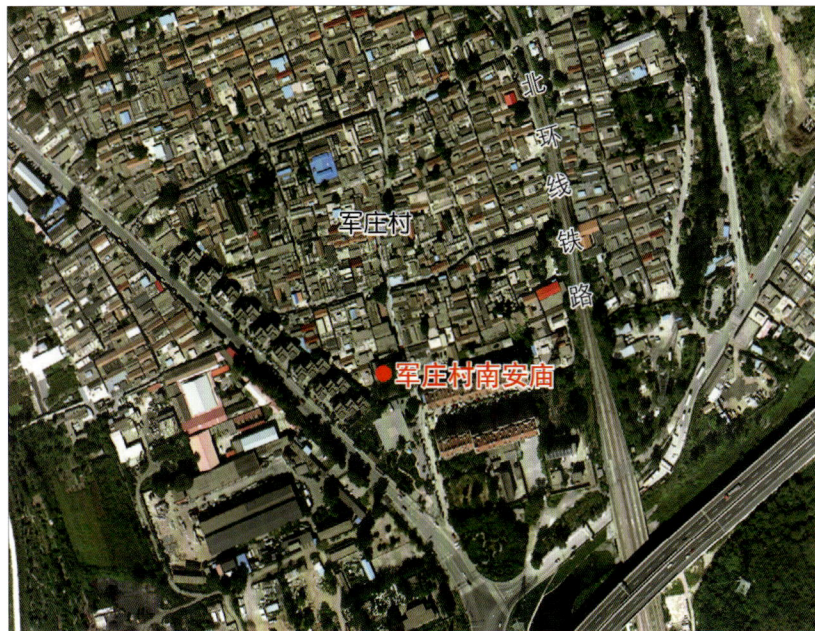

军庄村南安庙平面图（2016 年）

军庄村南安庙
（摄于 2019 年 10 月）

名　称	军庄村城隍庙
保护类型	一般不可移动文物
文物类型	古遗址
详细地址	军庄镇军庄村
建造时间	待考
地理位置	东经 116° 05′ 11.8″，北纬 39° 59′ 55.5″
海　拔	203 米
地理环境	军庄村城隍庙位于村中心医务室院内，距过街楼不远，坐北朝南
文物现状	军庄村城隍庙仅有面阔 6 米、进深 4 米的正殿三间，为二破三形制，五架梁，檐枋有彩绘；现庙宇老旧
历史沿革	传统庙宇；门头沟地区城隍庙不多，军庄村城隍庙是遗存之一
主管单位	门头沟区军庄镇政府
保护情况	较差
损坏原因	年久失修

军庄村城隍庙地图、照片

军庄村城隍庙平面图（2016 年）

面目全非的军庄村城隍庙（摄于 2019 年 10 月）

名　称	门斋铁路起始点
保护类型	一般不可移动文物
文物类型	近现代建筑
详细地址	龙泉镇城子村
建造时间	1924 年
地理位置	东经 116° 04′ 09.9″，北纬 40° 00′ 15.7″
海　拔	129 米
地理环境	城子村毗邻木城涧煤矿，门斋铁路起始点位于城子村南
文物现状	门斋铁路在城子车站有三孔桥，中孔有写"1927"字样，现桥上已盖房；沿铁道往南走约 200 米有一水房，现已为民居
历史沿革	门斋铁路始建于 1924 年，为官商合办，原计划穿过大寒岭到斋堂，后因资金和战乱只修到板桥村东，车站叫板桥，但其始点在城子村南；门斋铁路从城子村东跨永定河到西直门的北京北站，1927 年通车，从此门头沟人进城可以坐火车到西直门；直至 20 世纪 80 年代，门斋铁路仍是门头沟山区百姓出山的首选交通工具，其现已弃用
主管单位	门头沟区龙泉镇城子村委会
保护情况	一般
损坏原因	弃用后被占据作他用

门斋铁路起始点地图、照片

门斋铁路起始点平面图（2016 年）

门斋铁路起始点（摄于 2019 年 10 月）

名　称	提灯老会碑
保护类型	一般不可移动文物
文物类型	石窟寺及石刻
详细地址	妙峰山镇陈家庄村
建造时间	清代
地理位置	东经 116° 03′ 44.1″，北纬 39° 59′ 43.0″
海　拔	113 米
地理环境	陈家庄村位于妙峰山镇东南部，提灯老会碑位于陈家庄西北方向的 109 国道西侧
文物现状	提灯老会石碑属于野外刻石，碑高 1.16 米，宽 0.5 米，厚 0.15 米，方首上雕二龙戏珠，额题"提灯老会"，有"光绪六十年三月立石"字样
历史沿革	妙峰山地区民间文化活动十分丰富，提灯老会是春节传统重头娱乐项目之一，故当地人为其立碑
主管单位	门头沟区妙峰山镇政府
保护情况	较好
损坏原因	自然风化

提灯老会碑地图、照片

提灯老会碑平面图（2016 年）

提灯老会碑
（摄于 2009 年 11 月）

名 称	丁家滩村水利石刻
保护类型	一般不可移动文物
文物类型	石窟寺及石刻
详细地址	妙峰山镇丁家滩村
建造时间	清代
地理位置	东经 116°01′54.5″，北纬 39°59′31.9″
海 拔	151 米
地理环境	丁家滩村坐落在妙峰山下，三面环山，东临永定河；石刻位于丁家滩村丁家湾，距永定河约 50 米处
文物现状	丁家滩村水利石刻在一块巨石上，开光部分高 1.65 米，宽 0.77 米，从右至左书大字有"光绪七年十月二十日醇亲王到此"及小字"前宣福建使王德榜立"。大字 0.24 米见方，小字 0.1 米见方
历史沿革	丁家滩村临永定河，保留有传统的求雨习俗；此石刻是为纪念清光绪皇帝的父亲醇亲王奕譞视察而建，现基本完好
主管单位	门头沟区妙峰山镇政府
保护情况	较好
损坏原因	自然风化

丁家滩村水利石刻地图、照片

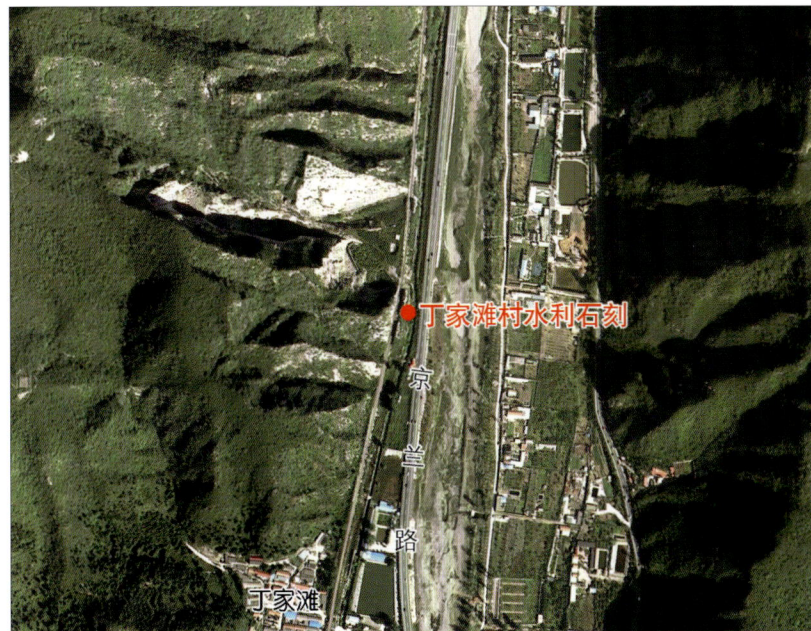

丁家滩村水利石刻平面图（2016 年）

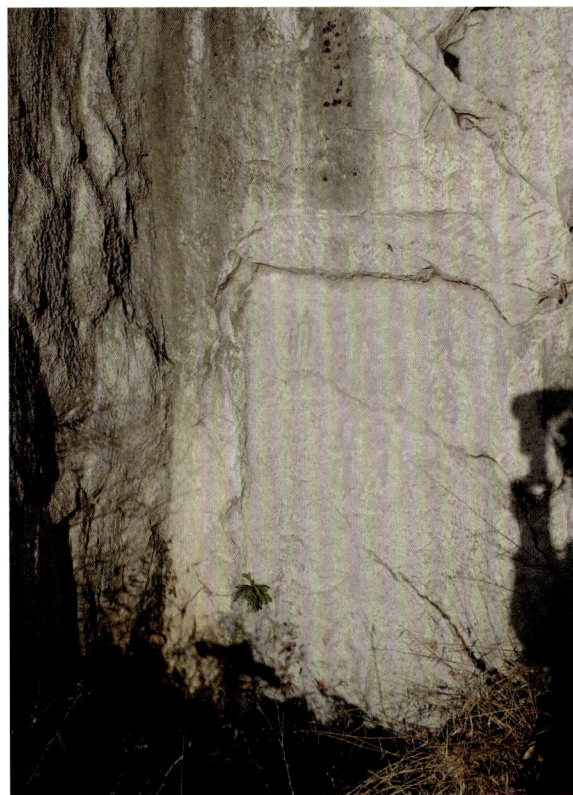

丁家滩村水利石刻局部（摄于 2009 年 11 月）

名　称	丰光寺
保护类型	一般不可移动文物
文物类型	古建筑
详细地址	妙峰山镇担礼村
建造时间	待考
地理位置	东经 116° 02′ 39.4″，北纬 39° 59′ 16.6″
海　拔	157 米
地理环境	担礼村地处门头沟东北部浅山区，丰光寺位于村中山坡上，坐北朝南
文物现状	丰光寺山门面阔及进深均为 3 米，额题"丰光寺"；过山门有一影壁，其东西各有一棵古柏树；寺内有面阔 15 米、进深 5 米的正殿三间，为十级踏步，砖博风，条大脊，棋盘格，墀头有缠枝纹砖雕；现庙内大部分建筑已改
历史沿革	传统庙宇，现已成为村委会办公场所
主管单位	门头沟区妙峰山镇政府
保护情况	较好
损坏原因	人为改建

丰光寺地图、照片

丰光寺平面图（2016 年）

丰光寺山门（摄于 2009 年 4 月）

名 称	担礼村后街 6 号民居
保护类型	一般不可移动文物
文物类型	进现代建筑
详细地址	妙峰山镇担礼村
建造时间	清末民初
地理位置	东经 116°02′31.4″，北纬 39°59′15.5″
海 拔	151 米
地理环境	担礼村地处门头沟东北部浅山区，后街 6 号民居位于村西，坐北朝南
文物现状	担礼村后街 6 号民居为四合院，有正房五间，东西厢房各三间，倒座房四间；该院建筑均为硬山清水脊，蝎子尾，石板顶，板瓦；正房五级踏步带垂踏，倒座房三级踏步，东厢房墙壁有通气孔；现正房已改建，局部破损较严重
历史沿革	传统民居
主管单位	门头沟区妙峰山镇担礼村委会
保护情况	一般
损坏原因	年久失修

担礼村后街 6 号民居地图、照片

担礼村后街 6 号民居平面图（2016 年）

担礼村后街 6 号民居（摄于 2019 年 10 月）

名　称	龙泉务墓群
保护类型	一般不可移动文物
文物类型	古墓葬
详细地址	龙泉镇龙泉务村
建造时间	辽代
地理位置	东经116° 04′ 45.3″，北纬39° 59′ 08.6″
海　拔	128米
地理环境	龙泉务村北依九龙山，东临永定河，龙泉务墓群位于村北山坳中
文物现状	龙泉务墓群为辽代火葬墓，距地表2.5米，由沟纹砖垒成，砖长0.36米，其一面有六条贯通的沟纹；现墓葬遗址已被填平
历史沿革	龙泉务村历史悠久，在辽初时代即有人烧窑，此地寺庙、古建、墓葬、石刻、古道等文物古迹众多，考古曾发现过金瓷窑遗址等，契丹贵族墓葬即为重要的出土文物
主管单位	门头沟区龙泉镇政府
保护情况	原土回填
损坏原因	人为破坏，自然风化

龙泉务墓群地图、照片

龙泉务墓群

龙泉务

龙泉务墓群平面图（2016年）

龙泉务墓群地表（摄于2008年4月）

名　称	武德将军幢
保护类型	一般不可移动文物
文物类型	古建筑
详细地址	龙泉镇龙泉务村
建造时间	金代
地理位置	东经 116° 04′ 52.0″，北纬 39° 58′ 51.5″
海　拔	106 米
地理环境	武德将军幢现存龙泉务村委会院内
文物现状	武德将军幢为汉白玉石质，八楞体，现仅存残高 1.49 米、直径 0.41 米的幢身，其上有楷书及梵文，下端饰一周缠枝花卉；现幢盖无存，幢身已有自由裂纹
历史沿革	武德将军幢于 1992 年在村南门斋铁路路基北侧被发现，根据幢上残存文字，可知其落成于金正隆六年（1161）
主管单位	门头沟区龙泉镇政府
保护情况	一般
损坏原因	年代久远，自然风化

武德将军幢地图、照片

武德将军幢平面图（2016 年）

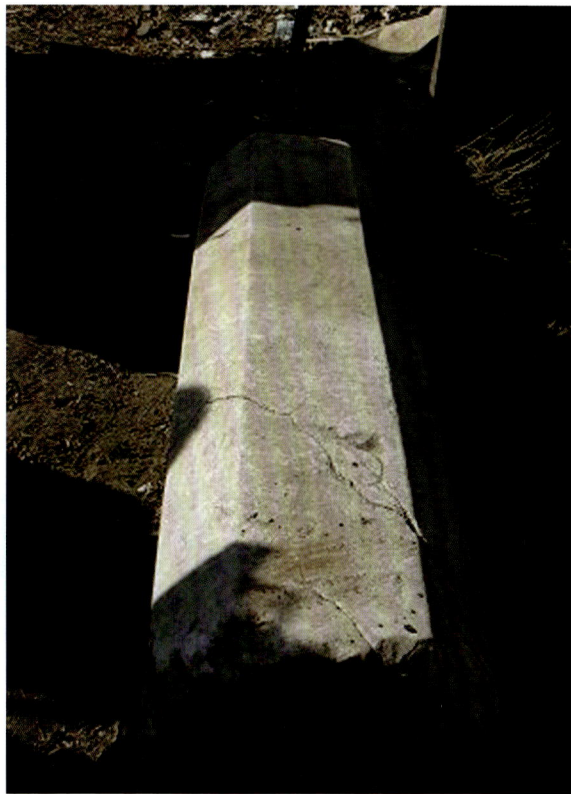

武德将军幢（摄于 2008 年 4 月）

名　称	洪智寺
保护类型	一般不可移动文物
文物类型	古建筑
详细地址	龙泉镇龙泉务村
建造时间	清代
地理位置	东经116° 04′ 51.7″，北纬39° 58′ 58.3″
海　拔	116米
地理环境	洪智寺位于龙泉务村东部，坐北朝南
文物现状	洪智寺现仅遗存面阔三间的后殿，为硬山大脊，琉璃筒瓦压垄，脊有残鸱吻及垂脊兽头，五架梁，彻上明造，排山沟滴，门前五级踏步无垂带，山墙为砖石混砌，现门窗形制被改造；寺内原有重修碑记一通，现被移置至龙泉务村委会
历史沿革	洪智寺始建设于明，曾是村里最大的集会场所；20世纪40年代末至90年代初，该寺成为村中心小学；前殿被拆毁
主管单位	门头沟区龙泉镇政府
保护情况	较差
损坏原因	不合理利用及人为拆毁

洪智寺地图、照片

洪智寺平面图（2016年）

洪智寺后殿（摄于2008年4月）

名　称	龙泉务村药王庙
保护类型	一般不可移动文物
文物类型	古建筑
详细地址	龙泉镇龙泉务村
建造时间	清代
地理位置	东经 116° 04′ 29.8″，北纬 39° 58′ 59.9″
海　拔	148 米
地理环境	龙泉务村药王庙位于村西，坐西朝东
文物现状	龙泉务村药王庙仅遗存后殿及山门；山门有木门两扇，上部构筑已毁，门前影壁无存；现后墙新开三扇窗，正门前檩正中间绘有二龙戏珠彩画；后殿为硬山正脊，石板瓦底，小瓦压垄，五架梁，彻上明造，檐枋有彩绘，正门前有如意台阶；殿后有两棵高大挺拔的古银杏，为门头沟区一级保护古树名木；现殿脊两端残破，瓦面损坏严重，门窗皆无，殿内药师像墨绘被涂损严重
历史沿革	传统庙宇，已弃用多年
主管单位	门头沟区龙泉镇政府
保护情况	较差
损坏原因	人为损毁及年久失修

龙泉务村药王庙地图、照片

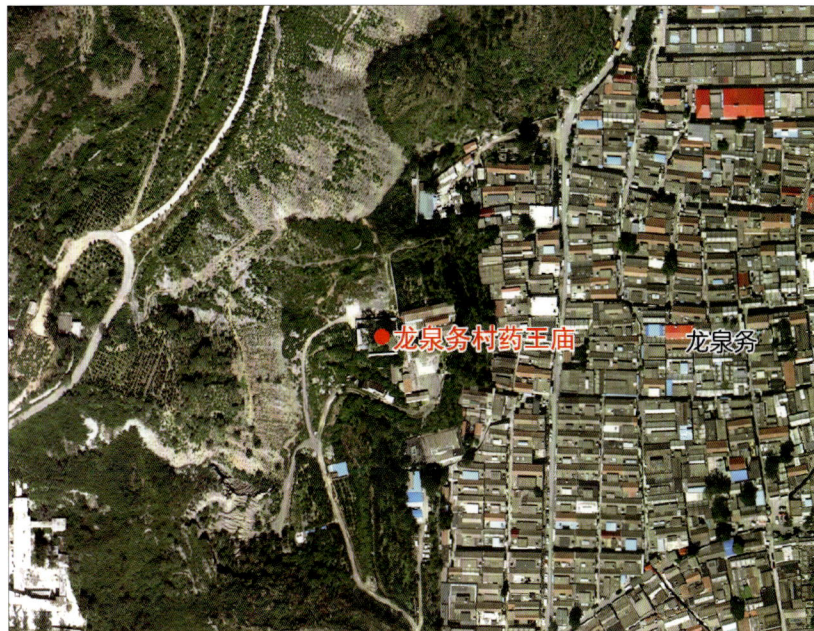

龙泉务村药王庙平面图（2016 年）

残存的龙泉务村药王庙（摄于 2008 年 4 月）

名　称	丹臻墓
保护类型	一般不可移动文物
文物类型	古墓葬
详细地址	妙峰山镇陇架庄村西北
建造时间	清代
地理位置	东经 116° 02′ 25.0″，北纬 39° 58′ 42.1″
海　拔	140 米
地理环境	陇架庄村北靠青山，余三面均被永定河环绕；丹臻墓位于陇架庄村西北背山面河处，坐北朝南
文物现状	丹臻墓原依山势从下往上有台阶 108 级，前有神桥横跨文河，宫门外有擎天柱，宫门内为东西班房；享殿五间内设五供及祖先牌位，享殿后为磨砖对缝的月台，月台上置石栏板 34 块；现墓地原建筑已无存，仅余部分残石构件及古树
历史沿革	丹臻为清肃武亲王豪格之孙，显懿亲王富绶第四子，他 6 岁袭显亲王爵，康熙三十五年（1696）曾从征噶尔丹，深得叔叔康熙皇帝信任；丹臻 38 岁薨，康熙帝赐其陇架庄的这处园寝；现墓地已改为酒店
主管单位	门头沟区妙峰山镇政府
保护现状	较差
保护情况	人为改建

丹臻墓地图、照片

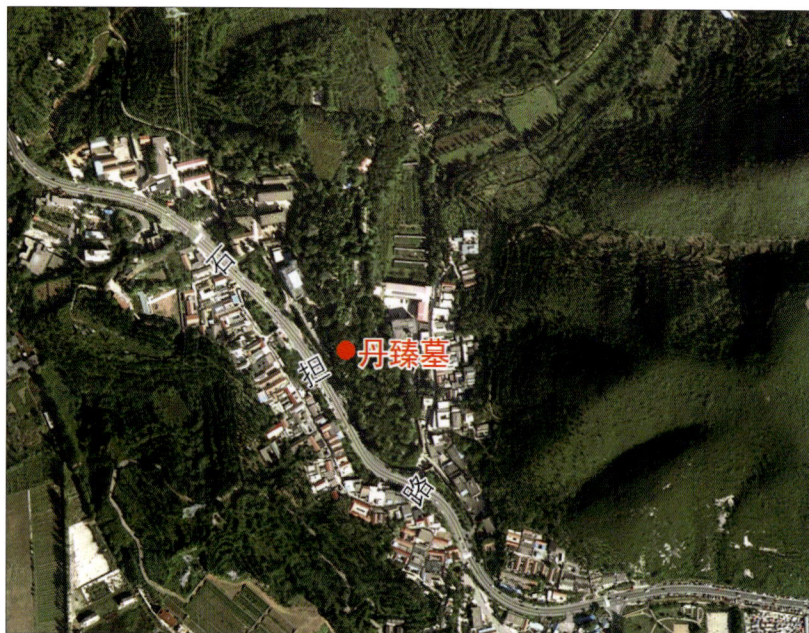

丹臻墓平面图（2016 年）

丹臻墓遗址（摄于 2009 年 11 月）

名　称	野溪摩崖石刻
保护类型	一般不可移动文物
文物类型	石窟寺及石刻
详细地址	龙泉镇野溪村
建造时间	清代
地理位置	东经 116° 03′ 35.2″，北纬 39° 58′ 40.4″
海　拔	191 米
地理环境	野溪村背山临河，摩崖石刻位于村东侧山崖，面临永定河，坐南朝北
文物现状	摩崖石刻距地面约 5 米，上有"统师徒杀水势，燕民从此乐熙熙"几个大字，另有"钦命头品顶戴穿黄马褂奏乐直隶顺天河务前福建布政练达冲阿巴图鲁楚南王德榜题"及"光绪捌年孟春月谷旦立于野西河滩"等数行小字
历史沿革	石刻是古时修桥修路治河后的一种通行的记事方式，野溪摩崖石刻即为清光绪年间兴修永定河水利一事在山崖石壁上所刻的记事文字
主管单位	头沟区龙泉镇政府
保护情况	较好
损坏原因	自然风化

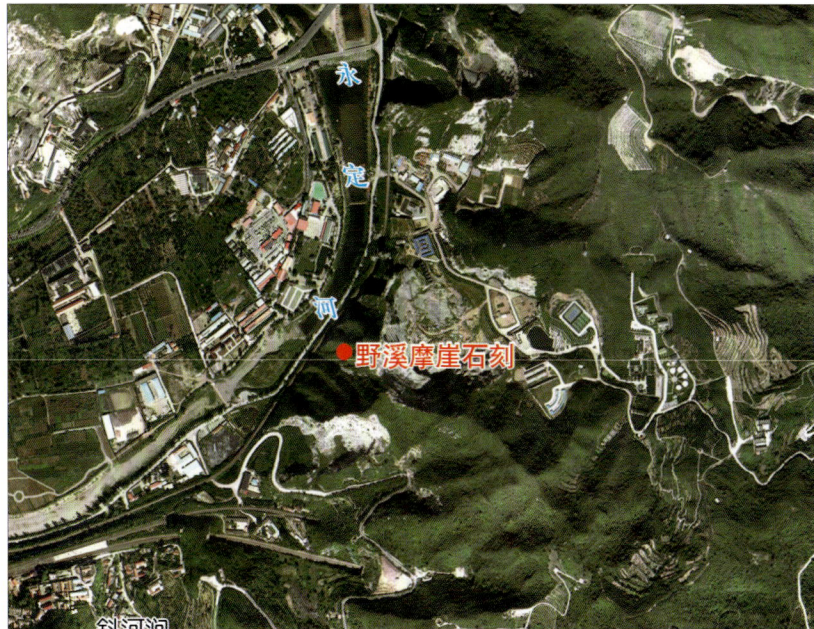

野溪摩崖石刻地图、照片

野溪摩崖石刻平面图（2016 年）

野溪摩崖石刻
（摄于 2008 年 4 月）

名　称	星海墓
保护类型	一般不可移动文物
文物类型	古墓葬
详细地址	王平地区河北村
建造时间	清代
地理位置	东经 115° 59′ 17.9″，北纬 39° 58′ 24.2″
海　拔	344 米
地理环境	河北村背靠非常险峻的灰石山，星海墓位于村东台地顶上，墓地面积约 2000 平方米
文物现状	星海墓现仅存下沉宝顶，墓地有 9 株古松
历史沿革	星海为清代礼亲王代善第七子的曾孙，墓葬原停灵三口，为一男两女；此墓于 1935 年、1940 年及 1981 年多次被盗
主管单位	门头沟区王平地区办事处
保护情况	较差
损坏原因	人为盗毁

星海墓地图、照片

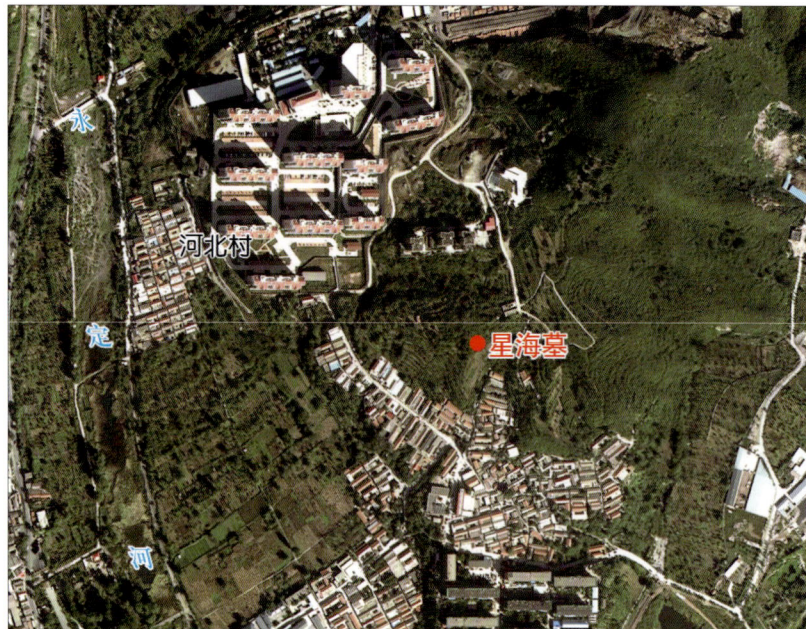

星海墓平面图（2016 年）

星海墓（摄于 2009 年 6 月）

名　称	汉代烽火台遗址
保护类型	一般不可移动文物
文物类型	古遗址
详细地址	王平地区东石古岩村
建造时间	汉代
地理位置	东经 116° 01′ 07.8″，北纬 39° 58′ 22.0″
海　拔	193 米
地理环境	东石古岩村坐落在永定河西侧的山林中，汉代烽火台遗址位于村外东南方向的石灰岩山体的悬崖峭壁之上
文物现状	汉代烽火台已无存，仅留遗址
历史沿革	烽火是古代传播信息的一种方式，烽火台为军事设施；门头沟区王平地区自古以来就是军事重镇，地域内分布着多处军事设施的遗址，东石古岩村汉代烽火台即为其中一处
主管单位	门头沟区王平地区办事处
保护情况	差
损坏原因	年久弃用

汉代烽火台遗址地图、照片

东石古岩

● 汉代烽火台遗址

汉代烽火台遗址平面图（2016 年）

汉代烽火台遗址（摄于 2009 年 6 月）

名　称	石佛岭古道
保护类型	一般不可移动文物
文物类型	古遗址
详细地址	王平地区东石古岩村
建造时间	待考
地理位置	东经116° 00′ 50.2″，北纬39° 58′ 28.8″
海　拔	190米
地理环境	东石古岩村坐落在永定河西侧的山林中，京西石佛岭古道穿村而过
文物现状	石佛岭古道东石古岩村路段建于峭壁之上，两米多宽的路面全用青石铺成，每隔一两米有一块竖放的石块以防打滑，靠悬崖边建有约一米高的护墙；这条古道基本保存完好，仅局部有残破；路边有4块摩崖碑刻，字迹已经漫漶不清
历史沿革	石佛岭古道历史悠久，因道路两旁有石佛像而得名，几百年来这条路都是京西山区客商马队往来的交通要道
主管单位	门头沟区王平地区办事处
保护情况	一般
损坏原因	人行过往及自然风化

石佛岭古道地图、照片

石佛岭古道平面图（2016年）

石佛岭古道
（摄于2009年6月）

名　称	东石古岩村 1 号下店
保护类型	一般不可移动文物
文物类型	古建筑
详细地址	王平地区东石古岩村
建造时间	待考
地理位置	东经 116° 00′ 49.1″，北纬 39° 58′ 28.5″
海　拔	199 米
地理环境	东石古岩村 1 号下店位于石佛岭古道东石古岩村路段道旁，坐北朝南
文物现状	东石古岩村 1 号下店有正房、西厢房及倒座房各三间，均为硬山清水脊，带蝎尾，板瓦铺顶压垄
历史沿革	东石古岩村 1 号下店是最早到东石古岩村定居的张氏兄弟中的一人所建，主要利用古道优势为过往为客商马队提供食宿
主管单位	门头沟区王平地区东石古岩村委会
保护情况	一般
损坏原因	年久失修

东石古岩村 1 号下店地图、照片

东石古岩村 1 号下店平面图（2016 年）

东石古岩村 1 号下店
（摄于 2009 年 6 月）

名　称	东石古岩村北店
保护类型	一般不可移动文物
文物类型	古建筑
详细地址	王平地区东石古岩村
建造时间	待考
地理位置	东经 116° 00′ 46.2″，北纬 39° 58′ 29.4″
海　拔	205 米
地理环境	东石古岩村北店位于石佛岭古道东石古岩村路段之北，坐北朝南
文物现状	东石古岩村北店为二套二进四合院，两院中的正房、倒座房及东西厢房均面阔 10 米，进深 5 米；现部分建筑主体已坍塌
历史沿革	东石古岩村北店原为客栈，主人姓张，现为民居，且已分为多户
主管单位	门头沟区王平地区东石古岩村委会
保护情况	一般
损坏原因	年久失修

东石古岩村北店地图、照片

东石古岩村北店平面图（2016 年）

东石古岩村北店院内一隅（摄于 2009 年 6 月）

名 称	东石古岩村南店
保护类型	一般不可移动文物
文物类型	古建筑
详细地址	王平地区办事处东石古岩村
建造时间	待考
地理位置	东经 116° 00′ 46.7″，北纬 39° 58′ 27.7″
海 拔	207 米
地理环境	东石古岩村南店位于石佛岭古道东石古岩村路段之南，坐南朝北
文物现状	东石古岩村南店有面阔 6.4 米、进深 5 米的正房一间，面阔 13 米、进深 4 米的东西厢房各五间，以及面阔 18 米、进深 5 米倒座房五间；建筑均为硬山清水脊，带蝎尾，板瓦铺顶压垄，院落中间有垂花门
历史沿革	东石古岩村南店原为客栈，现为民居
主管单位	门头沟区王平地区东石古岩村委会
保护情况	一般
损坏原因	年久失修

东石古岩村南店地图、照片

东石古岩村南店平面图（2016 年）

东石古岩村南店院内（摄于 2009 年 6 月）

名 称	东石古岩村官房
保护类型	一般不可移动文物
文物类型	近现代建筑
详细地址	王平地区东石古岩村
建造时间	清末民初
地理位置	东经116° 00′ 46.5″，北纬39° 58′ 28.7″
海 拔	208 米
地理环境	东石古岩村官房位于村中，坐东朝西
文物现状	东石古岩村官房原建筑格局不明，现存面阔10米、进深5米的正房三间，为石板瓦，板瓦隔间压垄
历史沿革	传统民居
主管单位	门头沟区王平地区东石古岩村委会
保护情况	一般
损坏原因	年久失修

东石古岩村官房地图、照片

东石古岩村官房平面图（2016 年）

东石古岩村官房（摄于 2009 年 6 月）

名　称	色树坟村 34 号民居
保护类型	一般不可移动文物
文物类型	近现代建筑
详细地址	王平地区色树坟村
建造时间	清末民初
地理位置	东经 115° 59′ 41.6″，北纬 39° 58′ 14.8″
海　拔	209 米
地理环境	色树坟村坐落在永定河畔，南邻门板（门头沟至板桥）铁路，34 号民居位于村中，坐北朝南，院落南北长 17.3 米，东西长 13 米
文物现状	色树坟村 34 号民居现有正房及南房各五间，均是板瓦铺顶，板瓦压垄，四梁八柱；院中原东西厢房已无，南院墙外接一小棚，大门开在东南角
历史沿革	传统民居
主管单位	门头沟区王平地区色树坟村委会
保护情况	一般
损坏原因	年久失修

色树坟村 34 号民居地图、照片

色树坟村 34 号民居平面图（2016 年）

色树坟村 34 号民居院内（摄于 2009 年 6 月）

名　称	色树坟村 58 号民居
保护类型	一般不可移动文物
文物类型	古建筑
详细地址	王平地区色树坟村
建造时间	清代
地理位置	东经 115° 59′ 41.6″，北纬 39° 58′ 12.4″
海　拔	211 米
地理环境	色树坟村坐落在永定河畔，58 号民居位于村中，坐南朝北
文物现状	色树坟村 58 号民居为二进四合院，原有正房五间，现仅余三间，另有含门楼倒座房五间及东西厢房各三间；建筑均为板瓦铺顶，棋盘格形制
历史沿革	传统民居，已有 200 多年历史
主管单位	门头沟区王平地区色树坟村委会
保护情况	一般
损坏原因	年久失修

色树坟村 58 号民居地图、照片

色树坟村 58 号民居平面图（2016 年）

色树坟村 58 号民居一隅（摄于 2009 年 6 月）

名　称	色树坟村德顺旅店
保护类型	一般不可移动文物
文物类型	古建筑
详细地址	王平地区色树坟村
建造时间	清代
地理位置	东经 115° 59′ 46.5″，北纬 39° 58′ 15.4″
海　拔	212 米
地理环境	色树坟村坐落在永定河畔，德顺旅店位于村中，坐北朝南
文物现状	德顺旅店为二进四合院，外院有面阔 10 米、进深 5 米的正房三间，以及面阔 9 米、进深 3 米的东厢房三间；东厢房客房为大通铺，现仍保存；该院建筑格局已有改动
历史沿革	德顺旅店建于清咸丰七年（1857），以前叫刘家大院，曾作旅馆之用
主管单位	门头沟区王平地区色树坟村委会
保护情况	一般
损坏原因	年久失修

色树坟村德顺旅店地图、照片

色树坟村德顺旅店平面图（2016 年）

色树坟村残存的德顺旅店（摄于 2009 年 6 月）

名　称	温水峪庙遗址
保护类型	一般不可移动文物
文物类型	古遗址
详细地址	王平地区西马各庄村
建造时间	明代
地理位置	东经 116° 00′ 35.7″，北纬 39° 57′ 57.7″
海　拔	288 米
地理环境	西马各庄村地处永定河南岸的九龙山下，温水峪庙位于村边山脚，坐西朝东
文物现状	明建温水峪庙早已损毁，仅存遗址，遗址内有棵门头沟区一级古柏树
历史沿革	温水峪庙始建设于明，后因年久失修及人为拆砖已完全损毁，现遗址上已重修庙宇，有山门、正殿及南北配殿
主管单位	门头沟区王平地区办事处
保护情况	修复后保存较好
损坏原因	年久失修及人为损坏

温水峪庙遗址地图、照片

温水峪庙遗址平面图（2016 年）

重修后的温水峪庙（摄于 2009 年 6 月）

名　称	西马各庄村塔院
保护类型	一般不可移动文物
文物类型	古建筑
详细地址	王平地区西马各庄村
建造时间	明代
地理位置	东经 116°00′36.8″，北纬 39°57′57.7″
海　拔	288 米
地理环境	西马各庄村地处永定河南岸的九龙山下，塔院位于村西北
文物现状	西马各庄村塔院现遗存残高 2 米、直径 1 米的残塔一座，为毛石垒砌的锥形
历史沿革	传统庙宇
主管单位	门头沟区王平地区办事处
保护情况	较差
损坏原因	自然风化及人为损毁

西马各庄村塔院地图、照片

西马各庄村塔院平面图（2016 年）

西马各庄村塔院残塔（摄于 2009 年 6 月）

名　称	西马各庄村关帝庙遗址
保护类型	一般不可移动文物
文物类型	古遗址
详细地址	王平地区西马各庄村
建造时间	清代
地理位置	东经116°00′49.5″，北纬39°57′52.8″
海　拔	215米
地理环境	西马各庄村关帝庙遗址位于该村西半山坡上，坐南朝北
文物现状	西马各庄村关帝庙已无存，现仅可见房基遗址
历史沿革	传统庙宇
主管单位	门头沟区王平地区办事处
保护情况	修复后保存较好
损坏原因	人为破坏较严重

西马各庄村关帝庙遗址地图、照片

西马各庄村关帝庙遗址平面图（2016年）

重建后的西马各庄村关帝庙
（摄于2009年6月）

名　称	西马各庄古桥
保护类型	一般不可移动文物
文物类型	古建筑
详细地址	王平地区西马各庄村
建造时间	清代
地理位置	东经 116° 00′ 47.1″，北纬 39° 57′ 51.9″
海　拔	217 米
地理环境	西马各庄村地处永定河南岸，古桥跨于河道上
文物现状	西马各庄古桥为石拱桥，拱洞中间有青石，上刻有"嘉庆二十三年重修"字样；现桥面已改用水泥铺设
历史沿革	西马各庄古桥历史悠久，在进行新农村建设过程中将桥面改为水泥铺设，导致其失去原有风貌
主管单位	门头沟区王平地区办事处
保护情况	一般
损坏原因	人为改动

西马各庄古桥地图、照片

西马各庄古桥平面图（2016 年）

西马各庄古桥拱洞（摄于 2009 年 6 月）

名 称	西马各庄道须古道
保护类型	一般不可移动文物
文物类型	古遗址
详细地址	王平地区西马各庄村
建造时间	待考
地理位置	东经 116° 00′ 47.1″，北纬 39° 57′ 51.9″
海　　拔	217 米
地理环境	西马各庄村地处九龙山下，村西有古道通往道须村
文物现状	从西马各庄至道须村的古道上有多处蹄窝，现路面有损毁
历史沿革	西马各庄至道须村古道是京西古道的一段，由其蹄窝可见年代之久远、货运之频繁
主管单位	门头沟区王平地区办事处
保护情况	一般
损坏原因	年久失修及弃用多年

西马各庄道须古道地图、照片

西马各庄道须古道平面图（2016 年）

西马各庄道须古道（摄于 2009 年 6 月）

名　称	西马各庄 24 号贾氏民居
保护类型	一般不可移动文物
文物类型	古建筑
详细地址	王平地区西马各庄村
建造时间	清代
地理位置	东经 116°　00′　52.2″，北纬 39°　57′　55.1″
海　拔	213 米
地理环境	西马各庄村地处九龙山下，24 号贾氏民居位于村中，坐北朝南
文物现状	西马各庄 24 号贾氏民居大门开在西南，有面阔 9 米、进深 5 米的正房及倒座房各三间，以及面阔 8 米、进深 4 米的东西厢房各两间；该院建筑均为硬山清水脊，正房及倒座房带蝎子尾，板瓦铺顶压垄；现建筑整体已经翻新重建
历史沿革	传统民居
主管单位	门头沟区王平地区西马各庄村委会
保护情况	现已翻新重建
损坏原因	经外业核实，现已改造

西马各庄 24 号贾氏民居地图、照片

西马各庄 24 号贾氏民居平面图（2016 年）

西马各庄 24 号贾氏民居（摄于 2019 年 10 月）

名 称	西马各庄 35 号民居墙画
保护类型	一般不可移动文物
文物类型	现当代建筑
详细地址	王平地区西马各庄村
建造时间	1958 年
地理位置	东经 116° 00′ 47.9″，北纬 39° 57′ 52.8″
海　拔	220 米
地理环境	35 号民居位于西马各庄村，墙画在民居外墙
文物现状	35 号民居墙画为"大跃进"时期壁画，由北京师范学院学生绘于 1958 年，现残存局部
历史沿革	"大跃进"是 1958 年至 1960 年间在全国范围内开展的一次极左路线的运动，35 号民居墙画即为"大跃进"时期的宣传产物
主管单位	门头沟区王平地区办事处
保护情况	一般
损坏原因	自然脱落

西马各庄 35 号民居墙画地图、照片

西马各庄 35 号民居墙画平面图（2016 年）

西马各庄 35 号民居残墙画（摄于 2009 年 6 月）

名　称	东马各庄古桥
保护类型	一般不可移动文物
文物类型	古建筑
详细地址	王平地区东马各庄村
建造时间	清代
地理位置	东经 116° 00′ 55.4″，北纬 39° 57′ 55.6″
海　拔	180 米
地理环境	东马各庄村地处永定河南岸的九龙山下，东马各庄古桥位于村西
文物现状	东马各庄古桥为三孔石拱桥，全长 30 米，宽 4.5 米，高 3.5 米，为白灰石块砌筑，承载能力达 10 吨；现古桥局部有破损
历史沿革	东马各庄古桥连接起东、西马各庄，是京西古道的必经之地
主管单位	门头沟区王平地区办事处
保护情况	一般
损坏原因	年久失修

东马各庄古桥地图、照片

东马各庄古桥平面图（2016 年）

东马各庄古桥（摄于 2009 年 6 月）

名　称	东马各庄修桥碑
保护类型	一般不可移动文物
文物类型	石窟寺及石刻
详细地址	王平地区东马各庄村
建造时间	清代
地理位置	东经 116° 00′ 55.4″，北纬 39° 57′ 55.6″
海　拔	180 米
地理环境	东马各庄修桥碑位于东马各庄古桥东侧，依墙而卧
文物现状	东马各庄修桥碑为砂岩质，碑通高 2.3 米，宽 0.5 米，厚 0.13 米，方首委角，碑额题"万古流芳"并有浮雕；现碑面文字较模糊
历史沿革	东马各庄修桥碑是清代修桥时所立，因附近有村民认为立着的石碑影响风水，故将其放倒
主管单位	门头沟区王平地区办事处
保护情况	较差
损坏原因	年久风化

东马各庄修桥碑地图、照片

东马各庄修桥碑平面图（2016 年）

侧卧的东马各庄修桥碑（摄于 2009 年 6 月）

名　称	东马各庄村民居
保护类型	一般不可移动文物
文物类型	近现代建筑
详细地址	王平地区东马各庄村
建造时间	清末民初
地理位置	东经 116° 01′ 00.1″，北纬 39° 57′ 46.6″
海　拔	209 米
地理环境	东马各庄村民居位于村中，坐北朝南
文物现状	东马各庄村民居有正房三间并带东侧小耳房一间，为硬山脊蝎子尾，石板铺顶，板瓦压垄，四级踏步；东厢房两间，为硬山卷棚，石板顶，棋盘格；现院内倒座房等建筑已改
历史沿革	传统民居
主管单位	门头沟区王平地区东马各庄村委会
保护情况	较差
损坏原因	年久失修及人为改建

东马各庄村民居地图、照片

东马各庄村民居平面图（2016 年）

东马各庄村民居院内（摄于 2019 年 10 月）

名 称	东马各庄村窑址
保护类型	一般不可移动文物
文物类型	古遗址
详细地址	王平地区东马各庄村
建造时间	待考
地理位置	东经 116° 00′ 56.9″，北纬 39° 57′ 59.3″
海　拔	174 米
地理环境	东马各庄村窑址位于村外山地，门朝南开
文物现状	遗窑为窑洞式，人字顶
历史沿革	传统烧砖地
主管单位	门头沟区王平地区办事处
保护情况	较差
损坏原因	弃用多年

东马各庄村窑址地图、照片

东马各庄村窑址平面图（2016 年）

东马各庄村窑址（摄于 2009 年 6 月）

名 称	韭园村岩洞
保护类型	一般不可移动文物
文物类型	古遗址
详细地址	王平地区韭园村
建造时间	待考
地理位置	东经 116° 01′ 49.2″，北纬 39° 58′ 03.0″
海 拔	345 米
地理环境	韭园村地处两山之间的河谷，东北面山陡且有断崖裸露，属于喀斯特地貌特征，韭园村岩洞即位于山崖处
文物现状	韭园村岩洞呈喀斯特地貌特征，现局部有破损；溶洞附近有一道观遗址及铸私钱的铸炉坑
历史沿革	韭园村岩洞属于天然形成
主管单位	门头沟区王平地区办事处
保护情况	一般
损坏原因	年久失修

韭园村岩洞地图、照片

韭园村岩洞平面图（2016 年）

韭园村岩洞（摄于 2009 年 6 月）

名　称	桥耳涧村观音庙
保护类型	一般不可移动文物
文物类型	古建筑
详细地址	王平地区桥耳涧村
建造时间	清代
地理位置	东经 116° 01′ 31.1″，北纬 39° 57′ 47.6″
海　拔	255 米
地理环境	桥耳涧村坐落在京西九龙山脚下，其观音庙位于村南，坐南朝北，院落南北 15 米，东西 20 米
文物现状	桥耳涧村观音庙有正殿三间，东西配殿各两间；正殿为五架梁，硬山清水脊，板瓦铺顶压垄，门前有三级踏步
历史沿革	传统庙宇
主管单位	门头沟区王平地区办事处
保护情况	修复后保存较好
损坏原因	年久失修

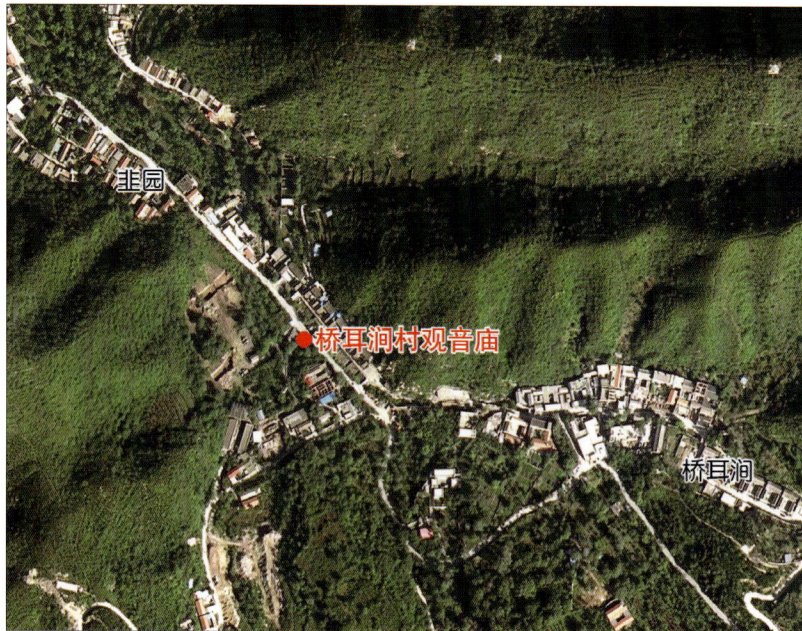

桥耳涧村观音庙平面图（2016 年）

桥耳涧村观音庙（摄于 2009 年 6 月）

名 称	桥耳涧村关帝庙
保护类型	一般不可移动文物
文物类型	古建筑
详细地址	王平地区桥耳涧村
建造时间	清代
地理位置	东经 116° 01′ 47.6″，北纬 39° 57′ 44.8″
海 拔	283 米
地理环境	桥耳涧村坐落在京西九龙山脚下，其关帝庙位于村中，院落南北长 15 米，东西长 19 米
文物现状	桥耳涧村关帝庙为三合院结构，周围环以石墙，现存大殿三间，东西配殿三间，门楼一间，影壁一座；大殿为硬山大脊带砖雕鸱吻及垂兽、筒瓦顶，殿前出廊，檐下施彩绘，殿内三面墙上绘有关羽故事系列的壁画
历史沿革	桥耳涧村关帝庙建于清代，旧有建筑已经严重受损，近年来建筑主体得以重新修复
主管单位	门头沟区王平地区办事处
保护情况	修复后保存完好
损坏原因	年久风化

桥耳涧村关帝庙地图、照片

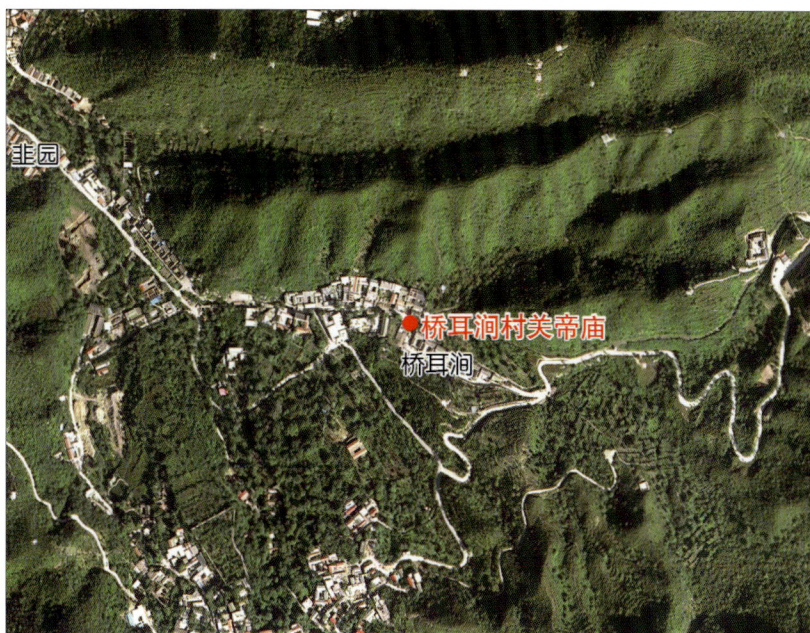

桥耳涧村关帝庙平面图（2016 年）

桥耳涧村关帝庙影壁及外观（摄于 2009 年 6 月）

名称	桥耳涧村龙王庙
保护类型	一般不可移动文物
文物类型	古建筑
详细地址	王平地区桥耳涧村
建造时间	清代
地理位置	东经 116° 01′ 31.0″，北纬 39° 57′ 47.8″
海　拔	253 米
地理环境	桥耳涧村坐落在京西九龙山脚下，龙王庙位于村南，坐北朝南，院落南北长 19 米，东西长 20 米
文物现状	桥耳涧村龙王庙有正殿三间，东西配殿各两间，均为硬山清水脊，板瓦铺顶压垄；旧有建筑已经严重受损，现建筑主体正在重修
历史沿革	传统庙宇
主管单位	门头沟区王平地区办事处
保护情况	一般
损坏原因	年久失修

桥耳涧村龙王庙地图、照片

桥耳涧村龙王庙平面图（2016 年）

桥耳涧村龙王庙（摄于 2009 年 6 月）

名 称	桥耳涧村重修道路碑
保护类型	一般不可移动文物
文物类型	石窟寺及石刻
详细地址	王平地区桥耳涧村
建造时间	清代
地理位置	东经 116° 01′ 34.3″，北纬 39° 57′ 45.2″
海 拔	260 米
地理环境	桥耳涧村坐落在京西九龙山脚下，重修道路碑置于村内田野之中
文物现状	桥耳涧村重修道路碑高 1.72 米，方首委角云纹，碑额题"修桥补路"，碑文计 14 行，满行 28 字；碑阴额刻"万古流芳"，碑文为捐资人姓名及记述；该碑字迹清晰，保存完好
历史沿革	桥耳涧村重修道路碑为清同治十一年（1872）立，属修路记事碑
主管单位	门头沟区王平地区办事处
保护情况	较好
损坏原因	自然风化

桥耳涧村重修道路碑地图、照片

桥耳涧村重修道路碑平面图（2016 年）

桥耳涧村重修道路碑（摄于 2009 年 6 月）

名 称	桥耳涧村一号古桥
保护类型	一般不可移动文物
文物类型	古建筑
详细地址	王平地区桥耳涧村
建造时间	清代
地理位置	东经 116° 01′ 40.92″，北纬 39° 57′ 45.2″
海 拔	273 米
地理环境	桥耳涧村坐落在京西九龙山脚下，村里户户门前院后都有桥，一号古桥位于村西
文物现状	桥耳涧村一号古桥为单孔石桥，宽 3 米，石跨径 4 米，高 2.5 米；现古桥局部有破损
历史沿革	桥耳涧村一号古桥为传统过涧桥，已有 100 多年历史
主管单位	门头沟区王平地区办事处
保护情况	一般
损坏原因	年久失修

桥耳涧村一号古桥地图、照片

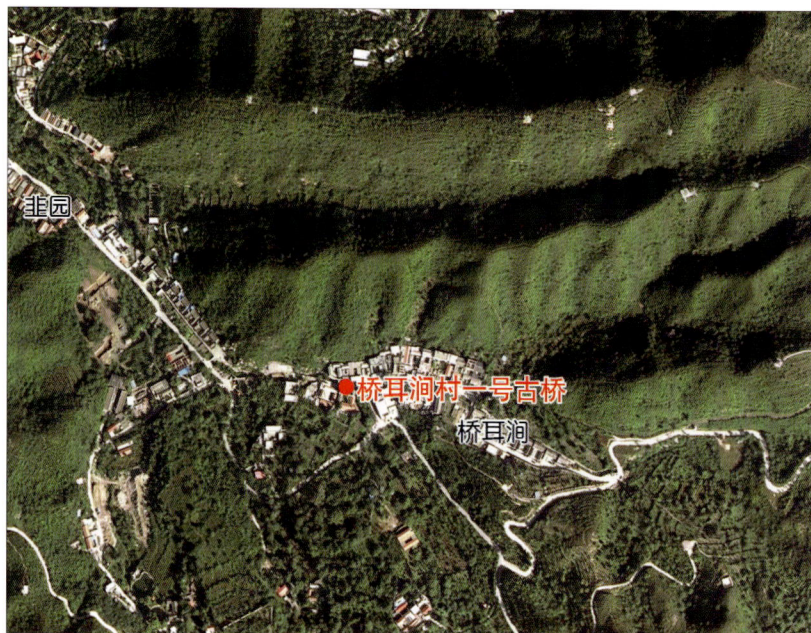

桥耳涧村一号古桥平面图（2016 年）

桥耳涧村一号古桥（摄于 2009 年 6 月）

名　称	桥耳涧村二号古桥
保护类型	一般不可移动文物
文物类型	古建筑
详细地址	王平地区桥耳涧村
建造时间	清代
地理位置	东经 116° 01′ 35.0″，北纬 39° 57′ 45.5″
海　拔	262 米
地理环境	桥耳涧村户户门前院后都有桥，二号古桥位于村西
文物现状	桥耳涧村二号古桥为单孔石桥，现局部有破损
历史沿革	桥耳涧村二号古桥为桥耳涧至水峪嘴的古道组成部分，已有 100 多年历史
主管单位	门头沟区王平地区办事处
保护情况	一般
损坏原因	年久失修

桥耳涧村二号古桥地图、照片

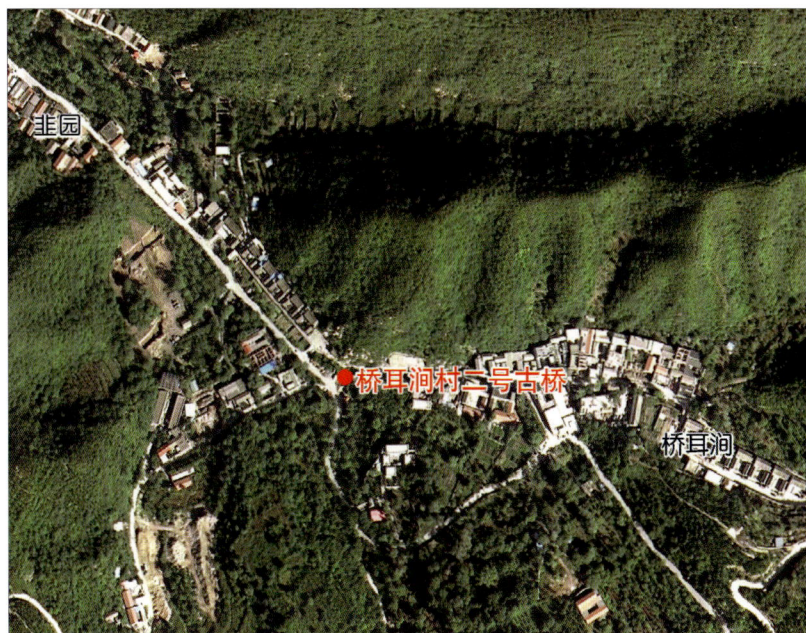

桥耳涧村二号古桥平面图（2016 年）

桥耳涧村二号古桥
（拍摄时间不详）

名　称	西落坡村大寨
保护类型	一般不可移动文物
文物类型	古建筑
详细地址	王平地区西落坡村
建造时间	元代
地理位置	东经116°01′36.3″，北纬39°57′36.0″
海　拔	305米
地理环境	西落坡村地处九龙山北坡的西半坡，大寨建于西落坡村两条山谷之间的高地上，南北长约100米，东西长约30米，周边地势险要
文物现状	西落坡村大寨为当地页岩垒砌，三合土黏接，现东墙保存较完整，高2~3米；西侧墙残存两大段，间隔约3米；北侧墙高3.6米，厚1.4米
历史沿革	大寨，原被称为"鞑寨"，皆因古时中原人称元朝士兵为"鞑子"，后成"大寨"；大寨是元代军事防御体系的一部分，旁边有雕楼，专门藏匿兵丁，而大寨则用来圈养马匹，一旦发现情况，上面的兵丁能立刻上马出击
主管单位	门头沟区王平地区办事处
保护情况	较差
损坏原因	年久风化及人为损毁

西落坡村大寨地图、照片

西落坡村大寨平面图（2016年）

西落坡村大寨东墙
（摄于2009年6月）

西落坡村大寨西墙
（摄于2009年6月）

名　称	西落坡村碉楼
保护类型	一般不可移动文物
文物类型	古建筑
详细地址	王平地区西落坡村
建造时间	元代
地理位置	东经 116° 01′ 39.8″，北纬 39° 57′ 29.1″
海　拔	319 米
地理环境	西落坡村地处九龙山北坡的西半坡，碉楼建于西落坡村两条山谷之间的高地上，在大寨之南
文物现状	西落坡村碉楼呈梯形，高 10 米，上宽 6 米见方，下宽 8 米见方，分上中下三层。现碉楼上层已倒塌，建筑主体塌毁严重，部分墙体被人为拆除
历史沿革	西落坡村碉楼是元代军事防御体系的一部分，其为专用于藏匿兵丁
主管单位	门头沟区王平地区办事处
保护情况	差
损坏原因	年久失修及人为拆除

西落坡村碉楼地图、照片

西落坡村碉楼平面图（2016 年）

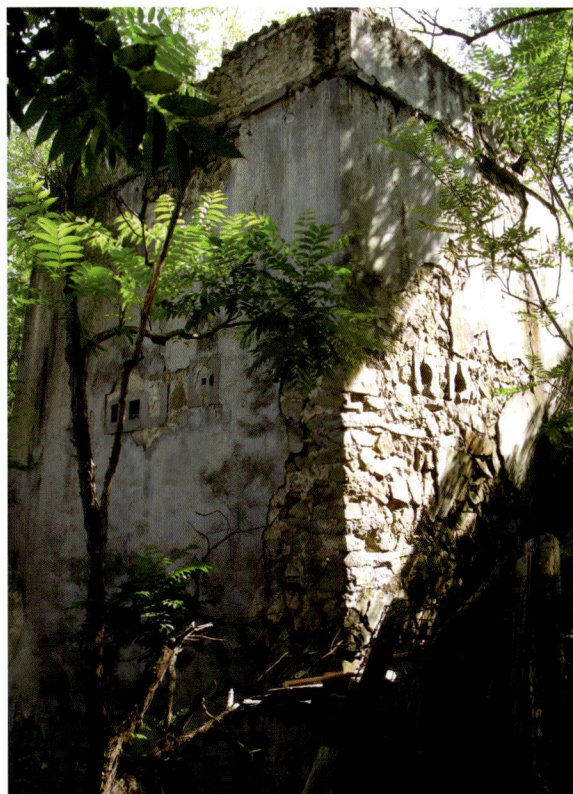

西落坡村碉楼一角（摄于 2009 年 6 月）

名 称	西落坡村关帝庙
保护类型	一般不可移动文物
文物类型	古建筑
详细地址	王平地区西落坡村
建造时间	待考
地理位置	东经116°01′43.0″，北纬39°57′29.1″
海　拔	320 米
地理环境	西落坡村关帝庙位于村中，坐西朝东
文物现状	西落坡村关帝庙有正殿、南北配殿及山门；庙内有方座圆首碑一通，额题"永垂不朽"，碑阳题"落魄村重修关帝庙碑记"，碑阴额题"协或善举"，下刻刻捐资人姓名
历史沿革	西落坡村关帝庙始建年代待考，于清道光八年（1828）重修，为清代建筑风格
主管单位	门头沟区王平地区办事处
保护情况	一般
损坏原因	年久失修

西落坡村关帝庙地图、照片

西落坡村关帝庙平面图（2016 年）

西落坡村关帝庙外观（摄于 2009 年 6 月）

名　称	水峪嘴村防空洞
保护类型	一般不可移动文物
文物类型	现当代建筑
详细地址	妙峰山镇水峪嘴村
建造时间	20 世纪六七十年代
地理位置	东经 116°02′33.4″，北纬 39°57′55.1″
海　拔	227 米
地理环境	水峪嘴村南倚九龙山，防空洞在山坡上
文物现状	水峪嘴村防空洞为一人工开凿的山洞，洞内蜿蜒曲折
历史沿革	水峪嘴村防空洞当初是为躲避战乱之用所开凿，现已改为酒吧娱乐场所
主管单位	门头沟区妙峰山镇政府
保护情况	较好
损坏原因	人为改作他用

水峪嘴村防空洞地图、照片

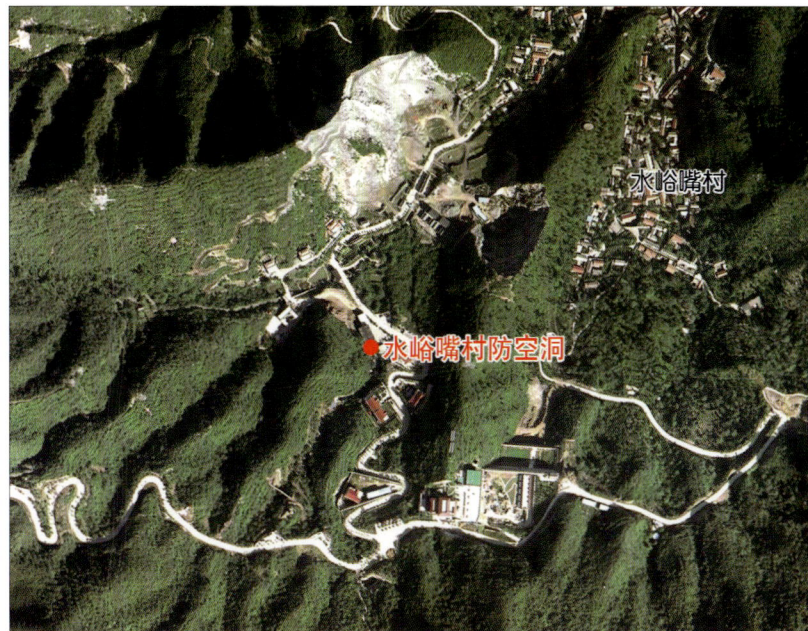

水峪嘴村防空洞平面图（2016 年）

水峪嘴村防空洞内部（摄于 2009 年 11 月）

名　称	斜河涧村白龙沟第四纪冰川漂砾
保护类型	一般不可移动文物
文物类型	古遗址
详细地址	妙峰山镇斜河涧村
建造时间	待考
地理位置	东经116°03′22.0″，北纬39°57′39.9″
海　拔	265米
地理环境	斜河涧村位于九龙山下永定河大峡谷下游的右岸，该村庄三面环山一面临水，一条狭长的沟谷穿行其中，第四纪冰川漂砾即位于村南的白龙沟
文物现状	斜河涧村白龙沟第四纪冰川漂砾为一块巨大石砾，东西长约3.1米，南北长约8米，高4米，石质多为火山砾岩；该石表面凹凸不平，布满许多呈丁字形的痕迹，冰川擦痕清晰可见
历史沿革	第四纪冰川漂砾约形成于250万年前；斜河涧村白龙沟第四纪冰川漂砾发现于2007年8月，其时中央电视台等众多媒体争相报道，斜河涧村一夜之间闻名于世，吸引一大批地质学者和爱好者前来考察
主管单位	门头沟区妙峰山镇斜河涧村委会
保护情况	较好
损坏原因	自然风化

斜河涧村白龙沟第四纪冰川漂砾地图、照片

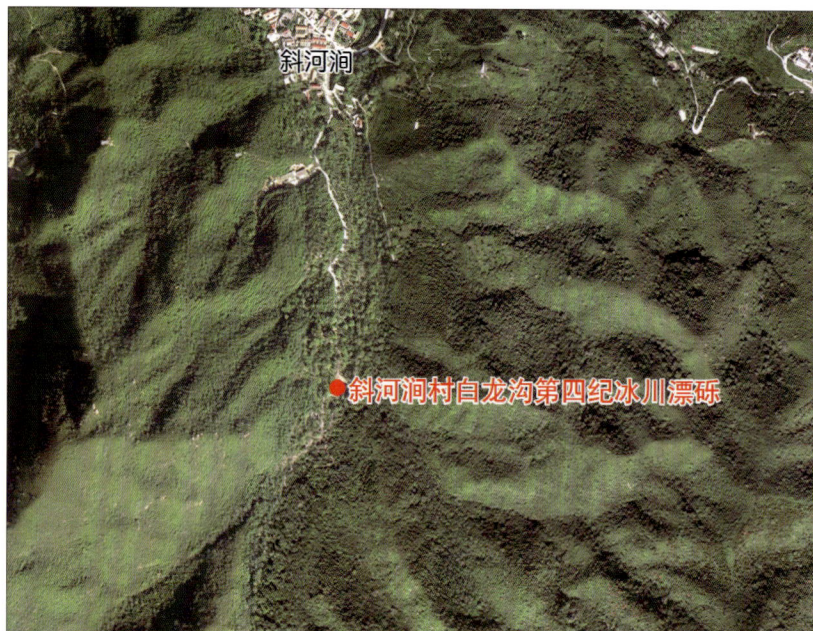

斜河涧村白龙沟第四纪冰川漂砾平面图（2016年）

斜河涧村白龙沟第四纪冰川漂砾（摄于2010年3月）

名 称	斜河涧村广化寺遗址
保护类型	一般不可移动文物
文物类型	古遗址
详细地址	妙峰山镇斜河涧村
建造时间	元代
地理位置	东经 116° 03′ 21.1″，北纬 39° 57′ 42.3″
海 拔	265 米
地理环境	斜河涧村广化寺位于村南白龙沟峪内，坐北朝南
文物现状	广化寺现仅存东西配殿各五间，各带耳房两间，东配殿外有古银杏树一棵
历史沿革	斜河涧村广化寺始建于元，于民国时期衰败，在 20 世纪 60 年代的"文革"动乱中寺中原有砖枋木山门、正殿及殿内墙壁彩绘均被毁掉
主管单位	门头沟区妙峰山镇政府
保护情况	较差
损坏原因	年久失修及人为损毁

斜河涧村广化寺遗址地图、照片

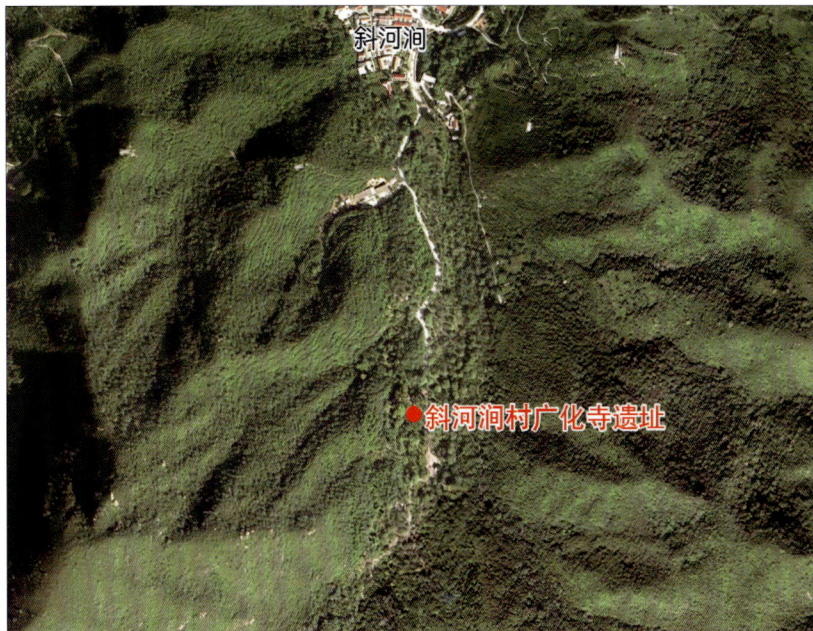

斜河涧村广化寺遗址平面图（2016 年）

斜河涧村广化寺古银杏树
（摄于 2010 年 10 月）

斜河涧村广化寺遗址
（摄于 2010 年 3 月）

名 称	琉璃渠村圣旨碑
保护类型	一般不可移动文物
文物类型	石窟寺及石刻
详细地址	龙泉镇琉璃渠村
建造时间	明代
地理位置	东经116° 04′ 58.7″，北纬39° 58′ 05.5″
海 拔	135 米
地理环境	琉璃渠村背靠九龙山，面临永定河，圣旨碑现存于村委会后院
文物现状	琉璃渠村圣旨碑为汉白玉质，碑长1.46米，宽0.66米，厚0.15米；碑额蟠螭，竖题篆体"圣旨"二字，碑上兽足及云纹等镌刻十粉精美，但龟趺已残；碑文记述明宪宗朱见深派司礼监太监韦泰到西山琉璃渠村祭奠其弟秀怀王，并诰封其遗孀和安置其子女之事
历史沿革	琉璃渠村从元代开始就为朝廷琉璃局设地，文物古迹较多，圣旨碑即因明宪宗谕祭秀怀王而立；该碑原在琉璃渠村西老君堂遗址上，后运回村委会
主管单位	门头沟区龙泉镇政府
保护情况	一般
损坏原因	年久风化及不明损毁

琉璃渠村圣旨碑地图、照片

琉璃渠村圣旨碑平面图（2016 年）

琉璃渠村圣旨碑（摄于 2008 年 3 月）

名 称	琉璃窑遗址
保护类型	一般不可移动文物
文物类型	古遗址
详细地址	龙泉镇琉璃渠村
建造时间	清代
地理位置	东经116°04′28.4″，北纬39°57′59.5″
海 拔	144 米
地理环境	琉璃窑遗址在琉璃渠村南山峦中，东临永定河
文物现状	琉璃窑遗址四周荒草丛生，有散落琉璃构件
历史沿革	琉璃渠村从元代起即为朝廷烧制琉璃构件，故有多处琉璃窑；该琉璃窑遗址内曾发现清代素胎板瓦一件，上有"年□官琉璃造窑造"字样；黄釉筒瓦一件，上有"官琉璃窑造"印记；另有戳记"民国时期官窑造"字样筒瓦两件及无字素胎琉璃构件一个
主管单位	门头沟区龙泉镇政府
保护情况	较差
损坏原因	弃用多年及自然风化

琉璃窑遗址地图、照片

琉璃窑遗址平面图（2016 年）

琉璃窑遗存构件（摄于 2008 年 4 月）

名 称	琉璃渠水井碑
保护类型	一般不可移动文物
文物类型	石窟寺及石刻
详细地址	龙泉镇琉璃渠村
建造时间	清代
地理位置	东经116° 04′ 58.7″，北纬39° 58′ 05.5″
海 拔	134 米
地理环境	琉璃渠水井碑现存于琉璃渠村委会院内
文物现状	琉璃渠水井碑为青砂岩质，通高1.2米，宽0.415米，厚0.11米，分为两块，碑文记述了清同治九年（1870）打官司之事
历史沿革	琉璃渠水井碑为一诉讼记事碑，立于清同治九年
主管单位	门头沟区龙泉镇政府
保护情况	一般
损坏原因	年久风化及不明损毁

琉璃渠水井碑地图、照片

琉璃渠水井碑平面图（2016 年）

琉璃渠水井碑（摄于 2008 年 3 月）

名　称	琉璃渠村邓家四合院
保护类型	一般不可移动文物
文物类型	古建筑
详细地址	龙泉镇琉璃渠村
建造时间	清代
地理位置	东经 116° 04′ 53.3″，北纬 39° 58′ 07.4″
海　拔	118 米
地理环境	邓家四合院位于琉璃渠村中心地带，坐北朝南，院落南北长 23.1 米，东西长 16.6 米
文物现状	邓家四合院是典型北方四合院形制，门对面有影壁，中开门，门前有两尊石狮，基座为八角形，饰有云纹；门前五级踏步带垂带，门槛处两侧有抱石，上有花卉浮雕；院内有正房及倒座房各五间，东西厢房各三间；正屋为硬山大脊，前有五级踏步带垂带；厢房为硬山正脊，板瓦片瓦，有三步台阶；正房原有穿堂屋，后改为正房，原正房现改为穿堂屋；东厢房山墙处开新式窗一个，院内另有五处新建小房
历史沿革	传统民居，门前影壁上原有的砖雕在"文革"中被损毁
主管单位	门头沟区龙泉镇琉璃渠村委会
保护情况	较好
损坏原因	年久失修及人为改建

琉璃渠村邓家四合院地图、照片

琉璃渠村邓家四合院平面图（2016 年）

琉璃渠村邓家四合院内部（摄于 2008 年 4 月）

名 称	琉璃渠村杨恭林夫妇合葬墓碑
保护类型	一般不可移动文物
文物类型	古墓葬
详细地址	龙泉镇琉璃渠村
建造时间	清代
地理位置	东经116° 04′ 53.5″，北纬39° 58′ 11.8″
海　　拔	162米
地理环境	杨恭林夫妇合葬墓碑位于琉璃渠村西面坡地上，坐北朝南
文物现状	杨恭林夫妇合葬墓碑为汉白玉石质，碑座为长方形，正中刻花卉纹；碑为方首圆角，额有楷书"流芳百世"，并饰有二龙戏珠；碑阳刻"御诰碑"，碑阴刻杨恭林夫妇合葬墓志文，计9行，满行33字，为宣统元年诰封；碑身无边栏；现碑身略有风化
历史沿革	私人墓碑
主管单位	门头沟区龙泉镇琉璃渠村委会
保护情况	较好
损坏原因	自然风化

琉璃渠村杨恭林夫妇合葬墓碑地图、照片

琉璃渠村杨恭林夫妇合葬墓碑平面图（2016年）

琉璃渠村杨恭林夫妇合葬墓碑（摄于2008年3月）

名　称	丰沙线烈士碑
保护类型	一般不可移动文物
文物类型	近现代重要史迹及代表性建筑
详细地址	龙泉镇琉璃渠村
建造时间	1956 年
地理位置	东经 116° 04′ 49.7″，北纬 39° 58′ 02.2″
海　拔	162 米
地理环境	琉璃渠村三面环山，一面临河，毗邻丰沙线铁路，丰沙线烈士碑位于铁路旁
文物现状	丰沙线烈士碑为汉白玉质，碑高 2.97 米，通宽 1 米，厚 0.4 米，碑身边栏饰回字纹，有花岗岩碑基；碑额刻铁路徽纹，正面行楷碑文"修建丰沙线烈士永垂不朽"，碑座横刻"1952－1955"；碑文为阴刻，碑座阴面刻烈士名录
历史沿革	丰沙铁路建于 1952~1955 年，是连接北京丰台区和河北怀来县沙城镇的铁路线，全长 106 千米，是继京包铁路之后从北京去往冀西北重镇沙城和张家口的第二条通道，也是京煤外运的主要通道之一；丰沙铁路自京西沿永定河岸北上，蜿蜒穿行于高山深谷之中，隧道密集，桥梁众多，当初修建铁路时有不少人牺牲于此，故于 1956 年 7 月 1 日立碑缅怀
主管单位	门头沟区龙泉镇政府
保护情况	较好
损坏原因	自然风化

丰沙线烈士碑地图、照片

丰沙线烈士碑平面图（2016 年）

丰沙线烈士碑（摄于 2008 年 3 月）

名　称	南港村马氏古墓
保护类型	一般不可移动文物
文物类型	古墓葬
详细地址	王平地区南港村
建造时间	清代
地理位置	东经 116° 01′ 03.4″，北纬 39° 57′ 22.2″
海　拔	320 米
地理环境	南港村地处九龙山脚下，墓地位于南港村东 500 米山坡上
文物现状	南港村马氏古墓有数十个坟丘，按辈分由南向北有规则地排列，南侧最大的墓前有石供桌和墓碑，碑额刻"音容如在"，碑阴刻"慎终追远"
历史沿革	马氏古墓是一处马姓家族墓地，墓内原随葬品中，年代最早的为北宋祥符通宝，最晚的是清嘉庆通宝。墓地于 1987 年门头沟区文物勘查时所发现，历史上曾多次被盗
主管单位	门头沟区王平地区办事处
保护情况	较差
损坏原因	自然风化及人为盗毁

南港村马氏古墓地图、照片

南港村马氏古墓平面图（2016 年）

南港村马氏古墓（摄于 2009 年 6 月）

名　称	孟悟村东大庙
保护类型	一般不可移动文物
文物类型	古建筑
详细地址	军庄镇孟悟村
建造时间	明代
地理位置	东经 116° 07′ 16.7″，纬 40° 00′ 39.1″
海　拔	236 米
地理环境	孟悟村三面环山，仅村西为平地，东大庙位于村东山地，坐北朝南
文物现状	孟悟村东大庙现仅存三间破旧后殿，为硬山调大脊，吞脊兽，五架梁带前廊，梁架间有彩绘，正殿前方琉璃剪边，石板顶，檐枋施以彩绘
历史沿革	孟悟村东大庙始建设于明，清代重修，原来是一座有两进院落、三重殿宇的古庙，1949 年后曾改为小学，现为村里的温馨家园
主管单位	门头沟区军庄镇政府
保护情况	较差
损坏原因	年久失修及人为拆除改建

孟悟村东大庙地图、照片

孟悟村东大庙平面图（2016 年）

孟悟村东大庙（摄于 2009 年 5 月）

名 称	孟悟村 97 号民居
保护类型	一般不可移动文物
文物类型	古建筑
详细地址	军庄镇孟悟村
建造时间	待考
地理位置	东经 116° 07′ 14.2″，北纬 40° 00′ 38.4″
海 拔	248 米
地理环境	孟悟村 97 号民居位于孟悟村中心地带，坐北朝南
文物现状	孟悟村 97 号民居为四合院，门楼开在东南角，内有面阔 10.5 米、进深 3 米的正房及倒座房各三间，正房带两耳房；另有面阔 5 米、进深 3 米的东西厢房各两间；正房为清水脊，蝎子尾已毁，东西厢房为卷棚顶，鞍子脊，石板铺面，棋盘格形制；现院落及建筑略显破旧
历史沿革	传统民居
主管单位	门头沟区军庄镇孟悟村委会
保护情况	一般
损坏原因	年久失修

孟悟村 97 号民居地图、照片

孟悟村 97 号民居平面图（2016 年）

孟悟村 97 号民居（摄于 2008 年 3 月）

名　称	孟悟村渡渠
保护类型	一般不可移动文物
文物类型	现当代建筑
详细地址	军庄镇孟悟村
建造时间	20 世纪 50 年代
地理位置	东经 116° 05′ 58.6″，北纬 40° 01′ 01.7″
海　拔	182 米
地理环境	孟悟村三面环山，仅村西为平地，村东是自东向西的一条大沟，村北至西南也　是一条大沟，这两条沟在村西出口处交会，渡渠沿村而过，东西走向
文物现状	孟悟村渡渠现仅存 400 余米一段，其距地面高约 10 米，槽跨径 9.7 米，进深 4.2 米，渡槽外宽 2.6 米，内径 1.5 米，槽高 1.5 米
历史沿革	孟悟村渡渠建于 20 世纪 50 年代，现已弃用
主管单位	门头沟区军庄镇政府
保护现状	一般
损坏原因	长年弃用

孟悟村渡渠平面图（2016 年）

孟悟村渡渠（摄于 2010 年 3 月）

名　称	东山村碉楼
保护类型	一般不可移动文物
文物类型	古建筑
详细地址	军庄镇东山村
建造时间	明代
地理位置	东经 116° 07′ 58.5″，北纬 40° 00′ 41.9″
海　拔	254 米
地理环境	东山村三面环山，村庄坐落在沟谷两侧，该村碉楼位于村西南方向的山地上
文物现状	东山村碉楼为石砌两层，残高 2.5 米，券洞宽 0.94 米，高 2 米，厚 0.7 米，另有残长 8.8 米外墙一段
历史沿革	东山村碉楼建于明代晚期，是当地军事设施
主管单位	门头沟区军庄镇政府
保护情况	一般
损坏原因	战乱破坏及年久失修

东山村碉楼地图、照片

东山村碉楼平面图（2016 年）

残存的东山村碉楼（摄于 2009 年 5 月）

名　称	东山村娘娘庙
保护类型	一般不可移动文物
文物类型	古建筑
详细地址	军庄镇东山村
建造时间	明代
地理位置	东经116° 08′ 01.8″，北纬40° 00′ 37.7″
海　拔	246 米
地理环境	娘娘庙位于东山村南街，坐南朝北
文物现状	东山村娘娘庙有面阔三间正殿，卷棚顶，五级踏步；山门殿亦为卷棚顶，鞍子脊，石板铺顶，筒瓦压垄；东西配殿各三间，为硬山卷棚顶，鞍子脊，棋盘格形制，二级踏跺；现殿内门窗全部改造
历史沿革	东山村娘娘庙建于明代，清代曾两次重修，1949年以后人为拆毁部分建筑，余下大部分建筑于"文革"时期被拆毁
主管单位	门头沟区军庄镇政府
保护情况	一般
损坏原因	人为损毁及改建

东山村娘娘庙地图、照片

东山村娘娘庙平面图（2016 年）

东山村娘娘庙正殿（摄于 2009 年 5 月）

名　称	东山村古道
保护类型	一般不可移动文物
文物类型	古遗址
详细地址	军庄镇东山村
建造时间	清代
地理位置	东经116° 09′ 13.2″，北纬40° 00′ 26.7″
海　拔	346米
地理环境	东山村古道位于村东，通往香山
文物现状	东山村古道为砖石铺砌，现较为完好，仍可通行
历史沿革	东山村古道距今已有200多年历史，其西起东山村，沿山攀岩而上至过街塔村，再向东沿盘道而下，可到香山、碧云寺和煤厂村；此古道过去既是门头沟区出山的重要通道，又是自北京去往妙峰山进香的古香道
主管单位	门头沟区军庄镇政府
保护情况	较好
损坏原因	年久失修

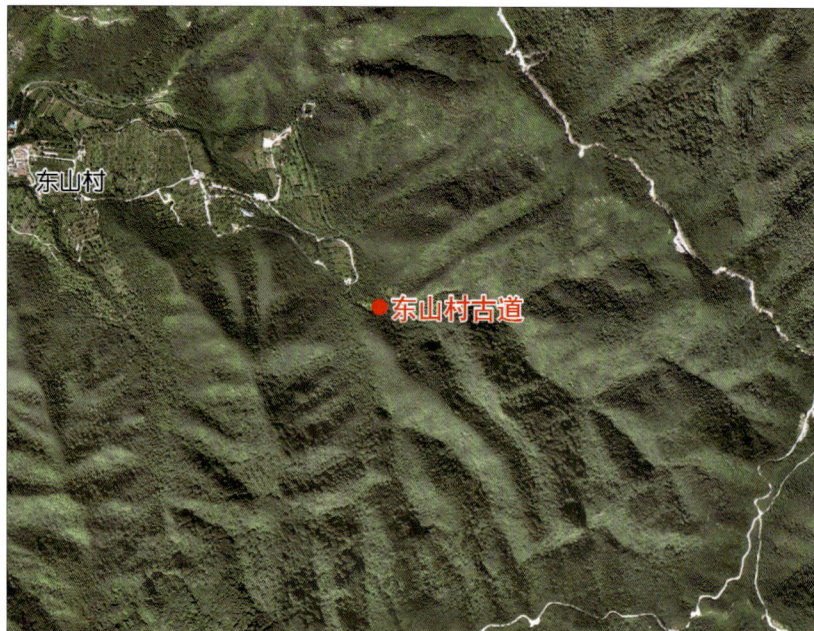

东山村古道地图、照片

东山村古道平面图（2016年）

东山村古道
（摄于2009年5月）

名 称	东山村大崖根修道碑
保护类型	一般不可移动文物
文物类型	石窟寺及石刻
详细地址	军庄镇东山村
建造时间	清代
地理位置	东经 116° 09′ 41.9″，北纬 40° 00′ 16.4″
海 拔	475 米
地理环境	东山村通往香山的古道路中有一个突出直立的巨石，称"大崖"，修道碑即位于大崖下，镶嵌在崖根岩石上
文物现状	东山村大崖根修道碑方首委角，如意云纹，刻有"重修盘道万古流芳"碑文及捐资人、金额；碑最后一行有个"乾"字，可知为乾隆年间重修盘道时所立；现碑上部分字迹不清
历史沿革	东山村大崖根修道碑为修路记功德碑，立于清代
主管单位	门头沟区军庄镇政府
保护情况	较好
损坏原因	年久风化

东山村大崖根修道碑地图、照片

东山村大崖根修道碑平面图（2016 年）

东山村大崖根修道碑（摄于 2009 年 5 月）

名　称	东山村东庵庙
保护类型	一般不可移动文物
文物类型	古建筑
详细地址	军庄镇东山村
建造时间	待考
地理位置	东经 116° 08′ 18.8″，北纬 40° 00′ 42.0″
海　拔	265 米
地理环境	东山村三面环山，整个村庄由下村、上村、长岭三部分组成，东庵庙位于长岭，坐北朝南
文物现状	东山村东庵庙现仅存正殿三间，面阔9米，进深4米，板瓦铺顶，筒瓦压垄，墀头无存，卷棚顶，鞍子脊，五架梁，前出廊，檐枋均施以彩绘
历史沿革	传统庙宇，现已荒置
主管单位	门头沟区军庄镇政府
保护情况	较差
损坏原因	年久失修

东山村东庵庙地图、照片

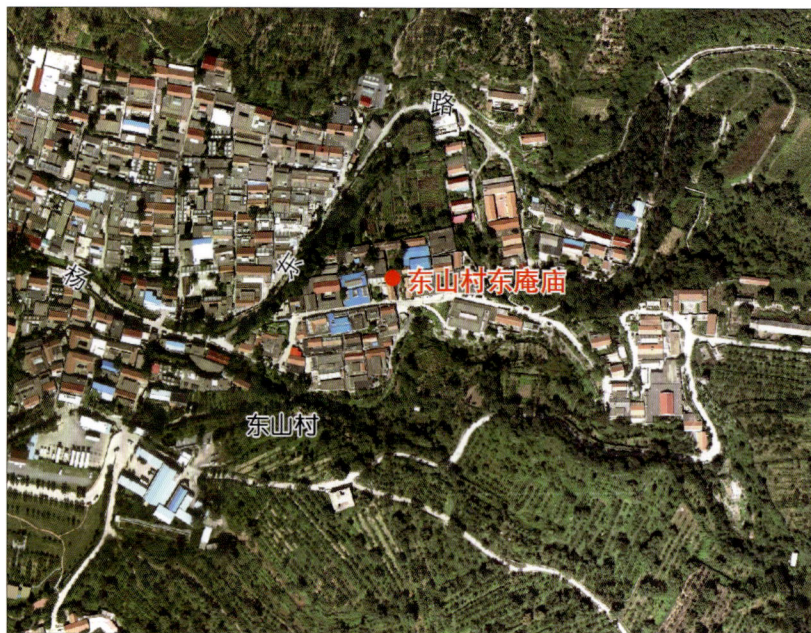

东山村东庵庙平面图（2016 年）

东山村东庵庙残殿
（摄于 2009 年 5 月）

东山村东庵庙顶梁及檐枋
（摄于 2009 年 5 月）

名　称	东山村大后街 20 号院宋氏古民居
保护类型	一般不可移动文物
文物类型	古建筑
详细地址	军庄镇东山村
建造时间	待考
地理位置	东经 116° 08′ 08.3″，北纬 40° 00′ 43.9″
海　拔	249 米
地理环境	宋氏古民居位于东山村大后街，坐北朝南，院落南北 10 米，东西 14 米
文物现状	宋氏古民居原为四合院，有罩门独立一字形影壁，现存正房五间及东西厢房各三间，倒座房已无；建筑均为硬山脊，蝎子尾，带盘花，现蝎子尾残；院落老化严重，西厢房门窗已改，局部形制已变
历史沿革	传统民居
主管单位	门头沟区军庄镇东山村委会
保护情况	一般
损坏原因	年久失修及人为改动

东山村大后街 20 号院宋氏古民居地图、照片

东山村大后街 20 号院宋氏古民居平面图（2016 年）

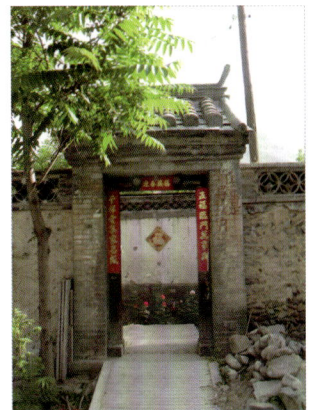

东山村大后街 20 号院
宋氏古民居门楼
（摄于 2009 年 5 月）

东山村大后街 20 号院
宋氏古民居一隅
（摄于 2009 年 5 月）

名称	军庄村岩画洞
保护类型	一般不可移动文物
文物类型	石窟寺及石刻
详细地址	军庄镇军庄村
建造时间	待考
地理位置	东经 116° 04′ 09.8″，北纬 40° 00′ 16.4″
海拔	206 米
地理环境	军庄村位于军庄镇西部，西面傍水，南北靠山，军庄村岩画洞在村北将军山上的一段断崖处
文物现状	军庄村岩画洞为一敞开式岩洞，宽 4.1 米，高 3.2 米，在洞顶和正面岩壁上有蟒蛇、飞鸟、龙、鱼、海浪、植被、轮子等各种图案，色彩以大红、石绿、墨黑、褐色、蓝紫为主，岩画上有少量文字，岩画总面积超过 20 平方米
历史沿革	军庄村岩画洞为北京地区唯一一个岩画洞，这里岩画的题材十分丰富，表现手法多种多样，内容富有想象力，给人以真实、亲切和纯真的感受，是一处珍贵的民族艺术画廊
主管单位	门头沟区军庄镇政府
保护情况	一般
损坏原因	自然腐蚀风化

军庄村岩画洞地图、照片

军庄村岩画洞平面图（2016 年）

军庄村岩画洞
（摄于 2009 年 3 月）

名　称	军庄村北大街 28 号民居
保护类型	一般不可移动文物
文物类型	古建筑
详细地址	军庄镇军庄村
建造时间	待考
地理位置	东经 116°05′14.7″，北纬 39°59′56.5″
海　拔	204 米
地理环境	军庄村坐落在永定河东岸，北大街 28 号民居位于村北，坐北朝南
文物现状	军庄村北大街 28 号民居有正房五间，为硬山清水脊，有五级踏步；现房屋破旧
历史沿革	传统民居
主管单位	门头沟区军庄镇军庄村委会
保护情况	一般
损坏原因	年久失修

军庄村北大街 28 号民居地图、照片

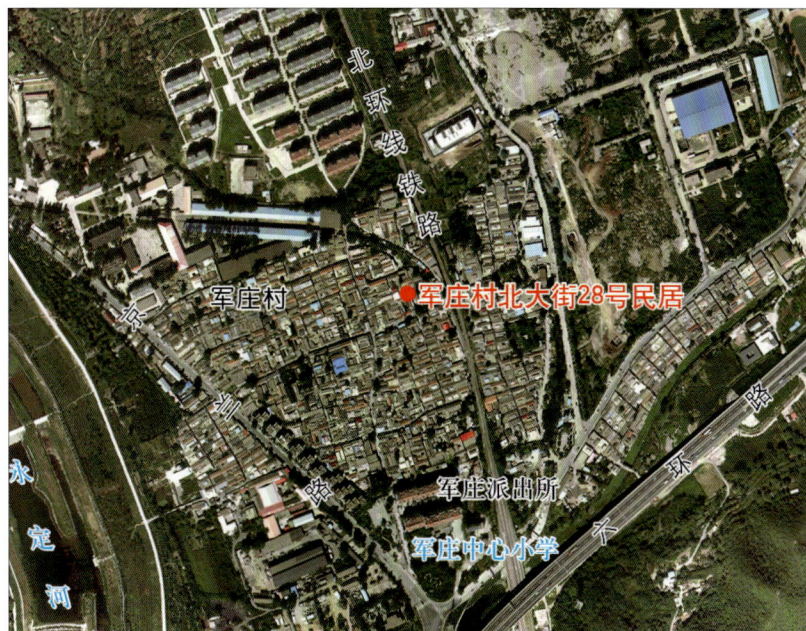

军庄村北大街 28 号民居平面图（2016 年）

军庄村北大街 28 号民居院内（摄于 2019 年 10 月）

名　称	军庄村北大街 47 号民居
保护类型	一般不可移动文物
文物类型	古建筑
详细地址	军庄镇军庄村
建造时间	待考
地理位置	东经 116° 05′ 14.1″，北纬 39° 59′ 54.2″
海　拔	202 米
地理环境	军庄村坐落在永定河东岸，北大街 47 号民居位于村北，坐南朝北
文物现状	军庄村北大街 47 号民居有面阔 9 米、进深 3 米的正房及倒座房各三间，面阔 5 米、进深 2.5 米的东西厢房各两间，门楼开在东南角；正房为棋盘格形制；现房屋破旧
历史沿革	传统民居
主管单位	门头沟区军庄镇军庄村委会
保护情况	一般
损坏原因	年久失修

军庄村北大街 47 号民居地图、照片

军庄村北大街 47 号民居平面图（2016 年）

军庄村北大街 47 号民居院内（摄于 2019 年 10 月）

名　称	关小西墓遗址
保护类型	一般不可移动文物
文物类型	古墓葬
详细地址	军庄镇军庄村
建造时间	待考
地理位置	东经 116° 05′ 43.0″，北纬 39° 59′ 49.1″
海　拔	206 米
地理环境	关小西墓遗址在军庄村南坡果园门口
文物现状	墓丘已无，仅剩一张砂岩质供桌
历史沿革	关小西是军庄人，据传曾为皇家带刀护卫，死后三棺出殡布疑冢，军庄村关小西墓即为其中之一；有史料称此墓曾被盗，内无宝物，应为假坟；现墓地早改为果园
主管单位	门头沟区军庄镇政府
保护情况	差
损坏原因	年久失修及人为损毁

关小西墓遗址地图、照片

关小西墓遗址平面图（2016 年）

关小西墓存留墓桌
（摄于 2010 年 3 月）

名　称	三家店村山西会馆
保护类型	一般不可移动文物
文物类型	古建筑
详细地址	龙泉镇三家店村
建造时间	清代
地理位置	东经 116° 06′ 00.5″，北纬 39° 57′ 52.5″
海　拔	127 米
地理环境	三家店村坐落在永定河畔，山西会馆位于三家店村中街的三家店小学内，坐南朝北；整座建筑群东西 20 米，南北 22.6 米
文物现状	三家店村山西会馆是一组高大坚固的建筑，院内有建于青石台基上的正殿六间，东西配殿各三间；正殿为勾连搭形式，五级踏步带垂带，前殿是元宝顶箍头脊，排山勾滴绿琉璃滴水，有戗兽；后殿是硬山大脊，黄琉璃瓦顶，有望兽；东西配殿为元宝顶，板瓦筒瓦合瓦，排山勾滴绿琉璃瓦滴水；会馆院内方砖铺地，整体建筑精良
历史沿革	三家店村是京西古道起点，清代时北京与山西贸易经济交往频繁，故保留有山西会馆；山西会馆现为三家店小学中心办公室
主管单位	门头沟区教委
保护情况	一般
损坏原因	自然风化

三家店村山西会馆地图、照片

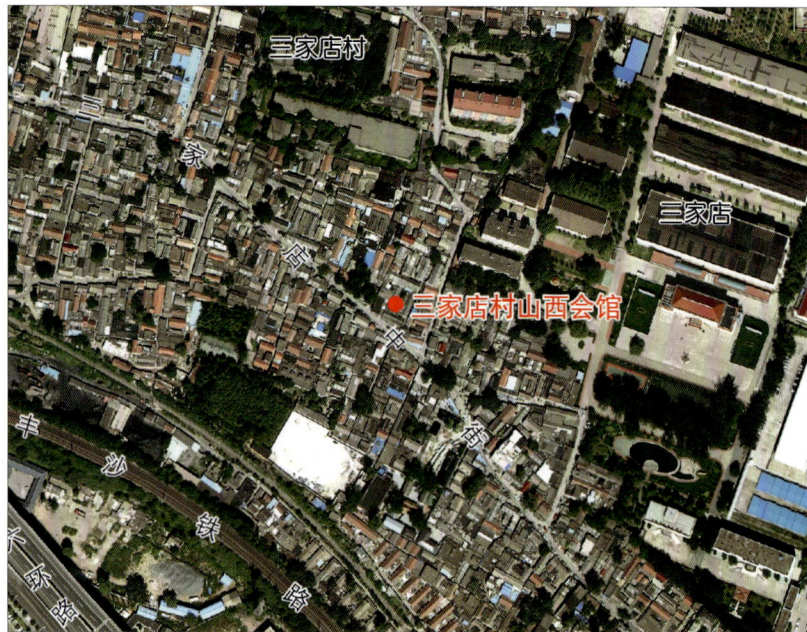

三家店村山西会馆平面图（2016 年）

三家店村山西会馆西配殿（摄于 2008 年 8 月）

名　称	三家店村马王庙
保护类型	一般不可移动文物
文物类型	古建筑
详细地址	龙泉镇三家店村
建造时间	待考
地理位置	东经 116° 05′ 48.2″，北纬 39° 57′ 53.5″
海　拔	124 米
地理环境	三家店村马王庙距三家村小学不远，坐北朝南
文物现状	三家店村马王庙有两侧带耳房正殿三间，以及东西配殿各三间；正殿下为硬山大脊筒瓦顶，脊上雕花纹，有鸱吻，带垂兽；排山勾滴，琉璃龙纹瓦当；现配殿全部改建，正殿西耳房已塌
历史沿革	传统庙宇
主管单位	门头沟区龙泉镇政府
保护情况	差
损坏原因	年久失修及人为改建

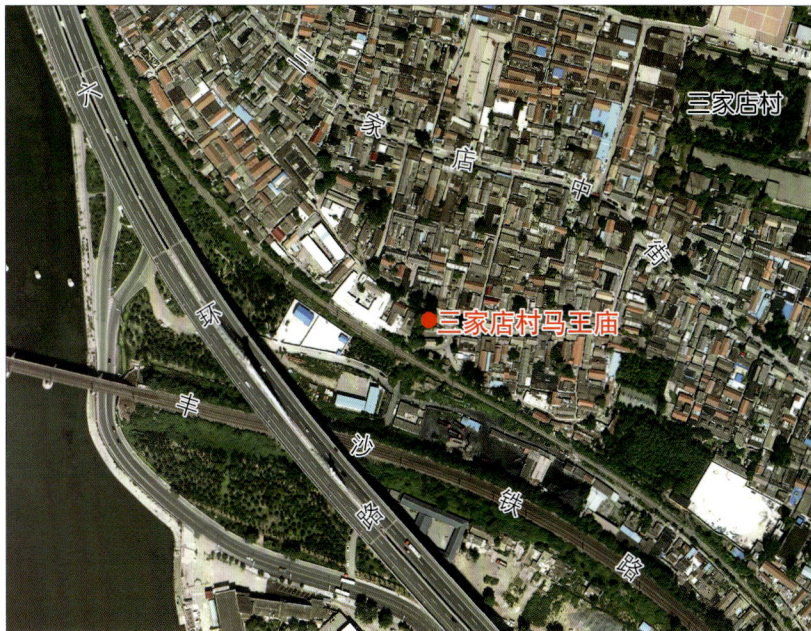

三家店村马王庙地图、照片

三家店村马王庙平面图（2016 年）

三家店村马王庙（摄于 2008 年 4 月）

名　称	京门铁路永定河大桥
保护类型	一般不可移动文物
文物类型	近现代建筑
详细地址	龙泉镇三家店村
建造时间	1907 年
地理位置	东经 116° 05′ 47.0″，北纬 39° 57′ 27.9″
海　拔	123 米
地理环境	京门铁路永定河大桥跨越永定河水道，位于京门铁路三家店站至门头沟站之间
文物现状	京门铁路永定河大桥为八孔九墩，全长 216.6 米，桥墩高 7.63 米，上钢架，桥架上标有"1907"字样
历史沿革	京门（北京—门头沟）铁路是京张铁路支线，由詹天佑现场指挥，于 1907 年开始施工，1908 年 9 月工程竣工；永定河铁路大桥位于京门铁路三家店站至门头沟站之间，建成于光绪三十三年（1907）7 月，为中国工程师最早设计并施工的铁路桥梁之一，现仍正常使用
主管单位	北京铁路局
保护情况	较好
损坏原因	自然磨损

京门铁路永定河大桥地图、照片

京门铁路永定河大桥平面图（2016 年）

京门铁路永定河大桥局部（摄于 2008 年 7 月）

名　称	城子村过水塔
保护类型	一般不可移动文物
文物类型	古建筑
详细地址	龙泉镇城子村
建造时间	明代
地理位置	东经 116° 04′ 33.4″，北纬 39° 57′ 17.6″
海　拔	151 米
地理环境	城子村过水塔位于崇化寺北面山坡，跨涧而建
文物现状	城子村过水塔现仅存毛石垒砌塔基座及青石券洞；塔基残高 3.2 米、宽 4.9 米；塔基券洞进深 6.3 米、宽 1.4 米，石构件雕刻精美
历史沿革	过水塔为明代崇化禅寺的附属建筑，因券洞较低，只为流水而用，故名过水塔，当地又称"风水塔"
主管单位	门头沟区龙泉镇政府
保护情况	修复后保存较好
损坏原因	年久失修

城子村过水塔地图、照片

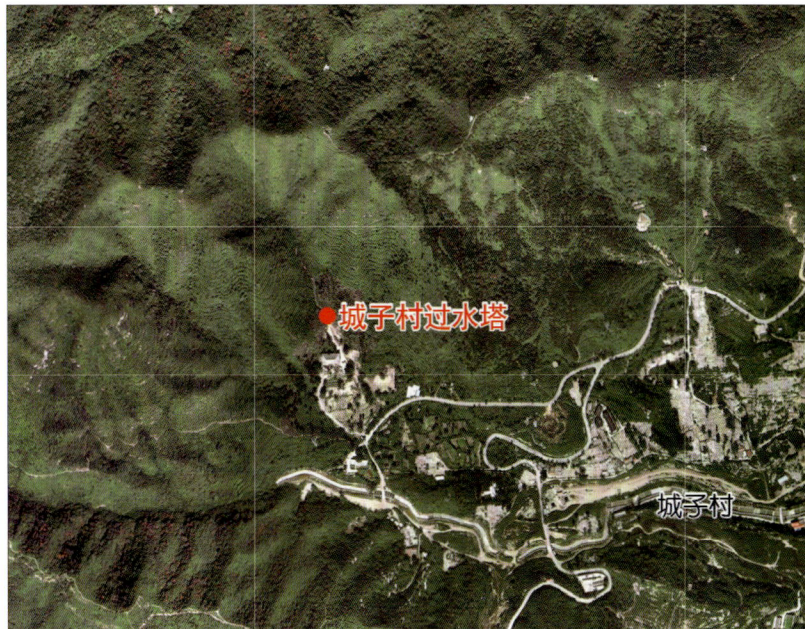

城子村过水塔平面图（2016 年）

城子村过水塔券洞（摄于 2019 年 11 月）

名　称	城子幼儿园四合院
保护类型	一般不可移动文物
文物类型	古建筑
详细地址	龙泉镇城子村
建造时间	民国
地理位置	东经 116° 05′ 32.3″，北纬 39° 57′ 16.1″
海　拔	119 米
地理环境	城子幼儿园四合院位于城子村中心地带，坐西朝东，始建于 1962 年
文物现状	城子幼儿园四合院为由二进南北合院组成的大四合院，两院有穿堂，南侧院落形制已改，北侧小院形制未变；园内建筑均为卷棚顶，房屋梁檩可见彩绘，门楼开在东北角，上有极细密的砖雕纹饰；北院有面阔 13 米、进深 7.1 米的正房及倒座房各三间，面阔 13 米、进深 7.1 米的南北厢房各两间，南厢房为两院共用；现屋内及门窗形制已改，北厢房的影壁心已改
历史沿革	传统民居，已改为幼儿园
主管单位	门头沟区大台街道办事处
保护情况	较好
损坏原因	人为不合理改动

城子幼儿园四合院地图、照片

城子幼儿园四合院平面图（2016 年）

城子幼儿园四合院（摄于 2008 年 8 月）

名　称	牛眼洞
保护类型	一般不可移动文物
文物类型	古遗址
详细地址	清水镇齐家庄村
建造时间	待考
地理位置	东经 115°30′15.8″，北纬 39°56′58.5″
海　拔	710 米
地理环境	齐家庄村位于京西边陲地带，村西、北依山，村前三泉汇流；牛眼洞位于牛首山麓
文物现状	牛眼洞为白云质灰岩天然洞穴，是南北向共生的两洞，两洞相距不足 20 米，因洞口似牛眼，故而得名
历史沿革	据考证，牛眼洞发育于上寒武统凤山组内，20 世纪末曾在齐家庄村发现史前动物化石
主管单位	门头沟区清水镇政府
保护情况	一般
损坏原因	不明

牛眼洞地图、照片

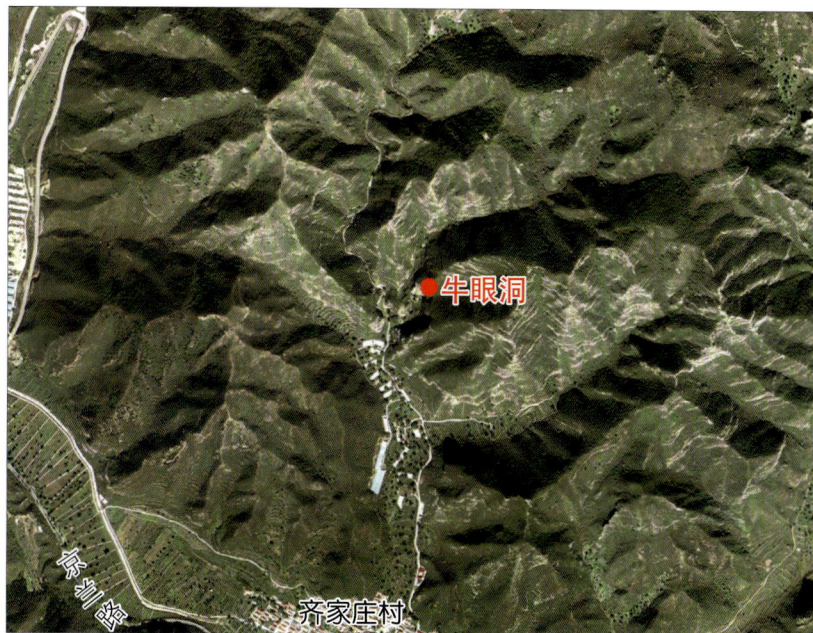

牛眼洞平面图（2016 年）

牛眼洞（摄于 2008 年 8 月）

名　称	弘业寺遗址
保护类型	一般不可移动文物
文物类型	古遗址
详细地址	清水镇齐家庄村
建造时间	辽代
地理位置	东经 115° 30′ 19.7″，北纬 39° 56′ 38.9″
海　拔	792 米
地理环境	弘业寺遗址位于齐家庄村后的山腰崖壁上，坐北朝南
文物现状	弘业寺现仅存遗址，当年寺庙依托崖壁建造痕迹依稀可见；该遗址为崖壁开凿洞穴，进深约 30 米、宽约 8 米、高约 5 米，洞内可见瓦砾及砖块，有墨书
历史沿革	不详
主管单位	门头沟区清水镇政府
保护情况	差
损坏原因	弃用年久及自然风化损毁

弘业寺遗址地图、照片

弘业寺遗址平面图（2016 年）

弘业寺遗址
（摄于 2009 年 11 月）

名 称	齐家庄东街 14 号民居
保护类型	一般不可移动文物
文物类型	古建筑
详细地址	清水镇齐家庄村
建造时间	清代
地理位置	东经 115° 30′ 17.3″，北纬 39° 56′ 25.1″
海 拔	710 米
地理环境	齐家庄东街 14 号民居位于村内，坐北朝南
文物现状	齐家庄东街 14 号民居为四合院，有正房及倒座房各三间，东西厢房各三间；正房为清水脊硬山蝎子尾，五级踏步，合瓦；东西厢房为硬山式清水脊，西厢房南墙有靠山影壁，菱形砖雕文饰；倒座房与门楼两脊中间有盘长砖雕相连，门楼内外皆有门楣，上有棋盘格彩绘藻井
历史沿革	传统民居
主管单位	门头沟区清水镇齐家庄村委会
保护情况	一般
损坏原因	年久失修

齐家庄东街 14 号民居地图、照片

齐家庄东街 14 号民居平面图（2016 年）

齐家庄东街 14 号民居雕花门楣（摄于 2008 年 6 月）

名称	齐家庄后街 28 号民居
保护类型	一般不可移动文物
文物类型	古建筑
详细地址	清水镇齐家庄村
建造时间	待考
地理位置	东经 115° 30′ 19.6″, 北纬 39° 56′ 25.3″
海　拔	709 米
地理环境	齐家庄后街 28 号民居位于村内, 坐南朝北
文物现状	齐家庄后街 28 号民居为四合院, 有正房三间, 东西厢房各三间, 倒座房四间（含门楼）; 该院建筑皆为硬山清水脊, 带蝎尾, 门楼有精美的戗檐砖
历史沿革	传统民居
主管单位	门头沟区清水镇齐家庄村委会
保护情况	一般
损坏原因	年久失修

齐家庄后街 28 号民居地图、照片

齐家庄后街 28 号民居平面图（2016 年）

齐家庄后街 28 号民居砖雕（摄于 2008 年 6 月）

名　称	齐家庄后街 57 号杨氏民居
保护类型	一般不可移动文物
文物类型	古建筑
详细地址	清水镇齐家庄村
建造时间	清代
地理位置	东经 115° 30′ 17.1″，北纬 39° 56′ 21.2″
海　拔	697 米
地理环境	齐家庄后街 57 号杨氏民居位于村内，坐北朝南
文物现状	齐家庄后街 57 号杨氏民居为四合院，门楼开设在西南角，门楼右侧设有青砖起券财神龛；院内有正房及倒座各三间，东西厢房各三间。正房为硬山卷棚顶，合瓦，五级踏步；西厢房南墙有靠山影壁
历史沿革	传统民居
主管单位	门头沟区清水镇齐家庄村委会
保护情况	一般
损坏原因	年久失修

齐家庄后街 57 号杨氏民居地图、照片

齐家庄后街 57 号杨氏民居平面图（2016 年）

齐家庄后街 57 号杨氏民居（摄于 2008 年 6 月）

名 称	重修兴隆寺碑
保护类型	一般不可移动文物
文物类型	石窟寺及石刻
详细地址	清水镇张家庄村
建造时间	1516 年
地理位置	东经 115° 30′ 47.0″，北纬 39° 55′ 36.1″
海　拔	663 米
地理环境	张家庄村位于清水河西岸的山间河谷地带，重修兴隆寺碑被置于村间田野中
文物现状	重修兴隆寺碑为汉白玉质，螭首龟趺，碑额题篆写"兴隆寺"，碑首与碑身之间镂有云纹，碑文 20 行，碑文上有"正德十一年"字样；碑文结尾处原有刻碑年号已被凿，字迹漫漶不清
历史沿革	兴隆寺始建设于何代待考，于明正德十一年（1516）重修，故立碑记事；现寺已无存，仅存碑
主管单位	门头沟区清水镇政府
保护情况	一般
损坏原因	自然风化

重修兴隆寺碑地图、照片

重修兴隆寺碑平面图（2016 年）

重修兴隆寺碑（摄于 2008 年 6 月）

名 称	张家庄戏台
保护类型	一般不可移动文物
文物类型	古建筑
详细地址	清水镇张家庄村
建造时间	清代
地理位置	东经 115° 30′ 51.5″，北纬 39° 55′ 37.6″
海 拔	649 米
地理环境	张家庄戏台位于村中心，坐东朝西
文物现状	张家庄戏台建于 1.3 米高的台基上，毛石垒砌，石灰抹面；戏台面阔 7.6 米，进深 8.2 米，北侧为卷棚歇山顶，南侧为硬山顶，南山墙开一券门，后墙开两小一大三券门，后有偏厦一间
历史沿革	位于群山之中的张家庄村与外界联系不便，但造就了它能长久保存传统生活方式的外在条件，戏台即村里多年来的娱乐重地之一，现已重修
主管单位	门头沟区清水镇政府
保护情况	较好
损坏原因	年久失修

张家庄戏台地图、照片

张家庄戏台平面图（2016 年）

张家庄戏台（摄于 2008 年 6 月）

名　称	张家庄古井及影壁
保护类型	一般不可移动文物
文物类型	古建筑
详细地址	清水镇张家庄村
建造时间	待考
地理位置	东经 115° 30′ 51.2″，北纬 39° 55′ 36.8″
海　拔	320 米
地理环境	张家庄位于群山中的河谷地带，古井及影壁位于张家庄戏台对面
文物现状	古井直径 0.8 米，当地人称"井套井"，井前有一古树为京西最粗的古木；影壁南北长 10 米、厚 0.5 米，墙上有供奉井神的神龛；现古井上有石块封口
历史沿革	传统及水源建筑
主管单位	门头沟区清水镇政府
保护情况	一般
损坏原因	年代失修及弃用多年

张家庄古井及影壁地图、照片

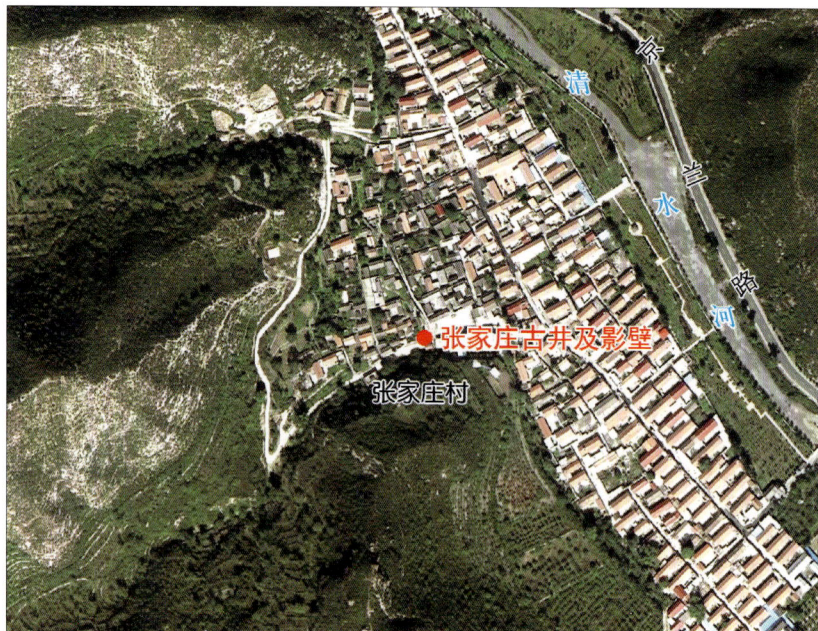

张家庄古井及影壁平面图（2016 年）

张家庄古井及影壁（摄于 2008 年 6 月）

名　称	张家庄老街 48 号王氏民居
保护类型	一般不可移动文物
文物类型	古建筑
详细地址	清水镇张家庄村
建造时间	明清时期
地理位置	东经 115° 30′ 52.0″，北纬 39° 55′ 38.3″
海　拔	599 米
地理环境	老街 48 号王氏民居位于张家庄中心地带，坐北朝南
文物现状	张家庄老街 48 号王氏民居为四合院，广亮大门，下有鼓形门墩；门楼面阔 2.4 米，进深 5 米，四级踏步，有砖雕门楣；北侧墙上有门神龛，下为莲花座，旁为桃枝纹；门楼博风南为莲花纹，北为牡丹纹；院内有面阔 9 米、进深 5 米正房及倒座房各三间，面阔 8 米、进深 3.5 米东西厢房各两间；该院建筑均为清水脊硬山蝎子尾，板瓦合瓦，正房有五级踏步带垂带，门框上有莲架托两个；东厢房南墙有跨山影壁；倒座房为临街铺面房，两脊与门楼之间以"福"字菱形砖相连
历史沿革	张家庄村历史悠久，村里保留下来许多明清时期的古民居，许多宅院的大门前仍保留完好的抱鼓石、石狮和雕有各种图形的门墩石，华丽的大门楼、跨山影壁和精美的石雕、砖雕、木雕随处可见，老街 48 号王氏民居为典型院落之一
主管单位	门头沟区清水镇张家庄村委会
保护情况	较好
损坏原因	年久失修

张家庄老街 48 号王氏民居地图、照片

张家庄老街 48 号王氏民居平面图（2016 年）

张家庄老街 48 号王氏民居（摄于 2008 年 6 月）

名　称	张家庄老街 49 号民居
保护类型	一般不可移动文物
文物类型	古建筑
详细地址	清水镇张家庄村
建造时间	明清时期
地理位置	东经 115° 30′ 51.7″，北纬 39° 55′ 37.3″
海　拔	659 米
地理环境	张家庄老街 49 号民居位于张家庄中心地带，坐北朝南
文物现状	张家庄老街 49 号民居为四合院，面阔 2 米、进深 3.8 米的门楼开在东南角，院内有面阔 8 米、进深 4.4 米的正房三间，面阔 5 米、进深 3.5 米的东西厢房各两间，以及面阔 8 米、进深 3.8 米的倒座房三间；正房为清水脊，带蝎尾，阴阳合瓦；厢房四角为砖包柱，石筑山墙，东厢房南山墙有靠山影壁；倒座房原为店铺门面，院内方砖墁地
历史沿革	传统民居
主管单位	门头沟区清水镇张家庄村委会
保护情况	较好
损坏原因	年久失修

张家庄老街 49 号民居地图、照片

张家庄老街 49 号民居平面图（2016 年）

张家庄老街 49 号民居一隅（摄于 2008 年 6 月）

名　称	张家庄老街 50 号民居
保护类型	一般不可移动文物
文物类型	古建筑
详细地址	清水镇张家庄村
建造时间	明清时期
地理位置	东经 115° 30′ 52.0″，北纬 39° 55′ 37.4″
海　拔	659 米
地理环境	张家庄老街 50 号民居位于张家庄中心地带，坐北朝南
文物现状	张家庄老街 50 号民居门楼开在东南角，面阔 3.4 米，进深 1.5 米；有面阔 7.6 米、进深 4.2 米的正房三间，以及面阔 5.8 米、进深 3.4 米的东西厢房各两间；正房为硬山式，清水脊带蝎尾，阴阳合瓦；厢房为卷棚顶
历史沿革	传统民居
主管单位	门头沟区清水镇张家庄村委会
保护情况	差
损坏原因	年久失修

张家庄老街 50 号民居地图、照片

张家庄老街 50 号民居平面图（2016 年）

张家庄老街 50 号民居（摄于 2008 年 6 月）

名　称	张家庄 52 号民居
保护类型	一般不可移动文物
文物类型	古建筑
详细地址	清水镇张家庄村
建造时间	明清时期
地理位置	东经 115° 30′ 51.6″，北纬 39° 55′ 37.4″
海　拔	655 米
地理环境	张家庄 52 号民居位于张家庄中心地带，坐北朝南
文物现状	张家庄 52 号民居门楼开在东南角，内有正房五间，东西厢房各三间，含门楼倒座房五间，倒座房西侧另有小耳房一间；正房为硬山清水脊带蝎尾，阴阳合瓦，五步青石踏阶；厢房屋脊同正房，为卷棚顶，有二步青石踏阶，东厢房南墙有靠山影壁，上写"福"字；门楼过道内东侧墙壁上有水墨画，门外有鼓形门墩石，有长条青石铺砌六级踏阶
历史沿革	传统民居
主管单位	门头沟区清水镇张家庄村委会
保护情况	较好
损坏原因	年久失修

张家庄 52 号民居地图、照片

张家庄 52 号民居平面图（2016 年）

张家庄 52 号民居正房（摄于 2008 年 6 月）

名 称	张家庄老街 76 号民居
保护类型	一般不可移动文物
文物类型	古建筑
详细地址	清水镇张家庄村
建造时间	明清时期
地理位置	东经 115° 30′ 50.5，北纬 39° 55′ 38.3″
海 拔	663 米
地理环境	张家庄 52 号民居位于张家庄中心地带，坐北朝南
文物现状	张家庄老街 76 号民居有 8.5 米、进深 4.4 米的正房三间，面阔 5.5 米、进深 4 米的东西厢房各两间，以及面阔 8.5 米、进深 1.8 米的倒座房三间；正房为清水脊硬山蝎子尾，合瓦；院内有一地窖，砖石结构；现建筑门窗格局有变化
历史沿革	传统民居
主管单位	门头沟区清水镇张家庄村委会
保护情况	较差
损坏原因	年久失修及人为改动

张家庄老街 76 号民居地图、照片

张家庄老街 76 号民居平面图（2016 年）

张家庄老街 76 号民居一隅（摄于 2008 年 6 月）

名　称	杜家庄村杜家坟
保护类型	一般不可移动文物
文物类型	古墓葬
详细地址	清水镇杜家庄村
建造时间	辽代
地理位置	东经115° 32′ 33.2″，北纬39° 55′ 34.9″
海　拔	637 米
地理环境	杜家庄村位于灵山脚下，东南邻清水河；杜家坟位于村北山中，南北长 50 米，东西长 20 米
文物现状	古墓仅遗存散落在地的经幢残缺石构件数块，余皆无存
历史沿革	待考
主管单位	门头沟区清水镇杜家庄村委会
保护情况	较差
损坏原因	年久失修

杜家庄村杜家坟地图、照片

杜家庄村杜家坟平面图（2016 年）

杜家庄村杜家坟残存石构件（摄于 2008 年 6 月）

名　称	杜家庄村中街 13 号民居
保护类型	一般不可移动文物
文物类型	古建筑
详细地址	清水镇杜家庄村
建造时间	1885 年
地理位置	东经 115° 32′ 07.5″，北纬 39° 55′ 16.0″
海　拔	606 米
地理环境	杜家庄村中街 13 号民居位于村西，坐北朝南
文物现状	杜家庄村中街 13 号民居为二进院落，内院有面阔 10 米、进深 5 米的正房三间，前院有倒座房三间，前后院均有面阔 9 米、进深 4 米的东西厢房各三间；正房为硬山清水脊形制，踏步五级，门柱顶侧上有"清光绪十一年建，共和国四十九年修"字样；倒座房亦为硬山清水脊，有二级踏步；前院东厢房南墙有靠山影壁；现建筑局部有改动
历史沿革	传统民居
主管单位	门头沟区清水镇杜家庄村委会
保护情况	一般
损坏原因	年久失修及人为改动

杜家庄村中街 13 号民居地图、照片

杜家庄村中街 13 号民居平面图（2016 年）

杜家庄村中街 13 号民居远景（摄于 2008 年 6 月）

名　称	杜家庄村中街 14 号民居
保护类型	一般不可移动文物
文物类型	古建筑
详细地址	清水镇杜家庄村
建造时间	清代
地理位置	东经 115°　32′　08.2″，北纬 39°　55′　16.0″
海　拔	607 米
地理环境	杜家庄村中街 14 号民居位于村西，坐南朝北
文物现状	杜家庄村中街 14 号民居原为二进院落，门楼面阔 1.7 米，进深 4 米；院内方砖铺地，有面阔 8.5 米、进深 4 米的正房及倒座房各三间，以及面阔 12 米、进深 1.7 米的东西厢房各五间；正房为硬山清水脊形制，板瓦铺顶，合瓦压垄，五级踏步；东厢房南山墙有靠山影壁；现建筑及门窗基本保持原貌
历史沿革	传统民居
主管单位	门头沟区清水镇杜家庄村委会
保护情况	一般
损坏原因	年久失修

杜家庄村中街 14 号民居地图、照片

杜家庄村中街 14 号民居平面图（2016 年）

杜家庄村中街 14 号民居（摄于 2008 年 6 月）

名　称	杜家庄修井碑
保护类型	一般不可移动文物
文物类型	近现代建筑
详细地址	清水镇杜家庄村
建造时间	民国年间
地理位置	东经 115° 32′ 21.2″，北纬 39° 55′ 17.1″
海　拔	623 米
地理环境	杜家庄村四面环山，修井碑被置于草丛中
文物现状	残碑一座
历史沿革	民国时修井记事碑
主管单位	门头沟区清水镇政府
保护情况	差
损坏原因	自然风化

杜家庄修井碑地图、照片

杜家庄村

杜家庄修井碑

杜家庄修井碑平面图（2016 年）

杜家庄修井碑（摄于 1997 年 1 月）

名 称	梁家铺 21 号民居
保护类型	一般不可移动文物
文物类型	古建筑
详细地址	清水镇梁家铺村
建造时间	清代
地理位置	东经 115° 33′ 37.92″，北纬 39° 54′ 23.8″
海 拔	662 米
地理环境	梁家铺坐落在百花山脚下，其 21 号民居位于村中，坐西朝东
文物现状	梁家铺 21 号民居门楼开在东南角，有正房三间，清水硬山，板瓦，蝎子尾平草砖雕；南北厢房各两间，卷棚顶，窗已改；倒座房三间，清水脊，脊端已改
历史沿革	传统民居
主管单位	门头沟区清水镇梁家铺村委会
保护情况	较差
损坏原因	年久失修

梁家铺 21 号民居地图、照片

梁家铺 21 号民居平面图（2016 年）

梁家铺 21 号民居大门（摄于 2008 年 6 月）

名　称	梁家铺 22 号院民居
保护类型	一般不可移动文物
文物类型	古建筑
详细地址	清水镇梁家铺村
建造时间	清代
地理位置	东经 115° 33′ 37.42″，北纬 39° 54′ 25.3″
海　拔	665 米
地理环境	梁家铺坐落在百花山脚下，其 22 号民居位于村中，坐西朝东
文物现状	梁家铺 22 号院民居有正房三间，为清水硬山蝎子尾，有跨草砖雕，五级踏步带垂带；南北厢房各两间，均为卷棚，板瓦铺顶压垄；倒座房三间，为清水脊，跨草，屋顶用红瓦改建，上有板瓦及残滴水；该院门楼左右均有墙腿石，上书吉祥文字，门柱上有两博风砖雕，门枕石为方形，门楣为松鹤延年花草枝蔓纹饰；门前有青石质阶条石三级踏步，影壁为软心，上有"鸿禧"二字，假檐有跨草砖雕及兽头瓦当、滴水
历史沿革	传统民居
主管单位	门头沟区清水镇梁家铺村委会
保护情况	一般
损坏原因	年久失修

梁家铺 22 号院民居地图、照片

梁家铺 22 号院民居平面图（2016 年）

梁家铺 22 号院民居正房（摄于 2008 年 6 月）

名 称	梁家铺 23 号院民居
保护类型	一般不可移动文物
文物类型	古建筑
详细地址	清水镇梁家铺村
建造时间	清代
地理位置	东经 115° 33′ 39.62″，北纬 39° 54′ 23.0″
海 拔	664 米
地理环境	梁家铺坐落在百花山脚下，其 22 号民居位置于村中，坐西朝东
文物现状	梁家铺 23 号院民居有带小耳房的正房三间，南北厢房各两间，倒座房三间；正房为清水硬山脊，蝎子尾，有跨草砖雕，板瓦铺顶压垄，门前五级踏步带垂带；厢房为清水硬山式，板瓦铺顶压垄，现门窗已改，北厢房东山墙有软心影壁、假檐、跨草砖雕；倒座房顶及门窗已改；该院门楼含在倒座内，门前有三级踏步，门侧箱型枕石带浮雕，门楣有"百鸟朝凤，花开富贵"图案，中有寿字；院内方砖墁地
历史沿革	传统民居
主管单位	门头沟区清水镇梁家铺村委会
保护情况	较差
损坏原因	年久失修

梁家铺 23 号院民居地图、照片

梁家铺 23 号院民居平面图（2016 年）

梁家铺 23 号院民居门楼（摄于 2008 年 6 月）

名　称	田寺村胜泉岩寺遗址
保护类型	一般不可移动文物
文物类型	古遗址
详细地址	清水镇田寺村
建造时间	明代
地理位置	东经 115° 34′ 25.62″，北纬 39° 54′ 09.8″
海　拔	840 米
地理环境	田寺村胜泉岩寺位于百花山胜泉窟下，坐南朝北
文物现状	胜泉岩寺依洞而建，洞口宽约 10 米，进深 4 米，洞内面积约 70 平方米，方砖铺地；现寺庙建筑无存，仅余碑两通
历史沿革	古寺遗址
主管单位	门头沟区清水镇政府
保护情况	差
损坏原因	年久失修

田寺村胜泉岩寺遗址地图、照片

田寺村胜泉岩寺遗址平面图（2016 年）

田寺村胜泉岩寺遗址（摄于 2008 年 6 月）

名　称	塔河村龙王庙
保护类型	一般不可移动文物
文物类型	近现代建筑
详细地址	清水镇塔河村
建造时间	民国年间
地理位置	东经 115°33′37.42″，北纬 39°54′25.2″
海　拔	679 米
地理环境	塔河村坐落在百花山下，其龙王庙位于村南，坐南朝北
文物现状	塔河村龙王庙有正殿三间，为清水脊硬山，蝎子尾，门窗形制为民国风格；东配殿两间，檐檩全包不露明，出锯形砖齿装饰；院内有二级松树一棵；现建筑格局有改变，主体建筑残毁严重，正殿屋顶塌陷大半
历史沿革	传统庙宇
主管单位	门头沟区清水镇政府
保护情况	较差
损坏原因	人为改建及年久失修

塔河村龙王庙地图、照片

塔河村龙王庙平面图（2016 年）

塔河村龙王庙（摄于 2019 年 10 月）

名　称	塔河村 94 号院杜氏民居
保护类型	一般不可移动文物
文物类型	古建筑
详细地址	清水镇塔河村
建造时间	清代
地理位置	东经 115° 33′ 18.82″，北纬 39° 53′ 38.2″
海　拔	670 米
地理环境	塔河村坐落在百花山下，其 94 号杜氏民居位于村中，坐西朝东
文物现状	塔河村 94 号院杜氏民居为四合院，有正房及倒座房各三间，南北厢房各三间，门楼一间。该院建筑均为卷棚顶，正房为板瓦铺顶，压垄，菱形窗格，四级踏步；厢房墙腿石上有线刻花草纹饰，北厢房东墙上有软心跨山影壁，假檐有跨草，四角外侧有透雕砖饰；倒座房有三级踏步；现北厢房门窗已改
历史沿革	传统民居，萧克将军曾在此居住
主管单位	门头沟区清水镇塔河村委会
保护情况	较好
损坏原因	年久失修及人为改动

塔河村 94 号院杜氏民居地图、照片

塔河村 94 号院杜氏民居平面图（2016 年）

塔河村 94 号院杜氏民居院落（摄于 2008 年 6 月）

名 称	塔河村 95 号院民居
保护类型	一般不可移动文物
文物类型	古建筑
详细地址	清水镇塔河村
建造时间	清代
地理位置	东经 115° 33′ 17.32″，北纬 39° 53′ 38.0″
海 拔	667 米
地理环境	塔河村坐落在百花山下，其 95 号院民居位于村中，坐西朝东
文物现状	塔河村 95 号院民居门楼面阔 3 米，进深 5 米，有五级踏步，门额上墨楷书"瑞满门庭"；院内有面阔 10 米、进深 5 米的正房及倒座房各三间，面阔 8 米、进深 4 米的南北厢房各两间；正房及倒座房皆为硬山清水脊，蝎子尾，板瓦铺顶，门窗平草；南北厢房为板瓦平草，四级踏步，北厢房东墙上有软心跨山影壁，墙帽假檐为清水脊蝎子尾带跨草砖雕，四角有透雕砖饰；现倒座房门窗已改，南北厢房墙面有改动
历史沿革	传统民居
主管单位	门头沟区清水镇塔河村委会
保护情况	一般
损坏原因	年久失修及人为改动

塔河村 95 号院民居地图、照片

塔河村 95 号院民居平面图（2016 年）

塔河村 95 号院民居一隅（摄于 2008 年 6 月）

名　称	龙王村 10 号民居
保护类型	一般不可移动文物
文物类型	古建筑
详细地址	清水镇龙王村
建造时间	清代
地理位置	东经 115° 32′ 17.92″，北纬 39° 53′ 01.8″
海　拔	816 米
地理环境	龙王村坐落在百花山下，其 10 号民居位于村中，坐西朝东
文物现状	龙王村 10 号民居有正房及东倒座房各三间，南北厢房各两间，以及门楼一间。北厢房为卷棚顶，东侧有软心跨山影壁，假檐已残；门楼北侧有门神龛；现建筑主体改动较多，正房门面已改为铝合金，南厢房屋顶已改，仅门楼保存较好
历史沿革	传统民居
主管单位	门头沟区清水镇龙王村委会
保护情况	较差
损坏原因	年代失修及人为改动

龙王村 10 号民居地图、照片

龙王村 10 号民居平面图（2016 年）

龙王村 10 号民居正房（摄于 2008 年 6 月）

名　称	龙王村 23 号民居
保护类型	一般不可移动文物
文物类型	古建筑
详细地址	清水镇龙王村
建造时间	清代
地理位置	东经 115° 32′ 15.92″，北纬 39° 53′ 58.2″
海　拔	728 米
地理环境	龙王村坐落在清水河西岸龙王沟南侧，其 23 号民居位于村中，坐北朝南
文物现状	龙王村 23 号民居有面阔 10 米、进深 5 米的正房及倒座房各三间，以及面阔 8 米、进深 4 米的东西厢房各两间；正房及倒座房为清水脊，硬山式，合瓦，正房为五步踏阶，倒座房为三步踏阶，正房有平草砖雕，现西蝎子尾已残；厢房为卷棚顶，有两步踏阶；院内方砖墁地，另有门楼一间
历史沿革	传统民居
主管单位	门头沟区清水镇龙王村村委会
保护情况	一般
损坏原因	年久失修

龙王村 23 号民居地图、照片

龙王村 23 号民居平面图（2016 年）

龙王村 23 号民居（摄于 2008 年 6 月）

名　称	黄安村圣泉寺遗址
保护类型	一般不可移动文物
文物类型	古遗址
详细地址	清水镇黄安村
建造时间	清代
地理位置	东经 115° 33′ 58.62″，北纬 39° 53′ 03.7″
海　拔	754 米
地理环境	黄安村位于清水镇西南通往百花山的方向，圣泉寺遗址位于村北；其院落南北长约 10 米，东西长约 30 米
文物现状	黄安村圣泉寺地面建筑已无存，杂草丛生
历史沿革	古寺遗址
主管单位	门头沟区清水镇政府
保护情况	差
损坏原因	年久失修、人为破坏

黄安村圣泉寺遗址地图、照片

黄安村圣泉寺遗址平面图（2016 年）

黄安村圣泉寺遗址（摄于 2008 年 6 月）

名　称	黄安村兴隆桥
保护类型	一般不可移动文物
文物类型	古建筑
详细地址	清水镇黄安村
建造时间	1894 年
地理位置	东经 115° 33′ 54.72″，北纬 39° 53′ 03.8″
海　拔	751 米
地理环境	黄安村位于清水镇西南通往百花山的方向，兴隆桥位于圣泉寺附近的山涧上
文物现状	兴隆桥为青石质单孔桥，通高 2.5 米，券洞宽及进深均为 3.3 米，高 1.9 米；桥旁有碑，上书"大清光绪二十年明吉日立，圣泉寺主持光明自修"
历史沿革	传统过涧桥
主管单位	门头沟区清水镇政府
保护情况	一般
损坏原因	年久失修

黄安村兴隆桥地图、照片

黄安村兴隆桥平面图（2016 年）

黄安村兴隆桥（摄于 2008 年 6 月）

名　称	黄安村过街楼
保护类型	一般不可移动文物
文物类型	近现代建筑
详细地址	清水镇黄安村
建造时间	1909 年
地理位置	东经 115° 33′ 57.62″，北纬 39° 52′ 54.7″
海　拔	768 米
地理环境	过街楼位于黄安村东口，坐东朝西
文物现状	黄安村过街楼通高约 5 米，宽 4.7 米；券洞宽 1.87 米，高 2.8 米，进深 2.5 米；券洞内左右各有两个门栓洞，青砖发券，东侧券洞嵌青石匾额，刻有"宣统元年"字样；城台四周用板瓦垒砌女儿墙，城台上的建筑为近年新建
历史沿革	传统过街楼
主管单位	门头沟区清水镇政府
保护情况	较差
损坏原因	年久失修

黄安村过街楼地图、照片

黄安村过街楼平面图（2016 年）

黄安村过街楼
（摄于 2008 年 6 月）

名 称	黄安村 4 号院民居
保护类型	一般不可移动文物
文物类型	古建筑
详细地址	清水镇黄安村
建造时间	清代
地理位置	东经 115° 33′ 50.42″，北纬 39° 52′ 58.3″
海 拔	768 米
地理环境	黄安村 4 号院民居位于黄安村西部，坐西朝东
文物现状	黄安村 4 号院民居有面阔 10 米、进深 5 米的正房三间，以及面阔 10 米、进深 4 米的南北厢房各三间；正房为硬山清水脊，板瓦铺顶，间隔双排四缕压垄；北厢房外接檐，板瓦铺顶压垄
历史沿革	传统民居
主管单位	门头沟区清水镇黄安村委会
保护情况	已改建，保存较好
损坏原因	年久失修及人为改建

黄安村 4 号院民居地图、照片

黄安村 4 号院民居平面图（2016 年）

黄安村 4 号院民居正房（摄于 2019 年 10 月）

名　称	黄安村 23 号民居
保护类型	一般不可移动文物
文物类型	古建筑
详细地址	清水镇黄安村
建造时间	清代
地理位置	东经 115° 33′ 57.02″，北纬 39° 52′ 55.5″
海　拔	772 米
地理环境	黄安村 23 号院民居位于黄安村东南，坐东朝西
文物现状	黄安村 23 号民居有正房三间，南北厢房各两间，倒座房一间。正房现已改建；厢房为硬山卷棚顶，布瓦铺顶压垄；倒座上有跨山软心影壁，影壁上有跨草，并用花墙与门楼相连。门楼面阔 3 米，进深 6 米，有四级踏步，门枕石为长方形，刻"福禄"二字；博风左雕鹿，右雕松鹤延年，墀头下有倒三角砖雕花饰；门楣中有寿字，蔓草勾连纹
历史沿革	传统民居
主管单位	门头沟区清水镇黄安村委会
保护情况	较好
损坏原因	年久失修及人为改建

黄安村 23 号民居地图、照片

黄安村 23 号民居平面图（2016 年）

黄安村 23 号民居门楼（摄于 2019 年 10 月）

名　称	黄安村 25 号民居
保护类型	一般不可移动文物
文物类型	古建筑
详细地址	清水镇黄安村
建造时间	待考
地理位置	东经 115° 33′ 57.02″，北纬 39° 52′ 55.4″
海　拔	772 米
地理环境	黄安村 25 号院民居位于黄安村南部，坐北朝南
文物现状	黄安村 25 号民居有面阔 10 米、进深 5 米的正房及倒座房各三间，以及面阔 5 米、进深 4 米的东西厢房各一间；正房为硬山式清水脊，带蝎尾，有跨草砖雕，板瓦铺顶压垄，门前有四级踏阶；厢房均为硬山式，东为合瓦，西为板瓦，有平草砖雕；倒座房为穿堂屋，硬山清水脊，跨草砖雕，合瓦，有影壁；门楼面阔 3 米、进深 5 米
历史沿革	传统民居
主管单位	门头沟区清水镇黄安村委会
保护情况	一般
损坏原因	年久失修

黄安村 25 号民居地图、照片

黄安村 25 号民居平面图（2016 年）

黄安村 25 号民居一隅（摄于 2008 年 6 月）

名　称	上清水村缸窑遗址
保护类型	一般不可移动文物
文物类型	古遗址
详细地址	清水镇上清水村
建造时间	元代
地理位置	东经 115° 36′ 29.92″，北纬 39° 56′ 59.9″
海　拔	610 米
地理环境	上清水村坐落在清水镇西端，缸窑遗址位于村外，四周荒草丛生
文物现状	上清水村缸窑遗址为一椭圆形残窑，深 7 米，直径 6 米，窑壁厚 0.6 米
历史沿革	传统生活用品烧制工地
主管单位	门头沟区清水镇政府
保护情况	差
损坏原因	年久弃用

上清水村缸窑遗址地图、照片

上清水村缸窑遗址平面图（2016 年）

上清水村缸窑遗址中的窑壁烧结痕迹（摄于 2008 年 6 月）

名　称	上清水村前街 102 号民居
保护类型	一般不可移动文物
文物类型	古建筑
详细地址	清水镇上清水村
建造时间	清代
地理位置	东经 115° 35′ 46.72″，北纬 39° 53′ 53.1″
海　拔	603 米
地理环境	上清水村依山傍水，前街 102 号民居位于村中，坐北朝南
文物现状	上清水村前街 102 号民居是二层楼房小院，院门开在东南角，主建筑为硬山卷棚顶二层小楼，另有倒座房三间；小楼一层有面阔 17.3 米、进深 5.4 米的正房六间，五架梁，前脸开四门七窗，后墙临街；楼正中偏西开门一扇，门楣为仿影壁墙帽形制；楼梯开在东侧第二间东北角处，木质楼板，七级楼梯；二楼前出走廊，有雕花纹饰木板栏杆；现建筑内部残破，南面内墙已改，二楼西侧栏杆已残
历史沿革	上清水村辽代成村，村落的古民居颇具特色，卷棚顶的建筑随处可见，许多院落都有着雕梁画栋大门楼或精美的石雕、砖雕、木雕，前街 102 号民居即具有代表性的一座
主管单位	门头沟区清水镇上清水村委会
保护情况	一般
损坏原因	年久失修及人为改动

上清水村前街 102 号民居地图、照片

上清水村前街 102 号民居平面图（2016 年）

上清水村前街 102 号民居
（摄于 2008 年 6 月）

名　称	上清水村前街 116 号民居
保护类型	一般不可移动文物
文物类型	古建筑
详细地址	清水镇上清水村
建造时间	清代
地理位置	东经 115° 35′ 46.72″，北纬 39° 53′ 53.1″
海　拔	601 米
地理环境	上清水村依山傍水，前街 116 号民居位于村中，坐南朝北
文物现状	上清水村前街 116 号民居为四合院，有面阔 9 米、进深 5 米的正房三间，面阔三间 7 米、进深 5 米的倒座房三间，以及面阔 6 米、进深 4 米的东西厢房；正房为硬山清水脊，板瓦铺顶压垄；厢房为硬山卷棚顶；东厢房南山墙有靠山影壁，影壁墙帽仿清水脊形制，并有跨草砖雕；院内方砖铺地，门楼开在西北角；现正房及东西厢房门窗形制已改，影壁心改为贴瓷瓦
历史沿革	传统民居
主管单位	门头沟区清水镇上清水村委会
保护情况	一般
损坏原因	年久失修及人为改动

上清水村前街 116 号民居地图、照片

上清水村前街 116 号民居平面图（2016 年）

上清水村前街 116 号民居外景（摄于 2008 年 6 月）

名　称	上清水村前街 129 号院民居
保护类型	一般不可移动文物
文物类型	近现代建筑
详细地址	清水镇上清水村
建造时间	民国时期
地理位置	东经 115° 35′ 46.72″，北纬 39° 53′ 58.1″
海　拔	602 米
地理环境	上清水村依山傍水，前街 129 号民居位于村中，坐北朝南
文物现状	上清水村前街 129 号院民居现存东西厢房各三间及门楼；东厢房面阔 9 米，进深 5 米，五架梁；西厢房面阔 8 米，进深 4 米，三架梁；两房均为硬山卷棚顶，砖发券门窗为典型民国风格，门楼开在院落南边，门楼顶部带有西方建筑特色，门楣上题字"吉星高照"
历史沿革	传统民居
主管单位	门头沟区清水镇上清水村委会
保护情况	较好
损坏原因	自然风化

上清水村前街 129 号院民居地图、照片

上清水村前街 129 号院民居平面图（2016 年）

上清水村前街 129 号院民居外景（摄于 2008 年 6 月）

名　称	上清水村后街 78 号门楼
保护类型	一般不可移动文物
文物类型	古建筑
详细地址	清水镇上清水村
建造时间	清代
地理位置	东经 115° 36′ 54.72″，北纬 39° 56′ 41.3″
海　拔	603 米
地理环境	上清水村依山傍水，后街 78 号门楼位于村中
文物现状	后街 78 号门楼石雕精美，其门腿石和石门墩均有精美花纹，砖腿磨砖对缝，戗檐花砖
历史沿革	传统民居门楼
主管单位	门头沟区清水镇上清水村委会
保护情况	一般
损坏原因	年久失修

上清水村后街 78 号门楼地图、照片

上清水村后街 78 号门楼平面图（2016 年）

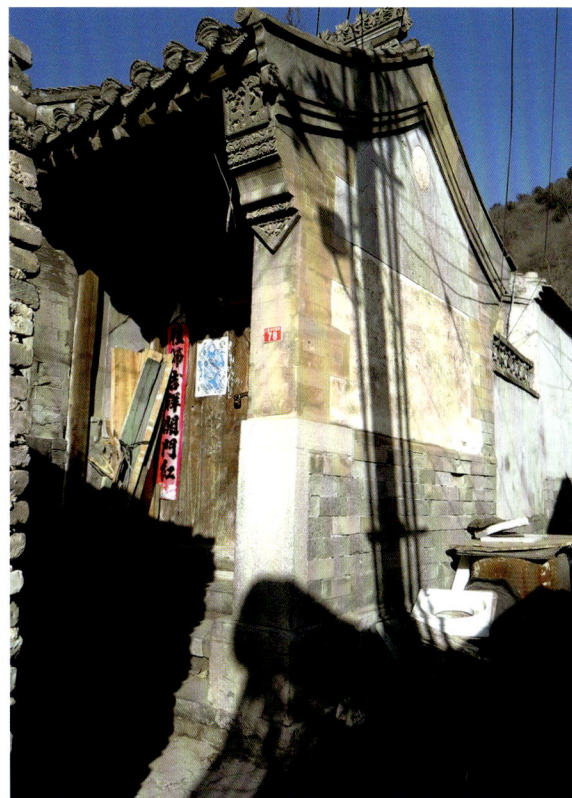

上清水村后街 78 号门楼（摄于 2008 年 6 月）

名　称	上清水村后街 84、85 号合院的门楼及影壁
保护类型	一般不可移动文物
文物类型	古建筑
详细地址	清水镇上清水村
建造时间	清代
地理位置	东经 115° 36′ 52.62″，北纬 39° 56′ 42.7″
海　拔	603 米
地理环境	上清水村依山傍水，后街 84、85 号合院的门楼及影壁位于村中，坐北朝南
文物现状	上清水村后街 84、85 号合院的大门外影壁是砖瓦组成的假檐、假椽头，上有"泰山石敢当"刻石；门楼为磨砖对缝，两侧有石门墩，右侧墙有砖砌门神龛，大门墙腿、脊、檐均为雕花砖瓦
历史沿革	传统民居的组成部分
主管单位	门头沟区清水镇上清水村委会
保护情况	较好
损坏原因	年久失修

上清水村后街 84、85 号合院的门楼及影壁地图、照片

上清水村后街 84、85 号合院的门楼及影壁平面图（2016 年）

上清水村后街 84、85 号合院的门楼（摄于 2008 年 6 月）

名　称	上清水村后街 104 号民居
保护类型	一般不可移动文物
文物类型	古建筑
详细地址	清水镇上清水村
建造时间	清代
地理位置	东经 115° 36′ 45.42″，北纬 39° 56′ 40.3″
海　拔	607 米
地理环境	上清水村依山傍水，后街 104 号民居位于村中，坐北朝南
文物现状	上清水村后街 104 号民居现有面阔 9 米、进深 5 米的正房及倒座房各三间，以及面阔 8 米、进深 4 米的东厢房两间，门楼开在西南角；正房及倒座房为硬山清水脊形制，正房山墙为砖砌，砖包脚，后墙为砖石垒砌；厢房为硬山卷棚顶；院内原有西厢房，已塌毁
历史沿革	传统民居
主管单位	门头沟区清水镇上清水村委会
保护情况	较差
损坏原因	年久失修

上清水村后街 104 号民居地图、照片

上清水村后街 104 号民居平面图（2016 年）

上清水村后街 104 号民居正房（摄于 2019 年 10 月）

名　称	椴木沟新村朝阳寺记碑刻
保护类型	一般不可移动文物
文物类型	石窟寺及石刻
详细地址	清水镇椴木沟新村
建造时间	明嘉万年间
地理位置	东经115° 36′ 35.72″，北纬39° 56′ 41.2″
海　拔	564 米
地理环境	椴木沟新村位于 109 国道 90 公里处，朝阳寺记碑刻在清水河南岸椴木沟新村界内
文物现状	朝阳寺记碑刻长 1.70 米、宽 0.70 米、厚 0.17 米，圆首雕云纹，额有篆书"清水朝阳寺记"，碑右下角残，为明嘉靖十五年（1536）立石；此碑旁另有残碑两截，依残留字迹可知为明万历十五年（1587）立石，其他内容待考
历史沿革	传统修庙碑
主管单位	门头沟区清水镇政府
保护情况	好
损坏原因	年久风化

椴木沟新村朝阳寺记碑刻地图、照片

椴木沟新村朝阳寺记碑刻平面图（2016 年）

椴木沟新村朝阳寺记碑刻（摄于 2008 年 6 月）

名　称	马栏村戏楼
保护类型	一般不可移动文物
文物类型	古建筑
详细地址	斋堂镇马栏村
建造时间	清代
地理位置	东经115°41′19.82″，北纬39°56′03.4″
海　拔	599米
地理环境	马栏村地处老龙窝北麓马栏村沟西坡阶地上，戏楼位于主街龙王观音禅林大殿对面，坐南朝北
文物现状	马栏村戏楼面阔三间8.6米，进深7.8米，悬山卷棚顶，筒瓦板瓦合瓦，戏台建在1.4米高台上，台基以当地毛石砌筑；戏台上有檐柱四根，中部隔断分前后两台，檐檩及枋间施旋子彩绘；现楼台已有损毁，彩绘大多剥落
历史沿革	马栏村戏楼是观音禅林大殿的附属建筑，清代重修
主管单位	门头沟区斋堂镇政府
保护情况	一般
损坏原因	年久失修及人为损毁

马栏村戏楼地图、照片

马栏村戏楼平面图（2016年）

马栏村戏楼（摄于2009年6月）

名　称	重修观音禅林大殿碑
保护类型	一般不可移动文物
文物类型	石窟寺及石刻
详细地址	斋堂镇马栏村
建造时间	清代
地理位置	东经115°41′18.2″，北纬39°56′04.0″
海　拔	6.5 米
地理环境	该碑现存于马栏村仓库内
文物现状	重修观音禅林大殿碑为汉白玉质，碑高 1.55 米，宽 0.78 米，厚 0.2 米
历史沿革	传统修庙记事碑
主管单位	门头沟区斋堂镇政府
保护情况	一般
损坏原因	自然风化

重修观音禅林大殿碑地图、照片

重修观音禅林大殿碑平面图（2016 年）

重修观音禅林大殿碑（摄于 2009 年 12 月）

名　称	马栏村 226 号民居
保护类型	一般不可移动文物
文物类型	近现代建筑
详细地址	斋堂镇马栏村
建造时间	清代民初
地理位置	东经 115° 41′ 11.62″，北纬 39° 56′ 52.2″
海　拔	617 米
地理环境	马栏村地处老龙窝北麓马栏沟西坡阶地上，其 226 号民居位于村中主街，坐北朝南
文物现状	马栏村 226 号民居分为两院，内院现存正房及东厢房各三间，原西厢房三间已坍塌；下院存倒座房三间及东西厢房各三间，其中西厢房北间为门楼；建筑均为合瓦顶，清水硬山脊带蝎子尾；现房屋陈旧
历史沿革	传统民居
主管单位	门头沟区斋堂镇马栏村委会
保护情况	一般
损坏原因	年久失修

马栏村 226 号民居地图、照片

马栏村 226 号民居平面图（2016 年）

马栏村 226 号民居一隅（摄于 2009 年 12 月）

名　称	达摩村9号古民居前影壁
保护类型	一般不可移动文物
文物类型	近现代建筑
详细地址	清水镇达摩村
建造时间	清代民初
地理位置	东经115° 38′ 55.52″，北纬39° 55′ 18.8″
海　拔	621米
地理环境	达摩村位于群山环绕的斋堂川盆地，其9号古民居前影壁位于村中，坐南朝北
文物现状	达摩村9号古民居前影壁为双层影壁，高2.53米，宽2.3米；影壁上部为仿木结构，出飞檐，四周有砖雕，中间为硬心式，底为须弥座，束腰上有砖雕花卉；影壁四角用砖雕花饰岔角，中间有美女起舞浅浮雕；现最上层飞檐及美女起舞浮雕已残
历史沿革	传统民居配套建筑
主管单位	门头沟区清水镇达摩村委会
保护情况	一般
损坏原因	年久失修

达摩村9号古民居前影壁地图、照片

达摩村9号古民居前影壁平面图（2016年）

达摩村9号古民居前影壁（摄于2008年6月）

名　称	达摩村 17、18 号套院民居
保护类型	一般不可移动文物
文物类型	近现代遗址
详细地址	清水镇达摩村
建造时间	清代民初
地理位置	东经 115° 38′ 56.12″，北纬 39° 55′ 18.5″
海　拔	618 米
地理环境	达摩村位于群山环绕的斋堂川盆地，其 17、18 号套院民居位于村中心地带，坐北朝南
文物现状	达摩村 17、18 号套院民居为二进三合院，带一后院；前院内有正房三间，东西厢房各两间；正房为硬山清水皮条脊，板瓦铺顶压垄；厢房为卷棚顶；垂花门为硬山清水脊形制，三合院西北角有走廊通往后院；后院有正房三间，东西厢房各两间，正房西侧带耳房；西侧三合院倒座房为新建
历史沿革	传统民居
主管单位	门头沟区清水镇达摩村委会
保护情况	较好
损坏原因	年久失修及人为改动

达摩村 17、18 号套院民居地图、照片

达摩村 17、18 号套院民居平面图（2016 年）

达摩村 17、18 号套院民居一隅（摄于 2008 年 6 月）

名 称	达摩村 27 号民居
保护类型	一般不可移动文物
文物类型	近现代建筑
详细地址	清水镇达摩村
建造时间	清末民初
地理位置	东经 115° 38′ 54.52″，北纬 39° 55′ 19.1″
海 拔	621 米
地理环境	达摩村位于群山环绕的斋堂川盆地，其 27 号民居位于村中心地带，坐北朝南
文物现状	达摩村 27 号民居有面阔 12 米、进深 5 米的正房及倒座房各三间（倒座房含门楼），面阔 10 米、进深 4 米的东西厢房各两间；建筑均为硬山式清水脊，正房有四级踏步；门楼前用石砌三步踏阶，通道两壁有墨书题诗
历史沿革	传统民居
主管单位	门头沟区清水镇达摩村委会
保护情况	一般
损坏原因	年久失修

达摩村 27 号民居地图、照片

达摩村 27 号民居平面图（2016 年）

达摩村 27 号民居门楼（摄于 2008 年 6 月）

名　称	达摩村王国林宅院
保护类型	一般不可移动文物
文物类型	近现代建筑
详细地址	清水镇达摩村
建造时间	清末民初
地理位置	东经 115° 38′ 55.32″，北纬 39° 55′ 18.9″
海　拔	624 米
地理环境	达摩村位于群山环绕的斋堂川盆地，王国林宅院位于村中，坐西朝东
文物现状	王国林宅院门楼开在东南角，有正房三间，南北厢房各两间，以及倒座房四间；建筑均为硬山清水脊，正房门前有四步踏阶带垂带，倒座房为临街门面房，有平草砖雕，板瓦铺顶压垄；现正房及南厢房局部门窗已改，院内方砖为后来重铺
历史沿革	传统民居
主管单位	门头沟区清水镇达摩村委会
保护情况	一般
损坏原因	年久失修及人为改动

达摩村王国林宅院地图、照片

达摩村王国林宅院平面图（2016 年）

达摩村王国林宅院正房（摄于 2008 年 6 月）

名　称	田寺村 32 号院民居
保护类型	一般不可移动文物
文物类型	古建筑
详细地址	清水镇田寺村
建造时间	清代
地理位置	东经 115° 35′ 45.02″，北纬 39° 54′ 01.9″
海　拔	654 米
地理环境	田寺村位于清水镇西南的低山谷地中，其 32 号民居位于村中，坐北朝南
文物现状	田寺村 32 号民居为四合院，有面阔 9 米、进深 5.5 米的正房及倒座房各三间，以及面阔 8 米、进深 4 米的东西厢房各两间；正房为硬山清水脊，蝎子尾带平草盘花，板瓦铺顶压垄，有勾头滴水，五级踏步带垂带，门窗为工字锦雕花；东厢房板瓦铺顶压垄；西厢房及倒座房仰瓦铺顶；院内方砖墁地；东厢房南山墙有靠山硬心影壁，现四梁八柱硬撑；门楼外有一照壁
历史沿革	传统民居
主管单位	门头沟区清水镇田寺村委会
保护情况	较好
损坏原因	年久失修

田寺村 32 号院民居地图、照片

田寺村 32 号院民居平面图（2016 年）

田寺村 32 号院民居门楼
（摄于 2008 年 6 月）

田寺村 32 号院民居正房
（摄于 2008 年 6 月）

名　称	田寺村 36、81 号民居
保护类型	一般不可移动文物
文物类型	古建筑
详细地址	清水镇田寺村
建造时间	待考
地理位置	东经 115° 35′ 44.52″，北纬 39° 54′ 00.1″
海　拔	651 米
地理环境	田寺村位于清水镇西南的低山谷地中，其 36、81 号民居位于村中，坐北朝南
文物现状	田寺村 36、81 号民居有面阔 10 米、进深 5.4 米的正房及倒座房各三间，东西厢房各两间，均为清水硬山式带蝎尾，板瓦铺顶压垄，正房有五步踏阶带垂带；东厢房南山墙有靠山影壁；门楼前有假仿清水脊软心照壁；现西厢房及倒座房已改
历史沿革	传统民居
主管单位	门头沟区清水镇田寺村委会
保护情况	较差
损坏原因	年久失修及人为改建

田寺村 36、81 号民居地图、照片

田寺村 36、81 号民居平面图（2016 年）

田寺村 36、81 号民居大门（摄于 2019 年 10 月）

名 称	田寺村 44 号院门楼
保护类型	一般不可移动文物
文物类型	古建筑
详细地址	清水镇田寺村
建造时间	清代
地理位置	东经 115° 35′ 46.52″，北纬 39° 54′ 00.6″
海 拔	738 米
地理环境	田寺村位于清水镇西南的低山谷地中，其 44 号院门楼位于村中
文物现状	田寺村 44 号院门楼面阔 2 米，进深 5 米，两侧门枕为木质圆鼓形，上雕鱼戏荷叶纹，底座为蔓草纹；现两门枕均有破损裂纹
历史沿革	传统民居门楼
主管单位	门头沟区清水镇田寺村委会
保护情况	一般
损坏原因	年久失修

田寺村 44 号院门楼地图、照片

田寺村 44 号院门楼平面图（2016 年）

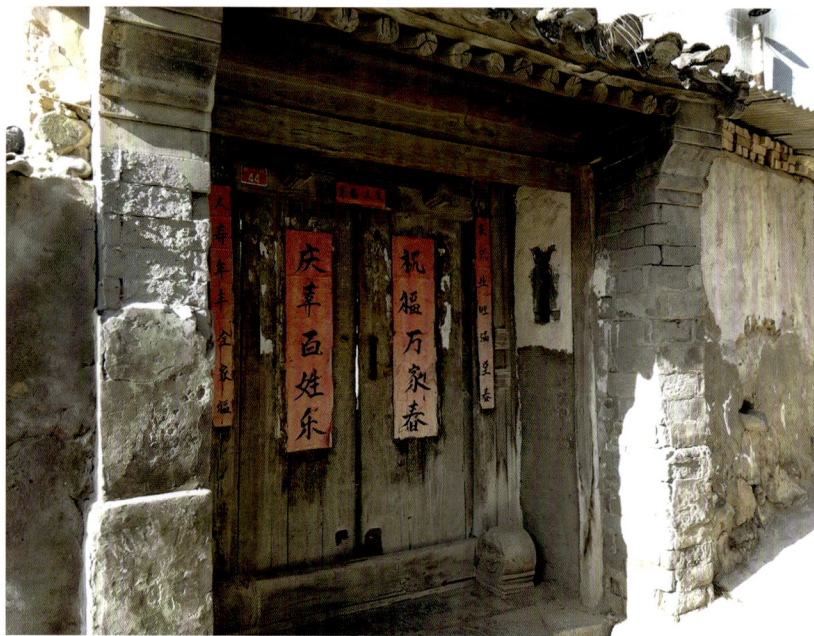

田寺村 44 号院门楼（摄于 2008 年 6 月）

名　称	田寺村 50 号民居
保护类型	一般不可移动文物
文物类型	古建筑
详细地址	清水镇田寺村
建造时间	待考
地理位置	东经 115° 35′ 45.62″，北纬 39° 54′ 01.4″
海　拔	658 米
地理环境	田寺村位于清水镇西南的低山谷地，50 号民居位于村中，坐北朝南
文物现状	田寺村 50 号民居有面阔 9 米、进深 5 米的正房及倒座房各三间，面阔 8 米、进深 4 米的东厢房两间，以及改建的西厢房两间；正房及倒座房为硬山清水式
历史沿革	传统民居门楼
主管单位	门头沟区清水镇田寺村委会
保护情况	较差
损坏原因	年久失修及人为改建

田寺村 50 号民居地图、照片

田寺村 50 号民居平面图（2016 年）

田寺村 50 号民居东厢房（摄于 2008 年 6 月）

名 称	庄户村三教宝殿
保护类型	一般不可移动文物
文物类型	古建筑
详细地址	大台街道庄户村
建造时间	明代
地理位置	东经 115° 52′ 05.72″，北纬 39° 56′ 19.5″
海 拔	449 米
地理环境	庄户村坐落在京西古道西山大路主干道上，三教宝殿位于古道边，坐北朝南
文物现状	三教宝殿总进深17米，面阔23.5米，有带东西耳房各两间的正殿三间，东西配殿各三间；倒座为山门殿；正殿及山门殿为硬山正脊，石板瓦铺顶，板瓦压垄，正脊中部及两端有砖雕花饰；配殿为石板瓦铺顶，板瓦压垄，清水硬山脊蝎子尾；现正殿西耳房已坍塌，山门殿鸱吻已毁
历史沿革	三教为儒、佛、道，三教文化属于中国传统文化，中国乡村中至今仍有许多三教合一的庙宇，庄户村三教宝殿即为其一；该庙于2005年重修过正殿及东耳房
主管单位	门头沟区大台街道办事处
保护情况	一般
损坏原因	年久失修

庄户村三教宝殿地图、照片

庄户村三教宝殿平面图（2016 年）

庄户村三教宝殿外景
（摄于 2008 年 4 月）

庄户村三教宝殿正殿
（摄于 2008 年 4 月）

名　称	黑牛寺桥
保护类型	一般不可移动文物
文物类型	古建筑
详细地址	大台街道庄户村
建造时间	待考
地理位置	东经 115° 52′ 19.72″，北纬 39° 56′ 29.2″
海　拔	424 米
地理环境	庄户村位于京西古道西山大路主干道上，黑牛寺桥横跨于主干道之北的沟涧之上
文物现状	黑牛寺桥为单孔石桥，长 11 米，宽 4.6 米，高 5.6 米，桥面用长条青石铺砌，条石面凿有防滑槽沟；现桥面护栏残损
历史沿革	黑牛寺桥为京西"十里八桥"中的一座，享有较高的知名度，是京西山区石板桥的代表作之一，其结构完整，夯筑结实
主管单位	门头沟区大台街道办事处
保护情况	一般
损坏原因	年久失修

黑牛寺桥地图、照片

黑牛寺桥平面图（2016 年）

黑牛寺桥（摄于 2008 年 4 月）

名　称	大台地区段古道遗址
保护类型	一般不可移动文物
文物类型	古遗址
详细地址	大台街道办事处千军台村
建造时间	五代
地理位置	东经 115° 49′ 12.12″，北纬 39° 55′ 41.2″
海　拔	432 米
地理环境	大台地区段古道遗址位于鬐鬐山南麓，该段古道跨沟越壑，蜿蜒曲折
文物现状	大台地区段古道约长 15 公里，这段古道所在地区沟壑纵横，石桥众多，其中一段约 5 公里的路程中即有 8 座古桥，素有"十里八桥"之称；该段古道现基本保存完整，旧时铺筑痕迹明显
历史沿革	据文献记载，该段古道于五代时开始修建，一千多年来一直是山村通往外界的重要通道
主管单位	门头沟区大台街道办事处
保护情况	较好
损坏原因	因年久失修自然风化、磨损

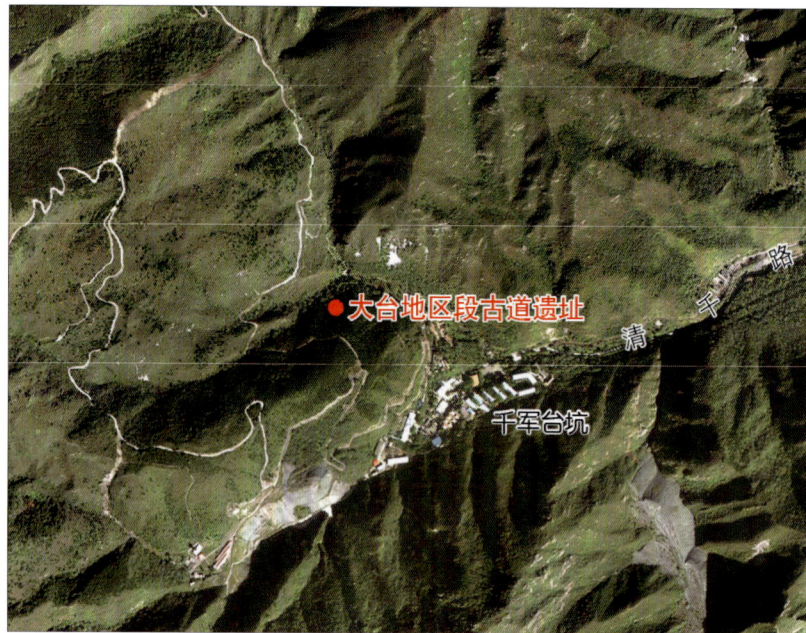

大台地区段古道遗址地图、照片

大台地区段古道遗址平面图（2016 年）

大台地区段古道遗址（摄于 2008 年 4 月）

名　称	千军台村老桥
保护类型	一般不可移动文物
文物类型	古建筑
详细地址	大台街道千军台村
建造时间	待考
地理位置	东经 115° 51′ 17.82″，北纬 39° 56′ 10.2″
海　拔	422 米
地理环境	千军台村坐落于清水涧北岸台地上，京西古道的主干道西山大路穿村而过，千军台村老桥即位于该古道上
文物现状	千军台村老桥为山石砌单孔桥，长 11 米，宽 6.5 米，孔径 5.5 米，桥栏高 0.9 米，现已残破弃用
历史沿革	千军台村老桥是京西古道的一部分，建造时间应与大台地区段古道的修筑时间相隔不远
主管单位	门头沟区大台街道办事处
保护情况	一般
损坏原因	年久失修

千军台村老桥地图、照片

千军台村老桥平面图（2016 年）

千军台村老桥
（摄于 2008 年 4 月）

名　称	毗卢寺遗址
保护类型	一般不可移动文物
文物类型	古遗址
详细地址	大台街道千军台村
建造时间	明代
地理位置	东经 115° 48′ 50.82″，北纬 39° 56′ 22.6″
海　拔	884 米
地理环境	千军台村坐落于清水涧北岸台地上，毗卢寺遗址位于京西古道的主干道西山大路旁，所占地南北长 300 米，东西长 50 米
文物现状	毗卢寺现遗存清道光年间所立残碑一块，为青石质，上刻毗卢寺文昌阁碑记；另有深十余米古井一口，井口乱石砌成，井旁有一石质水槽
历史沿革	不详
主管单位	门头沟区大台街道办事处
保护情况	一般
损坏原因	由年久失修自然风化

毗卢寺遗址地图、照片

毗卢寺遗址平面图（2016 年）

残存的毗卢寺古井
（摄于 2008 年 4 月）

毗卢寺遗址上的残碑
（摄于 2008 年 4 月）

名　称	古羊水沟石塔遗址
保护类型	一般不可移动文物
文物类型	古遗址
详细地址	大台街道千军台村
建造时间	明代
地理位置	东经 115° 49′ 19.92″，北纬 39° 54′ 50.6″
海　拔	926 米
地理环境	千军台村依山而建，古羊水沟石塔遗址处于千军台村的山峦深处
文物现状	古羊水沟石塔现仅存直径 2.3 米的塔基，地宫早已被盗，周围可见散落的石构件，其中两块，一块为八边形，另一块刻有花瓣及仰莲式雕纹
历史沿革	古羊水沟石塔为明代和尚冢塔，所葬人物待考
主管单位	门头沟区大台街道办事处
保护情况	差
损坏原因	年久风化及人为盗掘

古羊水沟石塔遗址地图、照片

古羊水沟石塔遗址平面图（2016 年）

古羊水沟石塔遗址上的石构件（摄于 2008 年 4 月）

名　称	东庵庙遗址
保护类型	一般不可移动文物
文物类型	古遗址
详细地址	大台街道东板桥村
建造时间	待考
地理位置	东经 115° 52′ 26.12″，北纬 39° 55′ 50.1″
海　拔	373 米
地理环境	东板桥村坐落在髽髻山南麓的清水涧谷地中，东庵庙在东板桥村村口，坐东朝西，南北约 10 米，东西约 8 米
文物现状	东庵庙建筑均早已塌毁，该庙仅存残山墙，地上可见散落大板瓦
历史沿革	传统庙宇
主管单位	门头沟区大台街道办事处
保护情况	差
损坏原因	不明

东庵庙遗址平面图（2016 年）

东庵庙遗址（摄于 2008 年 4 月）

名　称	金锁桥
保护类型	一般不可移动文物
文物类型	古建筑
详细地址	大台街道东板桥村
建造时间	1789 年
地理位置	东经 115° 53′ 46.52″，北纬 39° 56′ 50.2″
海　拔	420 米
地理环境	东板桥村坐落在髫髻山南麓的清水涧谷地中，毗邻二岭七沟，金锁桥横跨于山间沟涧之上
文物现状	金锁桥为青石发券拱形，桥面长 23.5 米，宽 6.5 米，高 7.75 米，券洞宽 7.9 米，桥面铺有长条形青石，灰浆包砌；现桥面护栏有残损，尚可通行
历史沿革	根据《重修桥道碑记》所载，金锁桥造成于乾隆五十四年（1789），其结构完整，夯筑结实，为京西山区石板桥的代表作之一；该桥于 2015 年重修
主管单位	门头沟区大台街道办事处
保护情况	一般
损坏原因	自然风化

金锁桥地图、照片

金锁桥平面图（2016 年）

金锁桥（摄于 2008 年 4 月）

名　称	三官庙遗址
保护类型	一般不可移动文物
文物类型	古遗址
详细地址	大台街道东板桥村
建造时间	待考
地理位置	东经115°53′32.32″，北纬39°56′47.0″
海　拔	508米
地理环境	三官庙遗址位于东板桥村，占地南北16米，东西16米；原庙坐北朝南
文物现状	三官庙早已无存，从该庙遗址中仅可见北面正殿残壁
历史沿革	待考
主管单位	门头沟区大台街道办事处
保护情况	差
损坏原因	年代久远，自然风化

三官庙遗址地图、照片

三官庙遗址平面图（2016年）

三官庙遗址（摄于2008年4月）

名 称	板桥村玉皇庙
保护类型	一般不可移动文物
文物类型	古建筑
详细地址	大台街道板桥村
建造时间	元代
地理位置	东经 115° 54′ 37.92″，北纬 39° 57′ 14.0″
海 拔	400 米
地理环境	板桥村坐落在鬏髻山南麓，现该村已拆迁，玉皇庙位于该村的山脚下
文物现状	板桥村玉皇庙仅有主殿，其余建筑无存；正殿面阔11 米、进深 8 米，建在约一米高的青石台基上，为硬山花脊筒瓦顶，黄琉璃棋盘心，石望板，双层椽子，檐下苏式彩绘，前后均带廊，两山带排山沟滴；五架梁彻上明造，正中二垄为黄琉璃筒瓦；庙中有碑刻两通，均为青石质，其一为光绪三十二年立，方首委角，碑额正中刻"万古流芳"，周围雕有二龙戏珠纹饰，边栏施蔓草纹饰，有碑文 10 行，满行 41 字，碑阴刻功德名录；其二额雕云纹，上书"重修碑记"，碑阳以小楷文字记录了重修殿宇之经过，碑阴额刻"万古流芳"并记有功德捐助名单，碑下端残损
历史沿革	传统庙宇
主管单位	门头沟区大台街道办事处
保护情况	较差
损坏原因	年久弃用

板桥村玉皇庙地图、照片

板桥村玉皇庙平面图（2016 年）

板桥村玉皇庙石碑
（摄于 2010 年 5 月）

板桥村玉皇庙正殿
（摄于 2010 年 5 月）

名　称	板桥村摩崖石刻修路碑
保护类型	一般不可移动文物
文物类型	石窟寺及石刻
详细地址	大台街道板桥村
建造时间	清代
地理位置	东经 115° 54′ 36.52″，北纬 39° 57′ 08.6″
海　拔	325 米
地理环境	板桥村地处深山，摩崖石刻修路碑位于大台玉皇庙南面的山崖处
文物现状	板桥村摩崖石刻修路碑共有四通，碑一宽 0.94 米，高 1.94 米，额书"名垂千古"，下书"修补道路功德碑记"，小楷竖书 18 行，满行 35 字，现碑文已不太清晰，碑身四周有多处裂纹；碑二高 2 米，宽 1.16 米，圆首环式如意云纹，额书"题名碑记"，边栏为蔓草纹，现碑身已残；碑三、碑四皆已残
历史沿革	修路后摩崖石刻记事碑
主管单位	门头沟区大台街道办事处
保护情况	一般
损坏原因	自然风化

板桥村摩崖石刻修路碑地图、照片

板桥村摩崖石刻修路碑平面图（2016 年）

板桥村摩崖石刻修路碑（摄于 2008 年 4 月）

名 称	西板桥村护坡碑
保护类型	一般不可移动文物
文物类型	石窟寺及石刻
详细地址	大台街道西板桥村
建造时间	清代
地理位置	东经 115° 53′ 34.02"，北纬 39° 56′ 48.9"
海　　拔	375 米
地理环境	西板桥村坐落在鬘髻山南麓的清水涧谷地中，现该村已拆迁，护坡碑位于村口板桥西侧，坐北朝南
文物现状	西板桥村护坡碑为青石质，露出地面 0.9 米，宽 0.61 米，方首委角，碑额如意云纹，底为海水纹，左上为荷花纹，额题“流芳百代”
历史沿革	该碑原位于东板桥村，后移至西板桥村，已建有碑亭保护
主管单位	门头沟区大台街道办事处
保护情况	较好
损坏原因	自然风化

西板桥村护坡碑地图、照片

西板桥村护坡碑平面图（2016 年）

西板桥村护坡碑及碑亭
（摄于 2009 年 10 月）

名 称	禁开封闭煤窑碑
保护类型	一般不可移动文物
文物类型	石窟寺及石刻
详细地址	大台街道西板桥村
建造时间	清代
地理位置	东经 115° 53′ 34.02″，北纬 39° 56′ 48.9″
海 拔	375 米
地理环境	西板桥村坐落在清水涧谷地中，禁开封闭煤窑碑现位于西板桥村村口的板桥西侧
文物现状	禁开封闭煤窑碑碑高 1.65 米，宽 0.75 米，方首委角，无边栏，碑额雕云纹并刻"万古遗风"，有 8 行楷书，满行 33 字；现碑座无存，今人建碑亭保护
历史沿革	禁开封闭煤窑碑又名军粮厅布告碑，立于清道光十五年（1835）。据碑文所记，当时有村民刘继兴等私开封禁煤窑，致庙宇及房舍墙垣开裂，被西板桥村民刘景云等人告到官府，官府对刘继兴等责惩并封窑，因恐村民不知禁由再行开挖，故立碑晓谕公示
主管单位	门头沟区大台街道办事处
保护情况	一般
损坏原因	自然风化

禁开封闭煤窑碑地图、照片

禁开封闭煤窑碑平面图（2016 年）

禁开封闭煤窑碑（摄于 2008 年 4 月）

名 称	卧虎桥
保护类型	一般不可移动文物
文物类型	古建筑
详细地址	大台街道西板桥村
建造时间	待考
地理位置	东经 115° 53′ 34.02″，北纬 39° 56′ 48.9″
海 拔	375 米
地理环境	西板桥村南有二岭七沟，卧虎桥位于其中的一条沟涧上
文物现状	卧虎桥用长条青石铺砌，长 30 米、宽 6 米，石砌桥栏高 1.1 米；现护栏残缺
历史沿革	卧虎桥为京西"十里八桥"中的一座，较为知名，是京西山区石板桥的代表作之一，其结构完整，夯筑结实
主管单位	门头沟区大台街道办事处
保护情况	一般
损坏原因	年久失修

卧虎桥地图、照片

卧虎桥平面图（2016 年）

卧虎桥（摄于 2008 年 4 月）

名　称	潘涧子桥遗址
保护类型	一般不可移动文物
文物类型	古遗址
详细地址	大台街道西板桥村
建造时间	清代
地理位置	东经 115° 55′ 28.42″，北纬 39° 57′ 11.3″
海　拔	339 米
地理环境	西板桥村坐落在鬓髻山南麓，村南有二岭七沟，潘涧子桥位于村南沟涧之上
文物现状	潘涧子桥为单孔砖石结构，现只剩一断残桥，东西约 4 米，南北约 3 米
历史沿革	潘涧子桥建于清乾隆五十四年（1789），被大水冲毁后，在此桥残存的基础上搭建临时木桥；乾隆五十九年（1794）由西山大路沿线村民和窑厂集资重建为石桥，1929 年再次被特大洪水冲断，从此再无重建
主管单位	门头沟区大台街道办事处
保护情况	差
损坏原因	大水冲塌

潘涧子桥遗址地图、照片

潘涧子桥遗址平面图（2016 年）

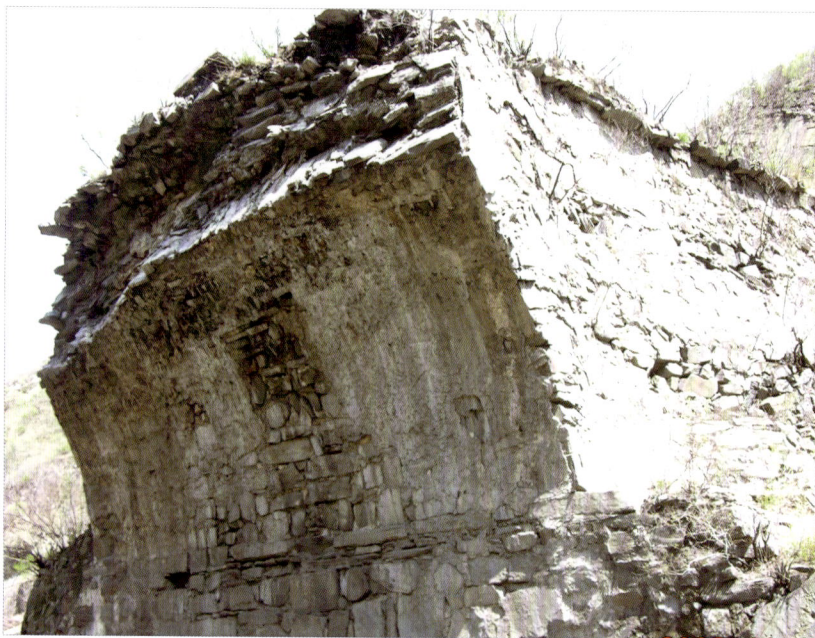

潘涧子桥遗址（摄于 2008 年 4 月）

名　称	福龙桥
保护类型	一般不可移动文物
文物类型	古建筑
详细地址	大台街道西板桥村
建造时间	清代
地理位置	东经 115° 52′ 48.2″，北纬 39° 56′ 39.9″
海　拔	403 米
地理环境	西板桥村南有二岭七沟，福龙桥位于村东沟涧之上
文物现状	福龙桥为长条青石铺砌，长 30 米，宽 6 米，石砌桥栏高 1.1 米，护栏通高 0.112 米；现桥面护栏残损，但桥身坚固，尚可通行
历史沿革	福龙桥为京西"十里八桥"中的一座，较为有名，是京西山区石板桥的代表作之一，其结构完整，夯筑结实
主管单位	门头沟区大台街道办事处
保护情况	一般
损坏原因	年久失修

福龙桥地图、照片

福龙桥平面图（2016 年）

福龙桥（摄于 2008 年 4 月）

名 称	西板桥村过街楼
保护类型	一般不可移动文物
文物类型	古建筑
详细地址	大台街道西板桥村
建造时间	待考
地理位置	东经115°53′28.12″，北纬39°56′46.5″
海 拔	395米
地理环境	西板桥村坐落在清水涧谷地中，过街楼位于村口
文物现状	西板桥村过街楼平台通高4.9米，券洞高4.1米，宽3米，进深4.7米，楼上原庙宇已残，曾于2003年重修；过街楼东面有一影壁，旁有一石碾及古槐一棵
历史沿革	传统过街楼
主管单位	门头沟区大台街道办事处
保护情况	一般
损坏原因	因年代久远而自然风化

西板桥村过街楼地图、照片

西板桥村过街楼平面图（2016年）

重修后的西板桥村过街楼（摄于2008年4月）

名 称	禅房村关帝庙遗址
保护类型	一般不可移动文物
文物类型	古遗址
详细地址	大台街道禅房村
建造时间	待考
地理位置	东经115° 54′ 00.82″，北纬39° 56′ 31.4″
海　拔	534 米
地理环境	禅房村坐落在鬘髻山南麓的清水涧谷地中，现该村已拆迁，关帝庙遗址位于村北山中，占地南北约长16米，东西约长11米
文物现状	禅房村关帝庙早已无存，仅可见断续石质包砌墙基痕迹
历史沿革	传统庙宇，弃用多年
主管单位	门头沟区大台街道办事处
保护情况	差
损坏原因	因年代久远而自然风化

禅房村关帝庙遗址地图、照片

禅房村关帝庙遗址平面图（2016 年）

禅房村关帝庙遗址（摄于 2008 年 4 月）

名 称	禅房村龙王庙遗址
保护类型	一般不可移动文物
文物类型	古遗址
详细地址	大台街道禅房村
建造时间	明代
地理位置	东经 115° 54′ 00.62″，北纬 39° 56′ 17.3″
海 拔	518 米
地理环境	禅房村坐落在髽髻山南麓的清水涧谷地中，现该村已拆迁，龙王庙遗址位于村北山中，南北长约30 米，东西长约 10 米
文物现状	禅房村龙王庙主体建筑已无存，现仅见一残损毛石基座青砖发券龛位，其南向有干涸水井一口，另有清同治八年（1869）所立花岗岩石碑一通，石碑保存较好
历史沿革	传统庙宇，弃用多年
主管单位	门头沟区大台街道办事处
保护情况	一般
损坏原因	年久失修

禅房村龙王庙遗址地图、照片

禅房村龙王庙遗址平面图（2016 年）

禅房村龙王庙遗址上的石碑
（摄于 2008 年 4 月）

禅房村龙王庙遗址上的龛位
（摄于 2008 年 4 月）

名　称	禅房村防空洞
保护类型	一般不可移动文物
文物类型	近现代建筑
详细地址	大台街道禅房村
建造时间	抗战时期
地理位置	东经115° 53′ 59.32″，北纬39° 56′ 16.0″
海　拔	565 米
地理环境	禅房村坐落在髻髽山南麓的清水涧谷地中，现该村已拆迁，防空洞位于村中
文物现状	防空洞为毛石堆砌，东西约4米，南北约3米，现里面已封死，仅可见一长方形入口
历史沿革	防空洞是抗日战争时期为躲避日军飞机轰炸而开挖的，弃用已久
主管单位	门头沟区大台街道办事处
保护情况	差
损坏原因	年久弃用

禅房村防空洞地图、照片

禅房村防空洞平面图（2016 年）

禅房村防空洞入口（摄于 2008 年 4 月）

名 称	秀峰庵
保护类型	一般不可移动文物
文物类型	古建筑
详细地址	大台街道禅房村
建造时间	1531 年、1883 年
地理位置	东经 115° 54′ 09.62″，北纬 39° 56′ 13.9″
海　拔	574 米
地理环境	秀峰庵位于禅房村后的山地，坐东朝西
文物现状	秀峰庵正殿已塌，现存五架梁配殿六间，其中三间刻十八罗汉，一间已塌；另三间为居舍；庵门楼尚在，有 2.5 米高院墙，院墙有瞭望口一个；庵内有碑两通，其一为明代嘉靖十年（1531）秀峰庵记碑，其二为清光绪九年（1883）秀峰庵重修碑；秀峰庵后山山顶有一个尼姑捣米的石臼
历史沿革	秀峰庵始建设于明，现庵为清代重修
主管单位	门头沟区大台街道办事处
保护情况	较差
损坏原因	自然风化，年久失修

秀峰庵地图、照片

秀峰庵平面图（2016 年）

秀峰庵配殿
（摄于 2008 年 4 月）

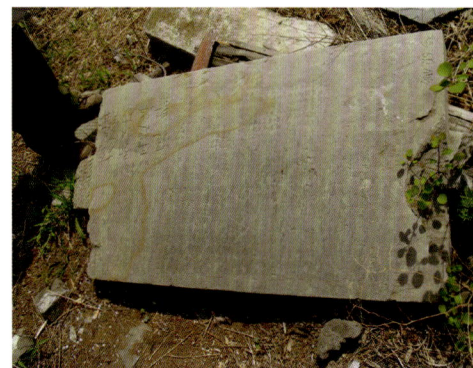

秀峰庵石碑
（摄于 2008 年 4 月）

名　称	盛泉岩道观遗址
保护类型	一般不可移动文物
文物类型	古遗址
详细地址	大台街道玉皇庙村
建造时间	明代
地理位置	东经 115° 55′ 42.72″，北纬 39° 56′ 21.8″
海　拔	507 米
地理环境	盛泉岩道观遗址在玉皇庙村后半山石崖中，洞穴为凿壁而成
文物现状	盛泉岩道观现遗四个崖壁居住洞穴及一通碑刻。1号洞坐东朝西，长约 50 米，高约 10 米，进深 30 米；2号洞位于 1 号洞左侧 5 米处，南北长约 9 米，进深 6 米，总面积为 400 平方米，里面分为四间，洞左右两壁可见栓门孔；3号洞位于 2 号洞左侧 5 米处，坐北朝南，东西长约 3.3 米，南北长约 2.7 米；4号洞位于 3 号洞北 200 米左右的崖壁上，坐东朝西，长约 10 米，进深 4 米，可见明显墙基。摩崖碑刻位于 1 号洞与 2 号洞之间的崖壁上，通高 1.22 米，宽 0.5 米，方首委角，碑首周施卷云纹，额题"万古流芳"，碑书"沿柳沟盛泉岩、王平口……""道光二十三年上春月"等字样；道观有明显人工建筑痕迹，现人工建筑皆无存
历史沿革	明代道观，弃用多年
主管单位	门头沟区大台街道办事处
保护情况	差
损坏原因	年久失修及弃用多年

盛泉岩道观遗址地图、照片

木城涧

盛泉岩道观遗址

盛泉岩道观遗址平面图（2016 年）

盛泉岩道观遗址
上的洞穴之一
（摄于 2008 年 4 月）

盛泉岩道观遗址
中的碑刻
（摄于 2008 年 4 月）

名　称	黄土港村修路碑
保护类型	一般不可移动文物
文物类型	石窟寺及石刻
详细地址	王平地区黄土港村
建造时间	清代
地理位置	东经 115° 57′ 43.42″，北纬 39° 55′ 34.5″
海　拔	325 米
地理环境	黄土港村地处低山河谷中，现已全村搬迁，修路碑现用于砌筑石洞洞顶
文物现状	修路碑共两通，皆为青石质，方首，雕云纹，首身一体，其中碑一为清嘉庆二十一年（1816）所立的修路功德碑，高 1.6 米；碑二高 1.4 米，左边已断裂。两碑现皆用于砌筑石洞洞顶，正面埋于土中，碑阴作为石洞洞顶，站在洞内仰视可看到碑阴记录的捐款人名和捐款数额；两通石碑碑座均砌于洞口，插碑槽外露
历史沿革	传统修路功德碑
主管单位	门头沟区王平地区办事处
保护情况	一般
损坏原因	不合理利用致使碑身损毁

黄土港村修路碑地图、照片

黄土港村修路碑平面图（2016 年）

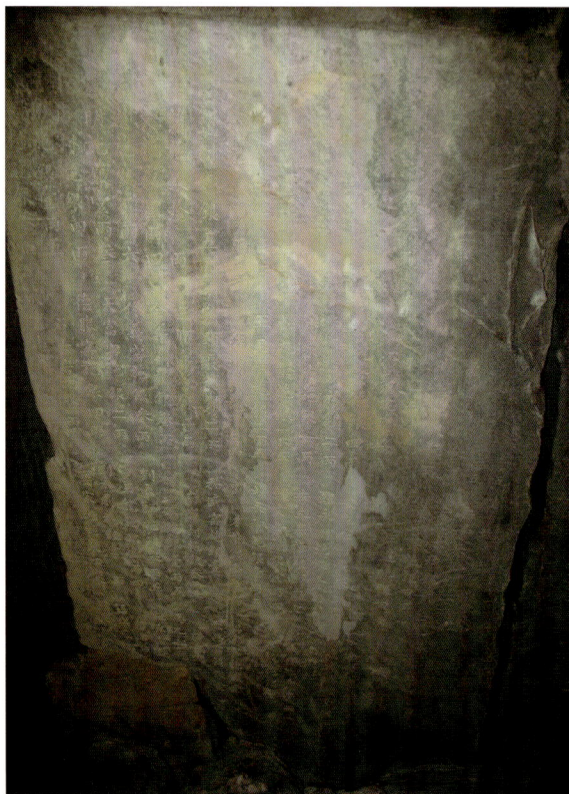

黄土港村修路碑之一（摄于 2010 年 4 月）

名　称	十字道关城
保护类型	一般不可移动文物
文物类型	古建筑
详细地址	王平地区十字道村
建造时间	明代
地理位置	东经 115° 57′ 43.42″，北纬 39° 55′ 34.5″
海　拔	786 米
地理环境	十字道村地处低山河谷中，关城位于村口
文物现状	十字道关城进深 2.3 米，通高 4.1 米，面阔 6.4 米，券洞高 2.9 米
历史沿革	不详
主管单位	门头沟区王平地区办事处
保护情况	一般
损坏原因	年久失修

十字道关城地图、照片

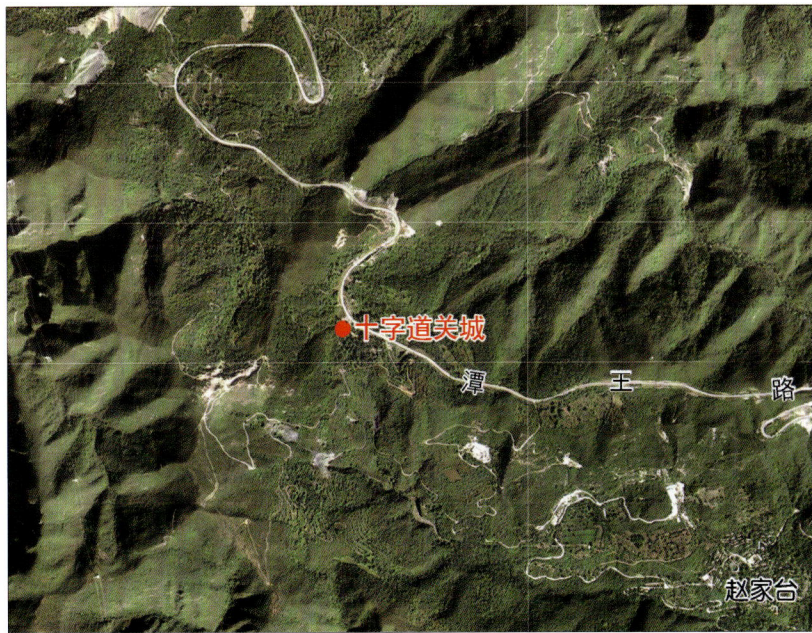

十字道关城平面图（2016 年）

十字道关城（摄于 2010 年 4 月）

名　称	赵家台村地道
保护类型	一般不可移动文物
文物类型	古建筑
详细地址	潭柘寺镇赵家台村
建造时间	待考
地理位置	东经 115° 58′ 53.02″，北纬 39° 55′ 05.0″
海　拔	523 米
地理环境	赵家台村坐落在四面环山的盆地中，现已拆迁，地道位于村内地下
文物现状	赵家台村地道贯通全村，地道共有东南西北四个入口，其中一个入口在孙家老宅四合院内，入口处皆由条石筑成，宽约 2 尺，高约 1.5 米，现西入口保持最好；入地道口先是一个大洞，圆拱形，有三间房大小，上面用石头砌成，很牢固；大洞里面套着小洞，从小洞口才可进入地道；地道蜿蜒盘旋但四通八达，拐弯处有放置油灯的平台，地道深处设有机关；现地道仍可进入
历史沿革	赵家台村地道修筑精致，据说是赵宋皇室所建，其村名为赵家台也与这条地道的开掘者有关；该地道在抗日战争中遭到一定破坏
主管单位	门头沟区潭柘寺镇政府
保护情况	一般
损坏原因	年久失修及战争损毁

赵家台村地道地图、照片

赵家台村地道平面图（2016 年）

赵家台村地道入口所在院落（摄于 2009 年 5 月）

名　称	赵家台村古水井
保护类型	一般不可移动文物
文物类型	古建筑
详细地址	潭柘寺镇赵家台村
建造时间	待考
地理位置	东经 115° 58′ 56.02″，北纬 39° 55′ 04.5″
海　拔	523 米
地理环境	赵家台村四面环山，古水井位于村中
文物现状	赵家台村古水井直径 0.6 米，井壁厚 0.35 米，井深约 3 米；现井已弃用，水质遭污染
历史沿革	传统水源
主管单位	门头沟区潭柘寺镇政府
保护情况	较差
损坏原因	废弃年久

赵家台村古水井地图、照片

赵家台村古水井平面图（2016 年）

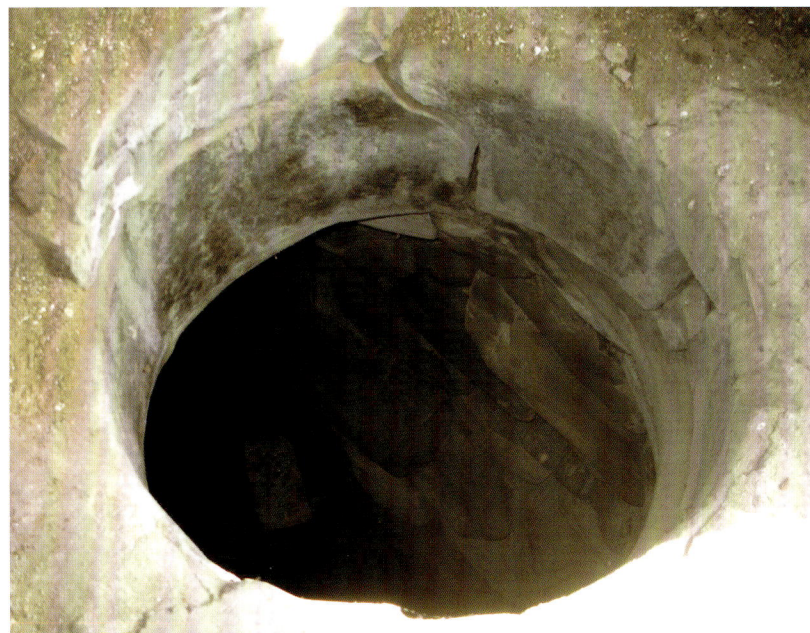

赵家台村古水井（摄于 2009 年 5 月）

名 称	赵家台村朝阳庵遗存大铁钟及碑刻
保护类型	一般不可移动文物
文物类型	石窟寺及石刻
详细地址	潭柘寺镇赵家台村
建造时间	明代
地理位置	东经116°01′30.72″，北纬39°52′42.5″
海　拔	249 米
地理环境	朝阳庵遗址在赵家台村，大铁钟及碑现存于赵家台新村
文物现状	大铁钟高 1.56 米，直径 1 米，口径 3.14 米，螭钮，花口，上部铸如意莲花纹饰，下部铸八卦图案，钟身铸有"法轮常转、佛日增辉、皇图永固、帝道昌遐、大明崇祯元年三月三日造，崇祯皇帝万万岁"等字样。碑为大理石质，高 1.82 米、厚 0.265 米、宽 0.76 米，圆首，如意云纹。上书"大明□国圆通庵重修碑记，万历三十年"等字样，碑文 11 行，满行 28 字；现铁钟生锈，碑刻部分字迹漫漶不清
历史沿革	大铁钟及碑刻皆为明代重修朝阳庵后所立制，为传统记事碑及纪念钟
主管单位	门头沟区潭柘寺镇政府
保护情况	一般
损坏原因	自然腐蚀风化

赵家台村朝阳庵遗存大铁钟及碑刻地图、照片

赵家台村朝阳庵遗存大铁钟及碑刻平面图（2016 年）

赵家台村朝阳庵遗存大铁钟（摄于 2009 年 5 月）

名　称	赵家台村四合院
保护类型	一般不可移动文物
文物类型	古建筑
详细地址	潭柘寺镇赵家台村
建造时间	明代
地理位置	东经 115° 58′ 53.82"，北纬 39° 55′ 05.8"
海　拔	526 米
地理环境	赵家台村四合院位于村中，坐北朝南
文物现状	赵家台村四合院为二进四合院，建筑材料均为上好木料，前院有倒座房两间，后院有正房五间及东西厢房各三间。院内建筑屋顶形制均为仰瓦扣瓦合瓦，滴水檐瓦的图案为狮子头和"富"字。现该院无人居住，房屋已显破旧，院内杂草丛生
历史沿革	传统民居
主管单位	门头沟区潭柘寺镇赵家台村委会
保护情况	一般
损坏原因	年久失修

赵家台村四合院地图、照片

赵家台村四合院平面图（2016 年）

赵家台村四合院正房侧面山墙（摄于 2009 年 5 月）

名　称	天门山摩崖石刻
保护类型	一般不可移动文物
文物类型	石窟寺及石刻
详细地址	潭柘寺镇南辛房村
建造时间	明代
地理位置	东经 115° 59′ 13.42″，北纬 39° 53′ 00.0″
海　拔	534 米
地理环境	南辛房村地处天门山下鲁家滩山间盆地中的丘陵地带，天门山摩崖石刻位于天门山坡地
文物现状	天门山摩崖石刻高 0.6 米、宽 0.9 米、上书"弘恩寺四至地界，立于大明弘治十七年九月十九日"
历史沿革	传统地界碑
主管单位	门头沟区潭柘寺镇政府
保护情况	一般
损坏原因	自然风化

天门山摩崖石刻地图、照片

天门山摩崖石刻平面图（2016 年）

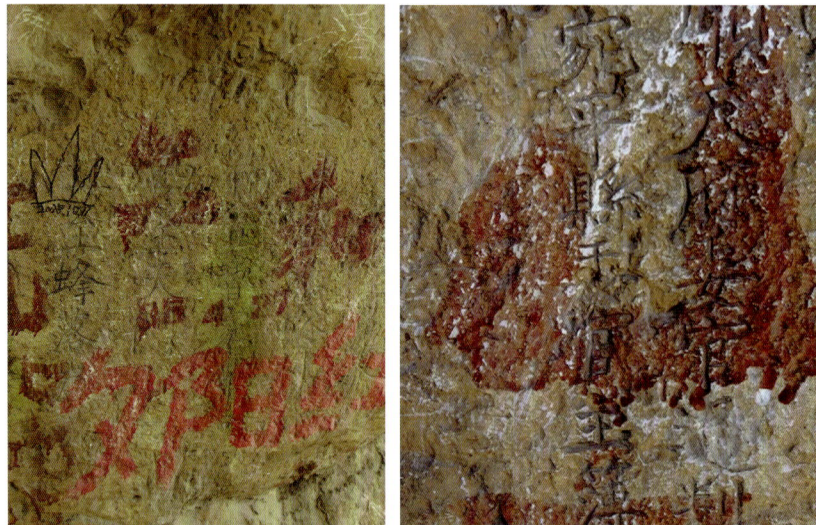

天门山摩崖石刻局部（摄于 2009 年 5 月）

名 称	西山村中英煤矿工会旧址
保护类型	一般不可移动文物
文物类型	近现代建筑
详细地址	龙泉镇西山村
建造时间	1925 年
地理位置	东经 116° 04′ 50.12″，北纬 39° 57′ 08.6″
海 拔	147 米
地理环境	西山村坐落在九龙山下的半山区中，中英煤矿工会旧址位于高坡上
文物现状	西山村中英煤矿工会旧址是一套西式建筑，面阔 13.6 米，进深 25 米
历史沿革	西山村中英煤矿工会旧址为 1925 年由英国人所建，1997 年重修
主管单位	门头沟区龙泉镇政府
保护情况	重修后保护一般
损坏原因	自然磨损

西山村中英煤矿工会旧址地图、照片

西山村中英煤矿工会旧址平面图（2016 年）

西山村中英煤矿工会旧址局部（摄于 2008 年 9 月）

名　称	西山村东侵华日军碉堡
保护类型	一般不可移动文物
文物类型	近现代建筑
详细地址	龙泉镇西山村
建造时间	抗战时期
地理位置	东经 116° 04′ 00.42″，北纬 39° 56′ 12.3″
海　拔	131 米
地理环境	西山村地处九龙山下，侵华日军碉堡位于西山村东口
文物现状	西山村东侵华日军碉堡呈方形；煤矸石混凝土砌筑，通高 6.55 米，宽 4.6 米，东侧有门；炮楼分为三层，顶层用于瞭望，女墙高 1.25 米，有射击口
历史沿革	西山村东侵华日军碉堡建于抗战时期，是日军侵华罪证之一
主管单位	门头沟区龙泉镇政府
保护情况	一般
损坏原因	自然风化，弃用

西山村东侵华日军碉堡地图、照片

西山村东侵华日军碉堡平面图（2016 年）

西山村东侵华日军碉堡（摄于 2009 年 9 月）

名　称	西山村西炮楼
保护类型	一般不可移动文物
文物类型	近现代建筑
详细地址	龙泉镇西山村
建造时间	抗战时期
地理位置	东经 116° 03′ 52.52″，北纬 39° 56′ 06.0″
海　拔	133 米
地理环境	西山村地处九龙山下，西炮楼位于村西口，坐北朝南
文物现状	西山村西炮楼为水泥砌筑双层结构，上有圆柱形碉堡，高约 10 米，直径 6 米；下为约 150 平方米的营房仓库，营房上层的女墙上有射击口
历史沿革	西山村西炮楼建于抗战时期，是日军侵华罪证之一
主管单位	门头沟区龙泉镇政府
保护情况	一般
损坏原因	自然风化，弃用

西山村西炮楼地图、照片

西山村西炮楼平面图（2016 年）

西山村西炮楼（摄于 2008 年 9 月）

名　称	东辛房村门矿及附属煤仓
保护类型	一般不可移动文物
文物类型	近现代遗址
详细地址	龙泉镇东辛房村
建造时间	清末
地理位置	东经 116° 04′ 03.82″，北纬 39° 56′ 11.8″
海　拔	144 米
地理环境	东辛房村地处九龙山下的半山区，门矿及附属煤仓位于村外山坡上
文物现状	东辛房村门矿竖井南北长 19 米，东西长 35 米，另有煤仓一座
历史沿革	东辛房村门矿及附属煤仓始建于清末，为中英两国合资，1949 年后收归国有并更名为门头沟矿，简称为"门矿"；该矿于 20 世纪 90 年代关停
主管单位	门头沟区龙泉镇政府
保护情况	一般
损坏原因	废置不用

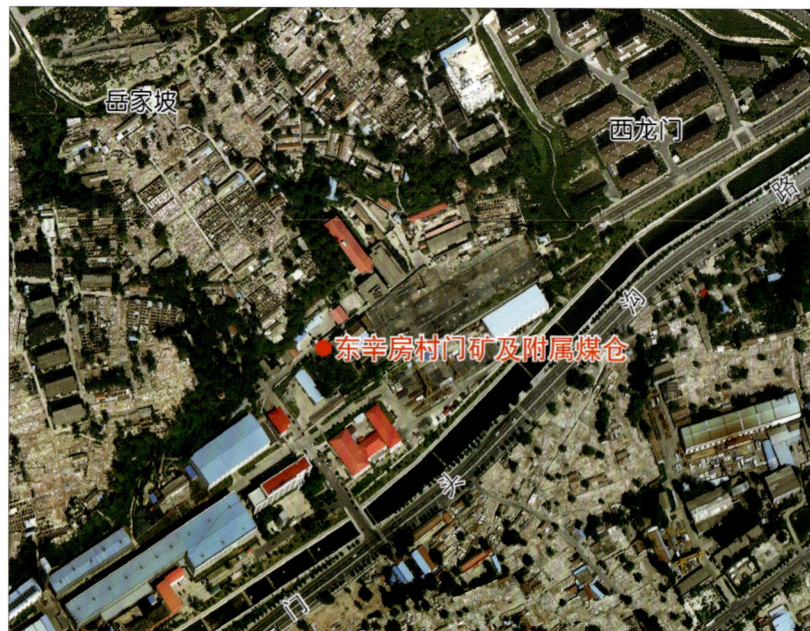

东辛房村门矿及附属煤仓地图、照片

东辛房村门矿及附属煤仓平面图（2016 年）

已停产的东辛房村门矿上的竖井（摄于 2009 年 4 月）

名　称	东辛房村关帝庙
保护类型	一般不可移动文物
文物类型	古建筑
详细地址	龙泉镇东辛房村
建造时间	清代
地理位置	东经 116° 04′ 15.2″，北纬 39° 55′ 53.3″
海　拔	143 米
地理环境	东辛房村位于龙泉镇西部半山区，关帝庙位于村中小学校内，坐北朝南
文物现状	东辛房村关帝庙仅存正殿和山门殿，正殿为硬山大脊，板瓦铺顶，灰筒瓦压垄，瓦当上雕龙形，带勾头滴水，门前五级踏步带垂带；山门殿前出廊，卷棚顶，石板瓦铺顶，板瓦压垄；正殿原鸱吻无存，近年重新修补，整体格局改变及门窗形制均已改变
历史沿革	传统庙宇，已改为学校
主管单位	门头沟区教委
保护情况	一般
损坏原因	人为改建

东辛房村关帝庙地图、照片

东辛房村关帝庙平面图（2016 年）

改为学校的东辛房村关帝庙正殿（摄于 2009 年 9 月）

名　称	西山净明禅寺碑二通
保护类型	一般不可移动文物
文物类型	石窟寺及石刻
详细地址	龙泉镇岳家坡村
建造时间	1438 年、1453 年
地理位置	东经 116° 02′ 45.12″，北纬 39° 56′ 05.9″
海　拔	255 米
地理环境	西山净明禅寺碑二通位于龙泉镇岳家坡村中
文物现状	西山净明禅寺现遗碑二通，其一为西山净明禅寺兴造记碑，汉白玉石质，碑高 2.16 米，宽 1.03 米，厚 0.32 米，额雕云纹，碑文 21 行，满行 24 字，为明景泰四年（1453）立；其二为官赐修庙功德碑，汉白玉石质，通高 2.15 米，宽 1.02 米，厚 0.28 米，碑座高 1.21 米
历史沿革	西山净明禅寺为明正统戊午年（1438）修缮，英宗赐额；该寺 15 年后重修时曾募缘增建钟鼓楼、禅堂及库房若干楹，且置若干亩福田地，故立碑记事并公示捐资人姓名
主管单位	门头沟区龙泉镇政府
保护情况	较好
损坏原因	年久失修

西山净明禅寺碑二通地图、照片

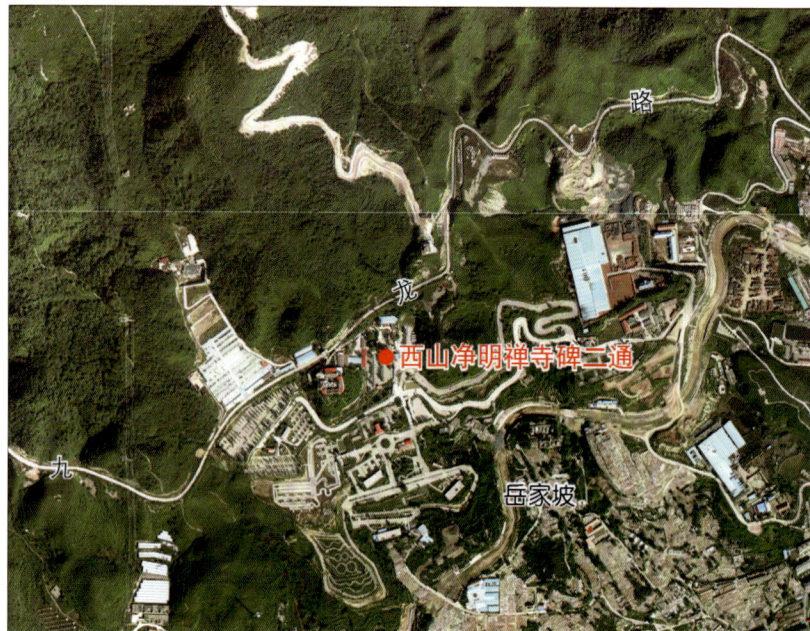

西山净明禅寺碑二通平面图（2016 年）

西山净明禅寺碑（摄于 2008 年 8 月）

名　称	焦家大院民居
保护类型	一般不可移动文物
文物类型	近现代建筑
详细地址	龙泉镇岳家坡村
建造时间	清末民初
地理位置	东经 116° 02′ 59.82″，北纬 39° 56′ 00.5″
海　拔	207 米
地理环境	岳家坡村坐落在九龙山下，焦家大院位于该村中心地带，坐北朝南
文物现状	焦家大院为三套连排四合院，以西院为例，有正房及倒座房各五间，东西厢房各三间，门楼开在东南角；建筑为硬山清水脊带蝎尾，合瓦顶，有平草砖雕，正房有七级步踏带垂带，东厢房南山墙有软心靠山影壁；现屋脊局部有残
历史沿革	传统民居
主管单位	门头沟区龙泉镇岳家坡村委会
保护情况	较好
损坏原因	年代久远，自然风化

焦家大院民居平面图（2016 年）

焦家大院民居西院（摄于 2009 年 11 月）

名　称	天桥浮村三义庙
保护类型	一般不可移动文物
文物类型	古建筑
详细地址	龙泉镇天桥浮村
建造时间	1592 年
地理位置	东经 116° 01′ 37.02″，北纬 39° 55′ 42.7″
海　拔	314 米
地理环境	天桥浮村坐落在九龙山下，三义庙位于村口过街楼上，坐北朝南
文物现状	天桥浮村三义庙现只剩断壁残垣；三义庙下有横跨门头沟的过街券洞，青石发券，券洞高约 3 米，进深约 15 米
历史沿革	天桥浮村三义庙明建于明万历二十年（1592），系民间供奉关、张的传统庙宇，已弃用多年
主管单位	门头沟区龙泉镇政府
保护情况	较差
损坏原因	不详

天桥浮村三义庙地图、照片

天桥浮村三义庙平面图（2016 年）

重修后的天桥浮村三义庙山门（摄于 2008 年 9 月）

名　称	天桥浮村梁桥
保护类型	一般不可移动文物
文物类型	古建筑
详细地址	龙泉镇天桥浮村
建造时间	待考
地理位置	东经 116° 01′ 57.92"，北纬 39° 55′ 44.3"
海　拔	200 米
地理环境	天桥浮村位于九龙山下，梁桥位于村口，南北向横跨在门头沟之上
文物现状	天桥浮村梁桥长 7 米，宽 4.25 米，高约 20 米，为青石起券和长条青石铺面，有护栏；现使用功能完好
历史沿革	连接泄洪沟两侧的交通桥
主管单位	门头沟区龙泉镇政府
保护情况	较好
损坏原因	年久失修

天桥浮村梁桥地图、照片

天桥浮村梁桥平面图（2016 年）

天桥浮村梁桥（摄于 2008 年 9 月）

名　称	龙泉镇泄水沟
保护类型	一般不可移动文物
文物类型	古建筑
详细地址	龙泉镇天桥浮村
建造时间	清代
地理位置	东经 116° 01′ 57.92″，北纬 39° 55′ 44.3″
海　拔	200 米
地理环境	龙泉镇地处西高东低的半山区中，邻永定河，泄水沟位于九龙山至永定河之间
文物现状	龙泉镇泄水沟长约 6.5 公里，基本保存完好
历史沿革	龙泉镇泄水沟原来是一条天然的季节性河道，从九龙山流入永定河，过去因圈门一带众多煤窑都开在河道两侧，因而这里就成了煤窑的排水沟；清朝初年窑户们曾集资对泄水沟进行修挖，当时仅修挖了深约 1.5 米的很短一段；至乾隆二十七年（1762），又深挖延长，并用石料垒砌了沟帮，使圈门以西的河段初具今日雏形；清嘉庆六年（1801）重修此沟，规模进一步扩长加深；1953 年，京西矿务局开始兴办门头沟地面防水工程，对此沟进行了彻底整修，直至 1986 年全面完工
主管单位	门头沟区龙泉镇政府
保护情况	一般
损坏原因	不详

龙泉镇泄水沟地图、照片

龙泉镇泄水沟平面图（2016 年）

龙泉镇泄水沟（摄于 2008 年 9 月）

名　称	天桥浮村碉堡群
保护类型	一般不可移动文物
文物类型	近现代建筑
详细地址	龙泉镇天桥浮村
建造时间	民国年间
地理位置	东经 116° 01′ 37.02″，北纬 39° 55′ 42.7″
海　拔	314 米
地理环境	天桥浮村碉堡群位于龙泉镇天桥浮村的横岭上，四座碉堡自南向北错落排列，北山有三座，南山有一座
文物现状	天桥浮村碉堡群有明碉、暗堡、地道、战壕，指挥部坐西朝东；碉堡由钢筋水泥筑成，为圆形单层，均有射击孔，地下室有储水池和排水孔，碉堡顶部有编号
历史沿革	天桥浮村碉堡群是北京罕见的由国民党军修建的碉堡，其为国共内战的实物见证，现已被认定为不可移动文物
主管单位	门头沟区龙泉镇政府
保护情况	一般
损坏原因	年代久远，自然风化

天桥浮村碉堡群地图、照片

天桥浮村碉堡群平面图（2016 年）

天桥浮村碉堡之一
（摄于 2008 年 9 月）

天桥浮村碉堡群
（摄于 2008 年 9 月）

名 称	西店村 24 号民居
保护类型	一般不可移动文物
文物类型	近现代建筑
详细地址	龙泉镇西店村
建造时间	清末民初
地理位置	东经 116° 02′ 06.92″，北纬 39° 55′ 42.4″
海 拔	212 米
地理环境	西店村坐落在九龙山下，24 号民居位于村中，坐北朝南
文物现状	24 号民居有面阔 13 米、进深 5 米的正房及倒座房各五间，东西厢房各三间。正房及倒座房均为硬山皮条脊，棋盘格，有五级踏阶带垂带；厢房为硬山清水脊，带蝎子尾，有三级踏阶；门楼开在东南角，为七架梁上铺石望板；现东厢房瓦面已无
历史沿革	传统民居
主管单位	门头沟区龙泉镇西店村委会
保护情况	一般
损坏原因	年代久远，自然风化

西店村 24 号民居地图、照片

西店村 24 号民居平面图（2016 年）

西店村 24 号民居（摄于 2009 年 11 月）

名　称	三店村孙桥
保护类型	一般不可移动文物
文物类型	古建筑
详细地址	龙泉镇三店村
建造时间	待考
地理位置	东经 116°02′34.5″，北纬 39°55′40.3″
海　拔	166 米
地理环境	三店村坐落在九龙山下，孙桥南北横跨泄水沟
文物现状	三店村孙桥为土石结构的单孔石拱桥，长 8.2 米，宽 5.1 米，高约 1 米；现该桥使用功能完好
历史沿革	三店村孙桥所建年代待考，在 20 世纪 50 年代曾进行过重修
主管单位	门头沟区龙泉镇政府
保护情况	较好
损坏原因	自然风化

三店村孙桥地图、照片

三店村孙桥平面图（2016 年）

三店村孙桥（摄于 2008 年 9 月）

名 称	玉河古道
保护类型	一般不可移动文物
文物类型	古遗址
详细地址	龙泉镇门头口村
建造时间	待考
地理位置	东经116°03′14.52″，北纬39°55′41.4″
海 拔	160米
地理环境	门头口村位于龙泉镇东部，是门头沟区的起源地，玉河古道中段穿村而过
文物现状	门头口村南券门上有"玉河古道"刻字，村中旧路具有明显的古道遗迹
历史沿革	玉河古道是北京著名古道之一，从麻峪村开始，经圈门（即门头口村）、天桥浮、峰口庵至王平口村并入西山大道；历史上，玉河古道是输出京西煤炭的主要路线之一
主管单位	门头沟区龙泉镇政府
保护情况	一般
损坏原因	年代久远，自然风化

玉河古道地图、照片

玉河古道平面图（2016年）

玉河古道
（摄于2009年12月）

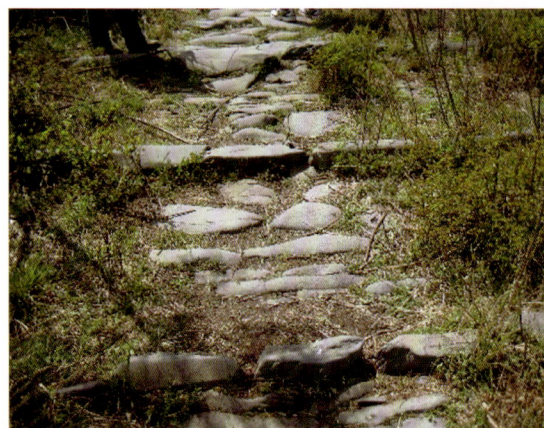

名　称	门头口村 37 号院民居
保护类型	一般不可移动文物
文物类型	古建筑
详细地址	龙泉镇门头口村
建造时间	清代
地理位置	东经 116° 02′ 58.52″，北纬 39° 55′ 41.1″
海　拔	314 米
地理环境	门头口村位于龙泉镇东部，37 号院民居位于门头口村，坐北朝南
文物现状	门头口村 37 号院民居原为前后二进院，前院有东西厢房各两间，倒座房及门楼共三间；后院有正房三间，东西厢房各三间，两院中间原有月亮门，现无存；该院改建较大，许多地方均非原始建筑
历史沿革	传统民居
主管单位	门头沟区龙泉镇门头口村委会
保护情况	较差
损坏原因	年久失修及人为改建

门头口村 37 号院民居地图、照片

门头口村 37 号院民居平面图（2016 年）

门头口村 37 号院民居院内（摄于 2008 年 9 月）

名 称	滑石道村山西会馆
保护类型	一般不可移动文物
文物类型	近现代建筑
详细地址	龙泉镇滑石道村
建造时间	民国时期
地理位置	东经 116° 03′ 32.92″，北纬 39° 55′ 44.9″
海 拔	167 米
地理环境	滑石道村位于九龙山下的京西古道上，山西会馆位于滑石道大街，坐南朝北，院落南北约 20 米，东西约 11.2 米
文物现状	滑石道村山西会馆为三合院形制，正房三间建于青石台基上，为硬山正脊吻兽，垂脊四条，灰筒瓦石望板，前檐为琉璃瓦当，中间部分左右各五个黄色瓦当，且上有"潭"字，黄瓦滴水；山面滴水为"潭"字，绿瓦当；房前有五级踏步带垂带；正房两厢有耳房各一间，又有东西厢房各两间，院北为箍头脊门楼一座；院落现保存完好
历史沿革	滑石道村山西会馆是在抗战胜利后由商会会长王贯一所建，现为东辛房地区办事处
主管单位	门头沟区龙泉镇政府
保护情况	较好
损坏原因	自然磨损

滑石道村山西会馆地图、照片

滑石道村山西会馆平面图（2016 年）

滑石道村山西会馆正房（摄于 2009 年 9 月）

名　称	南官园石刻
保护类型	一般不可移动文物
文物类型	石窟寺及石刻
详细地址	龙泉镇南官园村
建造时间	清代
地理位置	东经116°03′31.32″，北纬39°55′18.9″
海　拔	213米
地理环境	南官园村坐落在门头沟南侧，石刻集中在村西口
文物现状	南官园石刻为一组件，其中最有代表性的为一块馒头状巨石，此石上又突起一块，人称"蛤蟆石"，上面刻有题词及七言诗二首；蛤蟆石上刻有"莫辞吟"三个大字，题词上款为"过客不鄙赐翰是幸"，下款为"道光壬寅桂月书"；诗其一："开怀辄醉欧阳酒，寄兴时操靖节琴。如此云山如此趣，好登临处莫辞吟。"(眠云椎子)其二为漱石翁题："白发纷纷老渐侵，尘劳消尽少年心。不图健饭人犹昔，马上还能强自吟。"(漱石翁)在蛤蟆石北侧另有六处题刻，均为文人墨客游吟题诗；现部分石刻文字漫漶不清
历史沿革	古人游吟诗刻
主管单位	首钢总公司
保护情况	一般
损坏原因	自然风化

南官园石刻地图、照片

南官园石刻平面图（2016年）

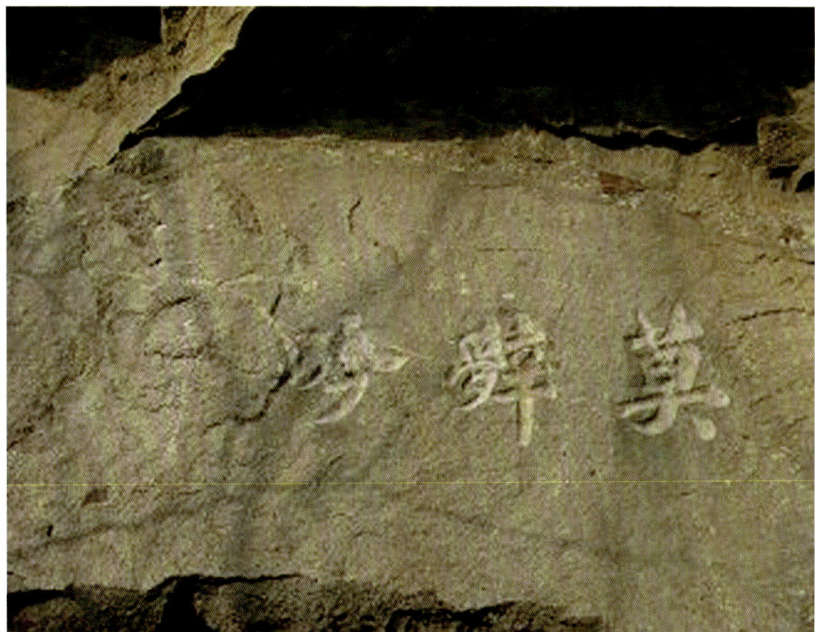

南官园石刻之蛤蟆石局部（摄于2009年3月）

名称	南官园村枫桥
保护类型	一般不可移动文物
文物类型	近现代建筑
详细地址	龙泉镇南官园村
建造时间	待考
地理位置	东经116°03′44.52″，北纬39°55′07.5″
海　拔	223 米
地理环境	南官园村邻近西山，枫桥位于中门寺沟干涧的河道上
文物现状	南官园村枫桥为石砌单孔桥，总长约 10 米，南面桥洞匾额上有楷书"枫桥"二字，桥洞宽 1.9 米、高 1.7 米、进深 2.4 米，桥面为块石铺砌而成
历史沿革	传统石桥，已弃用多年
主管单位	首钢总公司
保护情况	一般
损坏原因	自然风化

南官园村枫桥地图、照片

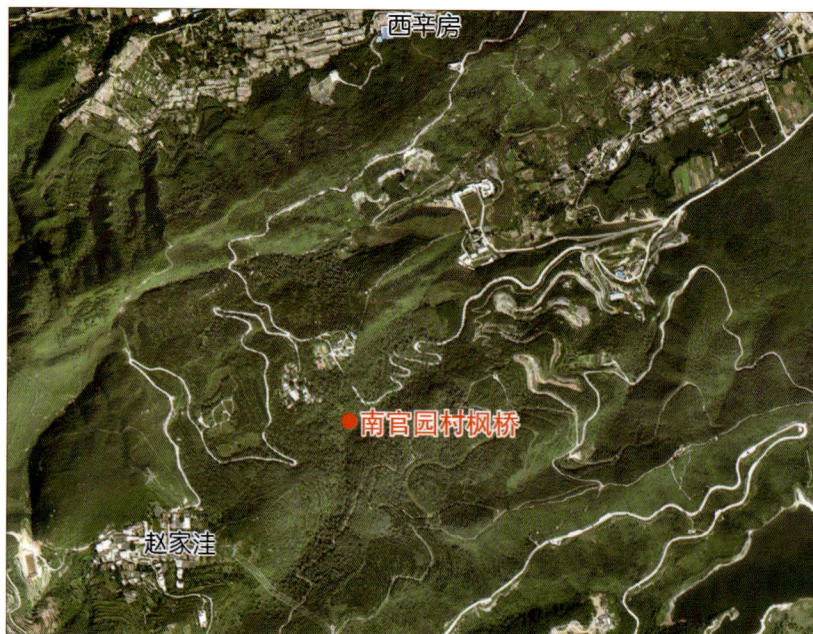

南官园村枫桥平面图（2016 年）

南官园村枫桥（摄于 2009 年 3 月）

名　称	尤警斋墓地墓碑
保护类型	一般不可移动文物
文物类型	古墓葬
详细地址	龙泉镇南官园村
建造时间	清代
地理位置	东经 116° 03′ 43.42″，北纬 39° 55′ 08.2″
海　拔	209 米
地理环境	尤警斋墓地位于南官园村北山坡上，距枫桥不远
文物现状	尤警斋墓地现已改作农田，仅存汉白玉墓碑一块，其方首圭角，高 0.76 米、宽 0.48 米、厚 0.17 米，有碑座；碑文上有"道光十七年"字样；此墓碑被移动过，现方向反置
历史沿革	传统墓碑
主管单位	首钢总公司
保护情况	一般
损坏原因	年代久远，自然风化

尤警斋墓地墓碑地图、照片

尤警斋墓地墓碑平面图（2016 年）

尤警斋墓地墓碑（摄于 2010 年 4 月）

名　称	唐家坟遗址
保护类型	一般不可移动文物
文物类型	古墓葬
详细地址	永定镇冯村
建造时间	明代
地理位置	东经 116° 05′ 02.2″，北纬 39° 54′ 26.9″
海　拔	175 米
地理环境	冯村三面环山，唐家坟遗址位于该村后山坡上
文物现状	唐家坟遗址上已建筑民房，仅存零散石构件
历史沿革	传统坟墓遗址
主管单位	门头沟区永定镇政府
保护情况	较差
损坏原因	年久失修及改为他用

唐家坟遗址地图、照片

唐家坟遗址平面图（2016 年）

唐家坟遗址上残存的石构件（摄于 2008 年 7 月）

名　称	古刹天仙宫遗址
保护类型	一般不可移动文物
文物类型	古遗址
详细地址	潭柘寺镇阳坡园村
建造时间	明代
地理位置	东经 116° 00′ 38.42″，北纬 39° 54′ 10.7″
海　拔	399 米
地理环境	古刹天仙宫遗址位于潭柘寺西的一座山峰上，该遗址南北长约 18 米，东西长约 10 米
文物现状	古刹天仙宫遗址现仅遗山门及残碑一块，残碑上有"乾隆十二年"字样，院内有一株古树
历史沿革	古刹天仙宫建于明代，清时被大火烧毁
主管单位	门头沟区潭柘寺镇政府
保护情况	一般
损坏原因	火灾

古刹天仙宫遗址地图、照片

阳坡园　●古刹天仙宫遗址

古刹天仙宫遗址平面图（2016 年）

古刹天仙宫遗址上残存的殿宇
（摄于 2019 年 11 月）

名称	阳坡园村过街券洞
保护类型	一般不可移动文物
文物类型	古建筑
详细地址	潭柘寺镇阳坡园村
建造时间	待考
地理位置	东经116°00′38.02″，北纬39°54′11.1″
海　　拔	393米
地理环境	阳坡园村位于潭柘寺镇西部的低山区（现已全村搬迁），过街券洞位于该村村口，坐西朝东
文物现状	阳坡园村过街楼高约5.5米，通宽7米，券洞是过街楼的局部，现过街楼大门已无，楼上小庙也无，仅存券洞；券洞用当地产的毛石砌筑，外抹膏泥，刷白灰，高3.5米，进深2.4米，内墙两侧各有一个放门栓的方形孔洞
历史沿革	传统过街楼遗存部分
主管单位	门头沟区潭柘寺镇政府
保护情况	较差
损坏原因	年久失修

阳坡园村过街券洞地图、照片

阳坡园村过街券洞平面图（2016年）

阳坡园村过街券洞（摄于2009年5月）

名　称	公议敬善碑
保护类型	一般不可移动文物
文物类型	石窟寺及石刻
详细地址	潭柘寺镇草甸水村
建造时间	清代
地理位置	东经 116° 00′ 03.32″，北纬 39° 53′ 49.6″
海　拔	258 米
地理环境	草甸水村三面环山，公议敬善碑在该村中水沟口东侧
文物现状	公议敬善碑高 2.03 米、宽 0.5 米，碑额为梅花纹碑正面刻着颂扬村中某李姓人家的赞语，碑阴刻捐资人及款额；现碑文漫漶不清，碑被砌于沟口大石块中
历史沿革	在土地私有时代，村里议事都在寺庙或祠堂里进行，后来村民李氏家族中一人将自家约半亩的一块土地捐给村里，村里在这块地上建了一个小院，有北房三间和东西厢房各两间，其中三间北房做了教室，解决了村里孩子上学问题。为了感谢和弘扬李家献地公用这一善举，村民自发集资修建了此碑
主管单位	门头沟区潭柘寺镇政府
保护情况	较差
损坏原因	已当作石材他用

公议敬善碑地图、照片

公议敬善碑平面图（2016 年）

公议敬善碑（摄于 2009 年 5 月）

名 称	草甸水村南街 10 号门楼
保护类型	一般不可移动文物
文物类型	古建筑
详细地址	潭柘寺镇草甸水村
建造时间	待考
地理位置	东经 116° 00′ 06.42″，北纬 39° 53′ 48.2″
海 拔	257 米
地理环境	草甸水村三面环山，其南街 10 号门楼坐南朝北
文物现状	草甸水村南街 10 号门楼现存一间，面阔 3.5 米，进深 3.5 米
历史沿革	传统民居门楼
主管单位	门头沟区潭柘寺镇草甸水村委会
保护情况	一般
损坏原因	年久失修

草甸水村南街 10 号门楼地图、照片

草甸水村南街 10 号门楼平面图（2016 年）

草甸水村南街 10 号门楼（摄于 2009 年 5 月）

名　称	草甸水村南街 11 号民居
保护类型	一般不可移动文物
文物类型	古建筑
详细地址	潭柘寺镇草甸水村
建造时间	待考
地理位置	东经 116° 00′ 04.02″，北纬 39° 53′ 47.1″
海　拔	256 米
地理环境	草甸水村三面环山，其南街 11 号民居坐南朝北
文物现状	草甸水村南街 11 号民居有面阔 9 米、进深 3 米的正房三间，以及面阔 10 米、进深 3 米的东西厢房各四间。正房为七级踏阶，西边接一间耳房，东边为通内院门；西厢房北山墙有靠山影壁，门楼开在西南角；院内存大块石，屋顶为石板瓦铺顶；现建筑格局未变，房屋略显破败
历史沿革	传统民居
主管单位	门头沟区潭柘寺镇草甸水村委会
保护情况	一般
损坏原因	年久失修

草甸水村南街 11 号民居地图、照片

草甸水村南街 11 号民居平面图（2016 年）

草甸水村南街 11 号民居西厢房（摄于 2009 年 5 月）

名　称	草甸水村北街 44 号民居
保护类型	一般不可移动文物
文物类型	古建筑
详细地址	潭柘寺镇草甸水村
建造时间	待考
地理位置	东经 116° 00′ 07.42″，北纬 39° 53′ 47.9″
海　拔	258 米
地理环境	草甸水村三面环山，该村北街 44 号民居坐南朝北
文物现状	草甸水村北街 44 号民居原为四合院形制，现仅存南面阔 13 米、进深 4 米的正房三间及面阔 10 米、进深 3 米的东厢房三间；正房窗为菱形纹，门有四级踏阶
历史沿革	传统民居
主管单位	门头沟区潭柘寺镇草甸水村委会
保护情况	较差
损坏原因	年久失修

草甸水村北街 44 号民居地图、照片

草甸水村北街 44 号民居平面图（2016 年）

草甸水村北街 44 号民居正房窗花（摄于 2009 年 5 月）

名 称	草甸水村渡槽
保护类型	一般不可移动文物
文物类型	近现代建筑
详细地址	潭柘寺镇草甸水村
建造时间	1975 ~ 1978 年
地理位置	东经 116° 00′ 12.4″，北纬 39° 53′ 44.3″
海 拔	251 米
地理环境	草甸水村渡槽位于该村西北公路上
文物现状	草甸水村渡槽长约 100 米、宽约 3 米，渡桥距马路约 8 米，上题"长红渡槽"。渡槽为料石砌筑，五跨，椭圆形桥墩 4 米起券。该段渡槽保存完整
历史沿革	草甸水村渡槽自 1975 年始建，至 1978 年建成，历时 3 年，在当地有"小红旗渠"之称。现已停止使用
主管单位	门头沟区潭柘寺镇政府
保护情况	较好
损坏原因	自然风化

草甸水村渡槽地图、照片

草甸水村渡槽平面图（2016 年）

草甸水村渡槽跨洞（摄于 2009 年 5 月）

名　称	贾沟村五道庙
保护类型	一般不可移动文物
文物类型	古建筑
详细地址	潭柘寺镇贾沟村
建造时间	清代
地理位置	东经 116° 00′ 27.02″，北纬 39° 53′ 49.6″
海　拔	281 米
地理环境	贾沟村四面环山，五道庙位于该村村口，坐北朝南
文物现状	贾沟村五道庙仅有面阔 3.5 米、进深 2.5 米正殿一间，五架梁带前廊；现小庙破旧
历史沿革	传统庙宇，庙内原供奉五道神君，"文革"时期遭到破坏，后部分修复
主管单位	门头沟区潭柘寺镇草甸水村委会
保护情况	较差
损坏原因	自然风化及人为损毁

贾沟村五道庙地图、照片

贾沟村五道庙平面图（2016 年）

贾沟村五道庙（摄于 2009 年 5 月）

名　称	贾沟村 11 号民居
保护类型	一般不可移动文物
文物类型	古建筑
详细地址	潭柘寺镇贾沟村
建造时间	清代
地理位置	东经 116° 00′ 27.2″，北纬 39° 53′ 52.6″
海　拔	289 米
地理环境	贾沟村四面环山，其 11 号民居坐北朝南
文物现状	贾沟村 11 号民居为四合院，有面阔 11 米、进深 3 米的正房及倒座房各三间，以及面阔 9 米、进深 2.5 米的东西厢房各三间，均为硬山皮条脊带蝎尾；现房屋已经重新修缮
历史沿革	传统民居，据说此房已有 100 余年历史
主管单位	门头沟区潭柘寺镇贾沟村委会
保护情况	现已重修
损坏原因	年久失修

贾沟村 11 号民居地图、照片

贾沟村 11 号民居平面图（2016 年）

贾沟村 11 号民居（摄于 2019 年 10 月）

名　称	平原村华严洞遗址
保护类型	一般不可移动文物
文物类型	古遗址
详细地址	潭柘寺镇平原村
建造时间	待考
地理位置	东经116°00′53.42″，北纬39°53′47.2″
海　拔	378米
地理环境	平原村位于潭柘寺镇北部，三面环山，该村华严洞遗址地处村西山中，坐西朝东
文物现状	华严洞为天然洞穴，洞高约20米，进深约25米，宽约20米，旁有几处极窄小洞，不易入人；洞内原有石桌、石碑、泥佛等；"文革"时期遭拆毁
历史沿革	华严洞在中国不止一处，平原村华严洞为其中之代表；因平原村华严洞为天然洞穴，故老北京有"先有华严洞，后有潭柘寺"之说
主管单位	门头沟区潭柘寺镇政府
保护情况	一般
损坏原因	自然风化及人为损毁

平原村华严洞遗址地图、照片

平原村华严洞遗址平面图（2016 年）

平原村华严洞外景
（摄于 2009 年 5 月）

名　称	潭柘寺辽代塔院遗址
保护类型	一般不可移动文物
文物类型	古遗址
详细地址	潭柘寺镇平原村
建造时间	辽代
地理位置	东经 116° 01′ 02.12″，北纬 39° 52′ 39.0″
海　拔	207 米
地理环境	潭柘寺辽代塔院遗址位于平原村南的坡地间，现为一片耕地
文物现状	潭柘寺辽代塔院遗址已无任何痕迹，原占地现用于耕种
历史沿革	潭柘寺共有四处塔院，平原村辽代塔院因年久失修遭到破坏，没有遗存僧塔，故在潭柘寺的寺史中，辽代资料空缺
主管单位	北京旅游公司
保护情况	无
损坏原因	损毁年久，原因不详

潭柘寺辽代塔院遗址地图、照片

潭柘寺辽代塔院遗址平面图（2016 年）

潭柘寺辽代塔院遗址（摄于 2009 年 5 月）

名称	平原村北过街楼
保护类型	一般不可移动文物
文物类型	古建筑
详细地址	潭柘寺镇平原村
建造时间	清代
地理位置	东经116° 01′ 16.52″，北纬39° 53′ 47.2″
海拔	276米
地理环境	过街楼位于平原村北口，坐北朝南
文物现状	平原村北过街楼由山石砌筑，城台通宽4.6米，进深5米，券洞宽2.3米；过街楼原貌现已无存
历史沿革	传统过街楼
主管单位	门头沟区潭柘寺镇政府
保护情况	较差
损坏原因	年久失修

平原村北过街楼地图、照片

平原村北过街楼平面图（2016年）

平原村北过街楼
（摄于2009年5月）

名　称	平原村五道庙
保护类型	一般不可移动文物
文物类型	古建筑
详细地址	潭柘寺镇平原村
建造时间	待考
地理位置	东经 116° 01′ 17.52″，北纬 39° 53′ 47.6″
海　拔	278 米
地理环境	平原村五道庙坐南朝北，面积约为 6 平方米
文物现状	平原村五道庙极小，仅有正殿一间，现建筑保存完好，但门窗均破损
历史沿革	传统小庙
主管单位	门头沟区潭柘寺镇政府
保护情况	较差
损坏原因	自然风化

平原村五道庙地图、照片

平原村五道庙平面图（2016 年）

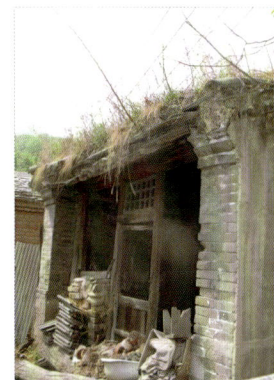

平原村五道庙内部及外貌
（摄于 2009 年 5 月）

名 称	平原村 45 号南大庙
保护类型	一般不可移动文物
文物类型	古建筑
详细地址	潭柘寺镇平原村
建造时间	待考
地理位置	东经 116° 01′ 16.32″，北纬 39° 53′ 45.0″
海 拔	278 米
地理环境	平原村 45 号南大庙位于村中，坐南朝北
文物现状	平原村 45 号南大庙为二进院落，外院现存北配殿三间和东配殿两间；内院现存正殿三间，为清水硬山蝎尾，门开在东边；西配殿三间，棋盘格屋顶；另有东配殿（已塌）小耳房一间。两院之间有过殿及一字影壁，院墙帽为砖雕仿木结构，院内条石铺甬道。现山门及部分蝎尾已残，庙内破败
历史沿革	传统庙宇
主管单位	门头沟区潭柘寺镇政府
保护情况	较差
损坏原因	年久失修

平原村 45 号南大庙地图、照片

平原村 45 号南大庙平面图（2016 年）

平原村 45 号南大庙内院正殿（摄于 2009 年 5 月）

名　称	岫云居士墓
保护类型	一般不可移动文物
文物类型	近现代墓葬
详细地址	潭柘寺镇平原村
建造时间	民国年间
地理位置	东经 116° 01′ 29.32"，北纬 39° 53′ 58.1"
海　拔	287 米
地理环境	岫云居士墓位于平原村北的潭柘寺外停车场中，坐西朝东
文物现状	岫云居士墓为砖砌谷仓形，高一米有余，有铁围栏保护，墓前原仅有民国旧碑，2006 年时其后人又立新碑一块
历史沿革	岫云居士原名廉泉，1868 年生，字惠卿；岫云居士为其号，又号南湖，著有《潭柘纪游诗》一卷。岫云居士曾任清王朝农部郎中，日本天皇的女婿，1931 年死于潭柘寺下院
主管单位	门头沟区潭柘寺镇政府
保护情况	较好
损坏原因	自然风化

岫云居士墓地图、照片

岫云居士墓

平原村

岫云居士墓平面图（2016 年）

岫云居士墓正面（摄于 2009 年 5 月）

名 称	平原村渡槽
保护类型	一般不可移动文物
文物类型	近现代建筑
详细地址	潭柘寺镇平原村
建造时间	1975 ~ 1978 年
地理位置	东经 116° 01′ 23.92″，北纬 39° 53′ 55.6″
海 拔	274 米
地理环境	平原村位于门潭公路之东，三面环山，该村渡槽位于村中马路之上
文物现状	平原村渡槽为料石砌筑，是草甸水村渡槽的延续，保存完整
历史沿革	平原村渡槽是草甸水村渡槽的延续，自 1975 年始建，至 1978 年建成，现已不再使用
主管单位	门头沟区潭柘寺镇政府
保护情况	较好
损坏原因	自然风化

平原村渡槽地图、照片

平原村渡槽平面图（2016 年）

远观平原村渡槽（摄于 2009 年 5 月）

名 称	桑峪村古道
保护类型	一般不可移动文物
文物类型	古遗址
详细地址	潭柘寺镇桑峪村
建造时间	待考
地理位置	东经 116° 02′ 10.2″，北纬 39° 54′ 05.1″
海 拔	297 米
地理环境	桑峪村位于潭柘寺附近的山峦中，桑峪村古道位于桑峪村北，为东西向
文物现状	桑峪村古道是庞潭古道的一条支线，西去可到达潭柘寺，东去可到达永定镇艾洼村，中间与庞潭古道相连。现古道虽可通行，但道旁杂草丛生
历史沿革	进香古道
主管单位	门头沟区潭柘寺镇政府
保护情况	一般
损坏原因	自然风化，年久失修

桑峪村古道地图、照片

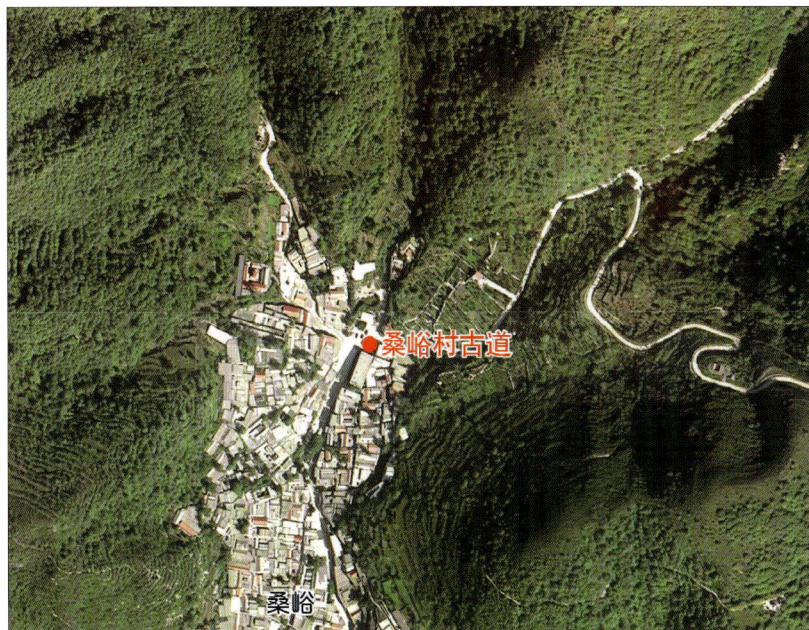

桑峪村古道平面图（2016 年）

桑峪村古道东起点（摄于 2009 年 5 月）

名　称	桑峪村渡渠
保护类型	一般不可移动文物
文物类型	近现代建筑
详细地址	潭柘寺镇桑峪村
建造时间	1975 ~ 1978 年
地理位置	东经 116° 02′ 03.42"，北纬 39° 53′ 47.4"
海　拔	274 米
地理环境	桑峪村四面环山，渡渠于村中马路之上
文物现状	桑峪村渡渠为料石砌筑，是草甸水村和平原村渡渠的延续。此段渡渠渠口内宽 1.05 米，高 0.95 米，外宽 1.90 米，共 6 跨，现保存完整
历史沿革	桑峪村渡渠是草甸水村和平原村渡槽的延续，自 1975 年始建，至 1978 年建成，现已不再使用
主管单位	门头沟区潭柘寺镇政府
保护情况	较好
损坏原因	自然风化

桑峪村渡渠地图、照片

桑峪村渡渠平面图（2016 年）

桑峪村渡渠南侧面（摄于 2009 年 5 月）

名　称	孔雀庵遗址
保护类型	一般不可移动文物
文物类型	古遗址
详细地址	潭柘寺镇北村
建造时间	1194 年
地理位置	东经 116° 03′ 07.52″，北纬 39° 53′ 33.2″
海　拔	363 米
地理环境	北村位于潭柘寺镇东南部，孔雀庵位于该村后坡地上，坐北朝南
文物现状	孔雀庵现仅存破旧门楼，部分殿堂残迹可见，周边破败不堪
历史沿革	孔雀庵建于金章宗时期（1194），其他待考
主管单位	门头沟区潭柘寺镇政府
保护情况	较差
损坏原因	自然风化及年久失修

孔雀庵遗址地图、照片

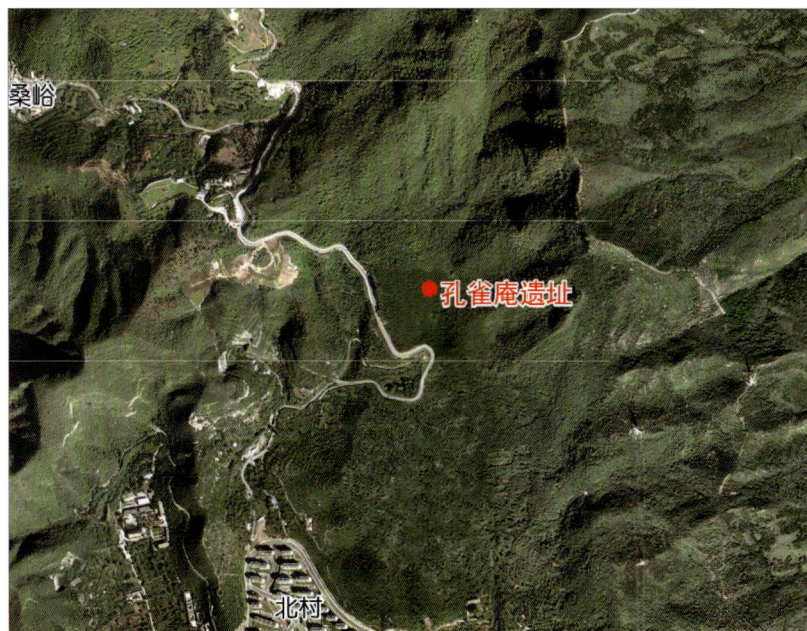

孔雀庵遗址平面图（2016 年）

孔雀庵遗址（摄于 2009 年 5 月）

名　称	北村北街 24 号民居
保护类型	一般不可移动文物
文物类型	古建筑
详细地址	潭柘寺镇北村
建造时间	清代
地理位置	东经116° 02′ 59.52″，北纬39° 52′ 57.8″
海　拔	250 米
地理环境	北村位于潭柘寺镇东南部，北街24号民居位于村中，坐北朝南
文物现状	北街24号民居为四合院形制，有面阔16米、进深5米的正房五间，为石板顶，板瓦隔间压垄；有面阔8米、进深4米的东西厢房各三间，为棋盘格形制；另有倒座房五间含门楼，门楼为蛮子门；现房屋显破旧
历史沿革	传统民居
主管单位	门头沟区潭柘寺镇政府
保护情况	一般
损坏原因	自然风化，年久失修

北村北街 24 号民居地图、照片

北村北街 24 号民居平面图（2016 年）

北村北街 24 号民居（摄于 2009 年 5 月）

名　称	万佛寺遗址
保护类型	一般不可移动文物
文物类型	古遗址
详细地址	永定镇万佛堂村
建造时间	明代
地理位置	东经 116° 04′ 11.72″，北纬 39° 53′ 55.9″
海　拔	28.5 米
地理环境	万佛堂村坐落在万佛山山腰上，万佛寺遗址位于万佛堂老村西口
文物现状	万佛寺遗址仅剩附属碑二通以及一些散落的石构件，石构件中有一块残莲花座长 0.82 米、残宽 0.35 米、厚 0.23 米、另有 5 个直径 0.475 米的石柱础；两块碑分别为明万历年间和成化八年（1472）所立
历史沿革	万佛寺始建于辽代，万佛堂村即因此寺而得名；从残存的虎皮墙和硕大精细的柱础来看，万佛寺原应是一座大庙，前后有大殿；元末万佛寺曾遭兵焚，于明宣德年间重修，并加建关帝庙；现在寺庙均已无存，遗址内杂草丛生，碑文漫漶不清
主管单位	门头沟区永定镇政府
保护情况	较差
损坏原因	年久失修

万佛寺遗址地图、照片

万佛寺遗址平面图（2016 年）

万佛寺遗址全景（摄于 2009 年 8 月）

名　称	万桑古道
保护类型	一般不可移动文物
文物类型	古遗址
详细地址	永定镇万佛堂村
建造时间	待考
地理位置	东经116° 04′ 03.42″，北纬39° 53′ 50.3″
海　拔	133米
地理环境	万桑古道起点在万佛堂村西北，沿山坡斜向上
文物现状	万桑古道是从万佛堂村始起，经桑峪村到潭柘寺的香道。万桑古道用不规则青石铺砌，路宽约两米，蜿蜒于京西山中；现古道两边杂草丛生
历史沿革	万桑古道在很长一段历史中都是京西山区百姓前往潭柘寺的进香要道，现已弃用多年，但仍可通行，为旅游、探险者所喜
主管单位	门头沟区永定镇政府
保护情况	一般
损坏原因	年久失修

万桑古道地图、照片

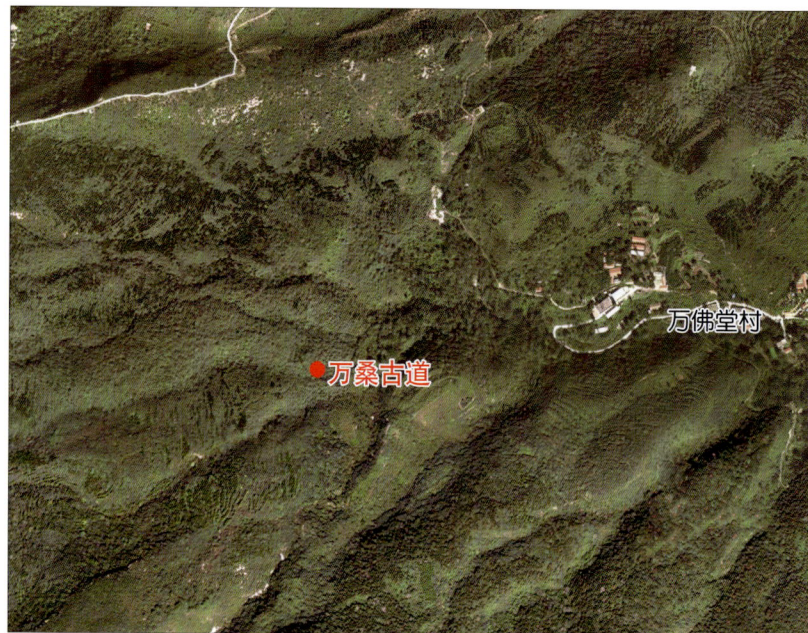

万桑古道平面图（2016年）

万桑古道起点（摄于2008年8月）

名　称	万佛堂村石造像
保护类型	一般不可移动文物
文物类型	石窟寺及石刻
详细地址	永定镇万佛堂村
建造时间	明代
地理位置	东经 116° 04′ 50.82″，北纬 39° 53′ 54.6″
海　拔	188 米
地理环境	万佛堂村石造像位于该村西山坡，在开山寿塔前方，坐东朝西
文物现状	万佛堂村石造像是一尊释迦摩尼佛造像，为砂岩质，厚 0.37 米，宽 0.71 米，露出地面高 0.765 米，有葫芦形佛龛。佛头像为螺髻拳发，面相清瘦，大耳下垂，袒右肩左袒，衣纹从左肩向下斜，整个造像丰满端庄。现石造像右小臂有残损
历史沿革	不详
主管单位	门头沟区永定镇政府
保护现状	一般
损坏原因	年久风化

万佛堂村石造像地图、照片

万佛堂村石造像平面图（2016 年）

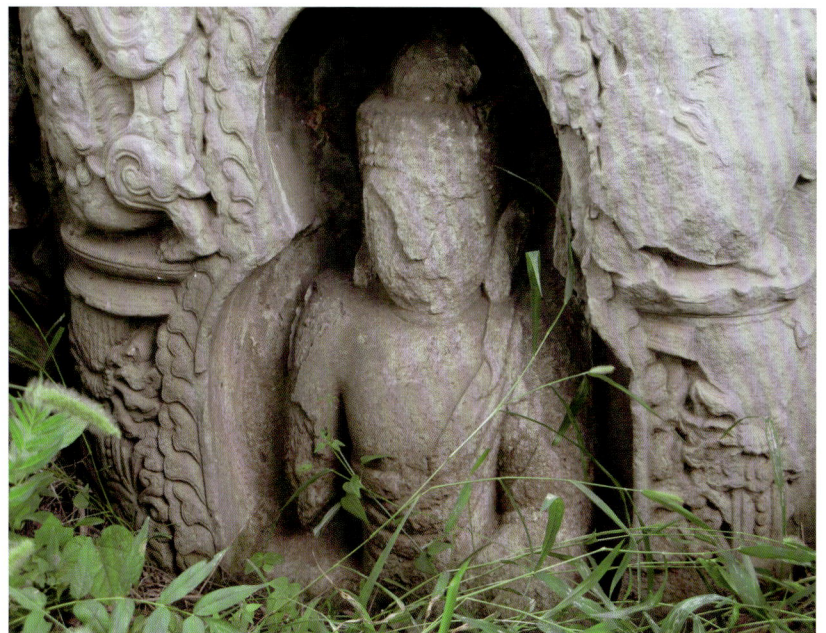

万佛堂村石造像正面（摄于 2008 年 8 月）

名　称	万佛堂老村古桥
保护类型	一般不可移动文物
文物类型	古建筑
详细地址	永定镇万佛堂村
建造时间	待考
地理位置	东经116°04′14.82″，北纬39°53′56.3″
海　拔	271米
地理环境	万佛堂老村三面环山，现该村已拆迁，古桥位于万佛堂村村西，东西向
文物现状	万佛堂老村古桥为单孔石拱桥，桥面由青条石铺成，券洞长1.7米，高约2米，进深4.2米，块石起券，垒砌；现桥南部略有损坏，顶部石栏杆已无
历史沿革	传统石桥
主管单位	门头沟区永定镇政府
保护情况	一般
损坏原因	年代久远，自然风化

万佛堂老村古桥地图、照片

万佛堂老村古桥平面图（2016年）

万佛堂老村古桥（摄于2009年3月）

名 称	万佛堂老村古井
保护类型	一般不可移动文物
文物类型	古建筑
详细地址	永定镇万佛堂村
建造时间	待考
地理位置	东经 116° 04′ 14.02″，北纬 39° 53′ 53.6″
海 拔	261 米
地理环境	万佛堂老村古井位于万佛寺附近
文物现状	万佛堂老村古井直径 1.4 米，深 3 米，现仍有水，古井东边 5 米处有一水槽
历史沿革	传统水源
主管单位	门头沟区永定镇政府
保护情况	较差
损坏原因	自然风化，弃用失修

万佛堂老村古井地图、照片

万佛堂老村古井平面图（2016 年）

万佛堂老村古井（摄于 2008 年 8 月）

名 称	琉璃渠村碑刻
保护类型	一般不可移动文物
文物类型	石窟寺及石刻
详细地址	龙泉镇琉璃渠村
建造时间	清代
地理位置	东经 116° 04′ 57.52″，北纬 39° 58′ 05.7″
海 拔	134 米
地理环境	琉璃渠村坐落在妙峰山下的京西古道边，碑刻位于该村村西路边上
文物现状	琉璃渠村碑刻是一块指路碑，长 3.2 米，宽 0.45 米，厚 0.14 米，上有楷书"妙峰山正路往西"
历史沿革	传统指路碑
主管单位	门头沟区龙泉镇政府
保护情况	较差
损坏原因	年久风化

琉璃渠村碑刻地图、照片

琉璃渠村碑刻平面图（2016 年）

琉璃渠村碑刻（摄于 2008 年 4 月）

名　称	弘恩寺遗址
保护类型	一般不可移动文物
文物类型	古遗址
详细地址	潭柘寺镇南辛房村
建造时间	明代
地理位置	东经 116° 01′ 10.02″，北纬 39° 53′ 16.4″
海　拔	256 米
地理环境	南辛房村位于鲁家滩山间盆地中的山地丘陵间，弘恩寺遗址在该村北的潭柘寺中学内，坐北朝南
文物现状	弘恩寺现存山门及两块碑，两碑中一块为残碑。山门面阔 5.64 米，进深 3.06 米，为攒尖顶券洞式，有踏步垂带，门楣上刻有"敕赐弘恩禅寺"；碑为明弘治年间所立，高 1.75 米，宽 1 米，厚 0.26 米，为大理石质，有螭首龟趺，上刻龙纹；另一残碑仅有龟趺
历史沿革	弘恩寺始建于何年待考，明弘治十三年（1500）重修，清康熙及乾隆年间都曾大修。该寺 1949 年后改为学校，寺内建筑均被拆毁，原基址上已盖新房
主管单位	门头沟区潭柘寺镇政府
保护情况	较差
损坏原因	人为拆毁

弘恩寺遗址地图、照片

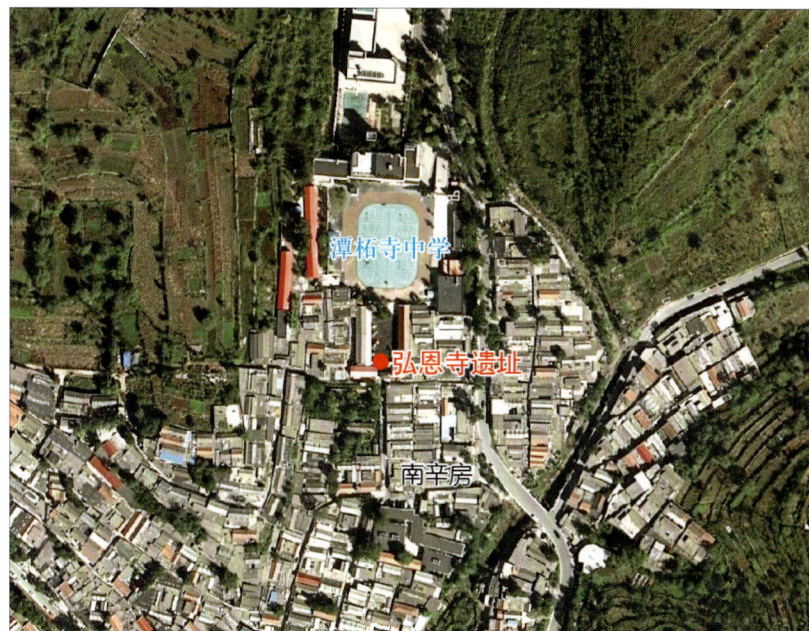

弘恩寺遗址平面图（2016 年）

弘恩寺遗址中所存的山门（摄于 2008 年 5 月）

名 称	侯忠墓遗址
保护类型	一般不可移动文物
文物类型	古遗址
详细地址	永定镇万佛堂村
建造时间	明代
地理位置	东经116°04′51.32″，北纬39°53′52.4″
海 拔	143 米
地理环境	侯忠墓遗址位于万佛堂村童子山中
文物现状	侯忠墓为明代太监侯忠及其母亲的合葬墓，该遗址现仅存部分石构件，散落于四周
历史沿革	侯忠墓于2001年12月被发现并挖掘，其时挖出两具石棺，三只白瓷瓶，一副铁铠甲，一顶铁头盔，以及若干冥币、铜钱，根据发现的青石质墓志铭可知墓主人及成墓年代；现墓中出土器物已被放置其他地方，棺材等大部分朽烂
主管单位	门头沟区永定镇政府
保护情况	较差
损坏原因	自然风化及人为挖掘

侯忠墓遗址地图、照片

侯忠墓遗址平面图（2016 年）

侯忠墓遗址中的石构件（摄于 2019 年 10 月）

名　称	石厂村开山四至碑
保护类型	一般不可移动文物
文物类型	石窟寺及石刻
详细地址	永定镇石厂村
建造时间	明代
地理位置	东经 116° 04′ 27.82″，北纬 39° 53′ 25.6″
海　拔	435 米
地理环境	石厂村位于永定镇西部，三面环山，该村开山四至碑位于村中
文物现状	石厂村开山四至碑为青石质，碑底座宽0.7米、长1.4米，碑身高2.4米，碑阳题有"大明永乐年开取石料官山塘口"字样，碑阴刻有"马鞍山石厂四至记"；现碑扑地，倒卧
历史沿革	传统地界碑
主管单位	门头沟区永定镇政府
保护情况	一般
损坏原因	年久风化

石厂村开山四至碑地图、照片

石厂村开山四至碑平面图（2016 年）

石厂村开山四至碑（摄于 2008 年 6 月）

名 称	石厂村开山碑
保护类型	一般不可移动文物
文物类型	石窟寺及石刻
详细地址	永定镇石厂村
建造时间	1534 年
地理位置	东经 116° 05′ 11.52″，北纬 39° 53′ 22.2″
海 拔	160 米
地理环境	石厂村多山坡，石厂村开山碑位于万佛陵园内
文物现状	石厂村开山碑为青石质，通高 3.5 米，方碑座，螭首刻二龙戏珠及朵云纹高浮雕，碑文楷书，立于明嘉靖十三年（1534）；现碑体完整，仅字迹漫漶不清
历史沿革	石厂村附近山中蕴有丰富的青石资源，素有皇家采石场之称，石厂村开山碑为古时开山采石而立
主管单位	门头沟区永定镇政府
保护情况	一般
损坏原因	年久风化

石厂村开山碑地图、照片

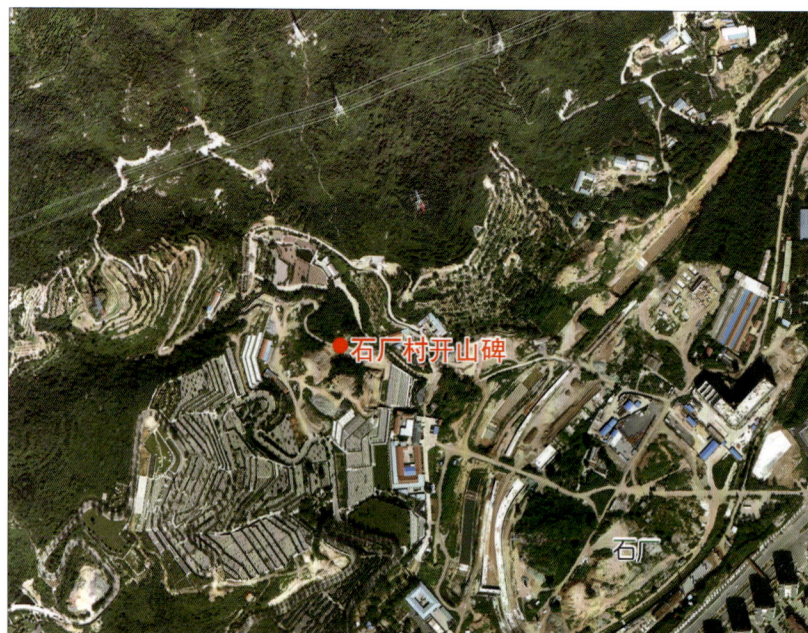

石厂村开山碑平面图（2016 年）

石厂村开山碑（摄于 2008 年 4 月）

名　称	石厂村敕建朝阳寺碑
保护类型	一般不可移动文物
文物类型	石窟寺及石刻
详细地址	永定镇石厂村
建造时间	1466 年
地理位置	东经 116° 04′ 59.62″，北纬 39° 53′ 06.3″
海　拔	170 米
地理环境	石厂村敕建朝阳寺碑位于该村西山中
文物现状	石厂村敕建朝阳寺碑为汉白玉石质，高 1.8 米，宽 0.74 米，厚 0.18 米，螭首，明成化二年（1466）立；现碑体风化严重
历史沿革	传统寺庙记事碑
主管单位	门头沟区永定镇政府
保护情况	一般
损坏原因	年久风化

石厂村敕建朝阳寺碑地图、照片

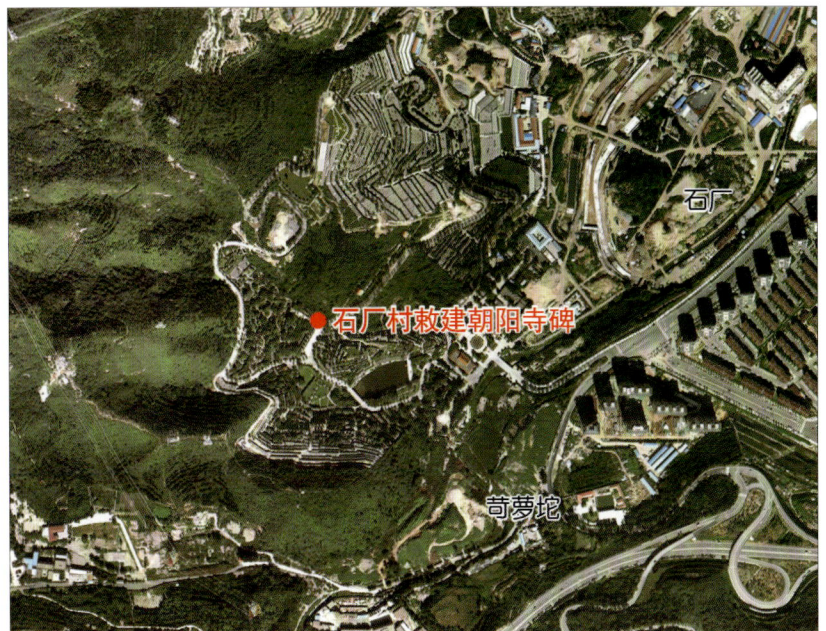

石厂村敕建朝阳寺碑平面图（2016 年）

石厂村敕建朝阳寺碑阳面（摄于 2008 年 8 月）

名 称	石厂村观音洞石殿
保护类型	一般不可移动文物
文物类型	古建筑
详细地址	永定镇石厂村
建造时间	待考
地理位置	东经116° 04′ 53.82″，北纬39° 53′ 11.2″
海 拔	201 米
地理环境	石厂村依山而聚，观音洞石殿位于该村西山峦中，坐东朝西
文物现状	石厂村观音洞石殿为青石发券，洞宽3.26米，高1.89米，进深4.7米，门沿为仿木结构，门楣上题"慈航普度"；现主体建筑无存
历史沿革	传统佛教圣地，较为简陋；20世纪50年代拓荒道路时将主体建筑拆除
主管单位	门头沟区永定镇政府
保护情况	较差
损坏原因	人为拆毁

石厂村观音洞石殿地图、照片

石厂村观音洞石殿

石厂村观音洞石殿平面图（2016 年）

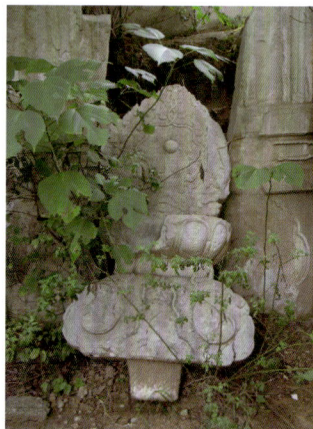

石厂村观音洞石殿
中的石构件
（摄于 2008 年 8 月）

石厂村观音洞石殿
（摄于 2008 年 8 月）

名　称	太监杨公墓碑
保护类型	一般不可移动文物
文物类型	古墓葬
详细地址	永定镇石厂村
建造时间	明代
地理位置	东经 116° 05′ 13.72″，北纬 39° 53′ 11.1″
海　拔	142 米
地理环境	太监杨公墓碑位于石厂村坡地中
文物现状	太监杨公墓碑为汉白玉质碑，高 3.18 米，宽约 1 米，龟趺螭首，额透雕蟠龙，碑上字迹瘦劲有力
历史沿革	传统石刻墓碑
主管单位	门头沟区永定镇政府
保护情况	一般
损坏原因	年久风化

太监杨公墓碑地图、照片

太监杨公墓碑平面图（2016 年）

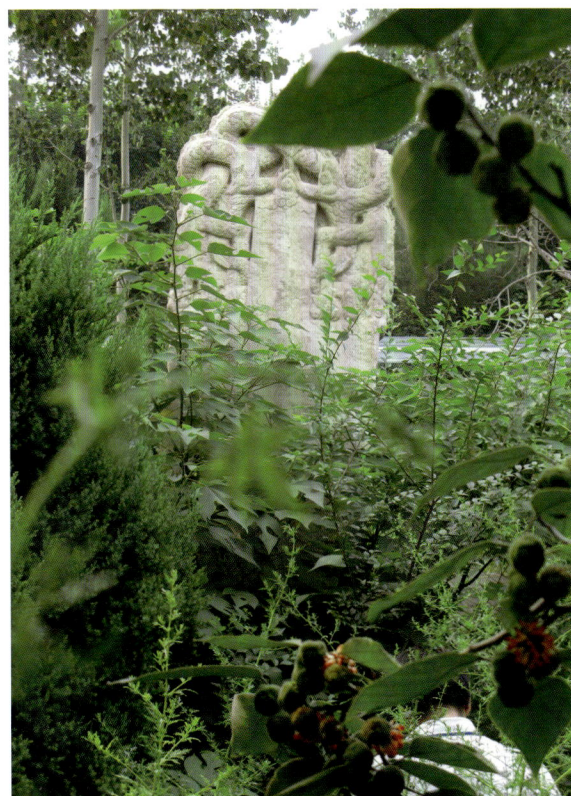

太监杨公墓碑（摄于 2008 年 8 月）

名 称	西峰寺遗址
保护类型	一般不可移动文物
文物类型	古遗址
详细地址	永定镇苛萝坨村
建造时间	唐代
地理位置	东经116°04′20.62″，北纬39°53′03.1″
海　拔	200 米
地理环境	苛萝坨村坐落于罗睺岭下的两山夹径之上，西峰寺遗址在村西山坡上
文物现状	西峰寺已废，现存有地宫，另有敕赐西峰寺记碑和西峰禅寺碑记碑两通及古树一棵
历史沿革	西峰寺始建于唐代，原名汇聚寺，元代改称玉泉寺，至明代英宗赐名为"西峰禅寺"。该寺院原分上下院，元末遭战火毁坏，明正统年间重修；后明隆庆、崇祯年间及清乾隆年间都曾重修；清光绪年间，西峰寺成为皇室弟子载滢的墓地，现该寺遗址重建后为国土资源部培训中心
主管单位	北京市门头沟区人民政府
保护情况	已复建他用
损坏原因	自然风化及人为改建

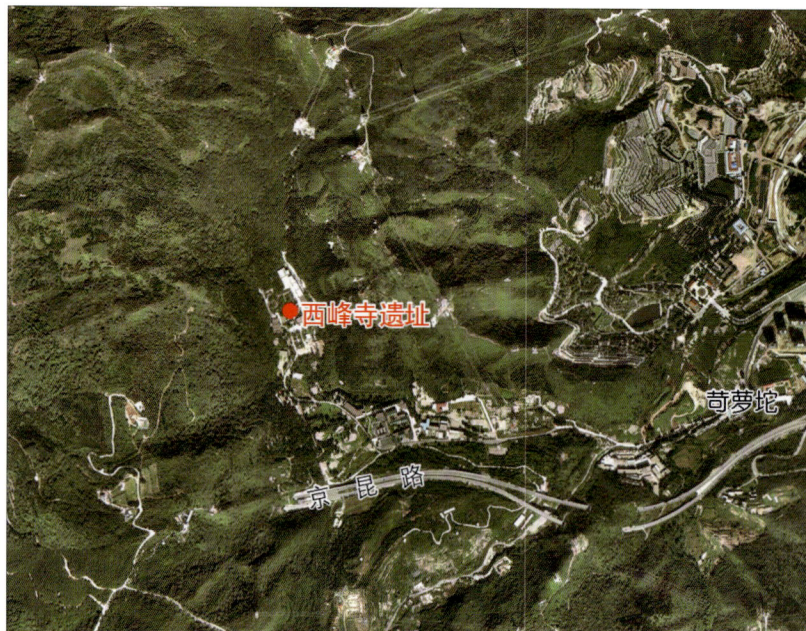

西峰寺遗址地图、照片

西峰寺遗址平面图（2016 年）

西峰寺遗址中的石碑（摄于 2008 年 7 月）

名 称	西峰山庄四合院
保护类型	一般不可移动文物
文物类型	古建筑
详细地址	永定镇苛萝坨村
建造时间	1436 年
地理位置	东经 116° 04′ 31.02″，北纬 39° 52′ 51.4″
海　拔	209 米
地理环境	西峰山庄四合院在西峰寺东南 500 米处，坐北朝南
文物现状	西峰山庄四合院为二进院，外院有东西厢房各三间，厢房北侧均带两间耳房；其中西厢房包含门楼；倒座房五间，带东西耳房；内院有正房五间，两侧各有小耳房两间；东西厢房各三间，北面为走廊，南面各有耳房两间；该院建筑均为卷棚顶，鞍子脊，两院中间有垂花门
历史沿革	西峰山庄四合院是明正统元年（1436）重修西峰寺时所建的一座茶棚院，清康熙年间一度荒废，20 世纪 80 年代曾是门头沟区博物馆办公地点；现已重修，原形制未变
主管单位	门头沟区永定镇苛萝坨村委会
保护情况	重修后保存完好
损坏原因	年久失修

西峰山庄四合院地图、照片

西峰山庄四合院平面图（2016 年）

修复后的西峰山庄四合院垂花门（摄于 2008 年 4 月）

名 称	娼妓桥
保护类型	一般不可移动文物
文物类型	古建筑
详细地址	永定镇苛萝坨村
建造时间	明代
地理位置	东经 116° 05′ 05.72″，北纬 39° 52′ 51.6″
海　拔	126 米
地理环境	娼妓桥位于苛萝坨村通往戒台寺的道路上，南北走向
文物现状	娼妓桥为青石质拱桥，长方形砂岩铺砌，原为三孔拱石桥，现残存两孔，残桥宽 5 米，长约 10 米，高 2.32 米
历史沿革	明初，每年四月初八有耍戒台秋坡活动，其时众多游僧必至，商贾云集，百姓上山朝拜；苛萝坨村是通往戒台寺的必经之路，但这里每年都有山洪暴发，行路艰难；为方便香客，当时全国妓女集资修建此桥，故桥得名"娼妓桥"；1917 年，京兆地区连日大雨，把娼妓桥冲毁一半，其后由于河道南移，尚存的拱洞也已被填实；现在桥两侧盖满了民房
主管单位	门头沟区永定镇政府
保护情况	较差
损坏原因	山洪冲毁

娼妓桥地图、照片

娼妓桥平面图（2016 年）

娼妓桥（摄于 2008 年 7 月）

名　称	南村过街楼
保护类型	一般不可移动文物
文物类型	古建筑
详细地址	潭柘寺镇南村
建造时间	待考
地理位置	东经 116° 02′ 57.92″，北纬 39° 52′ 39.9″
海　拔	230 米
地理环境	南村坐落在潭柘寺镇东沟的最南端，是一个以溶洞著称的小山村，过街楼位于该村村口的主路上
文物现状	南村过街楼通体石块砌筑，券洞高 2.09 米，进深 2.3 米，宽 2.75 米，券洞上方额题"富家庄"
历史沿革	传统过街楼，最近已重修
主管单位	门头沟区潭柘寺镇政府
保护情况	一般
损坏原因	年久失修

南村过街楼地图、照片

南村过街楼平面图（2016 年）

南村过街楼远近景
（摄于 2009 年 5 月）

名 称	定国公徐氏家族墓遗址
保护类型	一般不可移动文物
文物类型	古墓葬
详细地址	潭柘寺镇鲁家滩村
建造时间	明代
地理位置	东经116°01′14.02″，北纬39°52′26.3″
海　拔	218米
地理环境	鲁家滩村位于108国道36公里处，定国公徐氏家族墓遗址在该村西山坡上
文物现状	定国公徐氏家族墓遗址中残存多段毛石垒砌的护墙，高1.5~2米，其中残存三段东护墙长约10米，内中可见破碎的汉白玉墓葬石构件，如有文官执笏石像之手指和残破兽身等；西护墙长约17米，封顶保存大致完好；南护墙长约21米；现墓葬区建筑无存，所占地已种果树及庄稼
历史沿革	定国公名景昌，是明代开国元勋徐达之孙，也是第二代定国公，明正统二年（1437）殁，于鲁家滩村置墓园安葬；根据现存村民家中墓志碑可知，此地至少埋葬过六代定国公；此墓曾被盗，墓地中很多石构件已被移作他用，如石柱四根及莲花座就被移至鲁家滩村供销社院内
主管单位	门头沟区潭柘寺镇政府
保护情况	较差
损坏原因	年久失修及人为损毁

定国公徐氏家族墓遗址地图、照片

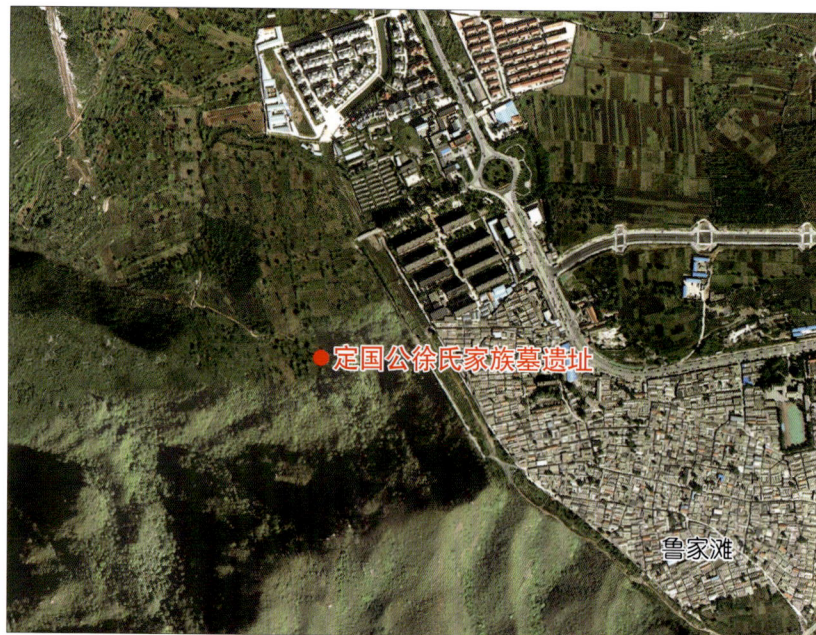

定国公徐氏家族墓遗址平面图（2016年）

定国公徐氏家族墓遗址（摄于2009年3月）

名　称	定国公徐氏家族墓石构件
保护类型	一般不可移动文物
文物类型	石窟寺及石刻
详细地址	潭柘寺镇鲁家滩村
建造时间	明代
地理位置	东经 116° 01′ 45.52″，北纬 39° 52′ 18.1″
海　拔	223 米
地理环境	定国公徐氏家族墓石构件现置于鲁家滩村供销社院内
文物现状	定国公墓石柱共四根，柱高 2.16 米，直径 0.65 米，下有底座；莲花座高 0.45 米，直径 0.9 米
历史沿革	这些石构件被人为拆毁，用于房屋建造
主管单位	门头沟区潭柘寺镇政府
保护情况	一般
损坏原因	自然风化，人为破坏

定国公徐氏家族墓石构件地图、照片

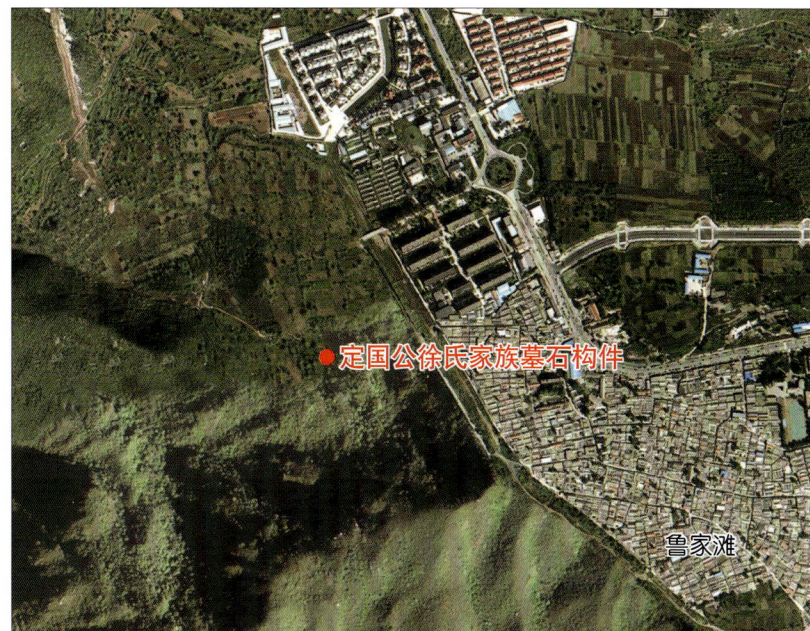

定国公徐氏家族墓石构件平面图（2016 年）

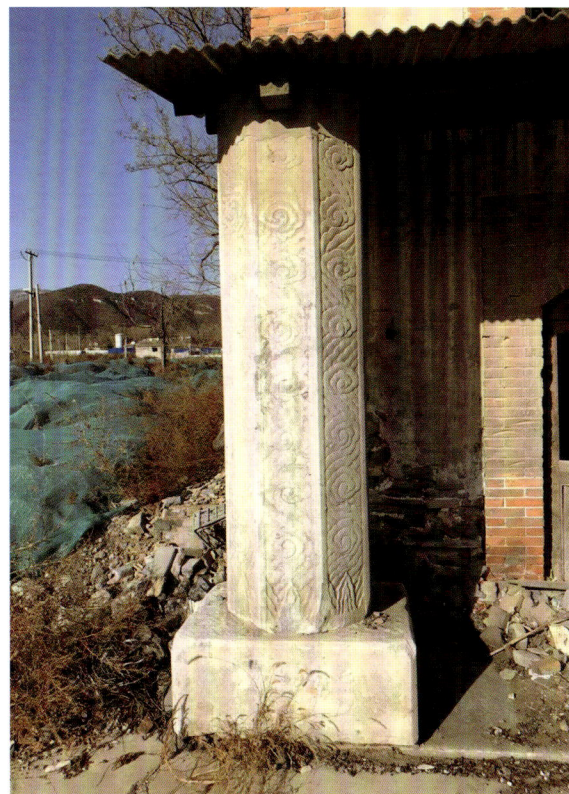

定国公徐氏家族墓石构件（摄于 2019 年 11 月）

名　称	鲁家滩村关帝庙
保护类型	一般不可移动文物
文物类型	古建筑
详细地址	潭柘寺镇鲁家潭村
建造时间	待考
地理位置	东经 116° 01′ 33.32″，北纬 39° 52′ 19.8″
海　拔	178 米
地理环境	鲁家滩村关帝庙位于村中，坐北朝南
文物现状	鲁家滩村关帝庙现存正殿三间，面阔 10 米，进深 3.5 米，为石板顶，压瓦垄，清水脊，椽头檐枋施以彩绘，七架梁带前廊；现殿堂破旧
历史沿革	传统庙宇
主管单位	门头沟区潭柘寺镇政府
保护情况	较差
损坏原因	年久失修

鲁家滩村关帝庙地图、照片

鲁家滩村关帝庙平面图（2016 年）

鲁家滩村关帝庙正殿（摄于 2009 年 5 月）

名 称	戒台寺石牌坊
保护类型	一般不可移动文物
文物类型	古建筑
详细地址	永定镇秋坡村
建造时间	1599 年
地理位置	东经 116° 04′ 57.92″，北纬 39° 52′ 19.3″
海 拔	291 米
地理环境	秋坡村坐落在永定镇西南端的高山夹径之上，戒台寺石牌坊位于村西，坐西朝东
文物现状	戒台寺石牌坊是青石材质的仿木结构建筑，密宗建筑特色，为两柱单间一篷楼，歇山顶，庑殿顶正脊两端饰龙吻，垂脊上饰垂兽，檐下饰五彩单翘单昂斗拱六朵，正面斗拱下间饰高浮雕的一佛四菩萨，均为结跏趺坐；斗拱下为五方佛，背面有佛八宝；牌坊额题"永镇皇图"，右题"大清光绪年"；背题"祇园真境"，左跋"大明万历二十七年"
历史沿革	戒台寺石牌坊俗称戒台寺牌楼，建于明万历二十七年（1599），清光绪年间重修，是目前北京地区现存的较为古老的石牌坊之一
主管单位	门头沟区街道办事处
保护情况	一般
损坏原因	自然风化

戒台寺石牌坊地图、照片

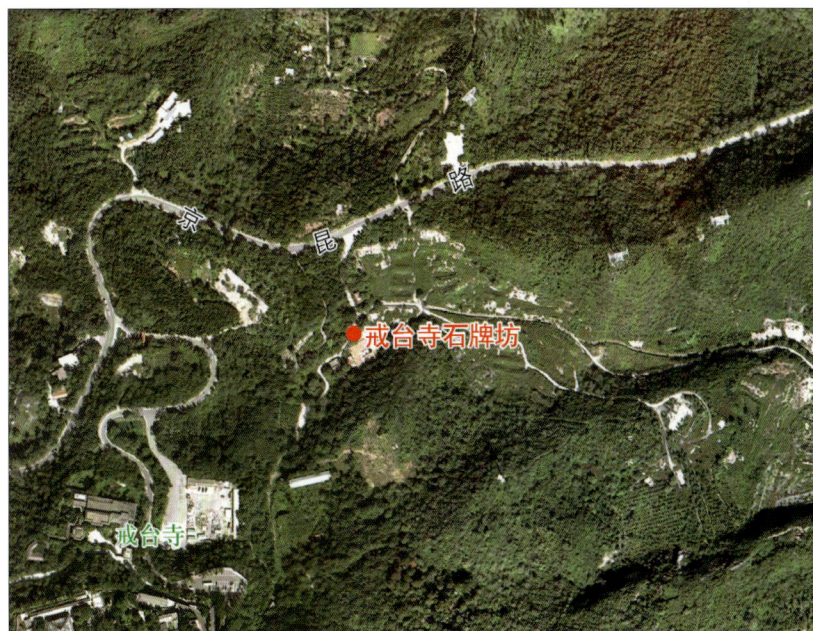

戒台寺石牌坊平面图（2016 年）

戒台寺石牌坊（摄于 2008 年 4 月）

名 称	石佛村佛刻字
保护类型	一般不可移动文物
文物类型	石窟寺及石刻
详细地址	永定镇秋坡村
建造时间	待考
地理位置	东经 116° 05′ 13.2″，北纬 39° 52′ 19.0″
海 拔	142 米
地理环境	石佛村位于永定镇西南端的山谷中，佛刻字位于芦潭古道右侧的一块巨石上
文物现状	石佛村佛刻字石高 2 米，字高 1.31 米，字径 0.9 米，字体苍劲有力；现字稍有腐蚀现象
历史沿革	佛教崖壁石刻，细节待考
主管单位	门头沟区街道办事处
保护情况	较差
损坏原因	经外业核实，因开发其他项目，已被掩埋

石佛村佛刻字地图、照片

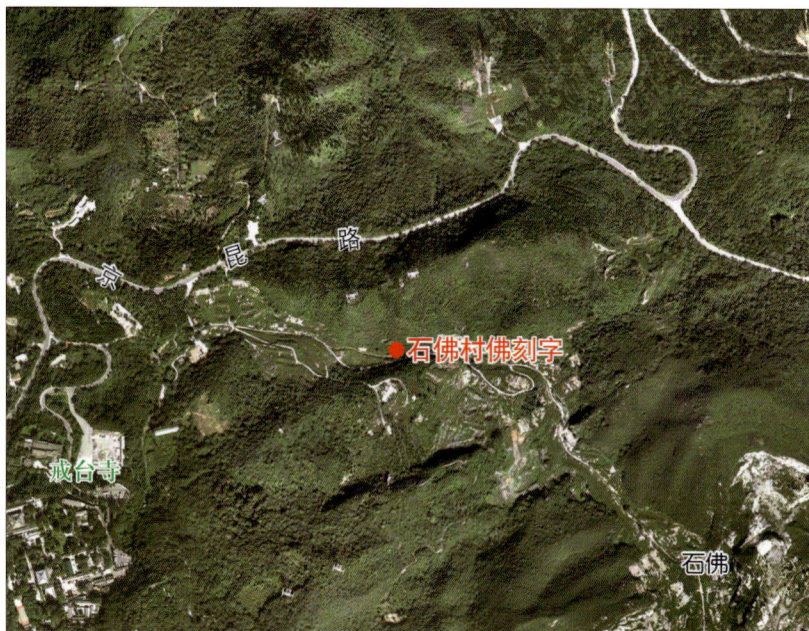

石佛村佛刻字平面图（2016 年）

石佛村佛刻字（摄于 2008 年 4 月）

名 称	石佛村古桥
保护类型	一般不可移动文物
文物类型	古建筑
详细地址	永定镇石佛村
建造时间	待考
地理位置	东经 116° 05′ 41.82"，北纬 39° 52′ 07.3"
海 拔	235 米
地理环境	石佛村位于永定镇西南端的山谷中，古桥位于村东山峦中石造像群附近
文物现状	石佛村古桥为拱券式结构，由条形青石砌筑，全长 8 米，宽 2.15 米，高 2.6 米；现古桥左侧柱石已毁，周边杂草丛生
历史沿革	传统过涧桥
主管单位	门头沟区永定镇政府
保护情况	现已重修
损坏原因	自然风化及年久失修

石佛村古桥地图、照片

石佛村古桥平面图（2016 年）

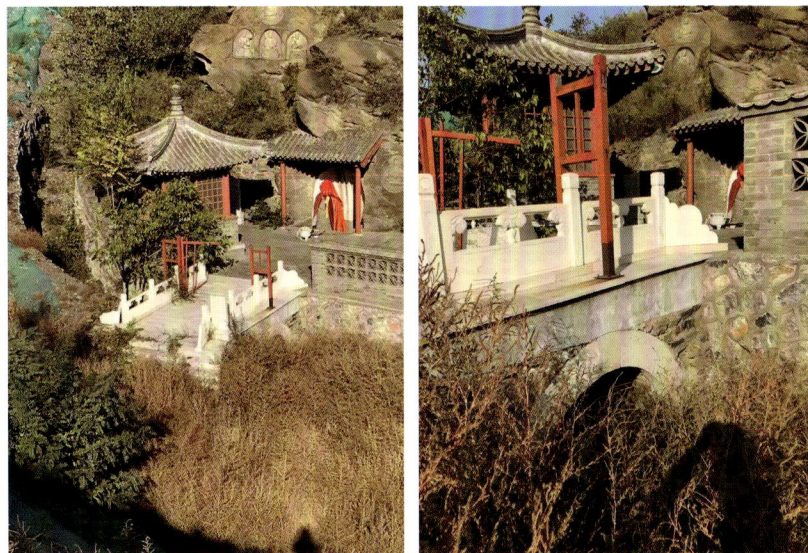

石佛村古桥（摄于 2019 年 10 月）

名 称	石佛村井泉龙王庙遗址
保护类型	一般不可移动文物
文物类型	古遗址
详细地址	永定镇石佛村
建造时间	1563 年
地理位置	东经 116° 05′ 41.2″，北纬 39° 52′ 07.6″
海 拔	226 米
地理环境	井泉龙王庙遗址位于石佛村东边的山崖下，周边多山林
文物现状	石佛村井泉龙王庙遗址中，现存高约 0.93 米、宽 0.61 米的摩崖碑一通，上仅可见 "井泉龙王通海之神位" "嘉靖四十二年" 字样，其余刻字漫漶不清；山崖石洞上有块石垒砌的神位，旁边有一米多高的佛刻字
历史沿革	传统古庙遗址
主管单位	门头沟区永定镇政府
保护情况	较差
损坏原因	外业核实，因开发其他项目，已被掩埋

石佛村井泉龙王庙遗址地图、照片

石佛村井泉龙王庙遗址平面图（2016 年）

石佛村井泉龙王庙遗址中的残殿木梁（摄于 2009 年 7 月）

名　称	石佛村摩崖石刻
保护类型	一般不可移动文物
文物类型	石窟寺及石刻
详细地址	永定镇石佛村
建造时间	民国年间
地理位置	东经 116° 05′ 22.52″，北纬 39° 52′ 18.6″
海　拔	40 米
地理环境	石佛村摩崖石刻位于石佛村前往戒台寺的香道旁，为香道石佛村段的界碑
文物现状	这块摩崖石刻宽约 0.86 米、高约 0.7 米，碑文记录了民国十年（1921）七月修香道的一些情况，上有"民国十年七月重修□□由石佛界碑至罗睺岭由岢罗屯村至戒台寺住持叩化十方贵官长者大念慈悲以工代赈救万民生则功德无量　本寺住持达□□□大念慈悲，以工代赈，救万民生，功德无量"等字样；石刻字迹较清晰，基本保存完好
历史沿革	路段界碑
主管单位	门头沟区永定镇政府
保护情况	较好
损坏原因	自然风化

石佛村摩崖石刻地图、照片

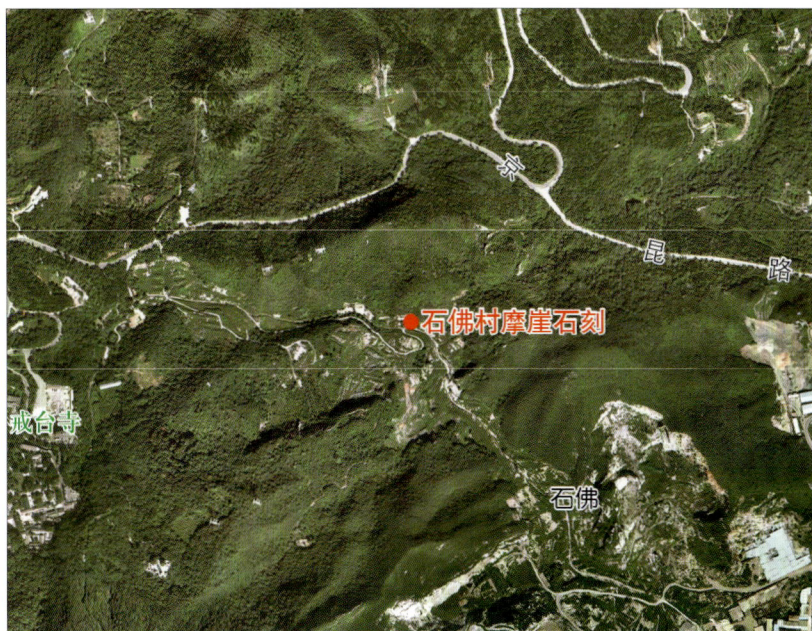

石佛村摩崖石刻平面图（2016 年）

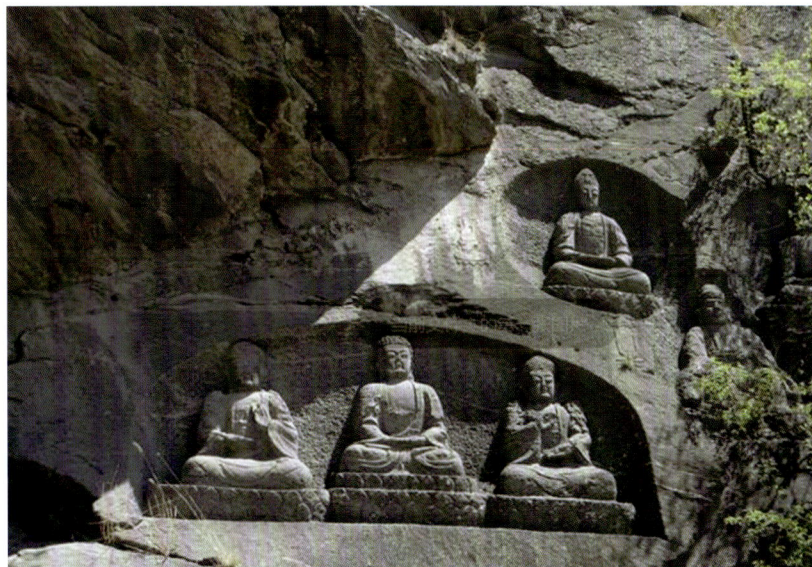

石佛村摩崖石刻（摄于 2009 年 10 月）

名　称	苏家坟
保护类型	一般不可移动文物
文物类型	古墓葬
详细地址	龙泉镇城子村
建造时间	明代
地理位置	东经 116° 05′ 17.2″，北纬 39° 57′ 02.6″
海　拔	114 米
地理环境	苏家坟位于城子村，周边皆民房
文物现状	苏家坟现仅存一座三合土夯实坟墓宝顶，高 4.5 米，直径 6 米
历史沿革	苏家坟原为一片坟地，很多墓早年被盗，现绝大部分无存
主管单位	门头沟区龙泉镇政府
保护情况	较差
损坏原因	自然风化及人为盗毁

苏家坟地图、照片

苏家坟平面图（2016 年）

苏家坟残存之坟头（摄于 2019 年 10 月）

名　称	索家坟遗址
保护类型	一般不可移动文物
文物类型	古墓葬
详细地址	龙泉镇大峪村
建造时间	清代
地理位置	东经 116° 05′ 30.62″，北纬 39° 56′ 16.2″
海　拔	109 米
地理环境	大峪村坐落在九龙山下，索家坟遗址在黑山公园内，坐西朝东
文物现状	仅存遗址
历史沿革	黑山公园内曾出土《太子师内大臣头等公噶公墓志铭》，记有噶布喇嘛生平，墓志现存于北京市文物局
主管单位	门头沟区龙泉镇大峪村委会
保护情况	差
损坏原因	不明

索家坟遗址地图、照片

索家坟平面图（2016 年）

索家坟入口处（摄于 2008 年 9 月）

名 称	大峪村朝阳庵遗址
保护类型	一般不可移动文物
文物类型	古遗址
详细地址	龙泉镇大峪村
建造时间	明代
地理位置	东经 116° 05′ 38.2″，北纬 39° 56′ 03.8″
海 拔	99 米
地理环境	大峪村坐落在九龙山下，朝阳庵遗址位于该村村中
文物现状	大峪村朝阳庵已不存，现余碑三块，其中地藏菩萨庙碑记碑为汉白玉石质，碑文 9 行，满行 32 字，清咸丰二年（1852）立；三块碑皆横在地上，汉白玉碑压在一碑之上，另一碑在南边挨着横放
历史沿革	大峪村朝阳庵历史待考，该遗址现为大峪村街道办事处所在地
主管单位	门头沟区龙泉镇政府
保护情况	一般
损坏原因	不明

大峪村朝阳庵遗址地图、照片

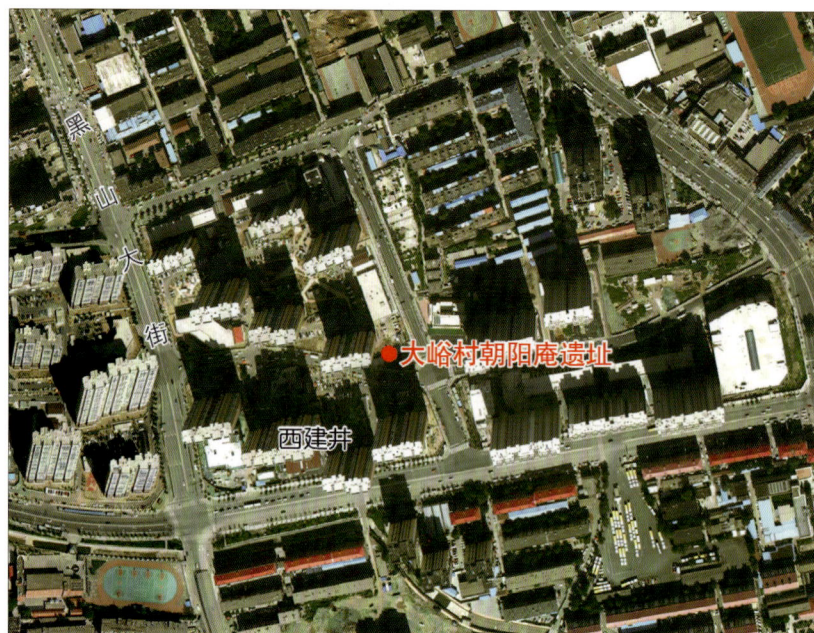

大峪村朝阳庵遗址平面图（2016 年）

大峪村朝阳庵遗址上的建筑（摄于 2009 年 9 月）

名　称	高家园塔院
保护类型	一般不可移动文物
文物类型	古建筑
详细地址	龙泉镇大峪村
建造时间	清代
地理位置	东经 116° 05′ 25.02″，北纬 39° 55′ 40.0″
海　拔	127 米
地理环境	大峪村坐落在九龙山下，高家园塔院在大峪村楼房住宅区
文物现状	高家园塔院现存覆钵式喇嘛塔一座，为须弥座，方形，塔身额题"临济二十六世天奇瑞禅师塔"；另一塔的覆钵青石构件位于此塔北面约 20 米，上有"临（济）三十四世履衡贵"字样
历史沿革	高家园塔院为喇嘛冢地，约建于清康熙年间，原院墙无存，现已重修
主管单位	门头沟区龙泉镇政府
保护情况	较差
损坏原因	不明

高家园塔院地图、照片

高家园塔院平面图（2016 年）

高家园塔院中仅存的喇嘛塔（摄于 2008 年 9 月）

名 称	车王坟
保护类型	一般不可移动文物
文物类型	古墓葬
详细地址	永定镇冯村
建造时间	清代
地理位置	东经 116° 05′ 32.72″，北纬 39° 54′ 49.9″
海　拔	97 米
地理环境	冯村三面环山，车王坟在该村西北一元宝形的小山上
文物现状	车王坟现存剩一座高约 2 米的残裂宝顶，上面长着杂树
历史沿革	所谓"车王坟"其实是一个墓葬群，原为门头沟区大型清代王爷墓之一。车王坟中埋葬的是清初八大铁帽子王之一的克勤郡王元亨及其子尚格、其孙承硕、其曾孙庆惠，墓葬群在 1939 年前后多次被盗，"文革"时期大部分宝顶被铲平
主管单位	门头沟区永定镇政府
保护情况	差
损坏原因	自然风化及人为损毁

车王坟地图、照片

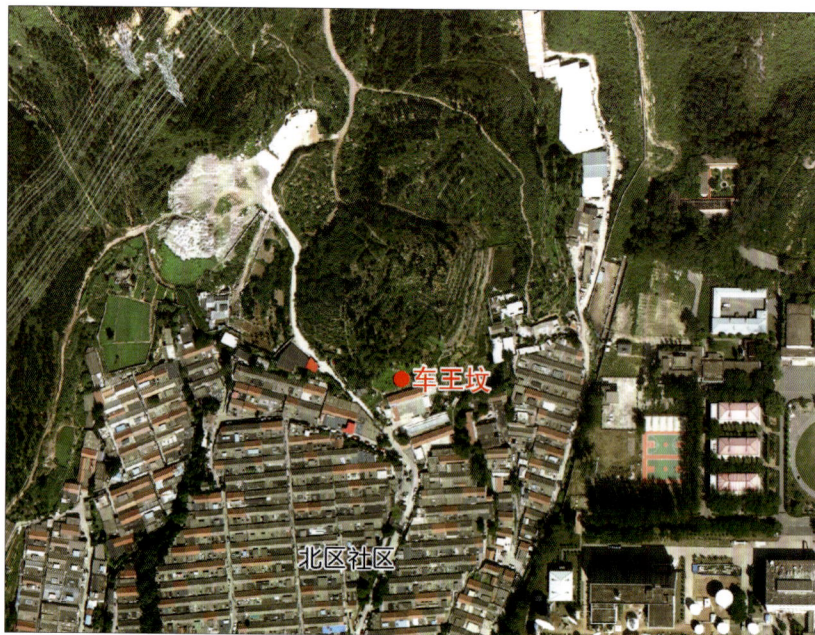

车王坟平面图（2016 年）

车王坟（摄于 2008 年 5 月）

名　称	承恩公墓遗址
保护类型	一般不可移动文物
文物类型	古墓葬
详细地址	永定镇冯村
建造时间	清代
地理位置	东经 116° 05′ 43.2″，北纬 39° 54′ 03.3″
海　拔	148 米
地理环境	承恩公墓遗址位于冯村西北的山坡上，占地四十余亩
文物现状	承恩公墓早已毁坏无存，该遗址仅为一方泥土
历史沿革	承恩公墓又叫南坟地，据说墓主是慈禧太后的父亲，故"文革"中被铲平，墓地内的牌楼、石供桌、石凳、石碑均已无存
主管单位	门头沟区永定镇政府
保护情况	差
损坏原因	人为损毁

承恩公墓遗址地图、照片

承恩公墓遗址平面图（2016 年）

承恩公墓遗址（摄于 2008 年 7 月）

名 称	冯村古井
保护类型	一般不可移动文物
文物类型	古建筑
详细地址	永定镇冯村
建造时间	待考
地理位置	东经116°05′57.92″，北纬39°54′28.1″
海 拔	105米
地理环境	冯村西邻龙口水库，古井位于该村村中心，周围均是水泥地面
文物现状	冯村古井实为两口，其一直径0.4米，根据井边碑刻记载，可知为清代重修；另一古井直径0.34米，石碑无存，边上有一米多长的水槽；古井早已废弃不用
历史沿革	传统水源
主管单位	门头沟区永定镇政府
保护情况	较差
损坏原因	废弃失修

冯村古井地图、照片

冯村古井平面图（2016年）

冯村古井
（摄于2008年7月）

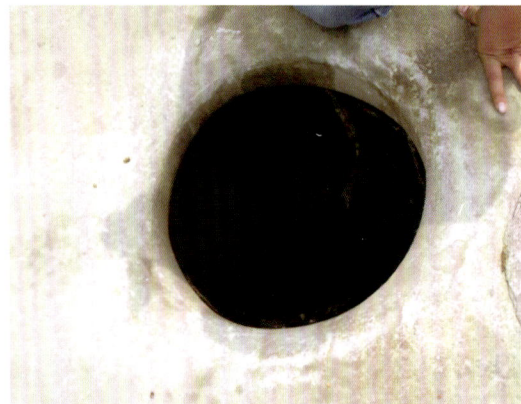

名　称	四道桥村龙王庙
保护类型	一般不可移动文物
文物类型	古建筑
详细地址	永定镇四道桥村
建造时间	待考
地理位置	东经 116° 07′ 49.92″，北纬 39° 54′ 45.0″
海　拔	130 米
地理环境	四道桥村夹在永定河东西两条分流之间，龙王庙位于该村中，坐北朝南
文物现状	四道桥村龙王庙现仅存面阔 10 米、进深 7 米的正殿，为硬山卷棚，板瓦铺顶，筒瓦压垄，四梁八柱五檩，工字锦窗棂，前出接檐，檐檩及内墙均有残破彩绘，四抹残门有木刻雕花；现内墙壁画已被后人刷黑（曾作为黑板使用），建筑梁架上遍遗动物粪便，灰尘和烟熏痕迹严重
历史沿革	四道桥村龙王庙是为保护潭柘寺庄园而建的寺庙，也是永定镇地区最大的寺庙；该龙王庙在战争年代遭受破坏，1949 年之后又人为拆毁部分建筑，至"文革"时期大部分建筑被拆毁
主管单位	门头沟区永定镇政府
保护现状	现已重修
损坏原因	年久失修及人为损毁

四道桥村龙王庙地图、照片

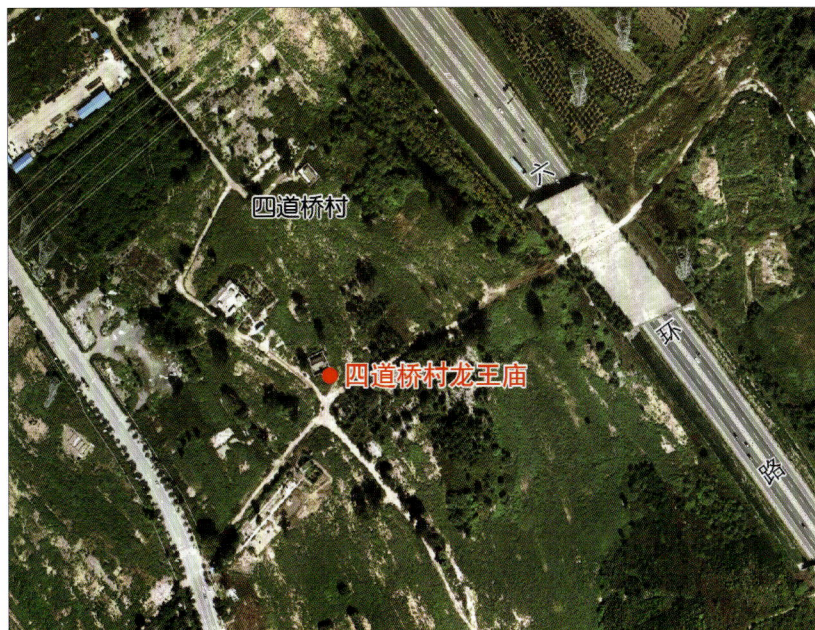

四道桥村龙王庙平面图（2016 年）

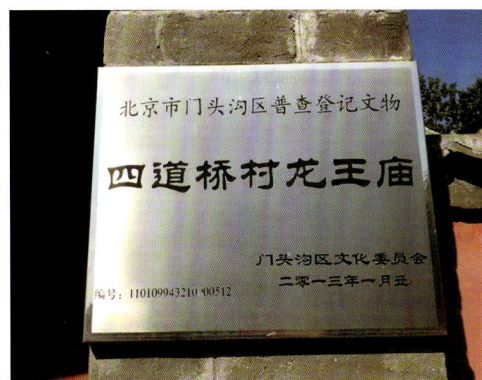

四道桥村龙王庙外景
（摄于 2019 年 10 月）

名　称	敕建太清观记碑
保护类型	一般不可移动文物
文物类型	石窟寺及石刻
详细地址	永定镇何各庄村
建造时间	明代
地理位置	东经 116° 05′ 35.12″，北纬 39° 53′ 56.5″
海　拔	123 米
地理环境	何各庄地处永定镇西部，敕建太清观记碑位于村后山坳中
文物现状	敕建太清观记碑为砂石质，高 2.8 米，宽 1 米，有龟趺，圆首带双鹤及如意云纹，碑额题"敕赐太清观记"，碑文 15 行，满行 41 字，碑文主要记载太清观所处地理位置，碑阴记载了捐资人名字；现碑文受到腐蚀，文字漫漶不清
历史沿革	敕建太清观记碑是明正统年间建造太清观时所立，为传统庙宇记事碑
主管单位	门头沟区永定镇政府
保护情况	一般
损坏原因	自然风化及缺乏保护

敕建太清观记碑地图、照片

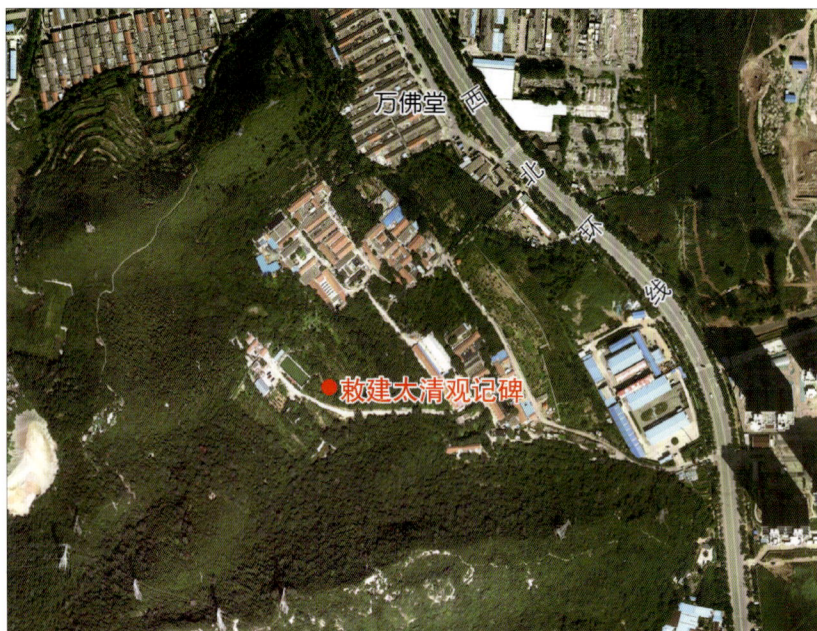

敕建太清观记碑平面图（2016 年）

敕建太清观记碑（摄于 2008 年 8 月）

名　称	济玄和尚塔
保护类型	一般不可移动文物
文物类型	古建筑
详细地址	永定镇石厂村
建造时间	明代
地理位置	东经 116°05′23.02″，北纬 39°53′26.1″
海　拔	139 米
地理环境	石厂村位于永定镇西部，济玄和尚塔位于该村北山峦中，坐西朝东
文物现状	济玄和尚塔为覆钵式塔，高约 6 米，下有高 2.5 米的青石塔基，塔为双层青石雕花须弥座，束腰有雕花；现须弥座以下残损，只剩零星散落石件，承露盘掉在塔旁，地宫已暴露，雕花漫漶不清
历史沿革	传统和尚冢塔，地宫曾被盗
主管单位	门头沟区永定镇政府
保护情况	较差
损坏原因	年久失修及人为盗损

济玄和尚塔地图、照片

济玄和尚塔平面图（2016 年）

济玄和尚塔（摄于 2008 年 6 月）

名 称	圆照禅寺
保护类型	一般不可移动文物
文物类型	古建筑
详细地址	永定镇石厂村
建造时间	明代
地理位置	东经 116° 05′ 15.62″，北纬 39° 53′ 08.3″
海 拔	137 米
地理环境	圆照禅寺位于石厂村北部的山峦中，坐北朝南，距济玄和尚塔不远
文物现状	圆照禅寺现仅存三间正殿，为四梁八柱七檩形制，硬山调大脊，带吻兽，前后接檐，内墙及梁檩均可见残彩绘，门窗皆无
历史沿革	圆照禅寺始建于何代待考，明孝宗年间（1471）重建，后年久失修损毁；现所见为明代重建后的建筑
主管单位	门头沟区永定镇政府
保护情况	较差
损坏原因	年久失修

圆照禅寺地图、照片

圆照禅寺平面图（2016 年）

圆照禅寺正殿（摄于 2008 年 8 月）

名 称	石门营村居住遗址
保护类型	一般不可移动文物
文物类型	古遗址
详细地址	永定镇石门营村
建造时间	新石器时代
地理位置	东经 116° 08′ 37.12″，北纬 39° 53′ 09.9″
海 拔	138 米
地理环境	石门营村位于永定镇平原地区的南尽头，所谓"石门营村居住遗址"即现在石门营村的一部分
文物现状	石门营村居住遗址无特殊标记，当今许多生活用房即建在该遗址之上
历史沿革	石门营村居住遗址曾出土过石斧、陶器等，据考证为新石器时代晚期至战国初期的器具；该遗址并无特殊保护
主管单位	门头沟区永定镇政府
保护情况	较差
损坏原因	地质运动，自然风化

石门营村居住遗址地图、照片

石门营村居住遗址平面图（2016 年）

石门营村居住遗址（摄于 2008 年 6 月）

名 称	石门营村关帝庙
保护类型	一般不可移动文物
文物类型	古建筑
详细地址	永定镇石门营村
建造时间	清代
地理位置	东经 116° 05′ 54.62″，北纬 39° 53′ 49.2″
海 拔	129 米
地理环境	石门营村关帝庙位于石门营村中心地带，坐北朝南
文物现状	石门营村关帝庙现存正殿三间，为七架梁带前廊，硬山调大脊，板瓦铺顶，筒瓦压垄，排山沟滴，砖博风
历史沿革	石门营村关帝庙始建于清，1949 年后曾改为石门营小学，现已改为环卫局二队所在地
主管单位	门头沟区永定镇政府
保护情况	较差
损坏原因	人为改建

石门营村关帝庙地图、照片

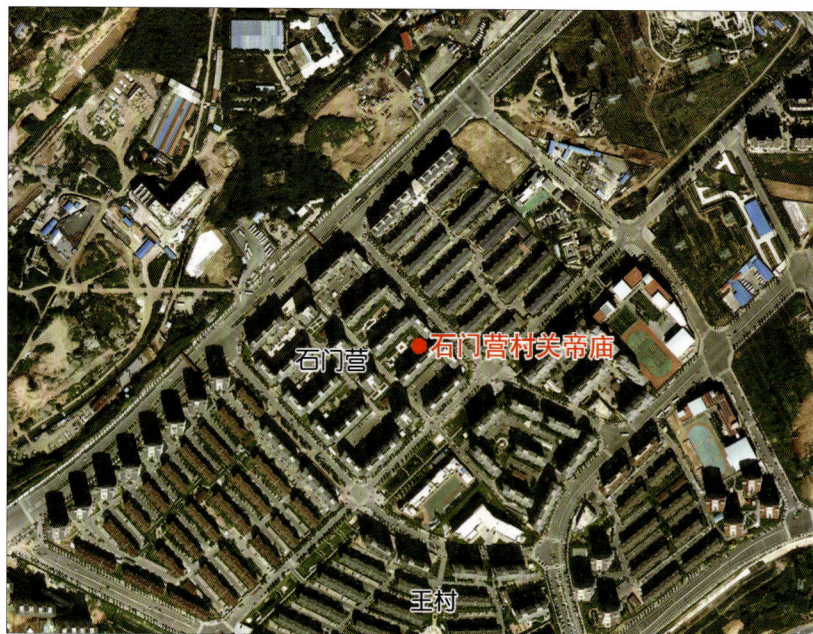

石门营村关帝庙平面图（2016 年）

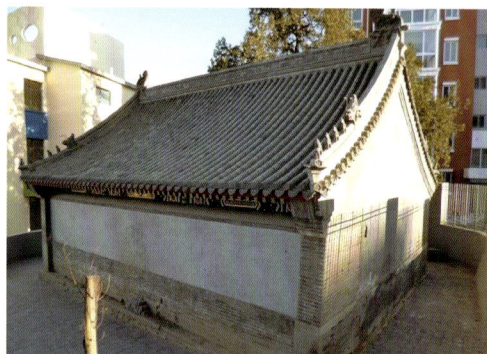

石门营村关帝庙正殿
（摄于 2009 年 10 月）

名　称	卧龙岗村南崖壁佛造像
保护类型	一般不可移动文物
文物类型	石窟寺及石刻
详细地址	永定镇卧龙岗村
建造时间	待考
地理位置	东经 116° 08′ 35.12″，北纬 39° 53′ 07.0″
海　拔	150 米
地理环境	卧龙岗村位于永定镇东南边缘，佛造像位于该村南的崖壁上
文物现状	卧龙岗村南崖壁佛造像原有坐像、立像各一尊，现刻佛坐像已无存，立像下身已残，仅余 0.48 米残佛像；残佛像左侧有"四月"二字
历史沿革	不详
主管单位	门头沟区永定镇政府
保护情况	较差
损坏原因	自然风化及人为损毁

卧龙岗村南崖壁佛造像地图、照片

卧龙岗村南崖壁佛造像平面图（2016 年）

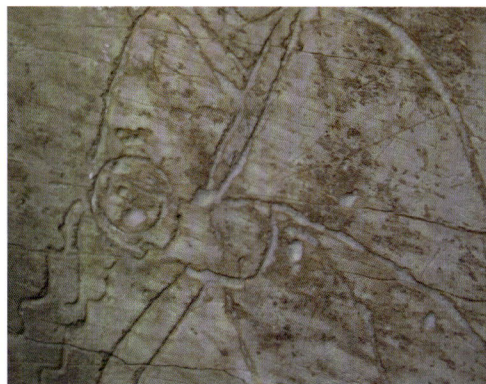

卧龙岗村南崖壁佛造像造像局部
（摄于 2008 年 7 月）

名　称	月严寺遗址
保护类型	一般不可移动文物
文物类型	古遗址
详细地址	永定镇王村
建造时间	明代
地理位置	东经 116° 05′ 52.42″，北纬 39° 52′ 38.8″
海　拔	255 米
地理环境	月严寺遗址在王村南面数里处的山坳中，主殿坐西朝东
文物现状	月严寺早已损毁，现遗存塌陷正殿、一副配殿房架及几段残破围墙。残正殿原为四梁八柱形制，前檐后厦，现屋顶塌陷，仅存残南山墙。该寺遗址内杂草丛生，内中散落几块原冢塔残石构件，其中覆钵式葫芦形残石构件直径为 7.8 米；须弥座残石构件上部直径 1.04 米，下部直径 0.97 米，总高约 0.4 米；另有两块较小残石构件
历史沿革	月严寺始建于明永乐年间，原名"月静庵"，后经改建易名为"月岩寺"，因寺成时周边皆为山野；其损毁原因及年代不详，月严寺塔则是在 1958 年被人为拆毁
主管单位	门头沟区永定镇政府
保护情况	差
损坏原因	年久失修及人为拆毁

月严寺遗址地图、照片

月严寺遗址平面图（2016 年）

月严寺遗址上的残殿
（摄于 2019 年 11 月）

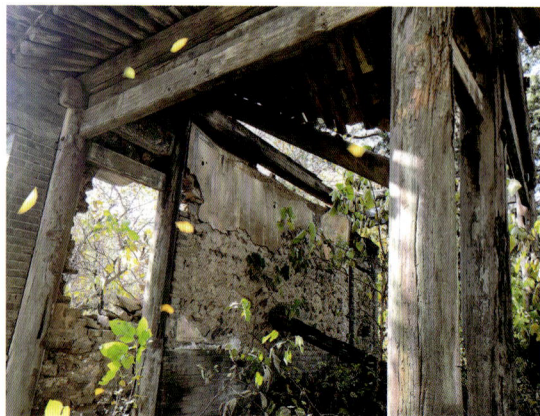

名　称	王村皇姑塔旁墓碑
保护类型	一般不可移动文物
文物类型	石窟寺及石刻
详细地址	永定镇王村
建造时间	1685 年
地理位置	东经 116° 05′ 51.02″，北纬 39° 52′ 32.7″
海　拔	267 米
地理环境	王村皇姑塔旁墓碑位于月严寺遗址附近的山坳中，周边杂草丛生
文物现状	王村皇姑塔旁墓碑为方首云纹，高 0.75 米，宽 0.42 米，碑额题"万古流芳"，碑身上竖行楷书"圆寂始祖林空贵公"，右下竖题"大清康熙乙丑岁七月吉旦"；现碑下端已残，碑文漫漶不清
历史沿革	王村成村较晚，在明清时代此地仅有月严寺僧人居住，皇姑塔为冢塔，其埋葬何人不详
主管单位	门头沟区永定镇政府
保护情况	较差
损坏原因	风化腐蚀

王村皇姑塔旁墓碑地图、照片

王村皇姑塔旁墓碑平面图（2016 年）

王村皇姑塔旁墓碑
残存及碑上端
（摄于 2008 年 8 月）

名 称	王村至戒台寺香道
保护类型	一般不可移动文物
文物类型	古遗址
详细地址	永定镇王村
建造时间	待考
地理位置	东经 116° 05′ 57.42″，北纬 39° 52′ 39.7″
海 拔	232 米
地理环境	王村坐落于南山半山腰的山坳里，三面环山，王村至戒台寺香道位于该村外开阔地
文物现状	王村至戒台寺香道是一条乡间小路；从该村顺着石河走约 1.5 公里即达石门营，从该村也可接前往戒台寺的庞潭古道；王村至戒台寺香道仍可通行，路边杂草丛生
历史沿革	传统出山小道
主管单位	门头沟区永定镇政府
保护情况	一般
损坏原因	年久弃用

王村至戒台寺香道地图、照片

王村至戒台寺香道平面图（2016 年）

王村至戒台寺香道起始点（摄于 2008 年 8 月）

名　称	王村至大灰厂古道
保护类型	一般不可移动文物
文物类型	古遗址
详细地址	永定镇王村
建造时间	待考
地理位置	东经 116° 05′ 58.62″，北纬 39° 52′ 38.3″
海　拔	221 米
地理环境	王村坐落在南山半山腰的山坳里，王村至大灰厂古道蜿蜒于该村南之王岭中
文物现状	王村至大灰厂古道约一米宽，此古道翻过王岭向南跨越区境到达大灰厂后与芦潭古香道衔接；现王村境内的该段古道保存较好，但杂草丛生，不易行走
历史沿革	王村至大灰厂古道在古代是门头沟地区贯穿南北的一条重要通道，直到公路修通后才弃用
主管单位	门头沟区永定镇政府
保护情况	一般
损坏原因	年久弃用

王村至大灰厂古道地图、照片

王村至大灰厂古道平面图（2016 年）

王村至大灰厂古道东端起点（摄于 2008 年 8 月）

名 称	王村煤窑遗址
保护类型	一般不可移动文物
文物类型	古遗址
详细地址	永定镇王村
建造时间	清代
地理位置	东经116°05′55.02″，北纬39°52′36.4″
海 拔	233米
地理环境	王村煤窑遗址位于王村南面的山峦中，与月严寺毗邻
文物现状	王村煤窑已废弃多年，现存残址
历史沿革	王村南面的山上含有丰富的煤炭资源和优质石板，王村煤窑的第一任窑主为月严寺僧人广涧；至光绪三年（1877），广涧将煤窑让与刘继荣开采；光绪十二年（1886）正月，卢沟桥巡检司发给谕单，后刘继荣将煤窑让与张殿栋开挖；光绪二十一年（1895）八月初十日，张殿栋与瑞奈尔订立合办开挖道义煤窑合同，从此王村煤窑成为京西第一个中外合资开挖的煤窑
主管单位	门头沟区永定镇政府
保护情况	较差
损坏原因	弃用多年及自然风化

王村煤窑遗址地图、照片

王村煤窑遗址平面图（2016年）

王村煤窑遗址（摄于2008年8月）

名 称	王村罗锅桥
保护类型	一般不可移动文物
文物类型	古建筑
详细地址	永定镇王村
建造时间	待考
地理位置	东经 116° 06′ 00.82″，北纬 39° 52′ 41.2″
海　拔	218 米
地理环境	王村坐落在王岭附近的南山山坳中，该村罗锅桥位于王岭山地的一条沟涧上
文物现状	罗锅桥为碎石灰起抹，起券插砌，桥高 1.9 米，宽 3 米，长 3.65 米；该桥保存较好，现仍有村民通行
历史沿革	王村罗锅桥下的沟涧是分流王岭雨水的重要渠道，夏季，王岭雨水经东大桥、西大桥汇在一起流经罗锅桥下涧沟，再经石门营村向东汇入哑巴河，最后注入永定河
主管单位	门头沟区永定镇政府
保护情况	一般
损坏原因	自然风化

王村罗锅桥地图、照片

王村罗锅桥平面图（2016 年）

王村罗锅桥（摄于 2008 年 8 月）

名　称	王村石板桥
保护类型	一般不可移动文物
文物类型	近现代建筑
详细地址	永定镇王村
建造时间	民国年间
地理位置	东经 116° 05′ 57.02″，北纬 39° 52′ 35.5″
海　拔	229 米
地理环境	王村三面环山，该村石板桥位于村外孙家沟上
文物现状	王村石板桥为条石构筑，高 3 米，宽 4.5 米，长 2.5 米；该桥保存较好，现仍可通行
历史沿革	传统过沟桥
主管单位	门头沟区永定镇政府
保护情况	一般
损坏原因	自然风化

王村石板桥地图、照片

王村石板桥平面图（2016 年）

王村石板桥桥口（摄于 2008 年 8 月）

名 称	王村双眼古井
保护类型	一般不可移动文物
文物类型	近现代建筑
详细地址	永定镇王村
建造时间	民国时期
地理位置	东经116° 06′ 00.62″，北纬39° 52′ 45.2″
海 拔	205 米
地理环境	王村三面环山，双眼右井位于村中
文物现状	王村双眼右井为青石井台，青石上凿一大一小双眼，大眼直径0.4米，小眼直径0.3米，井深约30米；古井稍显陈旧，现已封闭保护
历史沿革	传统水源
主管单位	门头沟区永定镇政府
保护情况	一般
损坏原因	弃用多年及自然风化

王村双眼古井地图、照片

王村双眼古井平面图（2016 年）

王村双眼古井（摄于 2008 年 8 月）

名　称	黄塔村 27 号民居
保护类型	一般不可移动文物
文物类型	古建筑
详细地址	清水镇黄塔村
建造时间	清代
地理位置	东经 115° 33′ 30.42″，北纬 39° 51′ 56.9″
海　拔	731 米
地理环境	黄塔村依山傍水，其 27 号民居位于村中，坐北朝南
文物现状	黄塔村 27 号民居为四合院，有面阔 8.92 米、进深 5.55 米的正房三间，以及面阔 8 米、进深 4 米的倒座房三间及东西厢房各两间，均为卷棚顶；东厢房南墙有软心跨山影壁，墙帽上有跨草砖雕，门楼带福字瓦当，过道两侧有壁画；现建筑基本格局未变，倒座房及西厢房门窗已改
历史沿革	传统民居
主管单位	门头沟区清水镇黄塔村委会
保护情况	较差
损坏原因	年代久远，自然磨损

黄塔村 27 号民居地图、照片

黄塔村 27 号民居平面图（2016 年）

黄塔村 27 号民居正房（摄于 2008 年 6 月）

名　称	黄塔村 33 号院门楼及影壁
保护类型	一般不可移动文物
文物类型	古建筑
详细地址	清水镇黄塔村
建造时间	清代
地理位置	东经 115° 33′ 29.52″，北纬 39° 51′ 56.2″
海　拔	729 米
地理环境	黄塔村依山傍水，其 33 号院门楼及影壁位于村中，坐北朝南
文物现状	黄塔村 33 号院门楼及影壁单体保存较好，门楼墙照石上刻牡丹花饰，底下有排水孔，东厢房南墙有跨山硬心影壁
历史沿革	传统民居入户口
主管单位	门头沟区清水镇黄塔村委会
保护情况	较好
损坏原因	年代久远，自然磨损

黄塔村 33 号院门楼及影壁地图、照片

黄塔村 33 号院门楼及影壁平面图（2016 年）

黄塔村 33 号院门楼（摄于 2019 年 10 月）

名 称	黄塔村 57 号院梁氏民居
保护类型	一般不可移动文物
文物类型	古建筑
详细地址	清水镇黄塔村
建造时间	清代
地理位置	东经 115° 33′ 28.42″，北纬 39° 51′ 56.1″
海 拔	729 米
地理环境	黄塔村依山傍水，其 57 号院梁氏民居位于村中，坐北朝南
文物现状	黄塔村 57 号院梁氏民居有面阔 11 米、进深 5 米的正房及倒座房各三间，以及面阔 9 米、进深 4 米的东西厢房各两间；正房前四级踏步，厢房及倒座房前三级踏步，建筑原均为清水脊硬山蝎子尾，现正房及倒座房屋顶重修后形制已改；东厢房南山墙有跨山软心影壁，门楼开在东南角，门楼有照壁，右侧有门神龛
历史沿革	传统民居
主管单位	门头沟区清水镇黄塔村委会
保护情况	差
损坏原因	年久失修及人为改动

黄塔村 57 号院梁氏民居地图、照片

黄塔村 57 号院梁氏民居平面图（2016 年）

黄塔村 57 号院梁氏民居门楼及正房
（摄于 2008 年 6 月）

名 称	艾峪村无名塔遗址
保护类型	一般不可移动文物
文物类型	古遗址
详细地址	清水镇艾峪村
建造时间	待考
地理位置	东经 115° 32′ 06.72″，北纬 39° 50′ 45.7″
海 拔	926 米
地理环境	艾峪村坐落在百花山下的白草洼中，该村无名塔遗址位于艾峪沟北侧山坡上
文物现状	据说无名塔为一圆形石塔，现无存，仅可见遗址
历史沿革	不详
主管单位	门头沟区清水镇政府
保护情况	差
损坏原因	不明

艾峪村无名塔遗址地图、照片

艾峪村无名塔遗址平面图（2016 年）

艾峪村无名塔遗址（摄于 2008 年 6 月）

名 称	高桥
保护类型	一般不可移动文物
文物类型	古建筑
详细地址	潭柘寺镇鲁家滩村
建造时间	明代
地理位置	东经 116° 01′ 40.52″，北纬 39° 52′ 19.8″
海　拔	419 米
地理环境	鲁家滩村位于 108 国道 36 公里处，高桥位于村后人迹罕至的半山处，架在山涧之上
文物现状	高桥为砖结构起券石桥，桥长 10.8 米，桥洞高约 15 米；桥上原有 20 个桥柱，现存 14 个，桥柱高 1.2 米，宽 0.2 米；桥栏高 0.84 米，厚 0.15 米；桥洞上刻有"天顺元年，军夫一千名"小字。现桥上泥土沉积一米有余，仅有一小部分桥面可见
历史沿革	高桥因其桥洞较高而得名，是明代为了方便人们进香而修建的。该石桥早已弃用，因下雨山上发水时上游不断有淤泥至此沉积，此桥直到近年才为人们所发现
主管单位	门头沟区潭柘寺镇政府
保护情况	较差
损坏原因	弃用多年及自然风化

高桥地图、照片

高桥平面图（2016 年）

高桥桥洞（摄于 2009 年 5 月）

名　称	高桥寺遗址
保护类型	一般不可移动文物
文物类型	古遗址
详细地址	潭柘寺镇鲁家滩村
建造时间	明代
地理位置	东经 116°01′40.52″，北纬 39°52′19.9″
海　拔	432 米
地理环境	鲁家滩村镇位于 108 国道 36 公里处，高桥寺遗址位于高桥北部，周边杂草丛生
文物现状	高桥寺现已无存，遗址上仅剩高 1.8 米的残门券和一些残散石构件
历史沿革	高桥寺因寺前有一座石桥而得名，根据残散在地的石构件上的文字可知该寺建设于明天顺年间，在"文革"中遭到严重破坏
主管单位	门头沟区潭柘寺镇政府
保护情况	较差
损坏原因	自然风化及人为摧毁

高桥寺遗址地图、照片

高桥寺遗址平面图（2016 年）

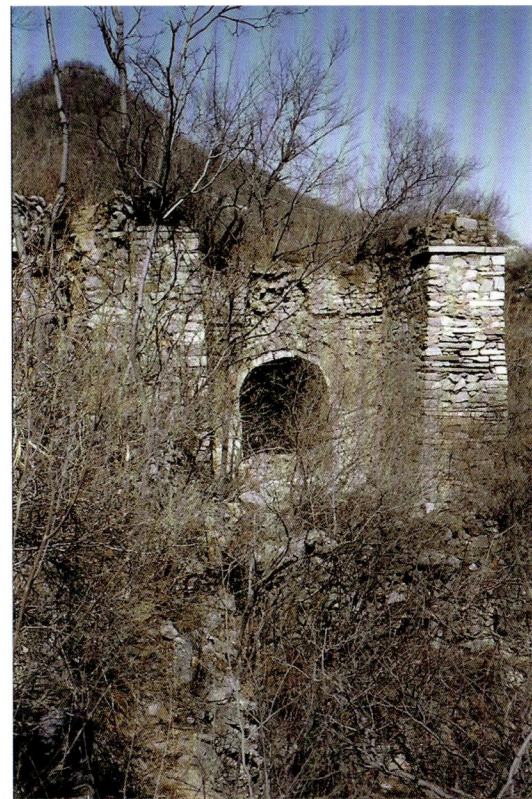

高桥寺遗址（摄于 2009 年 5 月）

名　称	高桥寺塔
保护类型	一般不可移动文物
文物类型	古建筑
详细地址	潭柘寺镇鲁家滩村
建造时间	明代
地理位置	东经 116° 01′ 40.52″，北纬 39° 52′ 19.6″
海　拔	454 米
地理环境	高桥寺塔位于鲁家滩村后人迹罕至的半山处，距高桥寺遗址很近，坐西朝东
文物现状	高桥寺塔为覆钵式过街塔，砂岩质料石起券垒砌；券洞宽 2.25 米，进深 4.4 米，高 2.5 米；台宽 4.8 米，台高 3.3 米，塔座长 1.85 米，宽 1.8 米；地宫长 1 米；该塔地宫曾被盗，现周边杂草丛生
历史沿革	高桥寺塔建于明代，是北京地区保留下来的唯一一座过街塔
主管单位	门头沟区潭柘寺镇政府
保护情况	较差
损坏原因	自然风化及人为破坏

高桥寺塔地图、照片

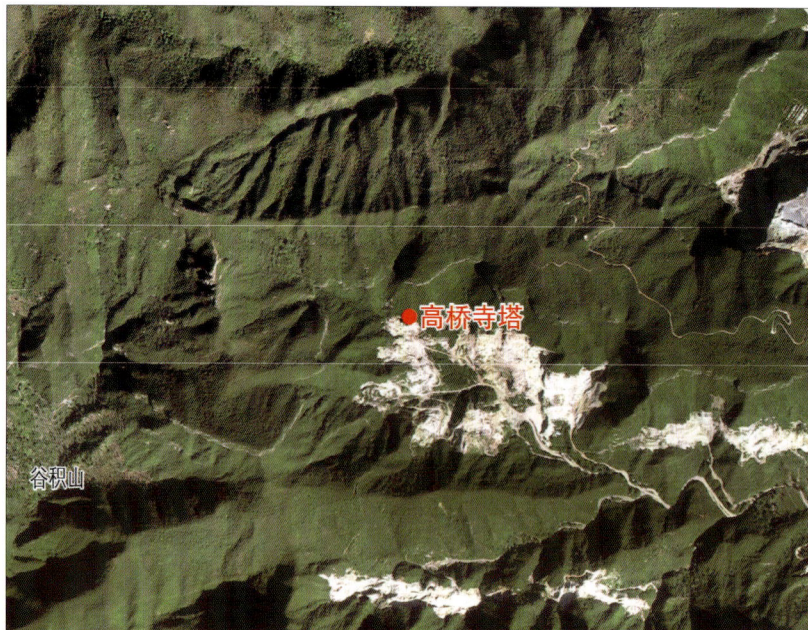

高桥寺塔平面图（2016 年）

高桥寺塔遗存部分
（摄于 2009 年 5 月）

名　称	毛主席批示纪念碑
保护类型	一般不可移动文物
文物类型	现当代重要史迹及代表性建筑
详细地址	清水镇黄安坨村
建造时间	2005 年
地理位置	东经 115° 33′ 54.72″，北纬 39° 50′ 03.8″
海　拔	821 米
地理环境	黄安坨村坐落在百花山半山腰，毛泽东主席批示纪念碑位于村内黄安坨公园，坐北朝南
文物现状	纪念碑由两部分组成，上部是汉白玉大理石质毛泽东半身雕像，下部为高 2 米有余的碑座。碑座为紫红色花岗岩贴面，正面是复制的毛泽东批示手稿，背面是"毛主席批示纪念碑颂文"
历史沿革	1955 年 12 月 27 日，毛泽东主席主持选编了《中国农村社会主义高潮》一书，书中收录了全国各地办好农业生产合作社的经验文章 176 篇，毛泽东为其中 104 篇文章写了按语，其中就有为《黄安坨农林牧生产合作社的远景规划》所写的按语："这是一个十三年的长远计划，可以作为各地参考。这种计划的用处，是有一个长远的目标，使人们的眼光不被限制在眼前走出的一步。这种计划只是一个大的方向，还要用每一个五年计划和每一年的年度计划去加以具体化。由于几个年度计划的施行，远景计划会要一再加以修改的。"2005 年，黄安坨村为此按语建纪念碑一座
主管单位	门头沟区清水镇政府
保护情况	好
损坏原因	无

毛主席批示纪念碑地图、照片

毛主席批示纪念碑平面图（2016 年）

毛主席批示纪念碑上
之主席雕像
（摄于 2008 年 6 月）

《毛主席批示纪念碑记》（摄于 2008 年 6 月）

历史建筑

HISTORICAL BUILDINGS

名 称	大台车站
保护类型	历史建筑
建筑类别	工业遗产
建筑面积	210 平米
占地面积	1585 平米
院落面积	
建筑结构	砖混结构
建筑高度	1 层
建筑质量	好
建筑现状功能	交通
建筑历史功能	交通
建造时间	1949 ~ 1979 年
位置信息	北京市门头沟区大台街道
建筑特色及价值	大台车站是京门铁路线上的重要站点，京门铁路是詹天佑京张铁路的辅助铁路，同由詹天佑在 1906 年主持建造。原自西直门站南侧车公庄站出岔，西经五路站、西黄村站、苹果园站等站点，达门头沟的三家店火车站、门头沟火车站。1939 年日本修建了门头沟至大台段，增设野溪站、28K 乘降所、丁家滩站、韭园站、色树坟站、王平村站、落坡岭站、清水涧站、大台站，共 10 站（含现丰沙线落坡岭站），后因木城涧矿延长至木城涧，正线延长 53.363 公里；大台车站站房及站台建于 20 世纪五六十年代，当时作为大台煤矿地区的客运和货运的重要站点，具有较大的历史意义，该建筑现状保存较为完好，其山花部分的弧形砖砌拱及装饰短柱等具有明显的苏式风格，具有较高的艺术价值。该建筑见证了大台车站近 60 年来的历史足迹，具有鲜明的时代特征和较高的历史价值
管理部门	京煤集团
保护及管理建议	建议改造为铁路车站文化遗产博物馆；按照历史建筑的保护要求，立面、结构体系、平面布局、特色装饰和历史环境要素不得改变

大台车站地图、照片

大台车站平面图（2018 年）

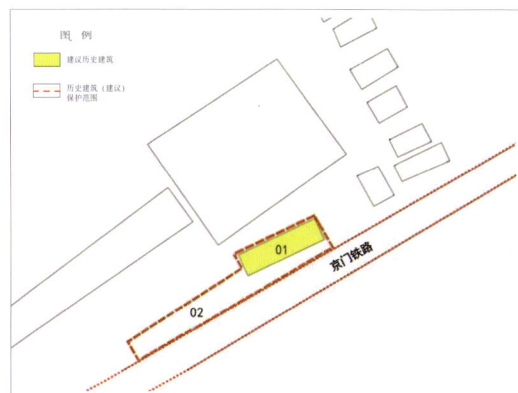

保护对象和保护范围图
（2019 年）

大台车站（摄于 2019 年）

名 称	大台煤矿
保护类型	历史建筑
建筑类别	工业遗产
建筑面积	14110 平米
占地面积	126950 平米
院落面积	
建筑结构	砖混结构及钢结构
建筑高度	单层及多层
建筑质量	好
建筑现状功能	工业生产及交通
建筑历史功能	工业生产及交通
建造时间	1949 ~ 1979 年
位置信息	北京市门头沟区大台街道
建筑特色及价值	大台煤矿位于门头沟的西南部，是北京市京煤集团在京西地区的五大矿区之一，其他分别为长沟峪煤矿、王平村煤矿、木城涧煤矿和大安山煤矿。煤矿依山而建，矿工家属区依煤矿而建，一代又一代的矿工和家属，在煤矿周围形成了稳定的居住区，形成了该地区特有的工业历史文化特色。煤矿由生产工作区、办公区与居住区等组成；现厂区有保护价值的建筑包括运煤栈桥、铁路天桥、装卸工休息站、矿建生产用房、办公楼以及职工宿舍等。生产区的建筑群充分展现了煤炭生产过程中从采料、生产、加工、储藏到运输等一系列工艺流程，办公区的部分办公楼中保留有当地特色装饰，具有较高的艺术价值；该建筑群现状保存较为完好，保留从建厂到1980年代这一时段不同时期大台煤矿的历史痕迹，具有鲜明的时代特征与较高的历史价值
管理部门	京煤集团
保护及管理建议	建议改造为煤炭开采、生产、加工等工业遗产文化产业园；按照历史建筑的保护要求，立面、结构体系、平面布局、特色装饰和历史环境要素不得改变

大台煤矿地图、照片

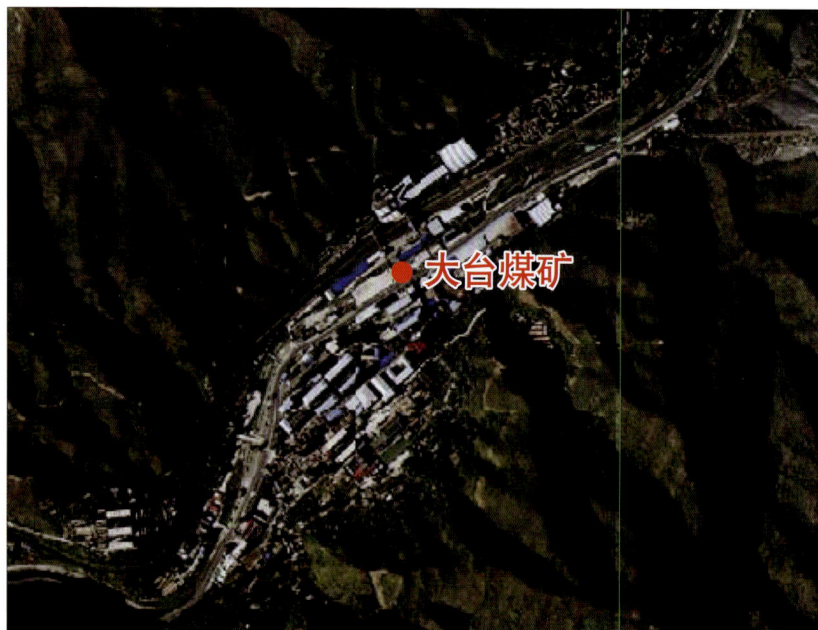

大台煤矿平面图（2018 年）

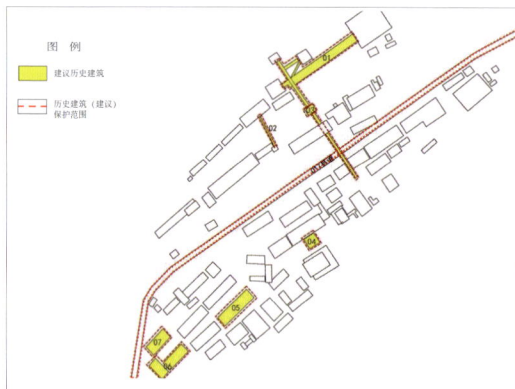

保护对象和保护范围图
（2019 年）

大台煤矿（摄于 2019 年）

名　称	木城涧煤矿及车站
保护类型	历史建筑
建筑类别	工业遗产
建筑面积	6620 平米
占地面积	22025 平米
院落面积	
建筑结构	砖混结构及钢结构
建筑高度	单层及多层
建筑质量	好
建筑现状功能	闲置
建筑历史功能	工业生产及交通
建造时间	1949 ~ 1979 年
位置信息	北京市门头沟区大台街道
建筑特色及价值	木城涧车站是京门铁路（也称京门支线）在门头沟地区的终点站，具有鲜明的时代特点。京门铁路是詹天佑京张铁路的辅助铁路，同由詹天佑在 1906 年主持建造。原自西直门站南侧车公庄站出岔，西经五路站、西黄村站、苹果园站等站，达门头沟的三家店火车站、门头沟火车站； 木城涧煤矿最初建于 20 世纪三四十年代，日本侵华时期曾在此成立开采所，一直为日军提供煤炭资源。现存工业遗址于 1952 年建成投产，是京煤集团所属最大的生产矿井，至今已有 50 多年的历史，现辖木城涧坑、大台井两个生产坑井，井田面积 63.2 平方公里，共有员工 7100 多名，所产的无烟煤除供应国内市场外，产品还远销日本、韩国、巴西等国际市场。现状保存较为完好的建筑有木城涧站车站以及木城涧煤矿，该建筑群见证了木城涧地区的煤炭工业发展的历史足迹，具有鲜明的时代特征与重要的历史价值与艺术价值； 木城涧煤矿最大的特点是依山而建，凭借山地地形的高差，利用重力作用储藏与拆卸煤，生产效率较高，具有极高的科学价值，厂区内现存的生产线等保存较为完整，保留了建厂初期具有历史原真性的工艺与设备，具有很高的历史价值和科学价值
管理部门	京煤集团
保护及管理建议	建议改造为煤炭开采、生产、加工等工业遗产文化产业园； 按照历史建筑的保护要求，立面、结构体系、平面布局、特色装饰和历史环境要素不得改变

木城涧煤矿及车站地图、照片

木城涧煤矿及车站平面图（2018 年）

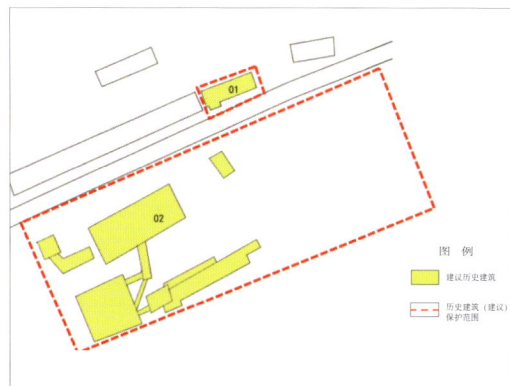

保护对象和保护范围图
（2019 年）

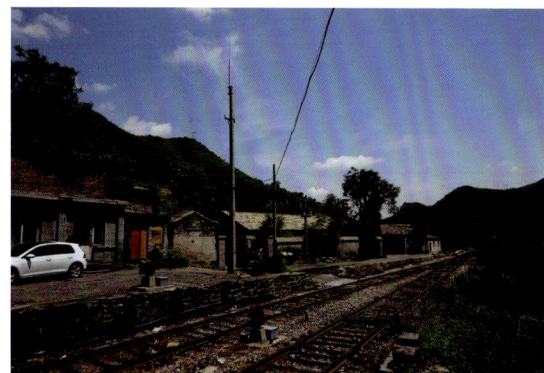

木城涧煤矿及车站（摄于 2019 年）

名 称	千军台村民居
保护类型	历史建筑
建筑类别	未挂牌建筑
建筑面积	1100 平米
占地面积	1400 平米
院落面积	300 平米
建筑结构	砖木结构
建筑高度	1 层
建筑质量	中
建筑现状功能	废弃
建筑历史功能	居住
建造时间	民国（1911～1949 年）
位置信息	北京市门头沟区大台街道千军台村
建筑特色及价值	民居位于北京市门头沟区大台街道千军台村，院落均坐北朝南，联排式建筑布局，四个四合院共用一个主入口，是门头沟区独具代表性的传统民居； 院落结构完整，顺地势而建，四个院落结构布局一致，均由正房与倒座房以及东西厢房组成； 正房与倒座房面阔三间，硬山双坡屋面，覆盖页岩瓦片，砖木结构，当心间为木制槅扇门窗，具有京西民居特色； 东西厢房面阔两间，硬山双坡屋面，覆盖页岩瓦片，砖木结构； 上下院落结合点处，有一处精美砖雕影壁和拱形院门，保留相对较好，具有一定的艺术价值； 民居构件保存较好，规模较大，完整性较好，真实性较强，门窗等木围护结构保留较好，做工也相对精美，整体具有一定的历史，文化和艺术价值
管理部门	不详
保护及管理建议	

千军台村民居地图、照片

千军台村民居平面图（2018 年）

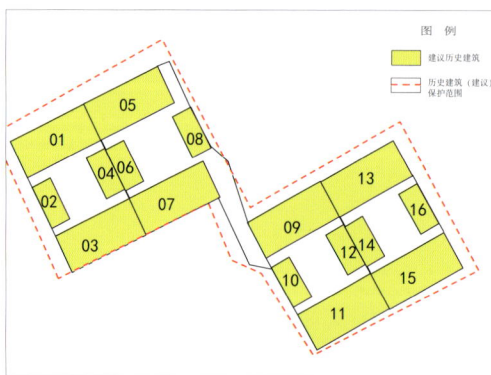

保护对象和保护范围图
（2019 年）

千军台村民居（摄于 2019 年）

名称	王平煤矿
保护类型	历史建筑
建筑类别	工业遗产
建筑面积	27090 平米
占地面积	34350 平米
院落面积	
建筑结构	砖混结构
建筑高度	单层及多层
建筑质量	好
建筑现状功能	闲置
建筑历史功能	工业生产
建造时间	1949～1979 年
位置信息	北京市门头沟区王平镇
建筑特色及价值	王平村煤矿隶属于京煤集团（原京西矿务局），于1958 年建成投产，至1994 年关停，曾是一座年出产百万吨级优质烟煤和无烟煤的大矿。煤田范围东到永定河西岸，西越过王平口直至木城涧矿，南到北岭十字道村，北过平安沟（在王平村以北山中修建的一条排水暗沟），总面积达 13.5 平方公里；矿区现存价值较高且保存较好的建筑（群）包括人行大门、人行天桥、工会办公楼、煤矿宣传办调度室、采掘工人澡堂、煤矿生产区以及附属性用房等，真实完整地展示了煤炭采掘、筛选加工、存贮以及运输等生产工艺的全部过程，具有较高的历史、艺术及科学价值；此外，厂区内保留的历史性痕迹如"以煤为怀"牌匾、采掘工人澡堂字迹等历史要素遗存也具有较高的历史价值
管理部门	京煤集团
保护及管理建议	建议改造为煤炭开采、生产、加工等工业遗产文化产业园 按照历史建筑的保护要求，立面、结构体系、平面布局、特色装饰和历史环境要素不得改变

王平煤矿地图、照片

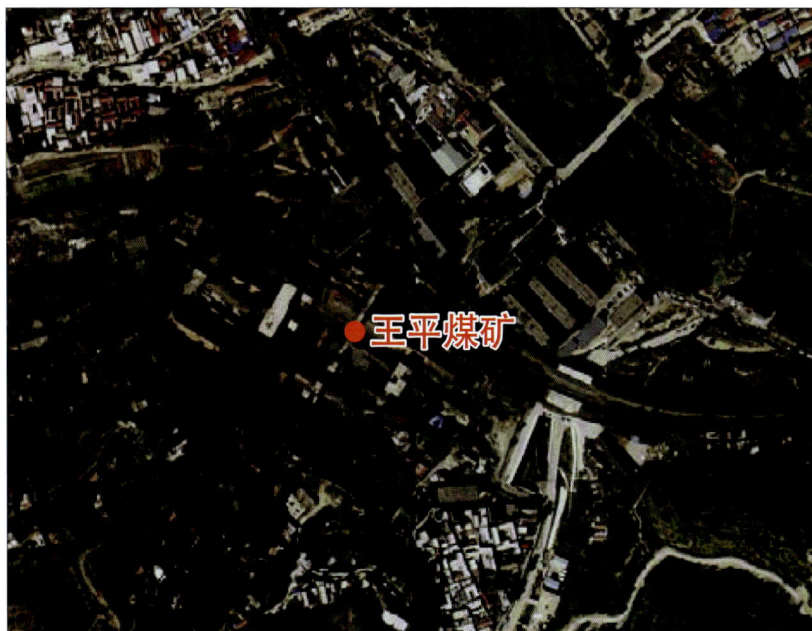

王平煤矿平面图（2018 年）

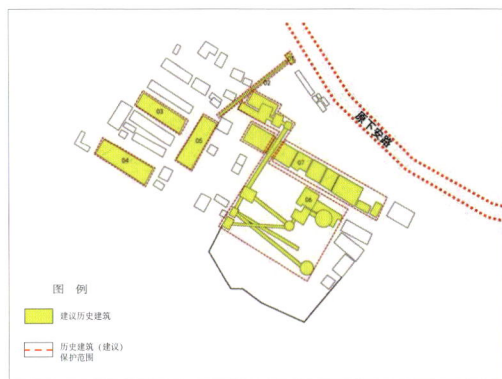

图 例
■ 建议历史建筑
┅ 历史建筑（建议）保护范围

保护对象和保护范围图
（2019 年）

王平煤矿（摄于 2019 年）

名　称	马致远纪念馆
保护类型	历史建筑
建筑类别	民居
建筑面积	360.7 平米
占地面积	360.7 平米
院落面积	476.3 平米
建筑结构	砖木结构
建筑高度	1 层
建筑质量	好
建筑现状功能	纪念馆
建筑历史功能	名人旧居
建造时间	清（1644 ～ 1911 年）
位置信息	北京市门头沟区王平镇
建筑特色及价值	马致远纪念馆位于京西门头沟区王平镇的"王平古道"的西落坡村，该村起源于元代；相传此院落为元代戏曲家马致远故居；该院坐西朝东，是一座一进四合院。该民居院落格局完整，基本按原历史原貌得以修缮；正房、两侧厢房、倒座房均保持原貌，各单栋建筑细部基本保留，较充分地体现了门头沟地区的传统民居的建筑特色，具有重要的艺术价值与历史价值，也是研究门头沟地区乃至北京地区民居的重要标本； 该院建筑多为单层木结构硬山建筑，属于典型的中国北方抬梁式构架建筑体系；正房面阔五间，屋面为棋盘心屋面，为北京京郊特别是京西传统民居中较为普遍的一种屋面形式，是在仰合瓦屋面的基础上，将前后坡屋面中下部改作灰背或石板瓦的做法，在降低造价的同时，减轻了屋面的重量及对木檩的荷载；屋脊为清水脊，正脊两端"蝎子尾"，门窗为槅扇门和支摘窗，槛墙为砖砌，上有匾额和对联；台明简洁规整，设有三级石质的如意踏跺；西厢房面阔三间，棋盘心屋面，檐檩上仅铺一层圆形截面的檐椽以取代飞檐，以满足支撑屋面的需要；设有槅扇门、支摘窗，槛墙为砖砌；台明简洁，设有一级踏跺，有匾额和对联一副；南房面阔五间，屋内梁架结构保存完好，设有如意踏跺三级。东房面阔三间，设有槅扇门和支摘窗，门枕石保存较为完好； 马致远纪念馆现作为展示元代戏曲家马致远生平历史以及元曲的纪念馆被利用，是历史建筑合理利用的典型代表
管理部门	村委会
保护及管理建议	按照历史建筑的保护要求，立面、结构体系、平面布局、特色装饰和历史环境要素不得改变

马致远纪念馆地图、照片

马致远纪念馆平面图（2018 年）

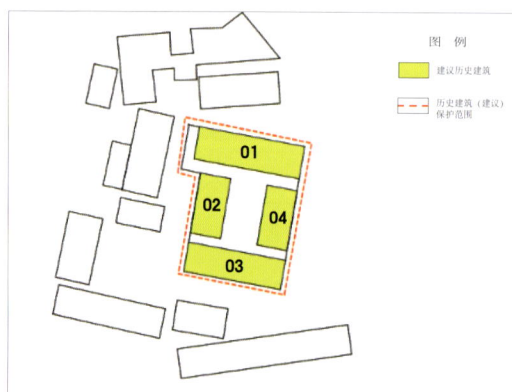

保护对象和保护范围图
（2019 年）

马致远纪念馆（摄于 2019 年）

名　称	东石古岩村 4 号四合院
保护类型	历史建筑
建筑类别	未挂牌建筑
建筑面积	140 平米
占地面积	204 平米
院落面积	64 平米
建筑结构	砖木结构
建筑高度	1 层
建筑质量	好
建筑现状功能	居住
建筑历史功能	居住
建造时间	
位置信息	北京市门头沟区王平镇东石古岩村 4 号
建筑特色及价值	东石古岩村 4 号四合院位于村庄东南，为一进院落，单层合院式布局，格局完整，旧貌保持良好，很好保留传统乡土的味道； 正房面阔三间，进深一间，屋顶覆盖页岩瓦片代替传统灰瓦，少量铺设传统灰瓦作为装饰； 左右厢房面阔两间，进深一间，左厢房屋顶与正房相似，右厢房因翻修原因，屋顶全部更换现代灰瓦； 倒座房面阔三间，进深一间，屋顶覆盖页岩瓦片代替传统灰瓦，倒座房等级较低，没有铺设传统灰瓦作为屋顶装饰； 东石古岩村 4 号民居是京西地区页岩屋顶民居的代表之一，具有一定的科学价值；灰瓦装饰也体现了传统文化对于主次等级的区分，具有一定的历史，文化和艺术价值
管理部门	不详
保护及管理建议	

东石古岩村 4 号四合院地图、照片

东石古岩村 4 号四合院平面图（2018 年）

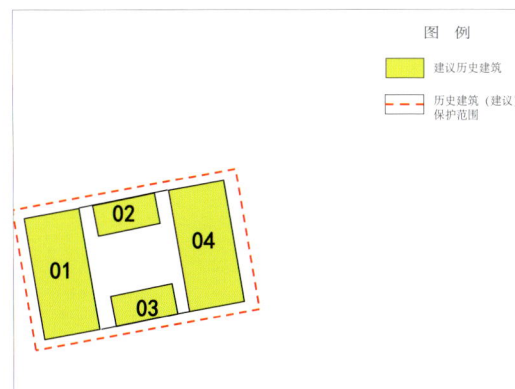

图　例

建议历史建筑

历史建筑（建议）保护范围

保护对象和保护范围图
（2019 年）

东石古岩村 4 号四合院（摄于 2019 年）

名 称	东石古岩村 5 号四合院
保护类型	历史建筑
建筑类别	未挂牌建筑
建筑面积	232 平米
占地面积	285 平米
院落面积	53 平米
建筑结构	砖木结构
建筑高度	1 层
建筑质量	好
建筑现状功能	居住
建筑历史功能	居住
建造时间	民国（1911～1949 年）
位置信息	北京市门头沟区王平镇东石古岩村 5 号
建筑特色及价值	东石古岩村 5 号四合院位于村庄东南，为一进院落，单层合院式布局，格局完整，旧貌保持一般，据采访主人得知该院进行过修缮，各房屋顶颇具特点，采用页岩覆盖，并且所有屋顶铺设传统灰瓦进行装饰，很好的保留传统民居的特点； 正房面阔三间，进深一间，屋顶覆盖页岩瓦片代替传统灰瓦，大量铺设传统灰瓦作为装饰； 左右厢房面阔两间，进深一间，厢房屋顶与正房相似；倒座房面阔三间，进深一间，屋顶覆盖页岩瓦片代替传统灰瓦，也铺设传统灰瓦作为屋顶装饰； 东石古岩村 5 号四合院是京西地区页岩屋顶民居的代表之一，具有一定的科学价值；因为后期整修过，灰瓦装饰四合院所有建筑的屋顶，展现出当地村民生活水平的提高，具有一定的历史，文化和艺术价值
管理部门	不详
保护及管理建议	

东石古岩村 5 号四合院地图、照片

东石古岩村 5 号四合院平面图（2018 年）

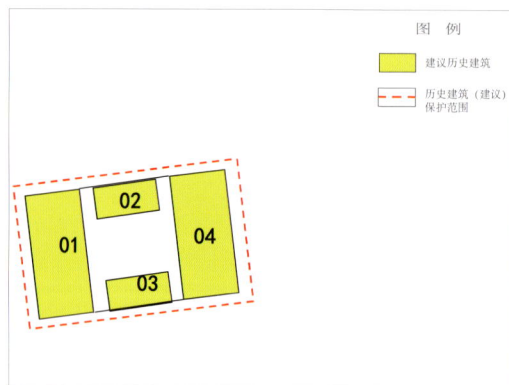

图 例

建议历史建筑

历史建筑（建议）保护范围

保护对象和保护范围图
（2019 年）

东石古岩村 5 号四合院（摄于 2019 年）

名　称	琉璃渠后街 49 号二进院
保护类型	历史建筑
建筑类别	未挂牌建筑
建筑面积	416.6 平米
占地面积	416.6 平米
院落面积	594.83 平米
建筑结构	砖木结构
建筑高度	1 层
建筑质量	好
建筑现状功能	办公
建筑历史功能	居住
建造时间	清（1644 ～ 1911 年）
位置信息	北京市门头沟区龙泉镇琉璃渠后街 49 号
建筑特色及价值	该院位于门头沟区琉璃渠后街 49 号，由李世吉家族建造；该院原为三进院落，共有房间 36 间；前院东西南房建于 20 世纪 20 年代，其他房间均建于清末；此院西侧两个大门均为李氏家族所建，"宝顺"是李氏家族的商户铺号，故本地人一直称此院为"宝顺宅院"； 宝顺宅院坐北朝南，建筑以单层木结构硬山建筑为主，属于典型的中国北方抬梁式木结构体系，房间内部用本地青石板铺地；院落格局较为完整，经修缮基本保持历史原貌；一进院现存正房、倒座房、东西厢房四座建筑，另有古树一棵；正房三间，建筑内部空间通畅开阔，上设天花；屋顶为硬山屋顶，屋脊为清水脊，在高坡垄的两端，砌平草砖雕，上端高高翘起"蝎子尾"；槛墙墙体砌法精致讲究、保存完好；过门东墙上有一石质墙面砖雕，花朵雕饰，纹饰精美，具有较高的艺术和历史价值；建筑立面经修缮后，刷红色油饰，仅椽子端头刷成绿色；东西厢房面阔各三间，设有如意踏跺两级；南房面阔三间，屋脊为清水脊，设有如意踏跺四级；正房后有一甬道，甬道东侧开有便门，甬道北侧为后院，后院现存两间耳房，面阔三间，合瓦屋面，立面、门窗、天花、屋顶、基础等经修缮加固后质量完好，设有如意踏跺一级；整体院落的建筑材料、结构及工艺做法均较好地反映了北京传统民居建造的技术水平和地域特点，具有较高的艺术及历史价值； 该院落经修缮后现作为个人艺术工作室被利用，可作为历史建筑再利用典范推广
管理部门	不详
保护及管理建议	按照历史建筑的保护要求，立面、结构体系、平面布局、特色装饰和历史环境要素不得改变

琉璃渠后街 49 号二进院地图、照片

琉璃渠后街 49 号二进院平面图（2018 年）

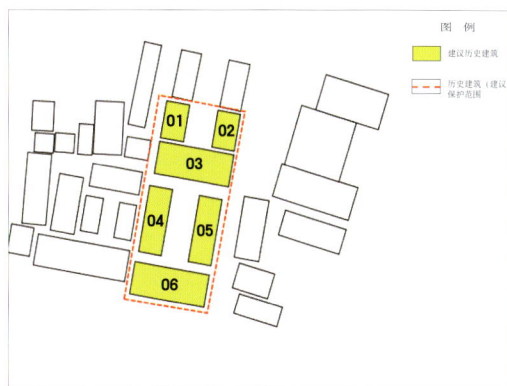

保护对象和保护范围图
（2019 年）

琉璃渠后街 49 号二进院（摄于 2019 年）

名　称	北京明珠琉璃有限公司（北京市琉璃制品厂）
保护类型	历史建筑
建筑类别	未挂牌建筑
建筑面积	18754 平米
占地面积	34396 平米
院落面积	15642 平米
建筑结构	砖混结构
建筑高度	3 层
建筑质量	中
建筑现状功能	国家非遗活态传承基地
建筑历史功能	工业建筑
建造时间	1950～1980 年
位置信息	北京市门头沟区龙泉镇琉璃渠大街 2 号
建筑特色及价值	该公司的琉璃制品生产历史可追溯到元代初年，距今已有 700 余年，原址在今和平门外琉璃厂海王村一带；清乾隆年间迁址京西门头沟九龙山麓的现址，至今也已 200 余年；当时因该窑厂迁至永定河畔刘李居村，改村名为琉璃渠村；北京解放前厂名为北平赵家琉璃窑，现仍遗存清工部琉璃窑厂办事公所，位于厂区西端，坐北朝南，两进四合院，2011 年被列为北京市文物保护单位； 该厂历史上一直为宫廷制造琉璃制品，新中国成立后亦承担重要传统建筑修缮及仿古建筑建设所需的琉璃制品生产；1969 年，天安门自 1900 年以来首次落架大修的琉璃就出于此；2004 年故宫武英殿大修，使用的琉璃也出于此；从故宫、人民大会堂、毛主席纪念堂等国内知名建筑到日本白宾市川久饭店、尼泊尔加德满都中华寺等国外建筑，都使用了该公司的产品；由于环境污染，该公司于 2004 年停产，目前北京明珠琉璃制品有限公司是国家级非遗项目琉璃烧制技艺活态传承保护基地，位于琉璃渠村的东南角，东临永定河、石担路，交通十分便捷；厂内功能分区明确，从西向东，真实完整的展现了琉璃从原料粉碎、淘洗、配料、炼泥、制坯、修整、烘干、素烧、施釉、出窑、晾晒加工成型等 20 多道工序，保持了传统琉璃生产工艺的完整性、系统性以及原真性，具有工业遗产与传统手工业结合的特殊科学价值，同时也具有很高的历史、艺术及社会价值
管理部门	金隅集团
保护及管理建议	立面、结构体系、厂区原始平面布局、特色构造和历史环境要素不得改变，建议对厂区危房进行修缮加固，拆除加建扩建，恢复原貌。利用丰富的历史资源，改造成琉璃艺术博物馆，琉璃制做体验馆等文化艺术展示体验空间

北京明珠琉璃有限公司（北京市琉璃制品厂）地图、照片

北京明珠琉璃有限公司（北京市琉璃制品厂）平面图（2018 年）

保护对象和保护范围图
（2019 年）

北京明珠琉璃有限公司（北京市琉璃制品厂）（摄于 2019 年）

名　称	三家店西街 105 号二进院
保护类型	历史建筑
建筑类别	未挂牌建筑
建筑面积	422 平米
占地面积	422 平米
院落面积	544 平米
建筑结构	砖木结构
建筑高度	1 层
建筑质量	中
建筑现状功能	居住
建筑历史功能	居住
建造时间	清（1644 ~ 1911 年）
位置信息	北京市门头沟区龙泉镇三家店西街 105 号
建筑特色及价值	该院落为二进院落，两进院落之间以院门相隔，现存有门楼、东西厢房各两间以及正房一间，院落格局完整，细部保存良好；三家店村的民居院落形式及砖雕等细部深受山西建筑文化的影响，较好地反映了门头沟地区的民居建筑特色，具有重要的艺术与历史价值，也是研究门头沟地区乃至北京地区民居的重要标本；门楼保存完整，现状极佳，从结构上讲，该门楼保留了完整的屋面结构和屋架体系，两层檐椽几乎没有变形毁损情况，门簪等构件俱全，门口尚存抱鼓石，墀头及墙体上皆缀以精美砖雕，且纹理清晰，保存十分完好；旁边辟有侧门，垂带踏跺仍为老旧石材原貌，门楼展示该民居院落的绝佳风貌；一进院的东西厢房前部皆有加建，遮挡了建筑立面，但从屋面、木构架和山墙情况判断，建筑结构及风貌都得以保留下来；两进院落之间的二进院门保存十分完好，两层方形椽置于屋面之下，滴水瓦纹样依稀可辨，屋脊完整且两端有精美砖雕，院门的老砖严密砌筑，并无毁损；二进院的东西厢房前也有部分加建，但结构、风貌都保留了下来，西厢房的槅扇门和支摘窗仍为旧貌，屋面保存亦完好；东厢房的北山墙上有开窗，推测是改造结果，但屋面结构为旧制未曾改变；二进院正房位于四级台基之上，门前为垂带踏跺，建筑的檐部有微小变形，屋面保存情况整体不错；门窗保留了旧样式，为槅扇门和支摘窗，亮子上的格栅也完好无损；槛墙质量佳，没有进行过修缮或翻新，总体而言建筑质量优良，风貌很好
管理部门	村委会
保护及管理建议	按照历史建筑的保护要求，立面、结构体系、平面布局、特色装饰和历史环境要素不得改变

三家店西街 105 号二进院地图、照片

三家店西街 105 号二进院平面图（2018 年）

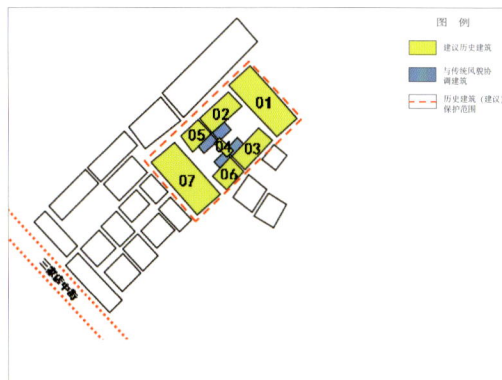

保护对象和保护范围图
（2019 年）

三家店西街 105 号二进院（摄于 2019 年）

名 称	三家店中街 57 号二进院
保护类型	历史建筑
建筑类别	未挂牌建筑
建筑面积	597.92 平米
占地面积	597.92 平米
院落面积	852.87 平米
建筑结构	砖木结构
建筑高度	1 层
建筑质量	中
建筑现状功能	居住
建筑历史功能	居住
建造时间	清（1644 ~ 1911 年）
位置信息	北京市门头沟区龙泉镇三家店中街 57 号
建筑特色及价值	该院落为两路两进院，原与其南侧的中街 55 号院为一户，但南侧前院现已划为文物保护单位；院落建于清代，格局完整，砖木结构基本得以留存；三家店村是京西古道的重要节点，因而明清时期商铺云集，该民居院落加之 55 号院整体曾属于当地一商贾大户，故具有整体保护的重要价值； 院落入口位于临街以北，当时为供车马行走的入口，旧时供人行的主要入口位于现 55 号院；院落西侧的两进院由一道二进院门分隔，现存正房和东西厢房各两间；东跨院现存正房与东厢房； 院落门楼保存基本完好，屋面略有塌陷，墀头、门簪、踏跺、门枕石及屋架结构等均完整留存，沿门楼正对通道西行可进入后院；一进院西厢房前有加建，历史建筑立面被遮蔽，但砖木结构和屋面皆为旧貌，东厢房墙面及门窗已翻新，但屋架仍为木结构，单层木椽、墀头、瓦当得以保留；二进院门保存完好，瓦当下压单层方椽，清水脊东端折断，两侧饰有精美砖雕；二进院东西厢房皆已加建，遮挡了原有结构和立面，仅能通过北山墙判断出屋架仍为旧貌；由于厢房前侧的加建，使得院落开间十分局促，难以窥得正房完整立面，正房面阔三间，为砖木架构，屋面保存完好，支摘窗保留了下来； 东跨院东厢房前同样有加建建筑，致使过道狭窄，通过北山墙面可以看出东厢房的屋面还保留原样，未有变动；正房面阔三间，入口开在西次间，支摘窗和亮子格栅依然保持原样，槛墙为砖砌； 该院落的形制和格局是对当地民居进行研究学习的良好范本，其双排厢房的做法亦反映了当地的特点，具有重要的历史及艺术价值
管理部门	村委会
保护及管理建议	按照历史建筑的保护要求，立面、结构体系、平面布局、特色装饰和历史环境要素不得改变

三家店中街 57 号二进院地图、照片

家店中街 57 号二进院平面图（2018 年）

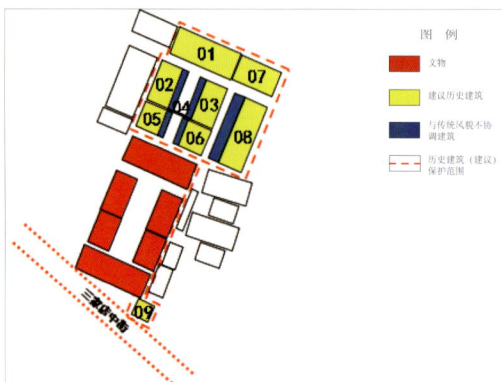

保护对象和保护范围图
（2019 年）

家店中街 57 号二进院（摄于 2019 年）

名　称	三家店拦河闸
保护类型	历史建筑
建筑类别	水利设施
建筑面积	
占地面积	
院落面积	
建筑结构	钢筋混凝土拦河闸
建筑高度	
建筑质量	中
建筑现状功能	拦河闸
建筑历史功能	拦河闸
建造时间	1956 年
位置信息	北京市门头沟区龙泉镇三家店村
建筑特色及价值	三家店拦河闸，作为北京解放后修建第一个的水利工程，具有重要的时代意义和历史价值； 三家店水闸位于北京西郊门头沟区，处于官厅水库、珠窝水库和下苇甸水库的下游，属永定河水系进京的最后一座大型水闸工程；该水闸的主要功用是确保北京市的防汛安全和西郊的工农业用水，同时具有适量发电和美化城区河湖的作用；该工程于 1956 年 2 月动工兴建，1957 年 5 月竣工，至今已运行 40 年之久，整个水闸由右岸 17 孔拦河闸和左岸 2 孔进水闸组成，全闸室总长 249.2 米；当时的水闸修建后既为钢电厂配水，也为农业灌溉服务，作为新中国初期北京水利设施的重要标志，代表了当时时代下的水利建设的工业水平，具有一定的科学价值； 拦河闸每孔净宽 12 米，设有宽 2 米的中墩 10 个，宽 3.2 米的缝墩 6 个和宽 3 米的边墩 2 个，将底板分成 3 孔一联和 2 孔一联共计 7 节；闸型为开敞式无坎宽顶堰；闸室底板上游设长 30 米的黏土铺盖，自上游向下游方向分别再铺长 15 米的浆砌块石和钢筋混凝土板；闸室底板下游以 1 ：4 坡度与长 22 米的静水池相连；静水池以下为 30 米长的海漫；闸顶高程 110米，闸底高程 102 米；进水闸共 2 孔，每孔净宽 4.5 米，闸墩宽 1.2 米，在与拦河闸铺盖连接处设拦沙坝 1 座；拦河闸采用弧形闸门挡水，其尺寸为 12×8 米，设计水位 108.5 米，设计流量 5000 米²/ 秒（百年一遇）
管理部门	北京市水务局
保护及管理建议	

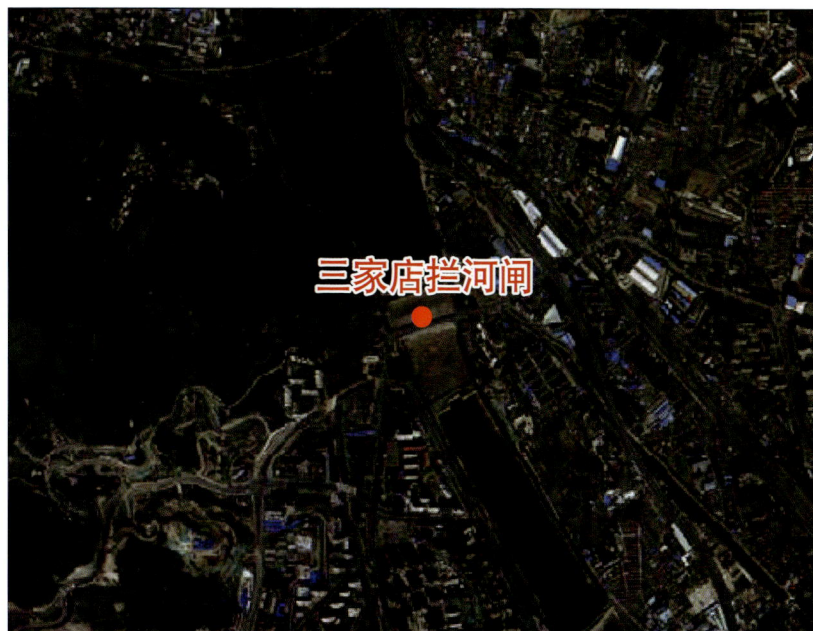

三家店拦河闸平面图（2018 年）

保护对象和保护范围图
（2019 年）

三家店拦河闸（摄于 2019 年）

名称	三家店东街 101 号四合院
保护类型	历史建筑
建筑类别	未挂牌建筑
建筑面积	350.95 平米
占地面积	350.95 平米
院落面积	453.00 平米
建筑结构	砖木结构
建筑高度	1 层
建筑质量	中
建筑现状功能	居住
建筑历史功能	居住
建造时间	民国（1911 ~ 1949 年）
位置信息	北京市门头沟区龙泉镇三家店东街 101 号
建筑特色及价值	该民居院落位于三家店村东段，三家店村是明清时期商贸往来的要塞之地，往来客商带来了文化交流的机会，因而当地民居在很大程度上受到了山西民居的影响，尤其是在砖雕等细部作法方面； 该院落为一进四合院，坐北朝南，现存有门楼倒座、西厢房和正房各一间；门楼倒座为一体，屋面有变形，采用单层圆椽，椽子有部分劈裂变形，但门楼的门簪、墀头、门枕石等依然保留，倒座房的外立面有支摘窗，墙面经过粉刷；整体上该建筑的结构和风貌都得以保留，并未破坏，但建筑质量情况一般； 西厢房的结构和风貌仍为旧貌，但部分位置有加建，对其造成了一定影响；门窗保留了旧样式，但有破损，现在基本已不使用；建筑屋面上铺设当地常用的石板瓦，檐檩没有损坏； 正房保留了其原有的砖木结构和风貌，屋顶同样采用的石板瓦铺设，木柱、木梁架等保留了下来，但门窗有部分更换成了塑料门窗，保留下来的老窗为支摘窗形式，质量不佳，存在门窗脱框的情况，急需修缮； 从整体上看，该民居院落的质量良好，但是院落格局完整，建筑样式和建造技法能够反映门头沟地区当地民居的建筑特色，对我们研究当地民居具有现实的参考意义，具有重要的历史价值和艺术价值
管理部门	村委会
保护及管理建议	按照历史建筑的保护要求，立面、结构体系、平面布局、特色装饰和历史环境要素不得改变

三家店东街 101 号四合院地图、照片

三家店东街 101 号四合院平面图（2018 年）

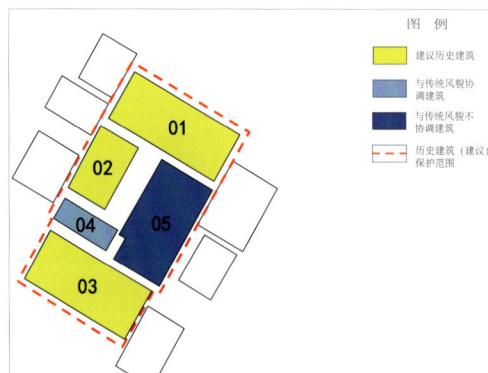

保护对象和保护范围图
（2019 年）

三家店东街 101 号四合院（摄于 2019 年）

名　称	三家店中街 54 号宅院
保护类型	历史建筑
建筑类别	未挂牌建筑
建筑面积	406.32 平米
占地面积	406.32 平米
院落面积	707.74 平米
建筑结构	砖木结构
建筑高度	1 层
建筑质量	中
建筑现状功能	居住
建筑历史功能	居住
建造时间	民国（1911 ~ 1949 年）
位置信息	北京市门头沟区龙泉镇三家店中街 54 号
建筑特色及价值	该院落位于三家店村内，三家店村作为明清时期京西古道的重要节点，往来贸易发达，因而建筑文化深受山西民居的影响；据街坊介绍，该民居旧时就是一位当地富商的宅院，称为"殷家大院"，现在已经成为多户合住的杂院，建筑保存质量一般，加建问题较为严重，但依然具有较为重要的可考价值； 该院落坐南朝北，门楼位于院落的东北角，梁架完整，采用单层方椽；其西侧紧邻倒座房质量良好，屋面为棋盘心形式，檐口平直无变形，屋前杂物堆积情况严重，窗采用的是支摘窗形式。西厢房保存完整，但是存在加建和部分位置翻新问题，门窗有一部分更换成为塑料门窗，但屋脊蝎子尾高昂，保存很好； 西厢房的东侧面对四间房，其中两间为翻建后的新房，余下的两间保持了旧貌，东厢房和一进正房均为棋盘心屋面；判断建筑的结构和风貌没有变动，仅是被加建建筑遮挡而已； 二进院中的正房结构和风貌未变，但门窗更替成了塑料门窗，屋面为旧貌，屋架、檩条等依然完整无损，踏跺也为旧时石材保留下来； 整体来看，该院落曾为当地规模较大的宅院，因而在当地民居中具有代表性，虽然院落现状受到了影响，但其具有历史价值与艺术价值的本质并未被动摇，同时也是我们探究当地民居特色与建造技艺的良好参考
管理部门	村委会
保护及管理建议	按照历史建筑的保护要求，立面、结构体系、平面布局、特色装饰和历史环境要素不得改变

三家店中街 54 号宅院地图、照片

三家店中街 54 号宅院平面图（2018 年）

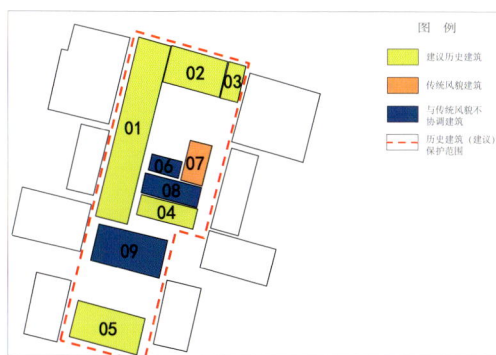

保护对象和保护范围图
（2019 年）

三家店中街 54 号宅院（摄于 2019 年）

名称	三家店中街 99 号宅院
保护类型	历史建筑
建筑类别	未挂牌建筑
建筑面积	486.47 平米
占地面积	486.47 平米
院落面积	579.33 平米
建筑结构	砖木结构
建筑高度	1 层
建筑质量	好
建筑现状功能	居住
建筑历史功能	居住
建造时间	民国（1911～1949 年）
位置信息	北京市门头沟区龙泉镇三家店中街 99 号
建筑特色及价值	该民居院落位于三家店村内，位于京西古道的重要节点上，是明清以来最重要的货物集散地；活跃的商贸往来使得当地民居在很大程度上受到山西古民居的影响； 院落坐北朝南，现存倒座、二进院内东西厢房和正房，一进院内的东西厢房皆已翻建，未能留存；院落格局保存完整，且联排厢房应属于满族民居做法，可以成为少数民族民居研究的一个参考； 倒座房与门楼一体，保存情况较好；梁架完整无破坏，屋面采用棋盘心形式，屋脊蝎子尾有断折，但跨草砖雕尚存，图案清晰，门簪、门楣等都得以保留，门楣破损略为严重；门前立有一对抱鼓石，但雕刻受到风蚀； 二进院门屋面瓦作完好，檐口平直无变形，屋脊两端蝎子尾折断，但下部的平草砖雕依然精美；二进院内的东西厢房前侧均有加建，但根据山墙和屋面判断，两间房的砖木结构和风貌依然留存，没有破坏；正房檐口平直，单层圆椽，木构架完整，门窗皆为旧貌，但有过粉刷；建筑细部精美，门楣、雀替依然留存，门楣饰以冰裂纹，梁上有彩画，但有些模糊不清；屋脊两端蝎子尾有断折，砖雕清晰； 该院落格局完整，保存质量佳，能够极好的反映门头沟地区的建筑特色，且能为地区民居的相关研究提供技术和历史参考，具有很重要的历史价值和艺术价值
管理部门	村委会
保护及管理建议	按照历史建筑的保护要求，立面、结构体系、平面布局、特色装饰和历史环境要素不得改变

三家店中街 99 号宅院地图、照片

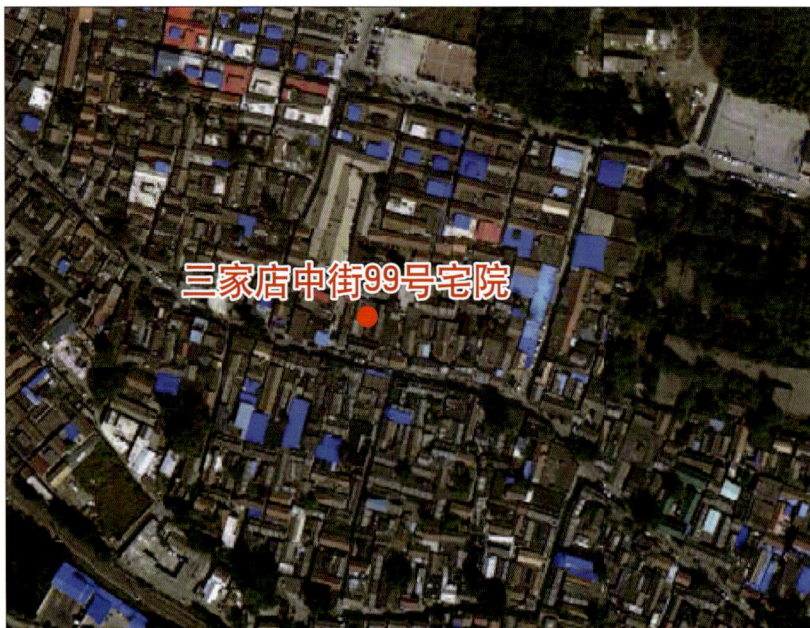

三家店中街99号宅院

三家店中街 99 号宅院平面图（2018 年）

图例

建议历史建筑

与传统风貌不协调建筑

历史建筑（建议）保护范围

01
02 03
04
06 07
05

保护对象和保护范围图
（2019 年）

三家店中街 99 号宅院（摄于 2019 年）

名　称	沿河城村 145 号四合院
保护类型	历史建筑
建筑类别	未挂牌建筑
建筑面积	422 平米
占地面积	422 平米
院落面积	544 平米
建筑结构	砖木结构
建筑高度	1 层
建筑质量	
建筑现状功能	居住
建筑历史功能	居住建筑
建造时间	民国（1911～1949 年）
位置信息	北京市门头沟区斋堂镇沿河城村 145 号
建筑特色及价值	该院为一进四合院，坐东南朝西北，院内正房、倒座房、东西厢房各一座，格局完整； 大门位于院落西北面，三层踏跺之上；屋面满铺仰合瓦，清水脊保存尚佳，其中东侧蝎子尾已脱落；屋檐下瓦当完好，下设单层木椽；檐内天花绘有团纹，部分模糊难以辨认；木板门为朱门两扇，上部门簪一对，两侧廊心墙保存完整，砖砌纹理清晰；门下两侧各安放方形抱鼓石一个，石刻纹饰清晰。门楼墀头叠涩清晰完整，下部对应砌筑有角柱石；门楼内，右手边有随墙山水壁画两幅共八扇，门楼内梁架满涂朱漆，保存完好；门楼对面为随墙影壁，上部正脊平直完好，屋面铺设筒瓦，缀有精美虎头瓦当、花草式样滴水瓦，檐下砖雕叠涩清晰；影壁芯有"鸿禧"二字；影壁右侧连接有院墙，上部铺设镂空花瓦； 院内铺有石板，正房面阔三间，位于四级台基之上；屋面满铺仰合瓦，正脊平直，西侧蝎子尾断裂；檐口滴水瓦完好，下部铺设单层木椽，有翻新痕迹；屋架梁柱、隔扇门、支摘窗保存完整；窗下槛墙保存尚佳，部分有水泥修补痕迹；东西厢房均为面阔两间，一层台基之上，屋面仰合瓦铺设，正脊、滴水瓦完好；檐下铺有单层木椽，部分有修整痕迹；倒座房面阔三间，位于二级踏跺之上；屋面满铺仰合瓦，中脊平直，东侧蝎子尾断裂；檐口滴水瓦完好，下部铺设单层木椽；屋架梁柱保存完好，木门窗构件有整修替换，涂有绿漆； 此院落格局完整，细部构件保存良好，代表了京西传统民居地域特点以及建造技艺的风格，具有较高的艺术及历史价值
管理部门	村委会
保护及管理建议	按照历史建筑的保护要求，立面、结构体系、平面布局、特色装饰和历史环境要素不得改变

沿河城村 145 号四合院地图、照片

沿河城村 145 号四合院平面图（2018 年）

保护对象和保护范围图
（2019 年）

沿河城村 145 号四合院（摄于 2019 年）

名 称	旧斋堂乡政府
保护类型	历史建筑
建筑类别	未挂牌建筑
建筑面积	1348.752 平米
占地面积	1348.752 平米
院落面积	3757.015 平米
建筑结构	砖木结构
建筑高度	1 层
建筑质量	中
建筑现状功能	库房
建筑历史功能	办公建筑
建造时间	民国（1911~1949 年）
位置信息	北京市门头沟区斋堂镇东斋堂村斋堂大街 42 号
建筑特色及价值	位于斋堂大街斋堂镇邮政支局西侧，民国时期斋堂乡政府旧址，是门头沟斋堂镇重要的行政办公场所；至今保留着民国时期的典型的弧形拱券结构门窗，规模较大，原有前两进院落格局保存相对完整，第三进院落为 20 世纪 60 年代库房及七八十年代新建建筑，该院落建筑现被建筑施工队租用，保存状况堪忧；院落坐西北朝东南，01 ~ 04 号建筑均为硬山双坡排房，建筑平面均成长条状矩形分布，02、03、04 号建筑长边长度均约 20 ~ 25 米，宽约 5 米保存基本完好，01 号建筑长度略短因东侧部分被拆除，各建筑的拱形结构上均存在部分区域的竖向裂缝；屋面均为仰瓦排布，类似棋盘心做法，靠近两垂脊处为两陇合瓦，具有典型的京郊传统建筑特点，全部建筑门窗均为拱形门窗，呈典型的民国时期建筑特点；其中第一进院落约有 2000 平方米，第二进院落约 700 平方米，院落平面比较狭长；第三进院落约 1000 平方米，西侧为五六十年代库房、东侧为七八十年代办公建筑，建筑分布零散，质量不佳。院落内种植多棵柳树、杨树，环境宜人；斋堂镇政府旧址保存了从民国以来被利用的较完整息，特别是较好地保留了民国时代的建筑细部，同时又具备了京郊传统民居的做法与特点，具有较高的历史价值
管理部门	镇政府
保护及管理建议	需对建筑本体进行加固修缮，外部风貌、主要平面布局、特色结构和构件一般不可改变；可对其进行功能改变、置换，如公共服务、商业、展览展示等，根据功能需求对内部装修进行相应的改造；建议保持其原有

旧斋堂乡政府地图、照片

旧斋堂乡政府平面图（2018 年）

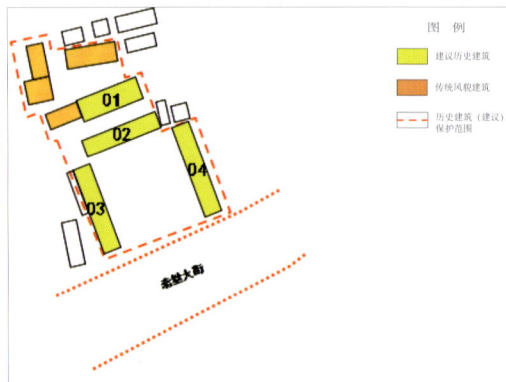

保护对象和保护范围图
（2019 年）

旧斋堂乡政府（摄于 2019 年）

名　称	西胡林村 27 号四合院
保护类型	历史建筑
建筑类别	未挂牌建筑
建筑面积	206 平米
占地面积	206 平米
院落面积	461 平米
建筑结构	砖木结构
建筑高度	1 层
建筑质量	中
建筑现状功能	居住
建筑历史功能	居住
建造时间	民国（1911～1949 年）
位置信息	北京市门头沟区斋堂镇西胡林村 27 号
建筑特色及价值	西胡林村 27 号院，是一座二进四合院，坐北朝南，院内有正房、倒座房、门楼各一座，东西厢房各两座，院落格局完整； 大门开在东南角，屋面铺设仰合瓦，正脊平直完好，檐口保存完整瓦当和滴水；檐口下承单程木椽，两端博缝雕刻铜钱式样；墀头完好，砌筑清晰，相应下设角柱石；木质大门两扇，各安有铁质铺首一个，已经锈蚀；门上设有门簪一对；门楼对面为随墙影壁，上部正脊平直完好，屋面铺设筒瓦，下设瓦当、滴水，部分残损，石刻檐椽端雕由"卍"字符，两端博缝上刻有"民国九年"字样，具有较高的历史价值；影壁心中下部，风化较为严重； 一进院内，正房面阔五间；位于两级台阶之上，整体已经翻新；倒座房面阔五年，位于三级踏跺之上；屋面正脊平直完整，两端翘有蝎子尾，屋面满铺仰合瓦，檐口瓦当、滴水保存较好；檐下铺设单层木椽，保存良好；屋架梁柱保存完整，隔扇门、支摘窗已涂刷绿漆，门窗芯安有玻璃。山墙博缝出雕刻为铜钱式样；西厢房为翻建现在建筑；东厢房面阔两间，屋面仰合瓦、正脊平直完好，屋架梁柱、隔扇门保存较好，支摘窗更换为新；槛墙也有重修的痕迹； 二进院内，仅存东西厢房两座，面阔皆为两间；西厢房屋面仰合瓦满铺，瓦当滴水完整。檐下单层木椽，屋架梁柱完整，隔扇门、支摘窗皆涂有红漆，门窗芯安有玻璃；槛墙为现代翻修，博缝、墀头、角柱石保存完好；东厢房除两面山墙外，保存有完整墀头和角柱石，其余基本翻修； 该院落总体格局保存较为完整，其中细部格局风格，具有重要的艺术价值和历史价值
管理部门	村委会
保护及管理建议	

西胡林村 27 号四合院地图、照片

西胡林村 27 号四合院平面图（2018 年）

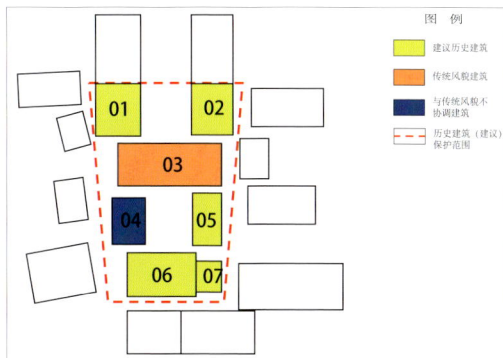

保护对象和保护范围图
（2019 年）

西胡林村 27 号四合院（摄于 2019 年）

名称	西胡林村 43 号宅院
保护类型	历史建筑
建筑类别	未挂牌建筑
建筑面积	258 平米
占地面积	258 平米
院落面积	484 平米
建筑结构	砖木结构
建筑高度	1 层
建筑质量	中
建筑现状功能	居住
建筑历史功能	居住建筑
建造时间	民国（1911～1949 年）
位置信息	北京市门头沟区斋堂镇西胡林村 43 号
建筑特色及价值	该院落沿街坐落，坐南朝北，建于民国年间，院落格局相对保存完整；大门开在东北角，位于三层踏跺之上，正脊平直完好，屋面满铺仰合瓦；檐下承单层木椽，有翻修痕迹；两端墀头保存较好，雕刻有花草纹样，叠涩清晰，下部相应安设角柱石；门楼大门缺失，上有门簪一堆，整体木架较为完整；出门楼左手边是十余米长的院墙，上部为花瓦镂空砌筑，下部是白色墙面；走廊尽头左右有两道门，分别可进入北院和南院；北院大门随墙垣面南而开，屋面铺仰合瓦，檐口为砖砌，下设两扇木门，上有门簪一对，右手侧边留有佛龛一个；门两侧下部设有角柱石，门内对面为随墙影壁，上部正脊保存完好；屋面设有筒瓦、福字纹瓦当及花草纹饰滴水，部分残缺；檐椽为砖砌，保存较为完好，影壁心方砖砌筑，下部破损较为严重；院内正房与倒座房均已翻修为现代建筑。东厢房屋面铺设仰合瓦，檐下单层木椽，隔扇门、支摘窗有部分新漆涂刷，木窗以安有玻璃； 南院大门随墙垣面东而开，形制、现状与北院门一致；院内正房翻新，南厢房坍圮。倒座房面阔三间，位于三级踏跺上，屋面为现代瓦，檐下单层木椽，两端墀头尚存，下部相应设有角柱石；屋架梁柱、隔扇门、支摘窗保存完好，窗下槛墙有重修痕迹；北厢房面阔两间，位于一级踏跺上，无角柱石，其余形制、现状和倒座房一致； 此院落格局完整，部分构件保存良好，具有一定的艺术价值和历史价值
管理部门	村委会
保护及管理建议	

西胡林村 43 号宅院地图、照片

西胡林村 43 号宅院平面图（2018 年）

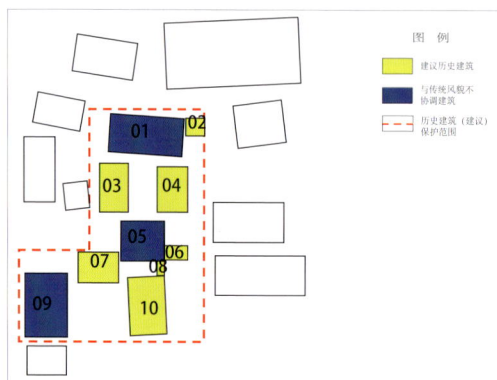

保护对象和保护范围图
（2019 年）

西胡林村 43 号宅院（摄于 2019 年）

名　称	清水镇塔河村 79 号二进院
保护类型	历史建筑
建筑类别	未挂牌建筑
建筑面积	191.2 平米
占地面积	191.2 平米
院落面积	346.8 平米
建筑结构	砖木结构
建筑高度	1 层
建筑质量	好
建筑现状功能	居住
建筑历史功能	居住
建造时间	清（1644 ～ 1911 年）
位置信息	北京市门头沟区清水镇塔河村 79 号
建筑特色及价值	该院位于塔河村 79 号，为坐西朝东两进院落，建于清代，现为居住用房；该院落格局完整，且各建筑单体保存完好；门楼呈南北向，门簪、木门板和踏跺等现状较佳； 一进院为三合院，其正房三间，位于三级踏跺的台基之上，东立面上槅扇门依然完整，亮子采用了冰裂纹饰样，窗口为砖砌拱券，窗扇为支摘窗形式，南北两次间的窗两侧尚存题记，但字迹已有残损，大部分难以辨识，角柱石及石刻纹理清晰可见，木梁、木椽、屋面瓦皆保存良好，正脊两端饰有砖雕；西立面的槅扇门窗同样保存良好，但为传统支摘窗样式，并无拱券，角柱石上的石雕清晰可辨，踏跺石完整，几无损坏；一进院南厢为两间房，槅扇门窗、屋面瓦当、清水脊等细部皆保存完好，墀头的砖砌叠涩同样完整无虞，角柱石纹理尚存，但不甚清晰；东侧的倒座房面阔三间，北山墙上设影壁，保存情况良好； 两进院落之间设有二道院门，其门头样式为西洋风格，门簪等细部尚存，跨过此院门即入二进院；二进院正房面阔三间，其做法与一进院正房西立面基本无异，且同处三级台基之上，木门板上的木雕基本清晰；南北厢房均面阔两间，北厢房的东山墙设有影壁，两厢房的支摘窗、槅扇门同样现状较佳； 该院落在数年前曾由他自费修缮过一次，故而现状保存情况极佳，传统建筑技法、材料和细部皆得以留存，是门头沟地区建造技艺、工程做法、地域特色的极佳体现，具有十分重要的艺术价值和历史价值
管理部门	村委会
保护及管理建议	按照历史建筑的保护要求，立面、结构体系、平面布局、特色装饰和历史环境要素不得改变

清水镇塔河村 79 号二进院地图、照片

清水镇塔河村 79 号二进院平面图（2018 年）

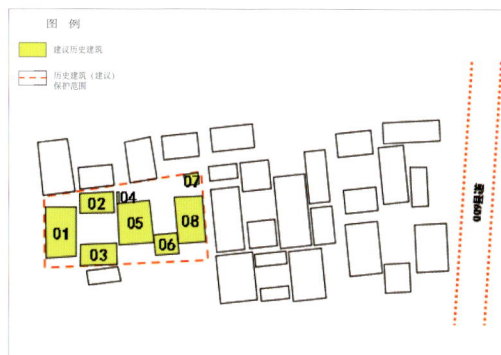

保护对象和保护范围图
（2019 年）

清水镇塔河村 79 号二进院（摄于 2019 年）

名称	杜家庄村中街 21 号四合院
保护类型	历史建筑
建筑类别	未挂牌建筑
建筑面积	123.7 平米
占地面积	123.7 平米
院落面积	175.3 平米
建筑结构	砖木结构
建筑高度	1 层
建筑质量	中
建筑现状功能	居住
建筑历史功能	居住
建造时间	清（1644～1911 年）
位置信息	北京市门头沟区清水镇杜家庄村中街 21 号
建筑特色及价值	该民居为一进四合院，坐北朝南，格局完整，整体风貌较佳，建筑质量保存较好； 门楼保存良好，屋面完整，清水脊亦完整无毁损，两端饰有砖雕，檐部平直，下承单层木椽，出檐天花有彩画留存，但有部分褪色，门簪保留完整，侧面墙体上留有佛龛，踏步为老石材，居民自行加设了金属栏杆； 倒座房面阔三间，屋面、檐部及屋脊略有变形，但总体而言比较完整，质量一般，门窗框保留原样，但窗芯已换成玻璃； 东西厢房皆面阔两间，西厢房采用了槅扇门和支摘窗形式，槛墙有过修缮翻新，但砖木结构依然完整保留，墙体有轻微破损，屋面完整，瓦面陈旧，风貌很好； 东厢房与西厢房相似，墙体有部分翻新，檐部略有变形不再平直，但整体质量中等，保留情况不错； 正房面阔三间，坐落于四级台基之上，门窗亦采用槅扇门和支摘窗，且保存情况都很好，屋面完整，椽子几乎没有破坏变形等问题，屋脊同样完好，正脊两端还保留有精美砖雕，纹样清晰； 该院落整体规模不大，但是形制标准，是研究门头沟地区建筑地域特点和建造技艺的良好范本，同时也具有重要的历史价值和艺术价值
管理部门	村委会
保护及管理建议	按照历史建筑的保护要求，立面、结构体系、平面布局、特色装饰和历史环境要素不得改变

杜家庄村中街 21 号四合院地图、照片

杜家庄村中街 21 号四合院平面图（2018 年）

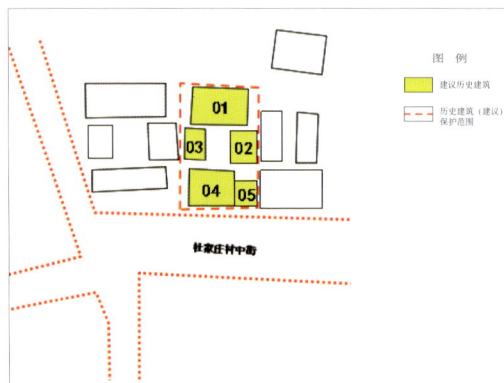

保护对象和保护范围图
（2019 年）

杜家庄村中街 21 号四合院（摄于 2019 年）

名　称	杜家庄村中街 39 号四合院
保护类型	历史建筑
建筑类别	未挂牌建筑
建筑面积	178.1 平米
占地面积	178.1 平米
院落面积	265.2 平米
建筑结构	砖木结构
建筑高度	1 层
建筑质量	好
建筑现状功能	居住
建筑历史功能	居住
建造时间	清（1644～1911 年）
位置信息	北京市门头沟区清水镇杜家庄村中街 39 号
建筑特色及价值	该民居院落建于清代，为一进四合院，坐北朝南，现存门楼、倒座、正房和东西厢房，院落格局保存完整，现状较佳； 门楼保存完好，屋脊良好，两端缀有砖雕，屋面下承双层木椽，角柱石纹理尚存，墀头有精美砖雕，上有门簪，出檐天花尚有彩画，但不甚清晰，门楣下挂垂柱，大门两侧留有门龛； 倒座面阔三间，门窗采用槅扇门和支摘窗形式，角柱石尚存纹理；屋面状况良好，滴水瓦图样依然清晰，屋脊也保留完整； 院落内东厢房与西厢房均面阔三间，同倒座房一般也采用槅扇门和支摘窗，两间房均保持旧貌，未曾修缮，因而门窗略显破旧，踏跺和角柱石皆存； 正房面阔三间，位于三级台基之上，屋脊两端有精美砖雕，屋檐、瓦当均保存完好，木槅扇门和支摘窗也保留原样；整个院落未进行翻新抑或修缮，整体风貌极佳； 该院落虽规模不大，但格局完整，具有北京门头沟地区民居的地域代表性，并能反映出门头沟的建造技艺和建筑特色，具有重要的艺术价值和历史价值
管理部门	村委会
保护及管理建议	按照历史建筑的保护要求，立面、结构体系、平面布局、特色装饰和历史环境要素不得改变

杜家庄村中街 39 号四合院地图、照片

杜家庄村中街 39 号四合院平面图（2018 年）

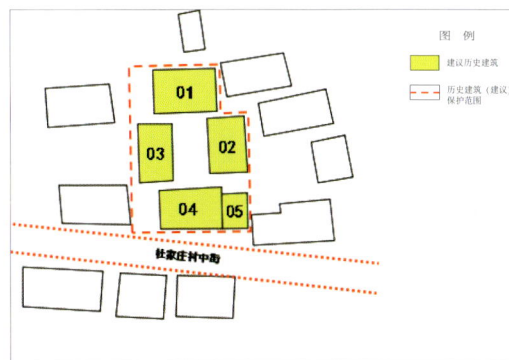

保护对象和保护范围图
（2019 年）

杜家庄村中街 39 号四合院（摄于 2019 年）

名 称	杜家庄村后街 17 号四合院
保护类型	历史建筑
建筑类别	未挂牌建筑
建筑面积	122.8 平米
占地面积	122.8 平米
院落面积	161.8 平米
建筑结构	砖木结构
建筑高度	1 层
建筑质量	好
建筑现状功能	居住
建筑历史功能	居住
建造时间	清（1644 ~ 1911 年）
位置信息	北京市门头沟区清水镇杜家庄村后街 17 号
建筑特色及价值	该民居院落为一进四合院，坐北朝南，格局完整，整体风貌较好，现存有门楼、倒座、东西厢房和正房；门楼屋面完整，滴水瓦纹样仍存，屋面下承单层木椽，墀头叠涩细部清晰可见，挑檐天花上有彩绘图样，目测是经过翻新修缮的，门簪留存，侧墙上有门龛，门口有四级踏跺，石材保留旧貌，木构件均重新上过漆；倒座房面阔三间，门窗采用槅扇门和支摘窗形式，门窗格装饰精美，几无损坏，木构件重新上过漆，屋前有两级踏跺，石材皆为旧貌，屋面保存完好，下有单层木椽，屋脊与门楼屋脊以方形装饰相连接；东西厢房均面阔两间，东厢房南山墙设影壁，影壁上书"福"字，影壁上屋盖、滴水瓦、屋脊样式均保存极佳；两厢房的屋面和屋脊状况保存良好，墀头叠涩出挑部分依然完好无损，细节清晰可见，槅扇门和支摘窗现状佳，墙体亦为旧貌；正房面阔三间，位于五级台基之上，屋面保存完好，几乎没有变形毁损，屋脊为清水脊，门窗为槅扇门和支摘窗样式，槛墙未翻新，门窗已重新上色；该民居院落形制规整，具有北京市门头沟区民居特色，彰显了古时门头沟地区房屋建设的地域特点，具有很高的历史价值和艺术价值，也能够为门头沟地区的民居研究提供参考
管理部门	村委会
保护及管理建议	按照历史建筑的保护要求，立面、结构体系、平面布局、特色装饰和历史环境要素不得改变

杜家庄村后街 17 号四合院地图、照片

杜家庄村后街 17 号四合院平面图（2018 年）

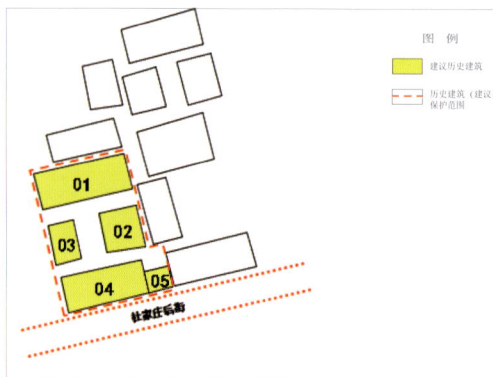

保护对象和保护范围图
（2019 年）

杜家庄村后街 17 号四合院（摄于 2019 年）

名　称	杜家庄村后街 7 号一进院
保护类型	历史建筑
建筑类别	未挂牌建筑
建筑面积	78.6 平米
占地面积	78.6 平米
院落面积	235.9 平米
建筑结构	砖木结构
建筑高度	1 层
建筑质量	中
建筑现状功能	居住
建筑历史功能	居住
建造时间	清（1644～1911 年）
位置信息	北京市门头沟区清水镇杜家庄村后街 7 号
建筑特色及价值	该院落坐北朝南，原为一进四合院，倒座倒塌无存，取而代之的是一个简易的置物棚，现仅存正房和东西厢房共三栋建筑； 正房位于三级台基之上，面阔三间，保存质量良好，砖木结构完整保留，屋面完整，檐口基本平直无变形，正脊无破损，两端蝎子尾下铺以平草砖雕作装饰，屋面下有单层圆椽作承托，门窗已经更替为塑料门窗，墙体部分有水泥饰面； 西厢房面阔两间，保存情况与正房相似，屋面完整无毁损，清水脊饰以蝎子尾，但无砖雕，檐口平直无变形，门窗已更换成塑料门窗，槛墙等墙体部分为水泥饰面，踏跺保留老石材，角柱石完好无损，纹理依然清晰可辨； 东厢房面阔两间，形制与西厢房相同，但其风貌由于正房与西厢房；东厢房屋面完整，檐口有微小变形，但不甚严重，正脊两端有蝎子尾，门窗仍为隔扇门和支摘窗样式，槛墙等墙体部分也仍为老砖砌筑，未加其他饰面，踏跺石和角柱石尚存，纹理清晰；东厢房的砖木结构和风貌皆最大程度保留了原样； 从整体上看，该院落格局完整性上有一定欠缺，但总体而言建筑质量良好，且有完整的砖木结构和建筑细部样式，能够较好地反映门头沟地区地方民居特色，彰显当地人民的建造智慧与技艺，具有重要的历史价值和艺术价值，具有保护的必要性和紧迫性
管理部门	村委会
保护及管理建议	按照历史建筑的保护要求，立面、结构体系、平面布局、特色装饰和历史环境要素不得改变

杜家庄村后街 7 号一进院地图、照片

杜家庄村后街 7 号一进院平面图（2018 年）

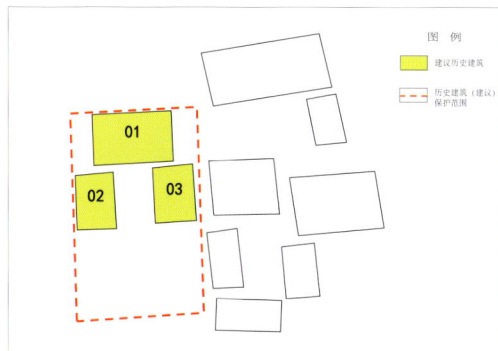

保护对象和保护范围图
（2019 年）

杜家庄村后街 7 号一进院（摄于 2019 年）

名 称	杜家庄村后街 10 号四合院
保护类型	历史建筑
建筑类别	未挂牌建筑
建筑面积	162.6 平米
占地面积	162.6 平米
院落面积	246.3 平米
建筑结构	砖木结构
建筑高度	1 层
建筑质量	好
建筑现状功能	居住
建筑历史功能	居住
建造时间	清（1644 ~ 1911 年）
位置信息	北京市门头沟区清水镇杜家庄村后街 10 号
建筑特色及价值	该民居院落为一进四合院，坐北朝南，东侧和南侧临道路，其正门位于院落东南角，即为门楼，调研时，该院落正在施工进行维护修缮，院落主人在东北角另辟一侧门方便进出；该院落格局完整，现存有门楼、倒座、耳房、东西厢房和正房； 门楼保存情况很好，细部精美，屋面完整无变形，屋脊两端饰以平草蝎子尾，屋面下有两层木椽子承托，上层为方椽，下层为圆椽，诸如墀头、门簪、踏跺等细部均保存完好； 倒座房面阔三间，屋脊和平草蝎子尾均完整留存，没有破损，檐口平直无变形，门窗采用槅扇门和支摘窗形式，保存尚好，踏跺保持旧貌，石材有一定磨损；倒座房保留砖木结构，风貌很好； 东西厢房形制相同，均面阔两间，但西厢的保存情况要略优于东厢房，两厢房的屋面都完整无变形，屋脊两端蝎子尾高高翘起，槛墙、墀头、角柱石等保留旧貌，但西厢房门窗经过修缮，情况尚好，东厢门窗破损比较严重，但两建筑的结构和风貌皆保留原样，没有破坏； 正房已翻新，现为瓷砖贴面，对建筑风貌有一定的影响；从整体上讲，该院落格局完整，建筑保存质量好，院落内有留存下来的完整砖木结构和建筑各样式做法，可以成为门头沟地区民居样式和技艺研究的良好参照，具有重要的历史价值和艺术价值
管理部门	村委会
保护及管理建议	按照历史建筑的保护要求，立面、结构体系、平面布局、特色装饰和历史环境要素不得改变

杜家庄村后街 10 号四合院地图、照片

杜家庄村后街 10 号四合院平面图（2018 年）

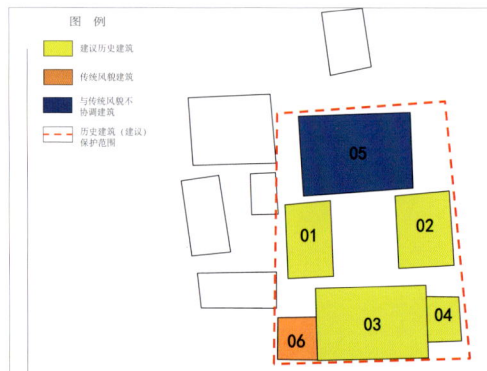

保护对象和保护范围图
（2019 年）

杜家庄村后街 10 号四合院（摄于 2019 年）

名　称	杜家庄村后街 16 号四合院
保护类型	历史建筑
建筑类别	未挂牌建筑
建筑面积	54.5 平米
占地面积	54.5 平米
院落面积	156.9 平米
建筑结构	砖木结构
建筑高度	1 层
建筑质量	差
建筑现状功能	无
建筑历史功能	居住
建造时间	清（1644～1911 年）
位置信息	北京市门头沟区清水镇杜家庄村后街 16 号
建筑特色及价值	该民居院落为一进四合院，坐北朝南，格局完整，现存门楼、倒座、东西厢房和正房共五栋建筑；但年久失修，质量较差，对其的保护修缮迫在眉睫； 门楼位于院落西南角，保存尚可，屋面和屋脊均完整，屋脊两端蝎子尾无断折，下有平草砖雕作装饰，檐口平直无变形，木椽完好无破损，大门上门簪尚存； 倒座房面阔三间，其砖木结构和风貌均保留旧貌，屋面有变形，屋脊完整，檐檩较完好，门窗采用槅扇门和支摘窗的形式，门窗芯已经破损； 东西厢房形制相同，面阔两间，保存情况比较相似，其屋面完整，檐口有微小变形，门窗破损比较严重，槅扇门和支摘窗甚至有脱框的情况，但角柱石、墀头等细部保存尚好，角柱石上的纹理依然清晰可辨； 正房面阔三间，屋面完整，檐口有微小变形，屋脊完整，两端蝎子尾和平草砖雕得以完整保存，门窗同厢房和倒座同采用槅扇门与支摘窗形式，且破损严重，无法使用，角柱石和踏跺石材尚存，踏跺磨损严重，角柱石情况较好，纹理依然清晰； 从总体上看，该院落长期无人使用，因而建筑质量上有所欠缺，但其格局完整，且所有建筑皆保留旧貌，风貌很好，结构也没有破坏，能够为研究门头沟地区民居的建筑技艺与艺术提供良好的参照，具有较重要的历史价值和艺术价值
管理部门	村委会
保护及管理建议	按照历史建筑的保护要求，立面、结构体系、平面布局、特色装饰和历史环境要素不得改变

杜家庄村后街 16 号四合院地图、照片

杜家庄村后街 16 号四合院平面图（2018 年）

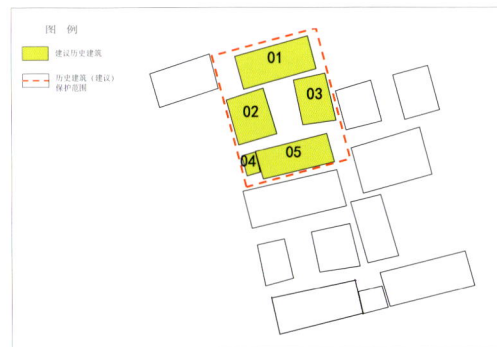

保护对象和保护范围图
（2019 年）

杜家庄村后街 16 号四合院（摄于 2019 年）

名 称	杜家庄村后街 18 号两进院
保护类型	历史建筑
建筑类别	未挂牌建筑
建筑面积	142.4 平米
占地面积	142.4 平米
院落面积	302.6 平米
建筑结构	砖木结构
建筑高度	1 层
建筑质量	中
建筑现状功能	无
建筑历史功能	居住
建造时间	清（1644 ~ 1911 年）
位置信息	北京市门头沟区清水镇杜家庄村后街 18 号
建筑特色及价值	该院落为两进四合院，坐北朝南，格局完整，建筑质量良好，现存门楼、倒座、一进西厢房、一进正房、二进东西厢房和二进正房；门楼位于院落东南角，屋面存在部分塌陷，瓦头破损，但墀头、踏跺、门枕石、门簪、廊心墙等细节保存尚好，门楣木雕精美；倒座屋面完整，几无变形，但杂草丛生，门窗过梁为砖砌拱券，墙面有题记，但已模糊； 一进院西厢房风貌不错，砖木结构得以留存，但质量一般，屋面瓦已更换成新瓦，檐檩留存，槅扇门与支摘窗形式也保留了下来；一进正房风貌不错，建筑质量不佳，结构得以留存，但屋面变形，槅扇门与支摘窗破损严重； 二进院东西厢房形制相同，均面阔两间，其屋面完整，檐口有微小变形，门窗采用槅扇门和支摘窗形式，现在仍能使用，角柱石、墀头和老砖墙也得以留存； 二进正房面阔三间，位于五级台基之上，其保存质量与建筑风貌俱佳，檐口平直，屋面无破坏，正脊蝎子尾完整，饰有平草砖雕，槅扇门和支摘窗尚可正常使用，门口踏跺保留旧貌，墙体也依然为老砖墙； 综合来看，该院落的一进院落由于荒废无人使用，因而建筑质量不甚理想，但两进院落的建筑结构与风貌均比较好，格局完整，可以成为门头沟地方民居文化的参考案例，具有重要的历史价值和艺术价值
管理部门	村委会
保护及管理建议	按照历史建筑的保护要求，立面、结构体系、平面布局、特色装饰和历史环境要素不得改变

杜家庄村后街 18 号两进院地图、照片

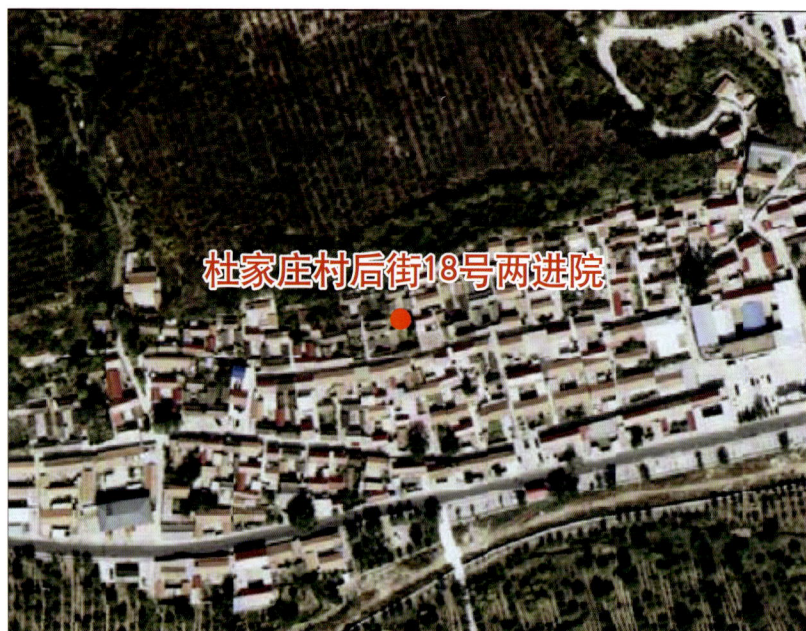

杜家庄村后街 18 号两进院平面图（2018 年）

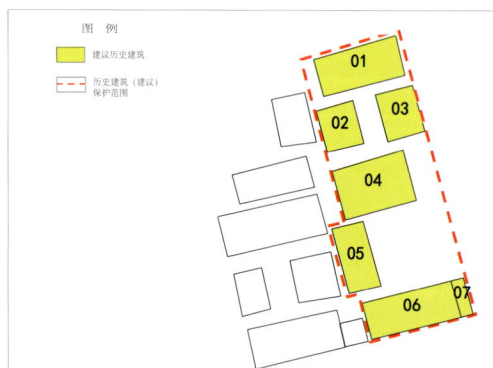

保护对象和保护范围图
（2019 年）

杜家庄村后街 18 号两进院（摄于 2019 年）

名　称	杜家庄村后街 21 号四合院
保护类型	历史建筑
建筑类别	未挂牌建筑
建筑面积	233.7 平米
占地面积	233.7 平米
院落面积	286.9 平米
建筑结构	砖木结构
建筑高度	1 层
建筑质量	中
建筑现状功能	居住
建筑历史功能	居住
建造时间	清（1644 ~ 1911 年）
位置信息	北京市门头沟区清水镇杜家庄村后街 21 号
建筑特色及价值	该院落坐北朝南，为一进四合院，格局完整，质量较好，该院落现存门楼、倒座、东西厢房各两间和一间正房；推测该院落与其南侧建筑原为同一户，后由于种种原因独立出来； 门楼位于院落东南角临街位置，为砖砌拱券形式，门楼门簪尚存，进入门楼后沿过道前行至左侧第二道院门即为此院落；院门同样为砖砌拱券形式，上有匾额，内容无存； 倒座房面阔三间，建筑质量与风貌俱佳，其砖木结构完整保留，屋面完整无破损，正脊完整，蝎子尾无断折，平草砖雕清晰可辨，采用槅扇门和支摘窗，仍然可正常使用，踏跺、角柱石皆保持原样，角柱石纹理尚存； 南侧东厢房面阔三间，风貌很好，屋面完好，檐口平直，木椽无变形和折断，同采用槅扇门和支摘窗，角柱石尚存；南侧西厢房形制与东厢房相同，但保存情况略优于东厢； 北侧东厢房面阔三间，砖木结构尚存，但屋面瓦已经替换成为新瓦，槅扇门、支摘窗、角柱石尚存，纹理清晰；北侧西厢房保存情况比东厢房略好，檐口平直无变形，槛墙经过修缮，外饰面为水泥，但其砖木结构和风貌皆得以留存； 正房位于三级台基之上，如今已经翻新； 从整体上来看，该院落格局完整，建筑质量良好，该院落能较好地反映门头沟地区民居特色，具有重要的历史价值和艺术价值
管理部门	村委会
保护及管理建议	按照历史建筑的保护要求，立面、结构体系、平面布局、特色装饰和历史环境要素不得改变

杜家庄村后街 21 号四合院地图、照片

杜家庄村后街21号四合院

杜家庄村后街 21 号四合院平面图（2018 年）

图　例

建议历史建筑
建议历史建筑
历史建筑（建议）保护范围

保护对象和保护范围图
（2019 年）

杜家庄村后街 21 号四合院（摄于 2019 年）

名 称	杜家庄村中街 23 号四合院
保护类型	历史建筑
建筑类别	未挂牌建筑
建筑面积	217.3 平米
占地面积	217.3 平米
院落面积	275.2 平米
建筑结构	砖木结构
建筑高度	1 层
建筑质量	中
建筑现状功能	无
建筑历史功能	居住
建造时间	清（1644～1911 年）
位置信息	北京市门头沟区清水镇杜家庄村中街 23 号
建筑特色及价值	该院落坐北朝南，格局较完整，建筑质量中等，现存有门楼、倒座、西厢房两间、东厢房一间和正房；门楼位于院落东南角，屋面完整，檐口平直，檐下有两层木椽承托，上层为方椽，下层为圆椽，正脊两端的平草砖雕尚在，墀头完好，踏跺为原石材，门上有门楣垂柱； 东厢房南山墙设影壁，其正脊和平草蝎子尾完整无缺，东厢房保留原有砖木结构和风貌，槅扇门和支摘窗留存，屋面情况很好，没有变形和破损，角柱石纹理依然清晰； 靠南侧西厢房屋面完整，檐口滴水瓦部分有少许破损，采用槅扇门和支摘窗，且整体质量较好；北侧西厢房形制与南侧厢房一致，质量不佳； 倒座房屋面完整，檐口有微小变形，屋脊两端饰以平草蝎子尾，槅扇门、支摘窗、踏跺尚存，建筑质量良好，砖木结构和风貌都得以保存； 正房位于五级台基之上，屋面完整，檐口无变形，槅扇门和支摘窗保留原样； 该院落现已无人居住，但格局完整，风貌极佳，其现状的杂乱问题主要是由于杂草杂物积累导致，据说，该民居院落在日军侵占时期曾为办公用地，至今尚存金属标牌一张，在历史上属于比较具有代表性的院落，加之建筑结构基本完好，且能够较好反映门头沟地区民居特色，故而该民居院落具有较为重要的历史价值和艺术价值
管理部门	村委会
保护及管理建议	按照历史建筑的保护要求，立面、结构体系、平面布局、特色装饰和历史环境要素不得改变

杜家庄村中街 23 号四合院地图、照片

杜家庄村中街 23 号四合院平面图（2018 年）

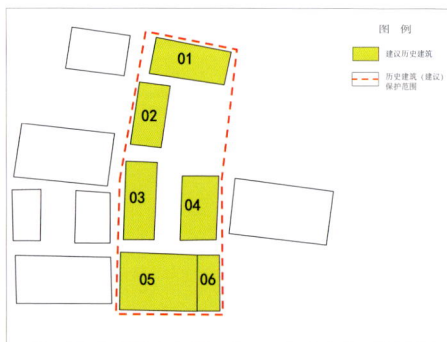

保护对象和保护范围图
（2019 年）

杜家庄村中街 23 号四合院（摄于 2019 年）

名　称	杜家庄村中街 31 号四合院
保护类型	历史建筑
建筑类别	未挂牌建筑
建筑面积	235.6 平米
占地面积	235.6 平米
院落面积	297.3 平米
建筑结构	砖木结构
建筑高度	1 层
建筑质量	中
建筑现状功能	居住
建筑历史功能	居住
建造时间	清（1644 ～ 1911 年）
位置信息	北京市门头沟区清水镇杜家庄村中街 31 号
建筑特色及价值	该院落为坐北朝南一进四合院，东西厢房各两间，院落格局完整，建筑质量较好；门楼位于院落东南角，现存建筑还包括正房、东西厢房各两间、倒座房和耳房； 门楼风貌佳，质量良好，瓦作完整，屋脊有部分残损，檐口平直无变形，下方有两层木椽承托，上层为木椽，下层为圆椽，东墙上设佛龛，西侧廊心墙上有壁画，但已模糊；门簪尚存，下部踏跺保留原样； 倒座房面阔三间，外立面开三个窗口，推测为后期改造；屋面结构和风貌都得以保存，采用槅扇门和支摘窗，角柱石完整，且纹理清晰，木构件有过重新上色； 四间厢房中，北侧东西厢房和南侧东厢房质量不佳，但结构和风貌未变，屋面、槅扇门和支摘窗完整，但檐口变形明显，门窗破损，亟需修缮维护；南侧西厢房有过修缮，结构未变，整体质量不错，但屋面由彩钢瓦取代老瓦，檐口平直，檐檩皆在，门窗也保留了槅扇门和支摘窗的老样式； 正房的砖木结构也得以保留，屋面完整，但檐口变形明显，墙体亦为老砖墙，门窗已更换为塑料门窗； 整体来看，该院落格局完整，质量也较为不错，风貌极佳，狭长的院落符合当地民居的建筑特色，联排厢房反映了当地建筑文化所受到的其他文化带来的熏陶与影响，因而具有较为重要的艺术价值和历史价值
管理部门	村委会
保护及管理建议	按照历史建筑的保护要求，立面、结构体系、平面布局、特色装饰和历史环境要素不得改变

杜家庄村中街 31 号四合院地图、照片

杜家庄村中街 31 号四合院平面图（2018 年）

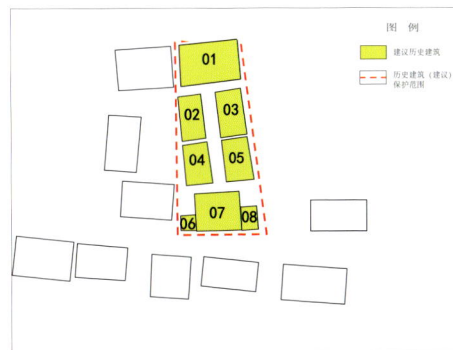

保护对象和保护范围图
（2019 年）

杜家庄村中街 31 号四合院（摄于 2019 年）

名 称	杜家庄村中街 32 号四合院
保护类型	历史建筑
建筑类别	未挂牌建筑
建筑面积	151.3 平米
占地面积	151.3 平米
院落面积	220.5 平米
建筑结构	砖木结构
建筑高度	1 层
建筑质量	中
建筑现状功能	居住
建筑历史功能	居住
建造时间	清（1644 ～ 1911 年）
位置信息	北京市门头沟区清水镇杜家庄村中街 32 号
建筑特色及价值	该民居院落为一进四合院，坐北朝南，门楼位于院落东南角，现存正房、东西厢房、倒座房及门楼，院落格局完整，保存质量佳，是比较具有代表性的当地民居； 东厢房南山墙上设影壁，影壁保存情况良好，屋脊屋面完整无损，平草砖雕图案清晰；东西厢房保存情况基本一致，砖木结构和风貌都得以保留，屋面完好，檐口平直无变形，正脊两端蝎子尾无破损，屋面下有单层圆椽，墀头叠涩完整，但墙面经过修缮，现是水泥墙面，门窗也已更为塑料门窗； 倒座房的形制与其他几栋建筑有所不同，其门窗洞口为砖砌拱券，屋顶保存情况很好，屋面完整，檐檩尚存。正房风貌极佳，面阔三间，坐落于三级台基之上，保存质量比较不错，屋面瓦作基本完整，且屋面整体几乎没有变形，但滴水瓦部分有部分缺失断折，正脊蝎子尾有断折情况，门窗采用槅扇门和支摘窗形式，略有破损，槛墙有过修缮，外部加封了水泥饰面，但整体的结构和风貌都得到了极好的保留； 综合来看，该民居院落格局完整，建筑质量也比较好，虽然部分位置由于修缮已经由新材料取代了旧样式，但整体的结构还在，且其建筑做法和建筑形式都能较好地反映门头沟地区的地方民居特色，可以成为地区民居学习研究的参考，具有重要的历史价值和艺术价值
管理部门	村委会
保护及管理建议	按照历史建筑的保护要求，立面、结构体系、平面布局、特色装饰和历史环境要素不得改变

杜家庄村中街 32 号四合院地图、照片

杜家庄村中街 32 号四合院平面图（2018 年）

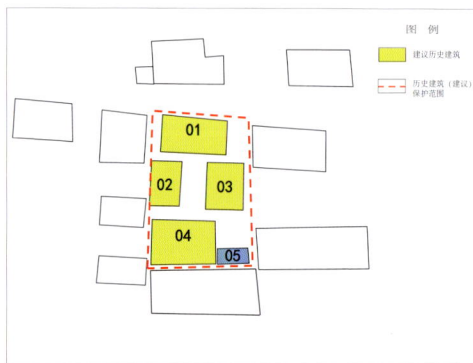

保护对象和保护范围图
（2019 年）

杜家庄村中街 32 号四合院（摄于 2019 年）

名　称	杜家庄村中街 52 号四合院
保护类型	历史建筑
建筑类别	未挂牌建筑
建筑面积	166.8 平米
占地面积	166.8 平米
院落面积	249.2 平米
建筑结构	砖木结构
建筑高度	1 层
建筑质量	中
建筑现状功能	居住
建筑历史功能	居住
建造时间	清（1644 ~ 1911 年）
位置信息	北京市门头沟区清水镇杜家庄村中街 52 号
建筑特色及价值	该院落为一进四合院，坐南朝北，门楼位于院落东南角，现存正房、东西厢房各两间、倒座和门楼，院落格局保存完整，现状较佳； 门楼质量很好，门簪、门枕石、踏跺、角柱石等皆保留旧貌，屋脊蝎子尾完整，下饰平草砖雕，且细部清晰。倒座房面阔三间，屋面平直无变形，屋脊平草蝎子尾完整，屋檐下部有单层圆椽承托，采用槅扇门和支摘窗，现在仍正常使用，槛墙仍为老砖砌筑； 南侧西厢房墙体现为红砖砌筑，砖木结构未变，屋面保存情况良好，檐口平直，槅扇门和支摘窗质量尚佳； 南侧东厢房质量和风貌极佳，其结构与风貌皆为旧貌，屋面瓦作无破损，檐檩无变形，槅扇门与支摘窗仍正常使用，角柱石纹理清晰可辨，墙体仍为老砖砌筑； 北侧西厢房整体质量不错，屋面、木构架和门窗均保留旧貌，且没有变形破损，但槛墙有过修缮翻新，现为水泥外饰面；北侧东厢房木构架和风貌都保留原样，屋面完好无损，墀头、木椽、门窗、角柱石俱存，质量很好 正房如今已经翻新，原有的建筑结构都未留存，但仿造了古建筑的风格，仍为坡屋顶，新瓦屋面和塑钢门窗，对整体风貌略有影响 从总体上来看，该院落格局完整，保留程度高，能较好地反映门头沟地区的建筑地域特色，具有重要的历史价值和艺术价值
管理部门	村委会
保护及管理建议	按照历史建筑的保护要求，立面、结构体系、平面布局、特色装饰和历史环境要素不得改变

杜家庄村中街 52 号四合院地图、照片

杜家庄村中街 52 号四合院平面图（2018 年）

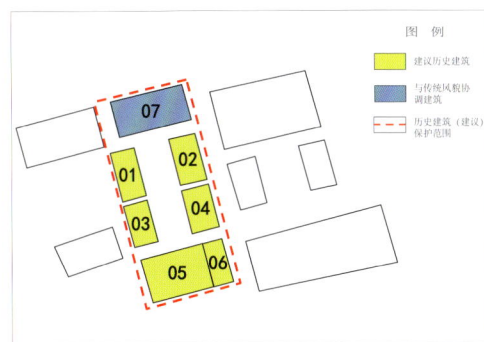

保护对象和保护范围图
（2019 年）

杜家庄村中街 52 号四合院（摄于 2019 年）

名称	梁家庄台下村 73 号四合院
保护类型	历史建筑
建筑类别	未挂牌建筑
建筑面积	107 平米
占地面积	107 平米
院落面积	43 平米
建筑结构	砖木结构
建筑高度	1 层
建筑质量	好
建筑现状功能	居住
建筑历史功能	居住
建造时间	民国（1911 ～ 1949 年）
位置信息	北京市门头沟区清水镇梁家庄台下村 73 号
建筑特色及价值	清水镇梁家庄台下村 73 号顺应村里的街道走向坐西朝东，四合院式建筑布局，是门头沟区村落较有代表性的民居建筑之一； 正房与倒座房面阔三间，硬山双坡屋顶，砖木结构，门窗已经改造换新； 倒座房面向街道的立面有拱形门窗，也是民居独具的特色之处； 东西厢房面阔两间，东厢房门的位置在左侧，室内有地窖，西厢房门的位置在右侧，均是硬山双坡屋顶，砖木结构，门窗已经改造换新； 院落结构完整，建筑保留较好，屋顶的瓦石工艺精美，具有一定的历史，文化和艺术价值；
管理部门	不详
保护及管理建议	

梁家庄台下村 73 号四合院地图、照片

梁家庄台下村73号四合院

梁家庄台下村 73 号四合院平面图（2018 年）

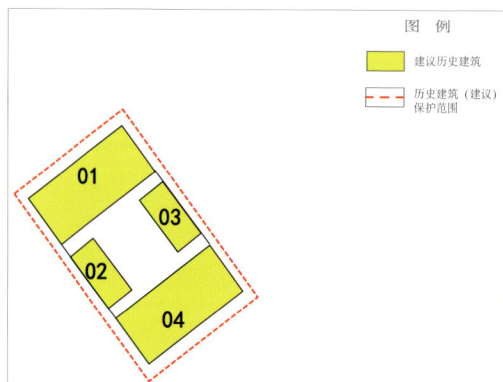

图 例
建议历史建筑
历史建筑（建议）保护范围

保护对象和保护范围图
（2019 年）

梁家庄台下村 73 号四合院（摄于 2019 年）

名　称	永定河七号桥（丰沙线下线）
保护类型	历史建筑
建筑类别	桥梁
建筑面积	1217 平米
占地面积	
院落面积	
建筑结构	装配式中承拱桥
建筑高度	40 米
建筑质量	好
建筑现状功能	铁路大桥
建筑历史功能	铁路大桥
建造时间	1966 年
位置信息	北京市门头沟区雁翅镇珍珠湖景区
建筑特色及价值	新中国成立后，为弥补京包线的运输能力不足，沿永定河修建丰沙线（丰台至沙城），与京包线接轨，全长 105 公里；1957 年自三家店至沙城修建风沙线下行线；该桥位于丰沙线下行线，珠窝东至沿河城西站间； 该桥由铁道部专业设计院及第三设计院负责设计；模型试验由铁道科学院负责；施工组织设计由第三设计院负责；1959 年完成初步设计后又赴苏联奥卡河拱桥进行考察，并对原设计进行修改；该桥于 1960 年开工，1966 年竣工通车，全长 217.98 米，主跨为一孔中承装配式钢筋混凝土拱桥，跨度 150 米，矢高 40 米，两片拱肋中心距为 7.5 米，拱轴线采用二次抛物线的拼装结构，分为拱肋、吊杆横梁及桥面系三部分；拱肋为箱形截面，由预制构件组成，两拱肋之间用 10 组风撑连接；吊杆为预应力构件，工字形截面，与横梁组拼成山形框架，吊挂于拱肋节点上；桥面由纵梁、风弦组成；共 15 跨，两端各 7 跨连续梁，中间 1 跨简支梁；全桥由 227 块预制构件拼成； 该桥技术特点为：1. 采用装配式结构，于工地用混凝土连接成整体；2. 采用拱肋分层拼装，使先安装的拱肋底板与钢拱架共同受力，钢拱架由来需要的 14 片减少为 8 片，从而节省了大量钢材；3. 在拱顶进行应力调整，改善了拱肋的受力态；4. 为保证结构的整体性，拱肋与桥面系相交处的一段拱肋在工地现浇； 该桥是当时亚洲最大的钢筋混凝土拱桥，装配式钢筋混凝土新技术为中国首创；该桥造型美观，受力合理，充分发挥不同建筑材料和结构形式的特长，于 1978 年获得全国科学大会奖，被载入《中国桥梁建设史》； 综上所述，该桥具有极高的历史，艺术和科学价值
管理部门	中国铁路北京局集团有限公司
保护及管理建议	

永定河七号桥（丰沙线下线）地图、照片

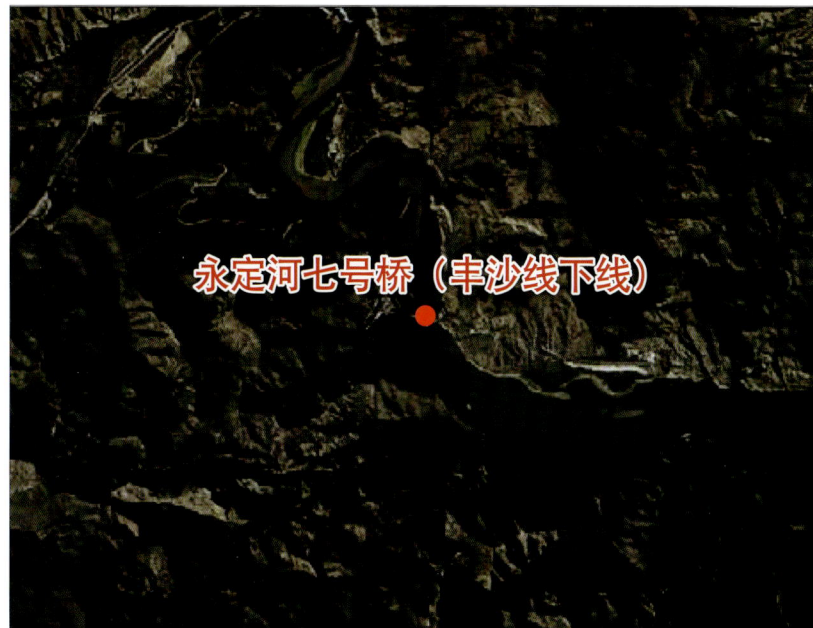

永定河七号桥（丰沙线下线）平面图（2018 年）

保护对象和保护范围图
（2019 年）

永定河七号桥（丰沙线下线）（摄于 2019 年）

名 称	珠窝村京西电厂
保护类型	历史建筑
建筑类别	工业遗产
建筑面积	68391 平米
占地面积	110003 平米
院落面积	
建筑结构	框架、排架、砌体
建筑高度	单层及多层
建筑质量	中
建筑现状功能	变电站
建筑历史功能	电厂
建造时间	1949 ~ 1979 年
位置信息	北京市门头沟区雁翅镇
建筑特色及价值	京西发电厂位于北京市门头沟区珠窝村东侧，四周被900 米以上的高山环抱，北靠山根，南与丰(台)沙(城)铁路珠窝车站隔河相对，东邻丰沙铁路二线，西与珠窝水库一山之隔，厂区占地 16.4 公顷； 京西发电厂是"文革"期间，从"备战"的方针出发建设的大型电厂，原命名"东方红发电厂"，是华北地区第一台单机容量 20 万千瓦的机组，具有重要的历史及科学价值； 京西发电厂选厂工作，始于 1966 年；厂址是在中国人民解放军空军部队协助下进行空中勘察后，初步确定在珠窝；于 1967 年 7 月 20 日召开了厂址讨论会，会后报水利电力部批准；1969 年 4 月 16 日，北京电业管理局组建了筹建设计组开始筹建工作；为加强筹建工作的领导，1970 年 5 月成立京西发电厂工程指挥部；1971 年开始建立电厂，1973 年 4 月北京电力工业局通知，电厂筹建工作改由石景山发电厂负责，1975 年开始发电，2004 年电厂停备； 京西发电厂的建立，为门头沟区居民的生活条件改善及经济发展做出了贡献，并为北京工业的发展，特别是首钢等工业运转提供了电力资源，具有重要的社会价值
管理部门	北京京西发电有限责任公司
保护及管理建议	按照历史建筑的保护要求，立面、结构体系、平面布局、特色装饰和历史环境要素不得改变

珠窝村京西电厂地图、照片

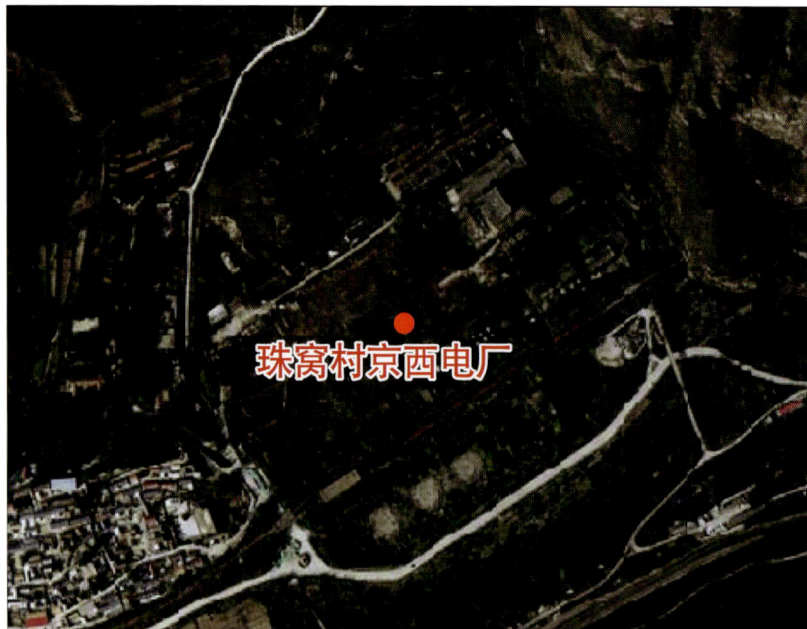

珠窝村京西电厂平面图（2018 年）

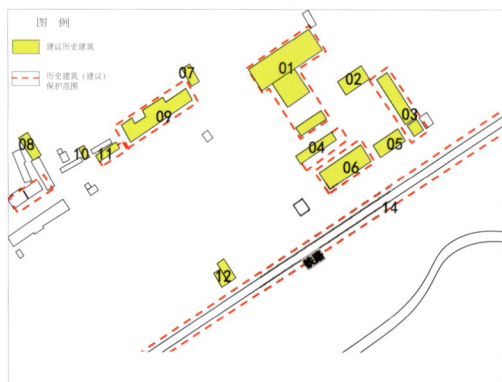

保护对象和保护范围图（2019 年）

珠窝村京西电厂（摄于 2019 年）

名　称	珠窝水库
保护类型	历史建筑
建筑类别	工业遗产
建筑面积	1300 平米
占地面积	1200 平米
院落面积	
建筑结构	软基混凝土重力坝
建筑高度	4 层
建筑质量	中
建筑现状功能	水利设施
建筑历史功能	水利设施
建造时间	1958 ~ 1962 年
位置信息	北京市门头沟区雁翅镇珠窝村
建筑特色及价值	珠窝水库及水电站建设工程于 1958 年 7 月开工，1960 年 12 月下闸蓄水，1962 年 2 月投产发电；1962 年至 1966 年 12 月进行提高防洪标准扩建，1966 年 12 月竣工；枢纽建筑物主要有拦河大坝、发电引水系统、发电厂和升压站等；大坝为常态混凝土重力坝，是我国第一座软基凝土重力坝，由 5 个溢流坝段和左右两岸各 1 个非溢流坝段组成，此外，1950 年代建设初期办公用房、与下游下马岭水电站连接的 7633 米的圆形有压水工隧道引水口及相关构筑物原状都保留完整，具有重大的历史及科学价值；水坝顶长 134.5 米，坝顶高程 352.2 米，最大坝高 33.2 米。非溢流坝段长 58.75 米，其中左岸坝段长 30.6 米，右岸坝段长 28.15 米，坝顶宽 6 米。泄水建筑物有溢流坝、泄洪孔和底孔，最大下泄流量 2768 立方米 / 秒。溢流坝共 5 孔 5 个坝段，溢流堰堰顶高程 343 米，孔口尺寸 12 x 6.3 米（宽 x 高，下同），每孔设 1 扇弧形工作闸门，采用底能消能。泄洪孔位于左岸非溢流坝段内，共 1 孔，孔口尺寸 5.6 x 3.2 米，设 1 扇平面工作闸门，也采用底能消能。底孔位于右岸非溢流坝段内，兼水库放空用，共 1 孔
管理部门	北京京西发电有限责任公司
保护及管理建议	立面、结构体系、厂区原始平面布局、特色构造和历史环境要素不得改变

珠窝水库地图、照片

珠窝水库平面图（2018 年）

保护对象和保护范围图
（2019 年）

珠窝水库大坝（摄于 2019 年）

名　称	下马岭水电站
保护类型	历史建筑
建筑类别	工业遗产
建筑面积	301 平米
占地面积	235 平米
院落面积	
建筑结构	砖混结构
建筑高度	单层及多层
建筑质量	中
建筑现状功能	水电站
建筑历史功能	水电站
建造时间	1958 ~ 1962 年
位置信息	北京市门头沟区雁翅镇
建筑特色及价值	下马岭水电站建于 1958 年，1960 年下闸蓄水，1962 年建成发电，位于门头沟区永定河段珠窝水库下游，工程枢纽建筑物主要有拦河大坝、发电引水系统、发电厂和升压站等；拦河坝为珠窝大坝，位于永定河官厅山峡中段、官厅水库下游约 40 公里的珠窝村附近；建设并通过珠窝水库水坝东北侧的引水口，经过 7633 米的圆形有压水工隧道将水引入水电站进行发电，是新中国初期北京地区重要的水利设施，大坝为常态混凝土重力坝，是我国第一座软基混凝土重力坝，具有重大的历史和科学价值；现发电站厂区仍保留了 1950 年代建设初期发电机厂房、候班室、高压实验室，1970 年代单身宿舍等建筑，及 1960 年代国产水力发电机等部分大型发电设备，电站装机容量 65 米 W，多年平均发电量 2.22 亿 kw·h。发电机厂房由于外部粉刷改造和部分加建，历史原貌已基本消失，但内部空间与主要发电设备基本为历史原状，具有较高的历史价值和科学研究价值
管理部门	北京京西发电有限责任公司
保护及管理建议	按照历史建筑的保护要求，立面、结构体系、平面布局、特色装饰和历史环境要素不得改变

下马岭水电站地图、照片

下马岭水电站平面图（2018 年）

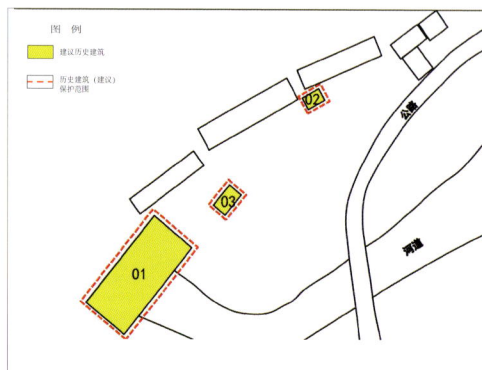

保护对象和保护范围图
（2019 年）

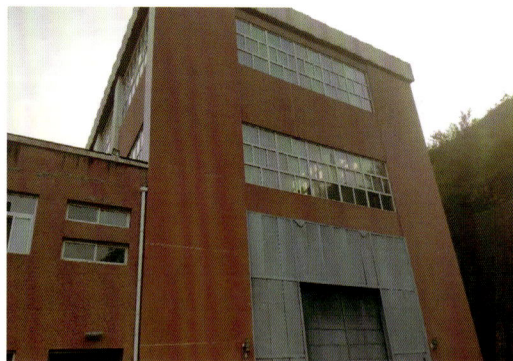

下马岭水电站（摄于 2019 年）

图书在版编目（CIP）数据

北京印迹：北京历史文化资源图集.门头沟卷：上下册 / 北京市测绘设计研究院编. -- 北京：社会科学文献出版社，2020.7
ISBN 978-7-5201-4159-8

Ⅰ.①北… Ⅱ.①北… Ⅲ.①北京－概况②门头沟区－概况 Ⅳ.①K921

中国版本图书馆CIP数据核字(2019)第017083号

北京印迹：北京历史文化资源图集（门头沟卷）（上下册）

编　　者 /	北京市测绘设计研究院
主　　编 /	温宗勇
副 主 编 /	陈品祥
出 版 人 /	谢寿光
责任编辑 /	吴　超
出　　版 /	社会科学文献出版社·人文分社 (010) 59367215 地址：北京市北三环中路甲29号院华龙大厦　邮编：100029 网址：www.ssap.com.cn
发　　行 /	市场营销中心 (010) 59367081　59367083
印　　装 /	北京盛通印刷股份有限公司
规　　格 /	开　本：787mm×1092mm 1/16 印　张：55　字　数：480千字
版　　次 /	2020年7月第1版　2020年7月第1次印刷
书　　号 /	ISBN 978-7-5201-4159-8
审 图 号 /	京S（2019）010号
定　　价 /	680.00元（上下册）

本书如有印装质量问题，请与读者服务中心（010－59367028）联系